方李邦琴北京大学人文学科文库出版基金赞助

北京大学人文学科文库 北大外国哲学研究丛书

罗尔斯正义论研究

A Study of Rawls' Theory of Justice

何怀宏 著

图书在版编目（CIP）数据

罗尔斯正义论研究 / 何怀宏著. -- 北京 : 北京大学出版社, 2025. 5. -- (北京大学人文学科文库).
ISBN 978-7-301-36145-0

Ⅰ. B712.59

中国国家版本馆CIP数据核字第2025QF4965号

书　　名　罗尔斯正义论研究
　　　　　LUO'ERSI ZHENGYILUN YANJIU
著作责任者　何怀宏　著
责任编辑　张晋旗
标准书号　ISBN 978-7-301-36145-0
出版发行　北京大学出版社
地　　址　北京市海淀区成府路205 号　100871
网　　址　http://www.pup.cn　新浪微博:@北京大学出版社
电子邮箱　编辑部wsz@pup.cn　总编室zpup@pup.cn
电　　话　邮购部 010-62752015　发行部 010-62750672
　　　　　编辑部 010-62750577
印 刷 者　北京中科印刷有限公司
经 销 者　新华书店
　　　　　720毫米×1020毫米　16开本　23.25印张　362千字
　　　　　2025年5月第1版　2025年5月第1次印刷
定　　价　98.00元

未经许可，不得以任何方式复制或抄袭本书之部分或全部内容。

版权所有，侵权必究

举报电话：010-62752024　电子邮箱：fd@pup.cn

图书如有印装质量问题，请与出版部联系，电话：010-62756370

总　序

袁行霈

人文学科是北京大学的传统优势学科。早在京师大学堂建立之初，就设立了经学科、文学科，预科学生必须在 5 种外语中选修一种。京师大学堂于 1912 年改为现名，1917 年，蔡元培先生出任北京大学校长，他“循思想自由原则，取兼容并包主义”，促进了思想解放和学术繁荣。1921 年北大成立了四个全校性的研究所，下设自然科学、社会科学、国学和外国文学四门，人文学科仍然居于重要地位，广受社会的关注。这个传统一直沿袭下来，中华人民共和国成立后，1952 年北京大学与清华大学、燕京大学三校的文、理科合并为现在的北京大学，大师云集，人文荟萃，成果斐然。改革开放后，北京大学的历史翻开了新的一页。

近十几年来，人文学科在学科建设、人才培养、师资队伍建设、教学科研等各方面改善了条件，取得了显著成绩。北大的人文学科门类齐全，在国内整体上居于优势地位，在世界上也占有引人瞩目的地位，相继出版了《中华文明史》《世界文明史》《世界现代化历程》《中国儒学史》《中国美学通史》《欧洲文学史》等高水平的著作，并主持了许多重大的考古项目，这些成果发挥着引领学术前进的作用。目前北大还承担着《儒藏》《中华文明探源》《北京大学藏西汉竹书》的整理与研究工作，以及《新编新注十三经》等重要项目。

与此同时，我们也清醒地看到，北大人文学科整体的绝对优势正在减弱，有的学科只具备相对优势了；有的成果规模优势明显，高度优势还有待提升。北大出了许多成果，但还要出思想，要产生影响人类命运和前途的思想理论。我们距离理想的目标还有相当长的距离，需要人文学科的老师和同学们加倍努力。

我曾经说过：与自然科学或社会科学相比，人文学科的成果，难以直接转化为生产力，给社会带来财富，人们或以为无用。其实，人文学科力求揭示人生的意义和价值、塑造理想的人格，指点人生趋向完美的境地。它能丰富人的精神，美化人的心灵，提升人的品德，协调人和自然的关系以及人和人的关系，促使人把自己掌握的知识和技术用到造福于人类的正道上来，这是人文无用之大用！试想，如果我们的心灵中没有诗意，我们的记忆中没有历史，我们的思考中没有哲理，我们的生活将成为什么样子？国家的强盛与否，将来不仅要看经济实力、国防实力，也要看国民的精神世界是否丰富，活得充实不充实，愉快不愉快，自在不自在，美不美。

一个民族，如果从根本上丧失了对人文学科的热情，丧失了对人文精神的追求和坚守，这个民族就丧失了进步的精神源泉。文化是一个民族的标志，是一个民族的根，在经济全球化的大趋势中，拥有几千年文化传统的中华民族，必须自觉维护自己的根，并以开放的态度吸取世界上其他民族的优秀文化，以跟上世界的潮流。站在这样的高度看待人文学科，我们深感责任之重大与紧迫。

北大人文学科的老师们蕴藏着巨大的潜力和创造性。我相信，只要使老师们的潜力充分发挥出来，北大人文学科便能克服种种障碍，在国内外开辟出一片新天地。

人文学科的研究主要是著书立说，以个体撰写著作为一大特点。除了需要协同研究的集体大项目外，我们还希望为教师独立探索，撰写、出版专著搭建平台，形成既具个体思想，又汇聚集体智慧的系列研究成果。为此，北京大学人文学部决定编辑出版“北京大学人文学科文库”，旨在汇集新时代北大人文学科的优秀成果，弘扬北大人文学科的学术传统，展示北大人文学科的整体实力和研究特色，为推动北大世界一流大学建设、促进人文学术发展做出贡献。

我们需要努力营造宽松的学术环境、浓厚的研究气氛。既要提倡教师根据国家的需要选择研究课题，集中人力物力进行研究，也鼓励教师按照自己的兴趣自由地选择课题。鼓励自由选题是“北京大学人文学科文库”的一个特点。

我们不可满足于泛泛的议论，也不可追求热闹，而应沉潜下来，认真钻研，将切实的成果贡献给社会。学术质量是“北京大学人文学科文库”的一大追求。文库的撰稿者会力求通过自己潜心研究、多年积累而成的优秀成果，来展示自己的学术水平。

我们要保持优良的学风，进一步突出北大的个性与特色。北大人要有大志气、大眼光、大手笔、大格局、大气象，做一些符合北大地位的事，做一些开风气之先的事。北大不能随波逐流，不能甘于平庸，不能跟在别人后面小打小闹。北大的学者要有与北大相称的气质、气节、气派、气势、气宇、气度、气韵和气象。北大的学者要致力于弘扬民族精神和时代精神，以提升国民的人文素质为己任。而承担这样的使命，首先要有谦逊的态度，向人民群众学习，向兄弟院校学习。切不可妄自尊大，目空一切。这也是“北京大学人文学科文库”力求展现的北大的人文素质。

这个文库目前有以下 17 套丛书：

“北大中国文学研究丛书”

“北大中国语言学研究丛书”

“北大比较文学与世界文学研究丛书”

“北大中国史研究丛书”

“北大世界史研究丛书”

“北大考古学研究丛书”

“北大马克思主义哲学研究丛书”

“北大中国哲学研究丛书”

“北大外国哲学研究丛书”

“北大东方文学研究丛书”

“北大欧美文学研究丛书”

“北大外国语言学研究丛书”

“北大艺术学研究丛书”

"北大对外汉语研究丛书"

"北大古典学研究丛书"

"北大古今融通研究丛书"

"北大人文跨学科研究丛书"[1]

这 17 套丛书仅收入学术新作，涵盖了北大人文学科的多个领域，它们的推出有利于读者整体了解当下北大人文学者的科研动态、学术实力和研究特色。这一文库将持续编辑出版，我们相信通过老中青学者的不断努力，其影响会越来越大，并将对北大人文学科的建设和北大创建世界一流大学起到积极作用，进而引起国际学术界的瞩目。

[1] 本文库中获得国家社科基金后期资助或入选国家社科基金成果文库的专著，因出版设计另有要求，因此加星号注标，在文库中存目。

“北大外国哲学研究丛书”序言

韩水法

北京大学是中国最早系统开设外国哲学课程，从事外国哲学研究的教育和学术机构。而在近代最早向中国引进和介绍外国哲学的先辈中，北大学者乃属中坚力量。自北大开校以来一百二十多年的历史中，名家辈出，成绩斐然，不仅有功于神州的外国哲学及其他思想的研究，而且也有助于中国现代社会的变迁。自 20 世纪 80 年代以降，北大外国哲学研究进入了一个新时期，学术领域不断拓展，学术视野日趋开阔，不同观点百家争鸣，学术风气趋向自由。巨大的转变，以及身处这个时代的学者的探索与努力带来了相应的成果。一大批学术论文、著作和译著陆续面世，开创了新局面，形成了新趋势。

本世纪初，在上述历史成就的背景之下，有鉴于北大外国哲学研究新作迭出，新人推浪，成果丰富，水平愈高，我们决定出版“北大外国哲学研究丛书”，计划陆续推出北大外国哲学研究领域有价值、有影响和有意义的著作，既展现学者辛勤劳作的成果，亦使读者方便获得，并有利于与国内外同行交流。

中国的外国哲学研究是一项巨大的学术事业，国内许多大学和科学院的哲学机构都大力支持和促进这项事业的发展，使之在纵深和高度上同时并进。而在今天，中国的外国哲学研究亦越来越国际化，许多一流的国际学者被请至国内各大学开设课程，做讲演，参加各种会议和工作坊。因此，研究人才的水平迅速提高，研究成果的质量日益升华。在这样一个局面之下，北京大学的外国哲学研究虽然依然保持领先地位，但要维持这个地位并且更上层楼，就要从各个方面加倍努力，本套丛书正是努力的一个体现。

“北大外国哲学研究丛书”第一辑在商务印书馆出版，发行之后，颇得学界肯定。第二辑移至北京大学出版社出版，亦得到学界好评。此套丛书只是展现了北大外国哲学研究的一个侧面，因为它所收录的只是北大外国哲学研究者的部分著作，许多著作因为各种原因未能收入其中。当时的计划是通过持续的努力，将更多的研究著作汇入丛书，以成大观。

北京大学人文学部于2016年启动了“北京大学人文学科文库”，“北大外国哲学研究丛书”被纳入了这个文库之中，进入了它第三辑的周期。与前二辑不同，按照“北京大学人文学科文库”的准则，本辑只收录著作，而不包括论文集。我们希望，通过这个文库，有更多的外国哲学研究的优秀著作在这个丛书中出版，并在各个方面都更上层楼，而为北京大学的外国哲学研究踵事增华。

2019年6月1日

目　录

引 言 一种现代正义论

别人自然也可以提出其他的正义理论。而罗尔斯构建的正义论有一种鲜明的时代和社会特征，它不仅是一种正义论，而且是一种现代的正义理论，观其主旨、影响和趋势，它还是在现代西方社会占主流的一种正义理论。

我想区分两种思想，一种是“作为概念的思想”，亦即在思想者那里已经形成了概念、理论乃至理论体系的思想。比如哲学家就是处理概念的，而且是最为普遍和抽象的概念，哲学也是一种概念的艺术。这种概念的思想体系往往是由知识分子为之。另一种是“作为观念的思想”，此种存在于所有人中。这些观念自然也是概念，并且会不断受新的思想概念影响，但是，究竟哪些思想概念会变成社会上流行一致的普遍观念，或者说，哪些思想概念会对社会产生影响，以及产生多大的影响，能不能成为社会的主流观念，则要受到从人性到时势的种种因素的推动和限制。有志改造世界的思想家大概都希望自己的理论成为人们心中的普遍观念。反过来，社会上开始流行或正在萌芽的观念也常常会被思想家纳入他们自己的思考，变成比较固定的概念或理论体系。罗尔斯注意到了这两种不同的思想，所以，他提出了“反省的平衡”的论证方法，试图在他的正义理论和社会流行的正义观念之间进行一种不断的相互修正和平衡。

现在我想将罗尔斯的现代正义理论与古典的、传统社会的正义理论和实际观念做一些比较，后者的一个合适对象是柏拉图的正义理论，尤其是因为其著述中还反映了一些常识的正义观。柏拉图的正义理论或者说正义的最高理想、正义的理念主要是在《理想国》中提出来的，而该书也注意到了社会流行的、常识中的正义观念。在《理想国》的前两卷里，柏拉图列举了下面三种现实生活中存在的正义观点。

第一种是玻勒马霍斯表述的正义观，是常识性的，也是法律的正义观点，那就是“有话实说，有债照还”“欠债还钱”“对敌恨对友善”。这首先是一种消极性的、交换性的正义，尤其是生意人的正义，是诚信的要求，即正义是诚信守约。其次还含有对友善、对敌恶，忠于自己的城邦，这还可修正为一般性的规则：对好人善、对坏人恶，或以善报善、以恶报恶。这已经有“给各人所应得的”之义。这是对正义的一种正面的表述，也是最具有普遍性的规范，即不仅在雅典和其他希腊城邦，在任何社会大概都有一种底线伦理的意义。维护这种正义观及其相应法律，应该说是对弱者和普通人更有利的。

第二种是色拉叙马霍斯阐述的“强权即‘正义’”的正义观，这里的“正义”是打引号的，是强者口中的“正义”（强有力的统治者甚至也能将其特殊利益在法律上予以体现）。而揭破这一所谓“正义”的真相的观点反而可以成为一种被统治者的批判的武器，它指出统治者所说的“正义”后面常常隐藏着他们的特殊利益。这一揭示有其积极意义，但它后面也可能隐藏着一种正义和道德的虚无主义，即它也可能走向否认一切“正义”的语词，否认有任何真实的正义存在。所以，它可以说是对正义之反面的、负面的表述，在社会上也会广泛流行，可以同时为强者和弱者所用。它可以增强我们的现实感，使我们认清现实的同时也要谨防虚无主义。

第三种正义观则是格劳孔阐述的平衡强者和弱者的契约正义观。格劳孔试图从正义的起源和本质来定义正义：正义的本质就是最好（干坏事不受罚，即很强、近乎超人）和最坏（遭遇罪行没法报复、近乎弱者）的折中和妥协，于是订立法律和契约来约束所有人（强者和弱者的平衡）。这一正义观已经开始有些超越普通人的常识，并具有一种试图看清正义本质的理论思考的特征。但它同时也还是一个具有现实感、基于人性论的定义，包括承认人有自利乃至自私的一面：人都是在法律的强迫下，才走到正义这条路上来的。正义和不正义的人如果有了隐身指环，大概会做同样不正义的事情。“隐身人”的寓言甚至预设了后来的“哲学王”的理想难以成功。这个正义观也可以说是前面两个定义的一个综合，即经由正、反达到了一个“合”。但它的“法治”观念可以说更多地为弱者和普通人辩护，也意味着要约束强者。它还是一种契约正义理论的萌芽，罗尔斯正是把自己看作契约正义理论的一个传人，虽然在他那里，契约正义的内容发生了重大的改变。

上述三种正义观在《理想国》中由不同的人提出来颇耐人寻味。第一种正义观是由一个倾向民主法制的外邦商人提出来的，第二种正义观则是由外邦来的一个智者，即政治教师提出来的，第三种正义观则是由一个雅典公民提出来的。第一种是公开流行的常识，第二种统治者会秘而不宣，第三种则已经是一种理论化的常识。在《理想国》的前两卷苏格拉底虽然对三种正义观都进行了质疑（特别是前两种，又尤其是对第二种），但也并不是完全否定对方，而是提醒对方他们的正义观点是需要反省的。他真正的观点则要等到别人都说完了才说。

在讨论了这些正义观之后，《理想国》中的苏格拉底详细阐述了一种理想的正义观，那就是著名的哲学家为王，同时三个等级各自做好自己的事、各安其分、各尽所能的正义观。他尤其致力于高层以至最高层，详细说明了在护卫者阶层实行共产制，如何培养和训练他们，哲学家如何从中产生等。但是，按照一些学者的解释：仔细察看柏拉图的阐述，由最智慧者实行统治的理想几乎不可能真正实现，甚至柏拉图自己也认识到了这一点。它只是作为一种理想的概念，更为实际可行的较好政体倒可能是一种法律统治的政体。

当然，即便否定哲学家为王，某种“王圣”而非“圣王”的观念（即“因王而圣”而非“因圣而王”的观念），以及等级次序的观念还是会现实地在传统社会中保留。另外，我还以为，前面提出的三种正义观并非就被否定了，尤其是第一种常识正义观，它甚至可以说几乎包含在所有常态政体之中，即便能够实现哲学家或最热爱智慧的人为王，他也会维护这种基本的伦理和正义观，即保障交易的正义和忠于自己的共同体。即便作为护卫者的少数人实行共产制度，拥有私产的大多数人还是要交易的。国家肯定也要反对和惩罚诸如欺诈、撕毁合同的行为。它自身也要警惕以强权为正义的腐败，也要平衡强者和弱者、富人和穷人、少数和多数的利益。借用黑格尔的术语，这也可以说是一个“正反合”的过程，一个扬弃的过程。当然，对这三种常识正义观，柏拉图并不是等量齐观、同等看待，对第一种常识正义观，柏拉图似乎并不认为它是不对的，而是不够，所以，他后面就提出了自己的正义理论；而对第二种常识正义观，柏拉图显然认为它是不对的，它实际上是一种僭主的正义观；而对第三种常识正义观，柏拉图显然也意识到统治者需要得到被统治者的某种同意和认可才能长久地实行统治，以及社会必须各得其所才能和谐，所以他重在说服。

柏拉图的正义理论可以说既有一种古典性，又有一种现代性。所谓“古典性”，是指他提出一种等级加王制的正义图景，公民将被分为三个等级：大多数生产和经商的人、数护卫者阶层和最高的几位或一位“哲学王”，但这三个等级不是世袭的，而是选拔产生的。所谓“现代性”，是指他的理论并不像其他传统社会的等级王制理论那样，是在几乎没有民主制对照的情况下阐述的，而是在反省雅典的一种发达的民主制度之严重弊病的情况下提出和展开论证的，而民主恰恰也是现代社会流行的政体。所以，柏拉图的正义理论在今天也还有其“现实”意义。一个理论如果能够同时兼顾“古典性”和“现代性”，我们就可以说这样的理论还具有一种“普遍性”。

柏拉图的理论比较聚焦于谁来统治而非怎样统治的问题，这也和现代政治理论不同。传统社会更多考虑“由谁统治”，而现代社会更多考虑“如何统治”。而今天无论是“民主”的统治，还是“民意”的统治，都在不同程度上以多数人的意愿为旨归，在主导价值观上基本都接受以经济为中心，满足人们对美好的物质生活的愿望。这从近代以来“平等”的呼声大倡就发生了，价值平等将多数人的价值追求推到了首位。

我们再从反映了古人正义观念的古代法律的角度看看传统正义和现代正义的差别。从古希腊城邦到古罗马帝国，直至中世纪的王国法律，虽然实施的范围有宽狭，但反映在其中的传统正义的中心观念都是“各得其所应得”。这里要注意两个观念，一个核心的概念是“应得”（desert）：犯罪者应得或应受与其犯罪行为相应的惩罚，付酬或付劳者应当得到其所应当得到的收益或名分地位。还要注意其中的一个观念是“各”，它不是要对全社会进行统一的利益分配，而是要让其社会的成员各自得到他们的收益或惩罚。这“各”可以指群体，但归根结底还是落实到个人。

“各得其所应得”反映出传统的正义是一种“报的正义”，是“报仇”和“报酬”，但在“报仇”的方面，在建立政治秩序之后，不能是自行复仇，而只能是交由国家代为“报仇”；而在“报酬”方面，则主要是由个人或国家之下的次级群体自行交易，但是，国家还要尽量维护自愿和公平交易的平台。这样，前者就是一种司法正义，后者就是一种交易正义。国家不参与直接分配。政府当然要通过收税等手段来维护司法正义和交易平台的成本，还要负担抵抗外敌和国内救灾的费用，但它一般不负责人们交易之后全社会的二次或三次的再分配。

到现代社会，“应得”在主流正义理论中则渐渐失去了自己的道德含义，而“平等”则似乎被赋予了近乎“先天”的道德含义。在罗尔斯的“公平的正义”（justice as fairness）理论中，“公平”（fairness）实际意味着“平等”，而不是“fair play”的“fair”含义。[1] 对这整个“公平的正义”的理论，就是本书要着力讨论和仔细分析的。

当代西方评论罗尔斯正义论的文献数量颇为可观，却少见从历史文化角度对之进行的批评，其间的原因似不难发现：首先是因为作者声明他的理论是一种对假设的理想社会的正义原则的理性设计，非历史的概括亦非对现实的直接指导，因而从历史角度批评就有混淆不同领域的危险；其次因为作者和评论者都处在同一个文明类型之中，对某些已经历史地形成的重要理论前提就会视为定论而浑然不觉。

我在翻译完罗尔斯《正义论》的“理论”一编之后，也曾有意深入分

[1] “fair play”的含义大致是光明正大、恪守规则、公平竞争、不使用下作手段，只要胜负已定也不屑消灭对方的游戏，而它实际还暗含有不平等的意思——有些人是不配和我玩游戏（比如决斗）的。这个英文词组因为鲁迅的文章“论‘费厄泼赖’应该缓行”而相当流行，但鲁迅集中反对的只是其中不追穷寇或不打落水狗的意思。

析其阐述的某些具体问题，尤其是证明方面的问题，这些问题引人入胜，预许着虽不一定丰厚但却十分可靠的收获，而且，作为在另一个文明形态中成长起来的学术工作者，还特别有必要进行这种训练，但是，在读了一些包括像博弈论一类的论著之后，我却不得不中道而返，这自然与我的专业领域和自认的学术使命有关，但同时还产生的一种强烈感情就是：害怕自己陷入过分细微的枝节之论而忽视了更为根本的问题，所以，虽然我并不想贬低那种细致分析的意义，但它可能是我暂时无力承担也无权享受的奢侈。

所以，我想在别的评论者不会生疑的问题上质疑，在别的评论者认为一目了然的问题上开始，留意于他们不经意的东西，我想不离主航道，而暂不去探寻主航道两旁无数风景幽深的支流，而且我想尽量沿主流上溯，探寻它的源头，察看它与其他河流的汇合处，这也是不离大道的一个保证，也就是说，首先从历史文化的角度进入，努力去发现罗尔斯正义论的历史渊源，揭示它与西方历史上相关社会政治思想和观念的联系。

而且，作为一个中国学者，我们的目标肯定不只是解释。显然，我们有自己不同的历史形成的观念体系。而对每一个时代欲有所为的人们来说，也还有一个考虑如何使他们认为是正当、合理的观念进入自己所属文明的历史，从而成为这种历史的能动因素的问题。因此，即使是一本完全评论其他文明的著作，在那露出的冰山的峰顶之下，也还有一个埋在冰水里的巨大的峰体——那就是真正使他耿耿于怀的，他自己所属的文明。试图看清文明的差异、借鉴他人的经验而有所为，有什么比历史的审视更恰当的路径呢？历史的路最长，也最短。历史主义常被看作与理性主义相冲突，真理一沾上历史的边，就似有相对之嫌。这种看法最终会把真理逼入仅为形式科学（数学和逻辑）的狭仄范围，而我认为历史中仍有某种普遍的东西在，理性的任务就是去发现这种东西。

罗尔斯正义论的历史内涵虽不彰显，其理性主义和道义特征却很鲜明。他努力把思辨的概括和细致的分析结合起来，使他的正义理论成为一种完整、前后一致、互相证明的体系。因此，我想我的任务是首先使隐晦的东西变得明显，揭示罗尔斯的正义论与历史上的契约伦理思想的联系。

我将描述最初实际上是分离的契约和伦理是如何向两端发展的，它们后来才达成一种结合，并顺便要澄清一个由望文生义引起的误解：似乎凡使用了“契约”概念的思想就是后来社会契约论的源头。然后，我要分析契约伦理思想的两种主要形态：统治契约论和社会契约论。我还尝试在近代社会契约论的三个主要代表那里概括出一种正义原则的逻辑，在康德哲学中探寻现代正义原则的根据。

然后，我想直接进入对罗尔斯正义论的理论分析，联系当代西方其他主要的正义理论观点，来考察罗尔斯理论中道德优先、正义优先的特征，揭示其两个正义原则中蕴含着的内在冲突，以及他对正义原则的证明方法的特点和局限，并展示他的思想理论在《正义论》之后遇到的主要批评和自身发展，最后则提出我的一个结语式批评和对在中国建设一种正义理论的初步想法。

总之，本书对罗尔斯的研究既打算做一种历史的、文化的追寻，又做一种理论的、逻辑的探讨，当然，后者更为重要，且始终围绕着他的基本著作《正义论》进行。笔者期望，通过这种历史和逻辑的展示，我们将不仅能准确地理解罗尔斯正义理论的基本蕴含和倾向，也能深入地把握他的正义理论所继承的一种近代遗产和实质精神，并在此基础上产生出一些富有建设性的思想学术成果。

第一章　契约正义思想的历史渊源

“契约”本是一个经济学的概念，其本义和迄今主要的意思还是指商业的合同和约定，但政治契约也是可能的，国王可能和贵族签订协议，国家和国家也会订立条约。但是，社会契约却可能只是理论上的，政治协议或者宪法也许能够部分地反映某种社会契约的精神，或者说具有某种社会契约的意义，但是，全社会通过某种形式订立明确的社会契约而从自然状态转为政治社会其实是不太可能的，或者说只能在一个已是紧密的小共同体中实现，所以，社会契约论主要是一种理论上的探讨或虚拟的设计。但是，契约的精神，或者说“权力的统治或治理需要得到这个社会的人们的同意”的道德理念却可以体现在各种社会政治的制度之中，所以，我们还是可以讨论诸如契约伦理和正义的问题，而罗尔斯的正义理论的一个基本特点就是认为或者希望他的正义理论具有一种平等和共同的契约精神。

本章试图追溯契约正义思想的历史渊源。为此，需先阐明西方的“契约”概念所蕴含的、在汉语中所不具备的广泛文化历史内涵；然后，我们追溯古希腊时期的契约思想萌芽与社会正义及公民义务的思想，指出两者尚处在分离状态。契约观念和社会伦理两者在古罗马时期分别得到了长足发展：前者是通过契约法的形式，后者是通过自然法的形式。然而，两者的正式结合却有待各方面历史条件的成熟。到中世纪与近代之交的时候，时代才诞生了这种结合的第一个产儿——统治契约论，并使之成为现实政治的能动因素。

一、“契约”概念的蕴含

1.“contractus”的汉译

我们在探讨这种现在以汉语“契约”一词来标志的伦理思想时，有必要至少对“契约”这个关键词的传统含义，以及它与其在西方语种中的原名的关联作一番考察，我们也要考察这一概念如何在翻译中获得一种新的意义，即使这种意义并未在我们的现实生活中扎根和展开，我们还要考察最早的评介者对此种新意义的认识，看它和原义相差多远。哲学无疑不能归结为语言分析，但我们却有必要提高我们对语言的敏感度，并小心谨慎地使用它们。

“契约”作为一个社会政治概念在中国广泛使用，是于19世纪与20世纪之交翻译卢梭的《社会契约论》时开始的。此前，“契约”只有经济合同的含义。甚至在今天，我们在日常生活中也还是把它主要作为一个经济范畴来使用。我们可以在《现代汉语词典》中读到对“契约”的如下解释：“证明出卖、抵押、租赁等关系的文书。”在《辞海》和《中国大百科全书》的“法学卷”中，则只用一句话把契约解释为经济方面的“合同”，这是符合事实的解释。虽然，我们有时也在政治概念的意义上使用“契约”一词，但我们主要是在书本上，在介绍和讨论西方的一种社会政治思想时使用。这说明，有些外来的新概念或概念的新义，它们虽然进入我们的语言库，但并不一定就进入我们的历史成为一种能动因素，而另一些外来的概念却真正深刻地介入和激荡着我们的社会生活（如“民主”“科学”“阶级”“干部”等，虽然原来的含义可能又有所改变）。笔者在此并非要建议扩大契约概念的用法（一种概念和历史的因缘远非是一件如此简单的事），而是想指出这是值得研究的一种文化现象。仔细清理一下近百年来涌入汉语中的各种新概念自身的历史，或存或亡，或盛或衰，或常或变，将可以从中引出许多有意义的结果。

无论如何，近代学者在翻译卢梭著作中“contractus”时所用的“契约”一词，当时在汉语中只有英文“bargain”的经济含义，这也是勉为其难。然而，细心翻检古义，组成“契约”一词的两个字：“契”和“约”在古代却不只是有经济含义，《说文解字》释“契”：“契，大约也。”《周礼》郑玄注：“大约，邦国约也。”“邦国约”无疑是一种政约。此是以“约”释“契”，至于“约”本身，无疑亦与政治法律的意义相融，如“约法三章”“约纵连横”之约均是政约，“约法三章”是统治者与民众之间的契约，“约纵连横”是国家之间的盟约。因此我们说，单独看“契”“约”二字都有政治含义，合为一词才为一纯粹经济范畴。

“契约”的社会政治含义是在翻译西方典籍中获得的。1898年，上海同文译书局出版日本中江笃介用古汉语翻译的卢梭的《民约通义》（即《社会契约论》，但只是其中的第一编）[1]，这是《民约论》的最早中文节译本。而第一本由中国人自己翻译的中文全译本，则是由留日学生杨廷栋从日译本转译的。1900—1901年杨的译文先在《译书汇编》第一、二、四、九期连载，1902年，由文明书店、作新社等单位发行。

中国第一篇关于卢梭的论文，则是由梁启超撰写，于1901年11月21日至12月21日，在《清议报》上分三期发表，这篇文章以《卢梭学案》为题，实际上是法国哲学家阿尔弗莱德·富耶（Alfred Fouillée）的《哲学史》（*Histoire De La Philosophie*，1875年出版，1886年被译成日文）中卢梭社会哲学一节的忠实复述，梁启超仅加上了一个前言和四段按语。次年，梁启超又将此文以《民约论巨子卢梭之学说》为题，发表于《新民丛报》第11期和第12期上。

在此之前，卢梭的名字及其社会契约理论鲜为中国人所知，1876年出使英法的郭嵩焘在日记里曾提到卢梭。而大概是第一个阅读卢梭著作

[1] 此据熊月之：《中国近代民主思想史》，上海人民出版社1986年版，第307页。法国全国研究中心的玛丽安娜·巴斯蒂-布吕吉埃（Marianne Bastid-Bruguiére）所提供的材料略有不同，参见刘宗绪主编：《法国大革命二百周年纪念论文集》，生活·读书·新知三联书店1990年版，第56页。

的中国学者黄遵宪，曾回忆1879—1880年间初读卢梭之书的经验："明治十二、三年时，民权之说极盛，初闻颇惊怪，既取卢梭、孟德斯鸠之说读之，心志为之一变，以谓太平世必在民主，然无一人可与言也。"[1]但1902年以后，卢梭就声名大噪，民约同权等概念不胫而走，报刊作者的署名多见"卢梭之徒""卢梭魂""亚卢（亚洲卢梭）""女卢梭"。邹容以"卢梭诸大哲"的后继者自居写成《革命军》，并"请执卢梭诸大哲之宝幡，以招展于我神州土"。同盟会机关刊物《民报》第一号即用卢梭画像作为封面内页插图。相反，最早介绍卢梭的梁启超却转而对卢梭采取了有所保留的态度。

卢梭社会契约思想产生巨大影响的另一表现，则见于一些学者从中国历史文化中寻找与卢梭思想"同源合拍"的因素，1903—1904年冬，刘师培与林獬合著成《中国民约精义》，分上古、中古、近世三卷，共五万余言，辑录了中国历史上《尚书》《诗经》著作和墨子、孟子、柳宗元、王夫之、黄宗羲、唐甄等人有关民本、天下为公等思想的言论180条，"证以卢税（梭），考其得失"。在其他作者那里也有这种附会的比较，而尤以将黄宗羲类比于卢梭的情况最为多见。如陈天华在其小说《狮子吼》里写过这样一件事：学校里一个新派的总教习，在向学生宣讲专制主义的起源及恶果时提及《社会契约论》，听众哀叹中国没有产生一个卢梭，教师回答道，中国确曾有过一个卢梭，他比卢梭出生早得多，更有学问，更有德性，此人即黄宗羲，然而法国在卢梭之后接着产生几千名"卢梭"，而中国卢梭则绝无仅有，因此黄的著作没有产生什么影响，这时听众宣誓要实现黄宗羲的学说。[2]

通过上面的材料，我们可以看到：中国人在20世纪初主要是通过卢梭来理解作为政治概念的契约和接受社会契约理论的。今天，我们自然知道卢梭和黄宗羲的差别，也清楚卢梭在西方契约论中所占据的一个特殊地位，但我们自然不宜以近百年后的这些知识来苛责前人。问题在于，在尚没有充分理解卢梭之前，国人就把他作为冲击清王朝的尊神拉上阵了，这

[1]　《新民丛报》第13期（1902年4月），第55页。

[2]　《陈天华集》，湖南人民出版社1958年版，第114—115页。

种过于紧扣时代，也太以我为主的态度也许还延续到了今天，故我们不能不对此有所警惕。因此，采取一种历史主义的态度来看待和研究西方人文学者的理论观点，不失为一种防止大的偏差和误解的办法。过于紧扣时代的另一表现是以别人为主的亦步亦趋，紧盯着西人最新的主义、思潮、理论、观点，以为如此方能介入西方文化而获得一种世界性，或给中国的问题找到最新的灵丹妙药，这显然低估了中西文化传统及所面对问题的相异程度，殊不知有时反倒是似乎"过时"的西方思想，或比较古老、已融入他们的制度和生活而不显新奇的政治智慧，更能给我们以借鉴和助益，故防止这种时代病的办法也是要诉诸一种较长远的历史观。

总之，虽然传统的"契约"是一纯经济概念，而当近代中国学者以"契约"一词翻译"contractus"而使之获得一种社会政治含义时，他们对西方契约理论的认识也还处在一种边缘状态而未深入其核心，但是，我们还是可以说，"契约"与"contractus"在字典给出的意义上还是一致的，它也不会阻塞我们进一步认识"contractus"的广泛文化历史内涵的道路。

2."contractus"的广泛内涵

字典的意义

汉译名"契约"在英文中的原名主要是"contract"，是指几个人（至少两人）或几个方面（至少两方）之间签订或达成的一项协议，意在做什么或产生什么。有时，西方作家为了表示对某一方面的强调，或者以示与其他用法的区别，不用"contract"而用意义与其相似的词（如洛克用"compact"，英译《圣经》则一般用"covenant"）。

"契约"在法文中是"contrat"或"pacte"，在德文中是"Vertrag"或"Kontrakt"。它们与英文"contract"的意义大致相同，其共同的渊源均可追溯到拉丁文"contractus"。

如果仅仅从字典上给出的那种表层的、形式的意义来看，经中文"契约"一词来译"contract"基本上是贴切的，并不会使我们产生误解，我们知道这指的是一件什么事。问题出现在更深的层面上，在那里中西文化的差别就充分地显示了出来。一个词或者概念除了字典所给出的那种直接的表层的意义，还有着深刻的文化内涵（或者说百科全书给出的意义）。这些文化内涵是长期历史发展的一种结果，而我们现在所重视的、所要揭示的正是隐藏在契约概念后面的这种文化内涵。

百科全书中的意义

在西方，系统的、以法律形式固定下来的契约概念首先是在罗马法中出现的。在此，说它是法律概念主要是就它的形式而言，而从它包含的内容来看，以及从契约被形诸于法之前的长期历史发展来看，契约又是一个经济的概念。它涉及债，是双方当事人以发生、变更、担保和勾销债的法律关系为目的的协议。

至于契约论的思想则可以追溯得更远，我们可以追溯到古希腊的智者，以及伊壁鸠鲁等，他们都有把法解释为一种契约的倾向，以契约来解释法的起源，这已经含有后来有关社会和政府契约观念的萌芽了。而在《圣经》中，我们甚至发现了神圣的契约。《旧约》即是指上帝与人、与部落首领或王（如诺亚、亚伯拉罕、大卫王……）订约的记载，契约在此又作为一个宗教神学概念出现。

当然，最有意义的，也是我们想主要考察的，是作为一种社会政治概念的契约。也正是在这方面，社会契约的思想不仅仅作为一种概念出现，而且作为一种 17 和 18 世纪在西方社会政治思想中占据了主导地位的，并激发了社会改革和革命的影响巨大和深远的政治理论出现，在这一理论中，契约被解释为社会和国家起源的合理根据，被解释为政治权威的合法基础。

康德也谈到作为政治权利和义务根源的一种原初契约，但他排除了这种契约的历史真实性，而是把契约仅仅作为一种逻辑的抽象、一种理性的观念。他认为道德原则是理性选择的目标，它不仅是为所有人接受的、普遍有效的，而且是公开的，而这种普遍的道德立法又是在人作为自由和平等的理性存在物的条件下被一致同意的，是一种意志的自律。这与他的整个哲学体系相联系，就使契约的概念带上了一种哲学本体论的内涵。

在 20 世纪，把契约论观点主要作为一种哲学伦理学理论提出来的有 G. R. 格赖斯（Geoffrey Russell Grice）等。然而真正深刻、全面地从伦理角度阐述和发展了契约论观点，从而在某种意义上可以说复兴了契约论的是罗尔斯。罗尔斯进一步概括了洛克、卢梭和康德所代表的社会契约论，使之上升到一种更高的抽象水平。他不是借助于契约的观点来解释社会和政府的起源和基础，而是提出两个应用于社会基本结构的道德原则（正义原则），认为它们是处在一种虚拟的原初状态中的人们合理的选择对象，亦即他们在建立国家前将要共同同意的契约。并且他认为以此为先决条件，可以再进行个人道德义务和职责的演绎，进行对那些指导国家之间关系的道德原则的演绎。换言之，经过霍布斯的公民哲学、洛克的政府理论、卢梭的民权学说和康德的理性律令，一种社会政治的契约理论在罗尔斯这里发展得更全面、更系统了，并且带上了更突出的伦理学色彩和更鲜明的道义论特性。罗尔斯的契约伦理学说是以正义论（社会基本结构的伦理）为核心的，然后它又可以扩大到个人与个人之间的关系和国家与国家之间的关系，在这个意义上，可以说，罗尔斯是契约伦理思想的集大成者，契约论成为他建立其伦理学体系（首先是正义论体系）的逻辑根据和基本方法。而社会契约论者（尤其是洛克与卢梭）通过这一理论所主张的某些社会理论的基本价值观念，也作为道德常识和直觉潜存于罗尔斯的正义理论之中。罗尔斯的正义论较为集中和全面地表现了契约作为一种哲学伦理学概念的内涵，它不仅反映了契约理论通过近代几百年发展而形成的文化成果，同时又是使这种理论在新的基础上复兴的一种尝试。

这就是契约概念在西方的大致历史演变，它在这种历史演变中，保存了一些旧有的含义，又获得了一些新的含义，在我们面前，就出现了这样四种契约概念：

第一，作为经济法律概念的契约，这主要见之于罗马法；

第二，作为宗教神学概念的契约，这主要见之于《圣经》；

第三，作为社会政治概念的契约，这主要见之于中世纪末的反暴君理论家和近代霍布斯、洛克、卢梭等人的著作，其更早的发展还可见之于古希腊罗马思想家；

第四，作为道德哲学概念的契约，这主要见之于罗尔斯，而康德则可以说是其先驱。

在中国历史上，契约则主要是作为一种经济范畴起作用，不曾有过其他三个方面的系统含义：不曾有过社会政治、宗教神学或者道德哲学方面的契约理论，甚至在经济领域内，就跟商人阶级一直言微力轻一样，契约关系和契约观念在历史上也一直没有占据最突出的地位，其法律形式相对于罗马法来说也尚不完备和明确。契约性的商品经济不是经济生活和经济关系的主流，严守契约的态度可能变成拜金主义和冷酷无情的代名词。在社会政治方面，契约思想并非没有萌芽，但它绝没有形成一种推动历史运动、改变历史进程的系统理论。契约的思想也没有踏进过哲学和伦理学的殿堂。这种对照意非褒贬，却可以帮助我们了解西方“契约”概念之内涵的广泛性。

结构要素

现在我们从历史的视角中撤出，转而考察上述各种“契约”概念包含着一些什么样的共同结构要素。

第一，“契约”概念意味着订约主体或者当事人为多数。既然订立契约本身意味着契约必须至少在两方之间进行，契约的主体就必须是两个或两个以上，换言之，契约意味着一种人际关系和交往。

第二，“契约”概念还意味着某种目的或对象，意味着要做（或不做）什么，或者产生（或不产生）什么。这些目的就成为动因，没有它们就不会产生契约。

第三，“契约”概念意味着某种程度上的一致意见，契约本身就意味着契合，意味着一致，它一定含有某种共识或合意的因素，这是使契约得以生效，使其真正成为一种有约束力的契约的一个基本条件。

第四，“契约”概念意味着某种形式的允诺。这正是契约的实质内容。这种允诺可能是单方面的，但更常是双方面的或多方面的；可能是明确的，也可能是隐含的，可能是成文的，也可能是不成文的，但一定要有基本允诺的因素在，才能构成契约。

最后一条就是：由同意和允诺又产生某种义务和责任，产生某种自愿施加的约束，而一方的义务、约束则又暗示着他方的权利。

以上五条大概是契约最一般的要素了。

当然，对于不同的契约概念，还可能有一些不同的构成要素，例如，在罗马法中，对作为经济法律概念的契约的形式伴有这样四则规定：

第一条，当事人必须具有订立契约的能力。由于当事人各方负有履行契约的义务，所以必须具有担负义务的能力，才可能作为契约的当事人。这样，未成年者、精神病人就被排除在外了。

第二条，当事人必须表示一致的意见，即须有协议。

第三条，必须具备法律上认可的方式，例如“神前宣誓”或者订立“文书契约”。

第四条，必须具备法律认可的成立债权的原因，就是要以给付行为的原因为要求，作为契约成立的要素。

这样，我们就看到：作为经济法律概念的契约，既包含了我们所说的契约的一般要素（主体为多数、动因、合意、允诺、责任），又包括了它特有的因素，例如强调主体能力、强调法律方式、以债为对象等等。

我们不欲再仔细分析其他类型的契约概念，我们更感兴趣的是从契约的一般形式要素中可以自然地引申出来的一些具有文化意蕴的推论，这些推论在此是逻辑的，但它和契约的发展历史亦有某种相合。

逻辑推论

从契约主体或当事人方面看，订约人必须是多数，必须在意见一致的基础上形成允诺和责任，这就意味着：一方面我们要考虑到人与人之间的关系和交往，契约意味着某种社会性，意味着主体不是孤立的、不发生联系的个人；而另一方面，契约又以独立、自主的个人为前提，否则就谈不上达成协议、表示允诺了。因为协议本身就隐含着达成协议之前的意见是分离的甚或歧异的，所以，契约常常一方面被看作社会性的，被解释为人类从原始的自然状态进入文明的社会状态的一扇大门；另一方面又常常被认为以个人为主体、为前提和基础，它强调的不是整体，而是个体，它注重的与其说是社会的有机生长性质，不如说是社会的某种机械结合性质。个体并不是作为一个有机整体生命的一部分而存在，他们有自己独立的理性、欲望和要求，他们的社会结合只能通过他们的协议来达到。所以，在历史上，契约论一方面对近代西方民族国家的形成和发展，对公民意识和公民义务观念的孕育和巩固起了巨大的推动作用，另一方面，又常常成为抵御君权神权乃至一切威胁个人自由的政治权力的强大堡垒。而它在后一方面的意义则更为明显、更为深远。

契约还意味着主体的选择，因为在订立契约的过程中实际上总是面临着多种可能性：首先为是否订立契约，然后是订立什么样的契约——进入哪一种特殊社会、建立哪一种特殊政体，或者确立什么样的道德原则作为社会基本结构的正义原则。从而，契约就意味着要以某种主体性、某种能动性作为其成立的基本条件。

在契约的动因方面可以引出这方面的推论：订约的各方的关系或利益既有矛盾冲突或者说不一致的方面，又有和谐互惠或者说可统一的一面。因为，正是由于有矛盾的一面，才产生订约的必要性；正是由于有和谐的一面，才产生契约的可能性。人类社会实际上就是要处理若干个人或团体在分享社会合作产生的利益、分担社会合作所需要的任务方面的冲突，这又暗示只有按所有各方都同意的原则来处理才算恰当。而这种正义原则又和某种社会理想联系在一起，因此，我们可以说，契约论在历史上和理想主义有着某种悠久而巩固的联系。

在同意或者说合意方面，契约须得到一致同意的条件则暗示着各方是自由和有理性的存在。订约各方必须是自由的，他们的订约行为必须是自愿的行为，否则就不是契约而只是强权和暴力了，各方的自由还体现在他们对契约内容的选择上。再者，要达到意见一致，就必须诉诸人的理性，就必须提出理由，进行合理的推理，最后达到合理的选择。契约不可能在无理性的各方之间达成。所以，社会契约论在历史上一向是具有理性主义传统的，它甚至弘扬一种先验的理性，以一种普遍的自然法理论为根据，与自然法理论共衰荣。这使它受到后来经验主义性质的功利主义和历史主义法学的攻击，但它对西方人形成那种法律至上的观念却起了进一步的推动作用，使实在法有了一种先验甚至神圣的依托，法治成为顺理成章的事情。另外，一致同意的要素还意味着各方知道，也知晓对方知道他们所要同意的东西，知道那要给他们规定权利和义务的条款，这些条款对于他们都是公开的、透明的。

在允诺和责任方面，人们可能会注意到，允诺一般都是有条件的，一方的允诺往往以另一方的允诺为前提，换言之，允诺是相互的，这也使人容易看到各方相互依存又相互矛盾的性质和互利互惠的可能性，看到权利与义务是结为一体的，没有无权利的义务，也没有无义务的权利。而且，对允诺还有一种意义深远的解释是：当一方不履行他的诺言、不履行契约给他的规定条款时，他就破坏了这一契约，另一方也就可以宣布这一契约无效，同样不再履行他原先的承诺，收回自己原先让渡给对方的权利。这一解释往往成为论证推翻君权合理合法的一个根据，成为引发改革乃至革命的一个契机。此外，允诺还使人注意各方承受诺言的可能性，而应用到社会制度方面就需要考虑到制度可行性。例如，一种不管现实的苦难而允诺一个遥远的、美好的“千年王国”的理论，看来就不是现在的人们所能接受的。可行性远非一些人所认为的只是一个策略问题，而是涉及人性的一个基本问题，如果不讲可行性，几乎一切有关理想的理论都可以说是好的。

以上只是大致举出“契约”概念在社会伦理方面的一些推论，这些推论实际在历史上也都有所表现，讨论这些内容有助于我们把握契约伦理的一般特征，而这一步的阐述则还需要在联系具体理论中展开。

二、古希腊的契约伦理思想

英国学者 J. W. 高夫（John Wiedhofft Gough）认为社会契约论的源头一方面是《圣经》，另一方面是斯多业哲学、罗马法直到古代希腊思想。英国另一位著名思想史家恩斯特 · 巴克尔（Ernest Barker）认为社会契约论的源头有三：《圣经》、罗马法和亚里士多德的《政治学》。两人意见大致接近，除了神圣根基的源头之外，世俗的源头都要追溯到古希腊。然而，在这一时期，解释社会、国家和法律起源的契约思想，实际上却和毫不含糊地坚持根本的伦理原则、坚持公正的道德主义相分离，“自然”与“约定”的争辩明确地揭示出契约与伦理的分离；苏格拉底坚持了一种不与相对主义和实利倾向妥协的道德立场，然而他所阐述的尚非社会制度的伦理原则，而是个人对社会、国家和法律的道德态度，属于个人伦理而非制度伦理的范畴；柏拉图与亚里士多德都坚持政治制度与道德有着不可分割的联系。国家与法律都必须合乎正义，然而由于受“人是政治的动物”、国家是人类本性的自然产物的思想支配，古希腊思想家并不甚关注社会和国家如何由分散的个人通过契约而构成的这类合理性起源问题，而是直接去探讨国家正义问题，至于伊壁鸠鲁的功利契约论，虽然可以说是古希腊论述最为周详的契约论，却由于将其完全置于快乐和功利的基础上而丧失了一种内在的道德精神。

1. “自然”与“约定”的争论

公元前 5 世纪下半叶正是智者活跃的时代。此前，哲学家们主要关心的是自然，他们仰望天空，俯观大地，探问自然界万物统一的本原是什么，探寻变化的自然界中某种恒久的东西。到智者活跃的时代，哲学的普遍兴趣开始转向人，致力于认识人自身，包括人的社会生活和政治事务。人们注意到自然秩序和社会秩序的差别，注意到自然的某种齐一性、稳定性，恰与人事的复杂多样和变动不居形成对照，这促使哲学家们思考，是否有可能在这种变化纷呈的社会现象中寻找到某种自然的，或永久不变的原则呢？这是自正面言之。而从反面来说，则是人们对原本深信不疑的法律的合法性产生了怀疑：人间的法律到底是怎么来的，根据什么它才具有一种使人必须服从的权威性？这就导致在雅典人中间广泛展开了一场讨论，即有关“自然”与“约定”的讨论。

“自然”在英语中为“nature”，含有“自然之道”“天性”“本性”之意；“约定”在英语中为“convention”，含有“风俗”“习惯”“协定”

之意。在有关“自然”与“约定”的讨论中表露出两种倾向：

一种倾向是通过把“自然”与“约定”联系起来考察而在两者间形成一种鲜明的对照，其援引了自然界自然规律的思想，认为“自然”代表永恒普遍的正义，与神的法律结为一体，它是恒久不变的，是人类和宇宙固有的；而“约定”则是人为的、多变的、靠不住的。这种看法易引起人们对遵循约定、遵循人间法律的怀疑，并为批判政治和法律中的弊端提供最高标准。例如，智者安提丰、希比亚都持类似的观点，他们将人间的法律（即“约定”）与“自然”对立起来，肯定“自然”而否定某些法律，尤其是那些不平等地对待人的法律，甚至以“自然”的标准作为批判奴隶制的武器，但是，也有个别智者则又把“自然”解释为“弱肉强食”。这说明，在此对“自然”的解释还不像后来的自然法那样确定、那样明白无疑地肯定道德，肯定每个人的自由生存和平等。

但推崇“自然”的一派本质上是强调道德的，它为后来发展的自然法理论做了某种铺垫，因为所谓自然法，实际上就是道德法、正义法。这一自然法的根源后来常被看作神圣的，对所有人都有约束力，具有最高的道德确实性，后来的社会契约论实际上主要是循着这个方向发展起来的。

另一种倾向则认为没有必要假设有那种自然的、永恒不变的有关正义和权利的法则存在，正义本身就是一种约定和惯例，它唯一的根据就是国家本身的法律，如果再追溯下去，它的理论根据只能在立法者的利益中去寻找。这种正义观具有某种相对主义的倾向，但它也有助于一些哲学家否定那种认为奴隶制符合自然主义的看法，这种倾向在智者中间比较盛行，也可以说是后来的时代（尤其是当代）相对主义、经验主义的正义观的一个源头。

考察智者们的正义观是有意义的。例如，色拉叙马霍斯认为：“在任何国家里，所谓正义就是当时政府的利益。”[1] 政府制定的法律代表着统治者的利益。而另一个智者卡利克勒斯则对国家的法律持一种相反的看法，他认为：“法的制订者是占人口大多数的弱者。他们制订法规，着眼

[1] 柏拉图：《理想国》，郭斌和、张竹明译，商务印书馆 1986 年版，第 19 页。

于自己和为自己的利益而表扬和谴责，威胁那些较强的和能够胜过他们的人。”[1] 但他同时也认为自然和正义是强者的权利，强者强到足够程度，就可以把那些弱者制定的法律统统踩在脚下，色拉叙马霍斯和卡利克勒斯两人的共同点是：他们都只用利益来解释正义，从而正义就是相对的了。罗尔斯后来依据道德契约论批判功利主义的一个有力论据就是认为功利主义没有直接植入一种道德理想，从而就存在着一些人以最大社会利益之名而践踏他人基本自由权利的危险。

而有趣的是，契约论的思想萌芽早期却常常和功利主义，甚至利己主义结合在一起。我们在亚里士多德的《政治学》中看到，智者吕科弗隆认为："法律只是一种约定……'一种互相保证正义的约定'。"[2] 更早些，我们在智者安提丰的《真理篇》"残篇"中也读到认为法律规范是依契约制定的看法。"正义"来自法律，法律来自约定，而约定则基于利益——且非后来功利主义所说的普遍利益，而是私利——或者是少数强者，或者是多数弱者的利益。契约论的概念出现了，然而却没有与道德结合在一起。这种结合看来还有很长一段历史路程要走，要等到这两端都得到更为充分的发展。而在古希腊，强调道德正义这一端正是由苏格拉底、柏拉图、亚里士多德等人发展的，强调功利契约的这一端则在伊壁鸠鲁那里得到了较为完整的表述。

2. 苏格拉底的契约义务论

在柏拉图的《克力同篇》中，作者为我们提供了一个从契约引出政治和道德义务的范例。苏格拉底被不公正地判处死刑后羁于狱中，一天，他的朋友克力同来见他，告诉苏格拉底死刑执行已迫在眉睫，而克力同已为苏格拉底安排好一个逃往国外的机会，劝他离狱逃走，苏格拉底却提出了如下一些理由：虽然我有离开雅典的可能，但如果70年来一直居住在这里，并享受雅典法律带给我的好处，那么我实际上就是和我的国家订有一

[1] 柏拉图：《高尔吉亚篇》，参见梯利：《西方哲学史》上册，葛力译，商务印书馆1975年版，第58页。

[2] 亚里士多德：《政治学》第三卷，第九章，可参见北京大学哲学系外国哲学史教研室编译：《古希腊罗马哲学》，生活·读书·新知三联书店1957年版，第144页。

种契约了，就是默认了我们国家的法律，承认了国家和这里的人们合我之意，而现在当人们按照法律判处我死刑时，我怎么能在法律给我好处时我就遵循它，判我死刑时我就违反它呢。况且我在法庭上已承认审判的结果，这又是订约的证据，订约后转瞬背约，岂不是荒谬吗？所以我不能够逃走。

苏格拉底还提出了一些其他的理由，包括功利的理由，而这则理由却最有说服力、最具道德色彩，它暗含着一个一般的道德原则：公民应当遵守他与国家、法律所订的契约。如果细细分析下去，在这个原则之后还有一个更一般的道德原则：任何人都必须信守诺言。如果再问，我们为什么要信守诺言呢？也许可以这样说，因为这是我们曾经自愿同意的，我们不能背弃已经同意过的东西，否则就违反了人格的统一性等。但是，对这样的解释实际上是可以继续发问的。这里，我们遇到了一个类似于当代英国伦理学家 H.A. 普里查德（Harold Arthur Prichard）的困惑，即如果不求助一个先验的、一般的允诺或者有关遵守协议的协议，不诉诸一个先验的有关忠诚的信守诺言的道德原则，怎么能够解释和证明一个人必须遵守自己的诺言或者遵守协议这样一种道德义务呢？

所以，我们说，有关契约的思考一开始实际上就涉及契约论的一个关键问题，一个关系到契约论根基的问题：使契约得以生效、义务得以履行的一个先决条件是必须预定一个道德忠信原则的成立，而这个原则本身又如何证明呢？它是否还是只能像直觉主义者所理解的那样仅具有一种先验的、自明的、无可解释的真理性，至此就不可能往前追溯了呢？

事实上，后来罗尔斯的正义论也碰到这个困难，从逻辑上说，契约要成立并产生道德约束力必须先假定一个道德忠信原则的正当性。但是，按照罗尔斯的理论，所有的道德原则又都是必须通过契约来证明的，这样看来就陷入一种自我循环了。

我们暂且不讨论这个问题，虽然还是要把它们放在心里，让我们继续分析苏格拉底的范例。第一，我们看到，在这一范例中，苏格拉底谈到的他与国家的契约是一种隐含的或默会的契约（implicit or tacit contract），是以一种居住在这个国家的行动来默认这一契约，但这种默认是应当以有迁徙的可能和便利为前提的，这一条件在古希腊各城邦的公民那里也许是具备的，但对现代民族国家中的公民来说是可以怀疑的。因此，在什么条件下以什么行动或语言表示（例如在获得公民资格时宣誓）就算是承认（明确或隐含地承认）了个人与国家的法律，这还是一个大可争论的问题。在西方，以契约式的同意来论证义务有着悠久的传统，但在论证的方式和目标上却有许多不同。在此，苏格拉底的这种“隐含”承认即负有如此义务的观点，无疑是对公民义务的一种高层次的要求，同时也反映出苏格拉底尊重法律，以法律为至上、至尊、至贵的观念和精神。第二，我们看到，也许正是由于这种尊重法律的精神，使苏格拉底引证契约不是用来强调公民反抗不义统治的权利，而是用来强调公民服从判决的义务，即便判决是不义的。这和近代的统治契约是大相异趣的，后者多以契约来论证公民权利而非义务。第三，这里的契约思想并不欲对社会和国家的起源做出解释，这也是与后来的契约论的一个显著区别。

3. 柏拉图与亚里士多德

在柏拉图那里，值得我们注意的是这样一种观点，即他认为制度是从城邦公民的习惯中产生的，制度反映着公民性格，所以有必要在考察国家的德性之后再考察个人的德性，因为我们对前者看得更清楚，他的《理想国》实际上就是尝试通过认识城邦、国家的正义来认识个人的正义。这种尝试虽然有时不免牵强，因为国家并不是个人的简单扩大，个人也不是国家的按比例缩小，但就他把国家与个人、政治与道德联系起来这一点却甚有意义，有助于提醒人们从人的社会、政治生活中去考察人，并且，暗示了改造个人道德的一个途径也许就隐藏在改造社会政治制度的实践之中。而契约论也正是一种联系政治与道德、国家与个人的合适而便当的途径，是一种可用来以道德原则评价政治制度，同时又通过改造政治制度来促进道德的理论武器，虽然这种方式也带有某种危险。当然，柏拉图否认功利契约论，因为这种契约论没有给内在的实质性的道德正义留下地位，有堕入道德相对主义的可能。自然，柏拉图所梦想的那个哲学家为王的理想国本身从可行性上看也很难说是可取的，而几乎注定总是保持一种乌托邦的形式，因为它和现在融于西方许多国家政府的一个道德信念是不相容的，即政府的权力必须来自被统治者的同意，必须基于某种隐含的契约（不一定用契约的合法述语）。

对于古希腊另一位思想家亚里士多德，我们感兴趣的则是他所论及的理想政治与现实政治的关系。关于理想国家的论述构成了他《政治学》的一个重要组成部分，而所谓政治理想往往就意味着引入一定的价值因素，意味着上升到哲学伦理学的角度来考察政治。当然，亚里士多德比他的老师柏拉图更带经验主义倾向且更具现实感，他也未忽略对于实际政治和政治技巧的讨论。我们前面说过，契约论是一种具有非历史特征的、理想性质的社会政治理论，这种理想性质的理论究竟有没有意义、有何意义，至今仍然是西方思想领域中争论的一个课题。

柏拉图与亚里士多德的意义在于：首先，他们是思想体系的大师，正是通过他们，后来的形而上学、政治学、伦理学等才正式形成系统的体系化的学科，他们提供了一整套的概念和理性建构方法，直至今日罗尔斯建构其首尾一贯的正义论体系时在概念与方法上仍受其赐；其次，他们由个人德性转到社会伦理，详尽地探讨了基本制度和国家法律配制的正义原则；最后，他们也明确地反对相对主义，认为道德正义含有客观的、普遍的、绝对的内容。与苏格拉底相比，在他们那里，学院的空气浓厚了，研究的领域扩大了。他们仔细考虑了制度与道德的关系，但并非以契约的形式来考虑。

4. 伊壁鸠鲁的功利契约论

与功利主义结合在一起的契约论最充分和最典型的表现可见于伊壁鸠鲁的哲学，伊壁鸠鲁把正义与契约直接联系起来，他认为：正义不是一种独立存在的东西，而是在互相交往中、在任何地方为了不伤害而订立的契约。这样，对于那些没有参加订立这种契约的个人和民族来说，就无正义和非正义可言。伊壁鸠鲁把契约看作基础，而把有益的原则看作目的。有利与否甚至被他看作评判法律是否符合正义的一个根本标准：一件事一旦被法律宣布为正义，并且被公认为有利于人们的相互关系，就变成真正正义的事，不论是否被普遍认为正义。相反，一件事即使为法律所肯定，但并非真正有利于社会关系，就不是正义的。原先正义的事情随着利益的变迁又可能成为非正义的。在利益这一点上，正义对于每个人都是一样的，因为正义对每个人而言就是相互交往中的一种相互利益，而地点或其他情形不同，正义又都会有所变迁。

在伊壁鸠鲁这里，正义是围绕着功利旋转的，契约是以功利为价值目标的。严格说来，这种契约论并不是道德契约论，并没有形成一种契约伦理，因为这里的伦理原则、正义原则完全是相对的，没有独立自足的确实性。伊壁鸠鲁这种反映在社会政治领域中的重视功利的观点，无疑和他强调感觉经验的哲学认识论，以及强调快乐的伦理价值目标有着密切关系，功利最终被归结为个人的快乐感受。他认为当道德不产生任何快乐时，就可以唾弃道德，唾弃人们给予道德的那种空洞无谓的赞叹。黑格尔对伊壁鸠鲁这种道德理论的最终的非道德性质有过一个评论："如果我们考察伊壁鸠鲁道德学的抽象原则，我们的判断只能说它很不高明。如果感觉、愉快和不愉快可以作为衡量正义、善良、真实的标准，可以作为衡量什么应当是人生的目的的标准，那么，真正说来，道德学就被取消，或者说，道德的原则事实上也就成了一个不道德的原则了；——我们相信，如果这样，一切任意妄为将都可以通行无阻。"[1]

伊壁鸠鲁哲学对后来的社会契约论者的启发，与其说是来自他的伦理学，不如说是来自他的原子论。这种原子论中所隐含的个体主义可以说影响了后来的社会契约论者否定社会有机体的说法，而强调社会是由分散状态的个人结合而成的观点。但这种影响也不是直接的，而是经过了曲折迂回的许多中介。伊壁鸠鲁的契约思想实际上在很长一段时间内成了断潢绝港，罗马法中契约概念并非来自伊壁鸠鲁的思想，而是扎根于现实的经济关系。到近代社会契约论兴起时，它也主要是从罗马法中汲取有关契约的一套名词概念。至于后来功利主义的著名代表如边沁，他也不通过非道德

[1] 黑格尔：《哲学史讲演录》第三卷，贺麟、王太庆译，商务印书馆 1959 年版，第 73 页。

含义的契约概念表述自己的思想，而是对当时已经含有道德理性含义的契约概念采取了批判和否定的态度。

总之，契约思想在整个古希腊哲学中还处于胚胎形态，粗糙而笼统，前述的功利契约论后来并没有大的发展，或者说，它是朝着功利论而非契约论的方向发展。但是，这种契约概念本身的出现及功利契约论的发展，有关“自然”和“约定”的讨论，还有包含在苏格拉底的隐含的人与国家的契约思想中对于道德和理性的推崇，以及柏拉图、亚里士多德对政治社会的正义原则的探讨，都为后来的契约伦理思想的成长提供了资源。但正如我们的分析所揭示的，契约与伦理并没有结合到一起，而是处在分离的状态。对社会制度的起源和原则的解释，与对道德正义的内容和标准的论证，还在各自孤立的情况下发展。我们还可以大致这样说：近代的社会契约论与某些智者、伊壁鸠鲁的功利契约论在契约的形式和概念方面的一致性并不是很重要，而从苏格拉底、柏拉图甚至亚里士多德那里承继的一种内在的精神——推崇道德和理性的精神才最有意义。这种精神在近代自然法理论中发展得最为明显。

三、古罗马：契约法与自然法

契约与伦理的结合是在古罗马至中世纪这一漫长的历史时期渐渐发生和完成的，开始是两种互相分离的潮流，一种源于古希腊的思想家，强调一种内在的道德精神；另一种根于现实的经济土壤，申明一系列外在的法律义务；然后两种潮流慢慢地汇合到一起。内在的道德精神要求以法律的形式体现自身，而外在的法律义务则希冀获得一种可靠的道德根据，这就是它们自身发展的逻辑。它们的结合是通过法律促成的，这使契约伦理的注意力一直紧盯着社会与国家的领域，契约论不外是制度伦理或政治伦理。一开始这种结合的性格可以说是温顺的，为现存政治秩序服务的，到中世纪晚期却开始具有了反抗和否定的色彩。

1. 古罗马的契约法

谈到契约史，尤其古罗马时代的契约史，很难不理会英国法律史学家亨利·梅因（Henry James Sumner Maine，1822—1888），这不仅因为他对古罗马契约发展史有独到的分析，还因为他由此做出了一个著名的论断："所有进步社会的运动，到此处为止，是一个'从身份（Status）到契约'的运动。"[1] 他从生长的观点看待契约，看待契约关系和观念与近代思想的关系，并把历史与理想、事实与价值、法律与道德进行区分，在此区分的基础上，再考虑它们的联系。他注重历史，但也注重理性的作用，甚至可以说他的名著《古代法》就是以一种明晰的洞察力写就的，这在当时相当难得，我们现在就主要依据他的著作来阐述古罗马的契约史。

梅因在《古代法》中首先指出了 17 和 18 世纪盛行的社会契约论与自然法理论的非历史性质，对当时流行的政治理论中的"先天主义"进行了攻击，其批判的锋芒涉及"自然平等的教条"（第四章）、"幻想的自然状态"（第五章）、"社会契约的梦呓"（第九章）。他批评一般人爱好"自然法""契约论"，而很少踏实地探讨社会和法律的原始历史。"自然法"混淆了过去与现在，这在逻辑上意味着有一个一度由自然法支配的自然状态，而自然法从实际效果讲是近代的产物。他尤其批评卢梭的社会契约论，认为卢梭的理论虽然是源自罗马法学家的理论，但是在卢梭这里，所研究的主要问题已不是"自然法律"，而是"自然状态"（state of nature）。卢梭相信，一个完美的社会秩序可以求之于单纯的对自然状态的考虑，这种社会秩序与世界的实际情况完全不同。卢梭重视并美化自然状态的观点，与尊重自然法的古罗马法学家的意见分歧巨大。前一种是痛责现在，因为它不像理想中的过去；而后一种，假定现在同过去一样的必要，因此也就不轻视现在或谴责现在。前一种观点是非历史的、革命性的，后一种观点虽然认可进步，却有一种谨慎的性格。

所以，我们看到，梅因着力批判的不是一般的社会契约论中重视道德主义和理性主义的方面，而主要是其僭越的方面——尤其是在社会契约论

[1] 梅因：《古代法》，沈景一译，商务印书馆 1959 年版，第 97 页。

的法国形态中表现出来的反历史主义和激进特征，故而对“自然状态说”，梅因攻击最力，视之为“历史方法”的劲敌，而对“自然法理论”，梅因在指出其非历史性质的同时还是颇能认出其意义和价值。他认为，不能因此否认自然法理论对人类的重要性，没有它，很难说人类会朝哪个方向发展，自然法理论可能会是革命的或无政府的，但也可以是现在法律的基础，其职能是补救的、改良的。自然法理论之所以能保持其活力，正是因为它能和各种政治及社会倾向联系在一起，在这些倾向中，有一些是由它促成的，有一些的确是它创造的，而大部分则是由它提供了说明和形式。尽管有上面的认识，我们还是可以指出，梅因对思想理论的意义和力量，或者如他所说“推理错误的异常活力”的估计尚嫌不足，即使是虚拟的“自然状态”学说，在某些情况下，却也有启动一种崭新的政治思维而打破历史循环之僵局的意义，甚至在较为实际、注重经验的罗马人那里，罗马法律的体系化、完善化也不能不说是一种精神的伟大创制。

对于僭妄的理性主义和偏执的道德主义，梅因的历史主义无疑是一副相当有效的清醒剂。另外，只要考虑如何使观念进入历史，使思想成为历史的杠杆（时髦的名词是“启蒙”），就更不能轻视对历史传统的清醒审视。在经历了 17 和 18 世纪那些激动人心的年代以后，经历了那些后人常以“启蒙的世纪”“理性的世纪”“革命的世纪”称谓的岁月之后，梅因在法学界推动了一种历史主义的潮流，这使他和黑格尔、达尔文等人一起，成为 19 世纪历史主义时代精神的突出代表。

17 和 18 世纪社会契约论者的思想与古罗马流行的自然法理论在精神上有一种直接的渊源关系，而其从时代的现实生活中吸取的灵感则主要来自当时社会发达的契约关系和法律，在他们的时代，法律中较大的部分是由“契约”设定，只有少数是由“强行法”设定的这一事实已经非常引人注目，致使他们提出一切法律源自契约的虚假理论，而忽视了即使有一部分法律是这样，这种起源也是一个由经济渐渐到法律的历史生长过程，而这种生长在古罗马达到了一个高峰。梅因贬低作为统一的社会哲学理论的契约，却高扬作为现实关系和法律条文的契约，为我们描述了一幅人类社会由身份到契约的运动过程。

与社会契约论的解释不同，梅因认为，原始联合体并非个人的集合，而是家族的集合，原始法的实体也就是宗法，以家族集团而非以个人为本位。古代社会的典型特征就是家族因收养、不断吸收外来人而扩大，其权力的基本性质是父权制。而所有社会进步的运动有一个共同点，即家族依附的渐渐消灭及代之而起的个人义务的增长。“个人”不断地代替了“家族”，成为民事法律所考虑的单位，梅因写道：“我们也不难看到：用以逐步代替源自‘家族’各种权利义务上那种相互关系形式的，究竟是个人与个人之间的什么关系。用以代替的关系就是‘契约’。在以前，‘人’的一切关系都是被概括在‘家族’关系中的，把这种社会状态作为历史上的一个起点，从这一个起点开始，我们似乎是在不断地向着一种新的社会秩序状态移动，在这种新的社会秩序中，所有这些关系都是因‘个人’的自由含意而产生的。”[1] 因此，契约在社会中所占范围的大小，甚至可以成为区分古代社会与现代社会的一个主要标志。旧法在一个人出生时就规定了他的法律地位，而现代法律则允许他以协议的方式来为自己创设社会地位。

以上是梅因勾勒的这一历史运动的一般特征，按照《古代法》“导言”的作者亚伦的概括，梅因所提出的古罗马契约法发展的各个阶段是：（1）把债务同真正的以身体自由为质物（耐克逊借贷）看作一回事，带有严格的神圣仪式；（2）有书面文字的无可辩驳的证据；（3）真正契约的“巨大道德进步”，这些契约代表着公正的基本原理，即根据一致同意的条件，受领和享有他人有价物件的人，有归还它或其价值的义务；（4）在任何经济发达的社会中，在四种最普通和重要的交易中一致的效力；（5）以及最后，通过裁判官（praetor）的自由学说，在任何严肃的和合法的场合中所取得纯粹一致的拘束力。在这一过程中，梅因发现了善意这个道德观念的逐步出现。

这一逐步发展起来的罗马契约法与近代社会的关系是，它提供了一套文字和概念，相当正确地接近近代对于政治义务、政治权威的道德合法性

[1] 梅因：《古代法》，第 96 页。

所具有的各种观念，是一种表示道德真理的方便形式，虽然罗马人在有关合意的法律方面根据的是其独特的经验，并没有发展出一种令人满意的、系统一贯的、具有政治伦理意味的契约理论，但这一理论在罗马契约法的浸润下却已经是呼之欲出了。古罗马的契约法对于社会契约论的诞生意义重大，然而，这里还需要一种飞跃，需要一种哪怕是暂时的摆脱经验并以历史的思辨理性为之催生，梅因也坦率地承认罗马法受形而上学的影响很少，因为形而上学一向是用希腊文进行的，这样，我们就将注意力转向从古希腊斯多亚派到罗马自然法学家的精神运动。

2. 从斯多亚派到自然法理论

自然法（ius naturale，英文为 natural law）不同于自然规律、自然定律（law of nature），它不是自然科学的概念，而是哲学家和法学家所用的术语。按照《不列颠百科全书》的定义，它通常指人类所共有的权利或正义体系。作为一般承认的正当行为的一组原则，它通常与国家正式公布及由一定法令施行的"成文法"形成对照。

自然法理论的形成是同古希腊城邦国家的衰落和由亚历山大开启的世界性帝国的兴起相适应的，它早期主要见于斯多亚派的哲学之中。我们从上文的叙述已可得知，在古希腊有关"自然"与"约定"的讨论中，"自然"与"法"还没有结合起来，"法"还只是指人间的法律，是由于惯例而形成的。当时讨论的两种主要意见，一种是把作为惯例的这种法与"自然"分隔开来，认为没有什么绝对的、永恒的、类似于自然规律的有关正义和权利的法则存在；另一种则是把作为惯例的法与"自然"对立起来，认为另外还有一种永恒不变、普遍适用的自然正义或自然法存在，而现行的法律、惯例却是专断的，是一种权宜之计。两者一是撇开"自然"谈法，一是使"自然"与法对立。当然，他们所说的都是实在法、惯例法或成文法，但是，在把"自然"与法对立的倾向中，实际上却已孕育着把自然与法结合起来的萌芽，这就是那种永恒普遍的理性法、正义法。既然存在着一套适用于自然界的自然法则，也就存在着一套适应于人类社会的自然法规，这是一个理性主义者自然而然的思路。事实上，苏格拉底、柏拉图和亚里士多德都相信能发现统一而不变的标准，以作为评价成文法的依据。苏格拉底和柏拉图虽未明确地提到自然法，但他们都致力于探寻这种绝对合理的标准，柏拉图认为存在着善和正义的范型，必须由哲学家去认识，因而也只有哲学家为王才是合理的。亚里士多德认为有一种具有普遍权威的、理性可以发现的自然法或正义，但这种自然法把奴隶排除在外。

随着亚历山大开启的征服和扩张，随着横跨欧亚非大陆的帝国的兴起和新的社会关系的形成，哲学家们的眼光也大大扩展了。一种世界主义和平等观念开始在斯多亚派哲学家们的著作中滋生和成长起来，自然与法的结合越来越紧密，越来越巩固，自然法不仅涵盖公民，也包括奴隶，也就是说适用于所有有理性的动物，适用于所有人。四海之内皆兄弟、人人平等、所有人都是我的同胞的思想日益深入斯多亚派哲学家的心灵，这就使规范真正具有普遍、绝对的性质，使个人的自然德性转变成社会的普遍法则。正如沙克・丹尼所说："人类的统一，人与人之间的平等，因而还有国家的正义，男女的同等价值，对妇女与儿童的权利的尊重，仁慈、爱、家庭的纯洁，容忍和对我们同伴的宽容，在一切情况下、甚至在可怕地必须用死亡来惩罚罪犯情况下的人道精神——这些就是充满后期斯多噶主义者著作中的基本思想。"[1]

但是，这种自然法理论一开始并不是后世那种具有积极甚至激进色彩的自然法理论，而是带有某种消极甚至遁世的特征。斯多亚派哲学基本上还是一种个人伦理学，对个人行为比对公民生活更关心，它较少关心社会和政治制度的完善，而是更多地追求个人身体的安宁和灵魂的纯净。我们可以通过分析斯多亚派的著名信条"按照自然生活"得知这一点。

"按照自然生活"，关键在于对自然的解释。这里的"自然"并不是指作为现象的自然界，而是指作为本性的自然（自然 nature 的另一义即为"本性"），而这一本性是与万有的本性同一的，这一本性就是理性，在自然界表现为万事万物在其活动中虽不自知却必须遵循的普遍规律，或者说

[1] 沙克・丹尼：《古代道德理论与思想史》，转引自乔治・霍兰・萨拜因：《政治学说史》上册，盛葵阳、崔妙因译，商务印书馆 1986 年版，第 192 页。

逻各斯，在人则表现为人用以认识世界和支配自身的那种能力，或者说必须遵循的普遍原则，人的自然本性就在于他的理性，其是分享身外的神意的“身内的神”（如奥勒留语）。而如果我们继续分析下去，就可以发现，在许多斯多亚派哲学家那里，这种理性不仅主要是指一种实践理性、一种人文理性，而且主要是指一种个人的道德理性，因而，人的理性所主要体现的就不在于对自然事物的认识，也不在于对社会正义的观照，而在于个人德性的践履。所以，通过对自然—本性—理性的追溯，我们就可以明白斯多亚派哲学家有时说“按照自然（本性）生活”，有时说“按照理性生活”，有时又说“按照德性生活”，虽然说法不同，其实质的意义却是相同的。一些斯多亚派哲人最关心的也就是保持自己的内心宁静、道德正直，而对社会政治事务的安排、社会制度的正义原则却稍稍抱有一种由失望所生出的冷淡态度，只是尽责而行。

当然，我们对此不能一概而论，在有些服膺斯多亚派哲学的政治家那里，其有关自然法的理论中的“法”却更多地带有政治的蕴含，带有社会正义论的浓厚色彩。例如，古罗马政治家和思想家西塞罗就认为：人和上帝的第一份共同的财富就是理性，而正当的理性就是法，所以人与上帝共同具有法。法是一种最高的理性，是衡量正义的标准，或者说，正义源于这种植根于自然、植根于人神共同享有的理性之中，因为神的理智就是至高无上的法，所以人本身完美的理性也就是法。西塞罗特别强调“自然法”中的“法”的含义，即作为社会和国家的最高规范和标准，而不只是个人的行为规范的含义，他不仅把自然法与个人的正当联系起来，更重要的是把自然法与社会和国家的正义紧密联系起来。他认为，“法”这一术语的绝对定义，实质上包含着选择了正当的和真实的概念和原则。“因此，法是正义与非正义事物之间的界限，是自然与一切最原始的和最古老的事物之间达成的一种契约；它们与自然的标准相符并构成了对邪恶予以惩罚，对善良予以捍卫和保护的那些人类法。”[1]

---

[1] 西塞罗：《法律篇》第二卷，转引自法学教材编辑部《西方法律思想史编写组》编：《西方法律思想史资料选编》，北京大学出版社 1983 年版，第 78 页。

这种作为基本正义原则的自然法就成为衡量一切成文法的基础和标准，只有根据自然法，才能够辨认好的法律与坏的法律之间的差别。我们看到，西塞罗关于“自然法”的叙述与当代《不列颠百科全书》对自然法的定义是相当一致的，即（1）自然法被看作一组有关正当行为的原则，尤其是一个涉及社会正义（但权利还不突出）的原则体系；（2）它被看作评价和改善成文法的最高标准。

自然法的思想深刻地影响了古罗马的法律体系，使它不仅是少数人头脑中的一种价值观，而且是社会生活中的一种现实存在，在6世纪古罗马帝国查士丁尼皇帝钦定的《法学阶梯》中明确地写道：“自然法是自然界教给一切动物的法律……至于出于自然理性而为全人类制定的法，则受到所有民族的同样尊重，叫做万民法，因为一切民族都适用它……至于万民法则是全人类共同的。它包含着各民族根据实际需要和生活必需而制定的一些法则；例如战争发生了，跟着发生俘虏和奴役，而奴役是违背自然法的（因为根据自然法，一切人都是生而自由的）。又如几乎全部契约，如买卖、租赁、合伙、寄存、可以实物偿还的借贷以及其他等等，都起源于万民法。”[1]

“自然法”的主要意义就在于它实际上涉及一种最高的价值标准及其来源。“法”意味着标准、规范，而“自然法”实际上意味着最高标准、最终规范，并暗示这种标准并不是一种成文的实在法，但又是客观地存在于人类社会中的普遍法则，是成文法的根据，它就像康德所说是印在我们心上的道德律的内容。当然，依对“自然”的不同解释，对于这种道德律的内容，对于这种最高价值标准的来源的解释也还有不同，但其普遍性、客观性、绝对性在所有自然法法学家那里都是无庸置疑的。

上文已述，自然法的概念最初是由对与变动不居的人事形成对照、具有齐一性和稳定性的自然界的观照而产生的。而到后来，在斯多亚派那里，就越来越具有这样一种倾向，即这种最高价值标准来源于神，是一种可为我们领悟的神意。基督教神学家们则进一步稳固地确定了自然法与上帝的

[1] 查士丁尼：《法学总论——法学阶梯》，张企泰译，商务印书馆1989年版，第6—7页。

联系，自然法也就等同于上帝法、神圣法。早期基督教神父奥古斯丁即把基督教原理奉为自然法，并认为教会的使命就是使人类法最大可能地接近这种自然法。中世纪教会法则之父格拉提安也是把自然法与《圣经》的天启法等同起来。在中世纪的神学大师托马斯·阿奎那那里，宗教性质自然法的理性得到了强调，他依效力等级把法分为永恒法、自然法、神法、人法：永恒法是上帝支配世界万事万物的法；自然法是上帝统治理性动物（人类）的法；神法即《圣经》，是抽象自然法的具体化和补充；人法是君主或国家制定的法律。自然法在其中占据了一个承上启下、举足轻重的地位。而由于上帝的永恒法也只不过是神圣智慧的理性，它就不是随意的，而是人的理性可能认识的。阿奎那在把价值之源归于上帝、在为价值标准建立了一个最高的外在超越的权威的同时，又为人的理性留下了宽广的余地。

自然法的社会政治理论发展的黄金时代是在 17 和 18 世纪，而这也是社会契约论盛行的年代，此一时期自然法常常与契约论结合在一起，契约论提供一种框架和程序性解释，自然法提供一种实质性的精神。自然法理论在近代的第一个主要代表是荷兰的格劳秀斯，在他那里，我们已经可以明显地看到由神学理性向人文理性的转变。他虽然仍承认上帝的意志是自然法的一个渊源，但同时更强调人性是人的基本性质所必然要产生的那些准则的集合，所以它是可以理解和永久不变的。自然法是如此的不可变易，就像上帝本身不能使二乘二不等于四一样，上帝也不能把本质为恶的东西说成善的。格劳秀斯更强调严格遵守契约（无论是明确还是隐含的契约）义务的一面，所以还依然带有中世纪神学自然法理论偏于稳健保守的色彩。

然而，在后来服膺自然法理论的洛克、孟德斯鸠、卢梭、普芬道夫那里，总的倾向却是改革的、进步的。自然法后来实际上成为一种自然权利的学说（相应于把法的理论主要理解为一种权利理论）。正如在美国《独立宣言》和法国《人权宣言》中所见，人享有天赋的自由平等权利被认定是“不言自明”的自然法则，自然法统治着人类通过契约形成政治和文明社会之前的自然状态，而社会和国家建立之后，自然法又成为衡量政府制定的法律、社会政治制度本身的根本依据。一旦发现两者之间存在冲突，就必须使政府及其法律顺应自然法而不是相反，这后面就还意味着改革和革命的来临。

从 19 世纪直到 20 世纪上半叶，自然法理论受到各种责难而呈沉寂状态：它被认为虚构的、先天假定的，不能解决具体、复杂的社会问题，甚至容易引起极端的后果。在理论逻辑上它也存在着某些难以克服的困难：例如人们怎么知道自然法？怎样证明自然法？自然法众所公认的内容是什么等。

但自然法理论的意义和活力也许并不在其具体结论，不在其对自然法内容的准确说明，而在于它代表着一种对于基本的政治价值、社会价值的追求，所以，在经过第二次世界大战，尤其是在法西斯通过任意立法以致用直接暴力践踏“自由、平等、公正、博爱”等西方社会公认的价值标准之后，自然法理论在西方又大有复兴之势，其被称为“新自然法理论”，这种新的自然法理论强调社会正义、公民权利和法律的内在道德，同时又小心地避免把自然法绝对化、固定化的古典倾向。这种新的自然法理论在神学方面的代表主要是马里坦，在非神学方面的代表有富勒、德沃金等，罗尔斯也被看作属于这一派。

在此我们之所以如此耗费笔墨来阐述自然法理论，主要是想通过探讨自然法理论与契约论的关系及自然法理论对于契约论的意义，来指出契约论的某些基本特征和倾向。自然法理论与契约论常常紧密结合在一起，这在近代可见于霍布斯、洛克和卢梭，当代则可见于罗尔斯。从上文的评论我们已经可以大致得出这样的结论：自然法理论对于契约论的意义主要在于它为契约论提供了这样两个原则——一是道德的原则，一是理性的原则，这两个原则也就构成了契约正义论的两个基本特征。

所谓道德的原则，就是说，自然法作为一套有关正当行为的规范标准，它考虑的主要是法律和制度的道德，是社会和政治的正义，这样，它就为解释社会和国家起源的契约论提供了一种道德准则，就为那些“为行将到来的革命而启发过人们思想的伟人”提供了一套评价现存社会制度和法律的价值标准。事实上，正是隐含在契约论中的自然法思想给近代社会契约论染上了一层道德哲学的色彩。没有自然法，契约的概念也许就只能停留在对事实的转述和总结之上，例如罗马法中的契约概念就是如此，它不含有价值评判的因素。在社会契约论中，从对于自然状态的人之本性的解释，到对于自然权利和自然义务的认定，从社会和政治制度所应遵循的正义原则的提出，到人类善和人类共同体理想的设计，处处都可见到道德伦理的印记，而这种印记可以说正是社会契约论与自然法结合的结果。

所谓理性的原则，就是说自然法作为一套普遍和绝对的规范标准，它不是从经验中直接归纳出来的，而还带有一种理性的、先验的演绎特点。这种理性的灵感最初来自自然，来自与自然规律的类比，后来又与上帝相接，在近代，又表现为一种要对一切经验事物进行评判、试图“以头脑立法”的人们的理性。虽然来源不同，但理性的含义均是明显的，并带有很强烈的思辨色彩，自然法即意味着法应当立足于清晰、自明和统一的理性原则。当然，这种理性是一种实践理性、道德理性，它实质上是作为伦理学的理性基础而活动的，在近代社会契约论中我们也能处处看到这种推崇理性的精神。没有自然法提供的理性原则，社会和政治的契约论也许就是不可能的。而也正是由于人的理性被确定为价值的根本标准，对于社会国家起源和基础的强权和暴力的解释就应排除，剩下的道路就只有通过契约和同意来演绎出政府的权力和公民的义务了。在罗尔斯的道德契约论中，理性虽然常常谨慎地后退为方法的理性，而不再自诩为绝对正确或能够指明绝对的价值，但从罗尔斯理论的基本特征来看，从他所要达到的目标来看，他无疑不是要提供一种基于经验的指导，而是要通过一种理论的、虚拟的创制，建立起一种合乎理性的普遍适用的正义论体系。

四、统治契约论

契约与伦理紧密结合的第一个产儿是统治契约论。人们常常把历史上的各种契约理论，或者说广义的社会契约论分为两种，按照逻辑的次序，这两种契约论是：

1．狭义的或严格的社会契约论（the social contract proper，或 the contract of society[1]，法文为 pacte d'association，德文为 Gesellschafts Vertrag）。

这种狭义的社会契约论假定，一定数目的个人，原本一直生活在一种自然状态中，现在一起同意形成一个有组织的社会，即通过契约把个人带进文明社会或政治社会（国家），它所解释的是社会的起源，或者说，解释政治共同体和有组织社会的起源基础。它意味着这种政治共同体是根据这一共同体中人人互相订立契约而产生的，其基础是一种社会契约。

在实践中，近似于这种契约的例子可见于 1620 年乘“五月花号”来北美大陆建立普里茅斯殖民地的清教徒们，他们决议组成一个政治性的社会团体，并说：“我们庄严地相互面对上帝、面对众人立约把我们结成一个文明的政治团体。”但是，这种实践中的例子是很少的，历史上的文明社会或国家很少有如此起源的明确证据。所以，社会契约主要还是一个理论上的存在，一种理性的推测，它解释社会与国家的起源往往是为了论证人们的自然权利。

2．统治契约（contract of government 或者 contract of submission，法文为 pacte de gouvernement，德文为 Errschafts Vertrag 或 Unterwerfungs Vertrag）。

这种契约是假定在国家已经存在的情况下，统治者和被统治者之间订立的一种契约，旨在规定统治者的权力范围和被统治者的义务范围（服从范围），它确定两者的关系和统治的条款，被统治者允诺服从统治者，而统治者答应给予他们保障以及好的政府。它在逻辑上要以一种导致社会和国家产生的社会契约为先决条件，其例证可见于英国“光荣革命”，革命的领导者迎接奥兰治亲王威廉来执政的理由，是认为原先执政的詹姆斯二世破坏了国王与人民之间的一种统治契约。

我们看到，按照理论逻辑的次序，应当是社会契约论在前，统治契约论在后，但这两种理论在西方历史上出现和盛行的次序却相反，统治契约论是先出现的，因为它在近代早期君主制时代、宗教改革时代有明显的实

[1] 注意：不同于“social contract”。

践价值，即它暗示对君主权力的限制和对宗教少数派的保障。社会契约论则更为思辨，更具有哲学意义，是人们进一步追溯统治契约之前的契约的结果。另外，两种契约论的划分也不是绝对的，尤其在一种较完善的政治哲学体系中，两种契约可能都被包括在内，一种契约使国家产生，另一种契约调节它的统治方式。

现在，让我们先考察统治契约。

统治契约的典型代表一般被认为是16世纪的反暴君派（反保王派），但其思想的渊源则甚至可追溯到《圣经》之中，在那里我们看到人民与统治者缔约的实际事例，例如约书亚与其人民的缔约，尤其是大卫王与以色列人的立约："于是以色列的长老都来到希伯仑见大卫王，大卫在希伯仑耶和华面前与他们立约，他们就膏大卫做以色列的王。"[1] 另外，西方有一些历史学家[2] 认为，11世纪的麦勒戈德（Manegold of Lautenbach）是最早在讨论政治学时使用契约术语的作者。他认为，一个国王的地位和权力，凌驾于世俗的所有权利之上，因而恶人不宜使用这种权力，如果一个被选作国王的人沦为暴君，他就须从原先应许给他的地位上下来，人民就要免除服从他的义务，因为他首先破坏了他据以登基的契约。麦勒戈德举例说，如果一个人雇另一个人喂他的猪，随后却发现被雇者不是喂养而是把猪杀了，这位雇主不是可以解雇他，并不付给他工钱吗？麦勒戈德认为对一个被仇恨控制了的君主，人民可以取消原先对他服从的誓言，他们没有服从一个疯狂者的义务。麦勒戈德并不是中世纪唯一用契约来解释君主和臣民关系的人，但他把契约思想和民众权利的理论联系起来，却成为近代以强调人权为基本特征的契约论的先驱。

另外，我们还可以从宗教的角度谈谈教皇与教徒、公众的关系，这方面可见之于中世纪晚期（15世纪）教会改革派的理论。教会改革派试图通过确定宗教大会的权力来限定教皇的权限。他们提出一种宗教大会理论，即整个教会组织亦即全体基督教徒是它自身法律的源泉，而教皇和各级神职人员则是它的机构和仆从，宗教大会派理论的一个主要代表库萨的尼古

[1] 《圣经·旧约全书》，"撒母尔记"下，第五章第三行。

[2] 如 Otto von Gierke，D.G. Ritchie，R.L. Poole，T.N. Figg 等。

拉（Nicholaus von Kues）在其《论天主教的和谐》（1437）一文中为宗教大会进行了辩护，而在这种辩护中所包含的一个基本思想就是：所有的政府都有赖于同意，任何权力都来自全体臣民的同意，而不管这种权力是表现为成文的法律还是表现为统治者的个人权力。其前提是因为所有人本质上都是同等自由和同等有力的，所以对他人权力的确立，就只能通过其他人的选择和同意来实现。把尼古拉的这一思想应用于教会，则教皇就应当把他的训令交由代表机构讨论并取得它的同意，如果他不这样做，尤其是如果他想篡夺超出他职位应有的权力，就可以废黜他，这种废黜就是正当的。这种有关教徒对教皇权利的论证，为后来西方人在近代早期论证臣民对君主的权利，在近代晚期论证公民对政府的权利，甚至为现代论证少数人对多数人的自我保卫的权利开了先声。在西方，甚至在神权或君权最为强大、最为神圣的年代里，也同样可以听到强调个人权利的声音。在此，权利往往是与权力对称的，权力的主体是统治者，而权利的主体实质上主要是指被统治者，权力主体要求于对方的是义务，而权利主体要求于对方的是自由。在一个缄口不谈权利和自由的社会里，权力往往是不受限制的，因而往往是趋于腐败的。限制权力的另一面就是扩大自由，扩大权利；而扩大权力也往往意味着缩小自由，缩小权利。当然，这只是为将问题尖锐化、鲜明化起见做这种对比，统治者与被统治者还有利益统一的一面，公民权利与公民义务、集中权力与个人自由也有在某些特殊条件下趋于统一的可能。

现在我们再来看看统治契约的典型形式——16世纪主要在法国活跃的“反暴君”理论（monarchomach）。[1]

16世纪的法国，正是王室权力加强，逐步走向国家统一和中央集权的过程，在这个过程中，王室专制权力和地方独立势力的矛盾、天主教和基督新教（胡格诺派）的矛盾都十分尖锐，尤其是宗教的矛盾。宗教的改革成为统治契约论出现的一个直接动因，宗教少数派（在法国是胡格诺派）

[1] 据《政治学说史》作者萨拜因解释，“monarchomach”这个词是威廉·巴克利在其《论王国和王权》（1660）中杜撰的，以表示任何为反抗权力而辩护的作者，但它并不意味着否定君主制，而往往只意味着反对暴君。

拒绝接受政府命令的宗教统一。在法国，胡格诺派教徒一般都是站在地方势力一边反对国王，“反暴君”的理论首先就是在他们那里发展起来的，这一理论与为王室权力的神圣不可侵犯辩护，主张臣民要绝对服从君主、国王不能被外部力量废除的君权神授理论形成鲜明的对照。

值得注意的是，君权神授论和反暴君理论都可以在中世纪政治观念的两个源头（罗马法与基督教）中找到自己的根据。罗马法的一个原则是保障皇帝的权力和威严，另一个原则则说皇帝的权威归根结底是来自享有主权的人民的承认。而基督教也为两方面都提供了证据，它一方面坚持世俗权力和威严（“上帝的归上帝，恺撒的归恺撒”，教徒要服从世俗权力），另一方面又认为世俗权力有其罪恶根源，是人犯原罪堕落的结果，人对人的统治并非自然的，而是人为的，并且基督教还宣扬一种所有人友爱和平等的思想。无论在罗马法还是基督教中，前一个方面支持君权神授，而后一个方面则可以用来支持反对暴虐君权的人权政府，而这一人权理论是以契约论形式出现的。在西方近代史上，君权神授论的影响是直接而短暂的，而契约人权论的影响则是间接而持久的。

胡格诺派作家中很著名的一位代表是弗朗索瓦·奥特芒，他从历史的角度论证君权有限，认为绝对君权只适用于野蛮人而非有理性的人，是“土耳其式的”。世代继承的王权靠的只是人民的默许，政治权力来自社区本身所固有的、自古以来的惯例，从这个意义上说，在这些惯例中表述的人民的同意是政治权力的合法基础，而国王本人的权威则来自作为该社区代表人物的法律地位。

但是，最系统、最有力地阐述了这种统治契约论观点的是一本名为《为反对暴君的自由辩护》[1]的小册子，我们下面就来分析这本书中的观点（以下书名简称为《辩护》）。

《辩护》一书是以问答的形式写成的，全书分为四部分，每一部分都旨在回答当时政治的一个根本问题。这四个问题是：第一，如果君主的敕

[1] *Vindiciae Contra Tyrannos*，1579年以Brutus的假名问世，英译本名为*A Defence of Liberty Against Tyrants*，它的真正作者一说是Langue或Doplessis-Mornay（或两人合作），一说是加尔文派神学家泰奥多尔·贝扎（Theodore de Beza）。

令违反上帝的法律，臣民是否必须服从？第二，反抗一个企图废除上帝法律的君主是合法的吗？或者，反抗一个蹂躏教会的君主是合法的吗？如果发生这种情况，向谁反抗？用什么办法反抗？反抗到什么程度？第三，反抗一个犯有政治压制、毁坏国家之罪的国王是否合法？并同上一个问题一样，还有怎样反抗，反抗到什么程度，根据什么权利反抗等问题。第四，邻邦是否应当帮助另一国中因宗教迫害或暴政压制而身罹苦难的人们？作者对第一个问题的回答是否定的，而对后三个问题的回答是肯定的。

以上四个问题实际上涉及两种契约。一种契约是以上帝为一方，以人为另一方（包括君主与人民）的契约，社会由于这一契约而成为一个教会，即上帝的选民，有义务献出真正的、可接受的祈祷，所谓“上帝的法律”就是上帝与人所缔的约。上述第一和第二个问题，以及第三个问题的一部分，就涉及这种神圣的契约：当国王违背这一神圣契约，压制真正的宗教时，人民是否必须服从抑或有权反抗，邻国是否应当援助的问题。我们在此可以看到中世纪的明显影响，即宗教与政治还没有分离开来，作者更关心的还是政府与宗教的关系，而不是政府与人民的关系，哲学与神学、理性与信仰也没有区分开来，这还不是近现代意义上的有关政治义务的科学。但是，由此我们也可以看到高夫与巴克尔所说的社会契约论的神圣的源头。

第二种契约主要是在第三个问题中涉及（第四个问题也部分地涉及）。在这种契约中，君主是一方，人民是另一方，双方各自为自己的权利和义务订立契约，是一种典型的统治契约论。人民要服从国王，但这种服从是有条件的，必须以国王进行完善和公正的统治为条件；国王要按约统治，实行正义，但他又可以据此要求人民对他服从，作者的阐述很清楚，倾向也很鲜明，即他要为人民而非君主辩护，他要强调的是反抗的权利而非服从的义务。作者在这本书中所持的观点和苏格拉底隐含的契约思想的一个明显不同在于，它所涉及的承诺是明确而非隐含的，是双方而非单方的，是有条件非无条件的。这种观点也和主张平民对统治者具有消极服从义务的马丁·路德不同。在路德那里，对即使是不义的统治也有必要消极地服从，这是一种天职。而在《辩护》一书中，则认为为了宗教的纯洁和政治的清明，必须反对暴政。

《辩护》中所表达的以契约解释君民关系的统治契约论观点，虽然也含有理论虚拟的成分，但虚拟的程度并不像后来以契约解释社会和国家起源的社会契约论那样高，它不像后者那样具有乌托邦的色彩，而是从中可以看到更多的时代痕迹，带有更强烈的现实主义特征。反暴君派的政府渊源实际上可追溯到古希腊亚里士多德的《政治学》。亚里士多德根据某种经验分析的基础，对君主和僭主（国王和暴君）做了一个明确划分，赋予民众选举和罢免执政者的权利。在中世纪流行的政治文化中，也有一些重要的因素暗示和支持契约是统治的基础的观念，诸如：（1）中世纪帝王的选举和加冕礼，帝王常常是由贵族遴选上来的，要对选举他的人立下誓约进行公正的统治；（2）封建制的关系和观念，领主和骑士往往处于一种自由的契约关系中；（3）先于国家的法的观念（自然法）；（4）前述《圣经》中的契约范例；（5）罗马法中对于政治权威根源的解释。其结果就造成近代早期契约一词的实际使用和流行。

但是，在近代早期的这种反暴君派的统治契约理论中，首先，它的主要锋芒还不是针对君主制而是针对暴君，或者说，是针对绝对的君主权力，这是它与后来反对神圣王权、君权神授的社会契约论的一个重要区别。在反暴君派的政府中，由于目的有限，君权民授和君权神授的观点还没有形成尖锐的冲突，而是比邻而立，常常共存于一个理论之中，只是到 17 和 18 世纪，随着合法反抗的观念转变成推翻君主制或实施君主立宪制的观念，君权神授的政府才从契约论中被摈弃，所以，可以说，统治契约论本身实际上就暗示着人民与一个不同于人民的统治者的订约。

其次，反暴君派理论所主张的这种反抗权利实际上不属于民众，而属于贵族，老百姓的反抗只能通过他们的自然领袖——在各自领地上的地方官吏、贵族，或者教士来进行，它所主张的往往是地方特权对王权的反抗，它所试图保障的也只是使这种地方权力免受王权的侵害，而不是普遍地保障个人权利，所以它对后来有利于资本主义发展的统一国家、加强王权的过程客观上也起过阻碍或迟滞的作用。

再次，正如我们上文约略说过的那样，反暴君派的理论不是一种近世的摈弃了神学和信仰因素的政治科学，不是一种彻底的世俗政府的理论。它还没有把宗教与政治区分开来，它的动机还主要是宗教性的，是作为宗教少数派的宣言出现的。

最后，反暴君派理论还有一个理论逻辑上明显的弱点：它不能提供判断国王与人民之间是非的准确标准，不能提供国王与人民之间的仲裁人，不能判断究竟是国王滥用权力，还是人民进行了错误的反抗。它认为上帝是唯一的裁判者，然而我们知道，这在实践中常常成为一种遁词，或者仍然保留着冲突，因为上帝的理性必须落实到人，必须由人来证明。

然而，统治契约论又为后来的社会契约论做了某些思想氛围和理论方法上的准备：第一，它作为一种典型的契约论形式，创造了一种契约论的理论气氛，完善了契约论的术语，并启发人们追溯统治契约订立之前的社会契约；第二，它所提出的政治权力和政治义务的根据是具有道德特征的，促使人们注意政治统治的道德方面，注意天赋的权利与正义，限制国王权力的主要理由来自对法律，尤其是对自然法、对自然正义的尊重，这意味着正是通过统治契约论，契约思想与社会伦理达成了第一次系统的结合；第三，它强调人民这一方的反抗权利，强调反抗暴虐的君主专制，从而比以前跨了一大步，它自身中已含有否定君主制的因素，虽然它还没有些许对未来社会和国家的构画，但在其对封建专制的批判中包含了建设性的因素。

重要的是，统治契约论似乎还为当代西方政治伦理学论证政治义务提供了一种理论框架和方法。在这方面，它的意义甚至超过了狭义的社会契约论。

按照英国政治学家 J.R. 卢卡斯（John Randolph Lucas）的意见，对政治义务的根据可以从以下几个方面去探讨，亦即当问道："为什么我要守法？"（或"为什么我要遵守最高权威的决定？""为什么我要做出这种政治服从？"）人们可以如此回答：

第一，这是出于审慎的、明智的考虑，我可能是因为害怕制裁和惩罚，或者害怕别的结果，如无政府状态——霍布斯的回答实质上就是如此。

第二，因为这是我实质上同意的，是一个人应当如此做的。也就是说，政治义务是出于道德原因，政治义务实际上接近或等同于道德义务——这是自然法理论的回答，也是反暴君派理论所暗示的回答，虽然在它那里带有宗教神学的色彩。

第三，因为这一决定或这一法律（契约）是按我同意的形式、程序做出的——这是契约论者的回答。而实际上，由于契约论与自然法理论的紧密结合，契约论者往往是同时根据第二、三条理由做出回答，而且如果追溯下去，我们就可以发现更深一层的理由，就像霍布斯、卢梭一样。

第四，因为我参与了这一决定——如卢梭的作为个人意志总和的公意，这一公意在卢梭看来是绝对必须执行的。

第五，因为我被征询过，发表过意见——如柏克的议会制的观点就如此认为。

第六，因为我是做出这一决定的共同体的一个成员，我就必须服从这一整体——这是黑格尔、格林的整体主义的回答。

当然，这是为了鲜明起见，一个人做出我应当守法的决定时，往往是同时根据好几种理由。

而按照统治契约论者的回答，我们可以发现它至少包含了两个很有意义的因素：

第一，它强调政治义务不能用力量、强制来解释，不能合乎道德地从武力或实力中引申出来，服从的根据绝不是因为不得不服从，强力并不是服从的论据。这种服从的义务并不能够从政治斗争的结果引申而来，正义并不就是如智者所说的“强者的利益”，它强调同意，首先是形式的同意，这是一种自愿的、撤除了外部压力的、往往是讨论之后的同意。这样，法就不是外部强加的，而是自身设立的，义务就是自律而非外铄的了。对同意的强调还可引申出一些别的意思来，例如强调同意就意味着要通过讨论，通过一种平等的、说理的讨论；强调同意就意味着强调说服，强调理性，前者容易和民主制联系起来，而后者却有可能使最后的选择、同意置于一种可靠的基础之上，也可能化价值目标的难以调和的争论为工具手段的可以达到一致意见的讨论；强调同意还意味着一种互惠关系，意味着在承担义务的同时就拥有了某种权利，在给出某些服从的同时也得到了某种保障，这是一种互予和互取结合在一起的互惠关系；强调同意还意味着要相互做出某些妥协和让步，意味着只有通过一定程度的相互宽容才能达到合意，不是你吃掉我或我吃掉你。当然，在政治上解释这种"同意"还是有许多困难，绝对和完全的同意是不可能有的，即使完善的民主制度可能还是要奉行一种多数裁决的规则。

第二，它不仅强调形式的同意，还强调一种实质的同意，即这种政治义务不仅是我允诺过的，而且是我实际上赞成的，即它强调政治义务和最终根据应当是一套有关行为之正当的普遍的价值标准和准则，这意味着政治义务从根本上说与道德义务有着同样的基础，在重大政治问题上的应当也应符合道德上的应当，政治义务甚至毋宁说是一种特殊的道德义务，是一种应用于政治领域的道德义务。在此，有一种道德原则的优先性：政治权力的使用、政治义务的履行都必须服从这一道德原则，政治生活中的一些基本价值应当始终得到尊重，如公正、生存、自由、平等、人权等。这就是统治契约论者给予我们的一些基本启示。

经过了 16 世纪统治契约论等思想理论的浸润，到社会契约论诞生的前夕——17 世纪初，政治权力和义务的契约思想已经相当深入人心，甚至影响到本身权力受到契约限制的国王那里。英国国王詹姆士一世 1609 年对议会演说时讲过这样一番话："国王以一种双重的誓言来约束自己遵守他的王国的根本法律：一方面是默契的，即既然作为一个国王，就必须保护他的王国的人民和法律；另一方面是在加冕时用誓言明白地表明的。因此在一个安定的王国内，每一个有道的国王都必须遵守他根据他的法律与人民所订立的契约，并在这个基础上按照上帝在洪水之后和挪亚订结的契约来组织他的政府。"[1] 这话正说出了统治契约论的基本思想。而关键的是，这不是从被统治者的口中，而是从统治者的口中说出的，"国王必须遵约""国王必须守法"；如果不仅仅是臣民，而且君主也认识到这一点，并知道违约之后将面临的严重后果，那意义就不同寻常了。

然而，到现在为止，我们还一直在和人打交道，而人并不是完善的。

[1] 转引自洛克：《政府论：论政府的真正起源、范围和目的》下篇，叶启芳、瞿菊农译，商务印书馆 1983 年版，第 122 页。

统治契约的双方，一方是民众，一方是君主，虽然都是着眼于处在政治联系中的人，处在社会制度中的人，但还有必要进一步追溯到这种社会基本制度本身的道德根据和原则。君主会死去，接替一个开明守法的君主的可能会是一个暴虐的、试图破坏契约和践踏法律的君主。统治者的形式也可能变更，可能不是一个人，而是少数人，或代表多数的代议制政府。因此，只有为社会制度本身确立一套道德原则和正义规范，才能为公正有序的社会奠定一个牢固可靠的基础，而不受统治者个人品质的影响，这可以说就是使统治契约论继续发展到社会契约论的内在根据。

第二章　正义原则的逻辑与根据

17—18 世纪契约论的三个主要代表——霍布斯、洛克、卢梭三人都是狭义、严格的社会契约论者。就霍布斯而言，政治社会或共同体一旦通过一种社会契约产生，它就把它的一切权力交给了一个最高权威——利维坦，从而不再为统治契约留下余地；就洛克而言，政治共同体一旦形成，它就指定一个托管的政府而并不使人民与这一政府订立契约，但订立社会契约者可以按自己对于委托性质的解释而解散这一政府（如果政府违反了它的委托）；就卢梭而言，政治共同体一旦形成，它就是按照公意自我统治的，而不必分统治者和被统治者，因而也就无须统治契约。或者说，他们三人都有使社会契约与统治契约合一的倾向，这在霍布斯与卢梭那里尤其明显。我们知道，统治契约往往暗示着一种君主制存在的前提，而随着资本主义和市民社会的兴起和发展，17—18 世纪的进步思想家已经倾向于摆脱君主制的观念了，从霍布斯的绝对君主制到洛克的君主立宪制，再到卢梭的人民民主，就是这样一条印迹分明的转变路线。而从统治契约转变到社会契约，还意味着现在探讨的中心不是制度中人的义务，而是制度本身的伦理原则，这就使我们真正进入社会正义的领域。

我们对社会契约论的评述主要是从道德正义角度进行的，我们将重点放在两个方面：一是社会契约在道德方面的前提，包括对于人性的解释；二是在社会契约中蕴含的正义原则，包括社会契约的道德含义和价值理想。第一个方面与自然状态的解释密切相关，第二个方面则关系到对契约本身的解释，以及契约所建立的社会和政治制度。

一、霍布斯：保存生命

在《利维坦》中，霍布斯提出了一种类似于古希腊智者的观点，他认为没有什么绝对的善恶，从其感觉论出发，他认为善恶即标志着我们的喜好、厌恶的名称，人的正当和邪恶的观念是由人的苦乐来决定的，不存在至善，幸福无非就是欲望从一个目标到另一个目标的发展，我们在下文中将看到，这种善恶观影响到他对人性和人的价值目标的看法。

1. 人的本性和自然状态

霍布斯认为，自然使人在身心两方面的能力都趋于相等，虽然有差别，但这种体力或脑力方面的差别绝没有大到一个人能够要求其他人所不能要求的利益。在人类中，即使最强壮的人也可以被其他身体比他弱的人联合起来打败或杀死，而在智力方面也许人与人之间更加平等。[1] 换言之，人类社会中并没有超人，否则就无须以契约来构成一个社会了，超人就是自然而然的统治者。而由于能力上的平等，就产生人的目的、希望方面的平等，人们都大致欲求相同的东西，而由于人们所欲望的目标相近，再加上主观的贪欲和客观上的某种匮乏，就会产生争斗。人类天性中有三种造成争斗的原因：第一是竞争以求利；第二是猜疑以防范民众，以及保障自己的安全；第三是荣誉，它驱使人做出侵犯行为。而当没有一个共同权力使众人慑服时，人们便处在所谓的战争状态：这是每一个人的战争，虽然这并不总是指实际的战争，但一种相互的敌意却是普遍存在，每个人都感到

[1] 这种看法可能跟一般人的印象有所不同，因为人的体力方面的差别看来远远小于人的智力之间的悬殊，天才也往往是就思想、政治、艺术方面而言。另外，我们要注意霍布斯在此是从否定的方面看优秀者亦有加入社会的必要，而罗尔斯则是从肯定方面论证即使最优秀者也只有加入社会才能过一种比他独自生活更好的生活。霍布斯强调否定方面是他论证的一个基本倾向，其意义是使人注意一些起码的东西，如生命的保障。

他处在与所有人为敌的状态之中，其结果是没有财产权，没有法，没有公正观念，没有凭借社会与合作才能产生的一切成果（诸如文学艺术、金字塔、万里长城等），“暴力和欺诈是战争中的两种主要的美德”，每个人能到手的东西，在他能保住的时期内才是他的，人们总是处在暴力与死亡的恐惧和危险之中，人们孤独、贫困、卑污、残忍而短寿。这就是霍布斯给我们描绘的人的自然状态——一幅悲惨的图景。

霍布斯也许预感到人们会对他关于人性和人的自然状态的这番描绘感到惊奇甚至愤慨，所以他还有一段绝妙的文字，谈到他这种对人性的文字攻击并不超过人们自己在日常生活中的行为对人性的攻击：如他们闩门闭户、锁箱藏钱、携带武器以防身等。而且，他认为人类的欲望和激情并没有罪。但是，霍布斯的这种实质上的性恶论，事实上还是成为后来一些思想家在理论上唯恐避之不及的东西，虽然在实际政治事物中人们又程度不同地吸收了霍布斯的理论前提。

2. 自然法与道德哲学

以上的情况表现了人的欲望，但是，人还有理性的一面，理性所揭示的和平条件就是自然法，自然是理性所发现的诫条和一般法则。霍布斯把自然法与成文法进行对照，明确地指出自然法就是道德法，是由信义、公道等品德以及一切有益于和平与仁爱的思想习惯组成的，它们是从来就有、永恒不变的，在这个意义上它们是客观的，有待人的理性去发现。霍布斯提出了十一条自然法：第一条是求和平和尽可能地保卫自己；第二条是在自保需要时，可放弃一切权利，而满足与他人相等的自由权；第三条是“所订信约必须履行”；第四条是感恩，以德报德；第五条是适应他人；第六条是恕宥和宽容；第七条是勿报复和以恩报怨；第八条是勿侮辱人；第九条是勿自傲，而是承认平等；第十条是在进入和平状态时不额外地保留自己的权利；第十一条是坚持公道，即分配正义等。然后，霍布斯把这些自然法则精简为一条简易的使智力平庸者也能理解的总则，即“己所不欲，勿施于人”。

霍布斯在他另外的著作如《论市民》中也列出了他所举的自然法的表格，基本上大同小异，我们可以看到隐含在他这些自然法中的基本思想和宗旨，实质上就是保存自我，保存生命，寻求安全，寻求和平，是一种通过人的理性寻求摆脱人人为战的自然状态的努力。按他的话来说，自然法就是要禁止人们去做损毁自己的生命和剥夺保全自己生命的手段的事情，并命令人们去做自己认为最有利于保全生命的事情——这件事就是后面将谈到的订立一种社会契约，从而导致利维坦的诞生。

霍布斯认为，既然自然法就是公道、正义、感恩以及根据它们所产生的各种道德，研究这些自然法的科学就是唯一真正的道德哲学，因为道德哲学就是研究人类相互谈论与交往中的善与恶的科学。善与恶是表示我们的喜好与厌恶的名称，而由于我们喜好和平与生命，作为理性揭示的和平条件的自然法也就是善和美德了。在霍布斯这里，道德是围绕着生命的自我保存而旋转的，是为保存生命而须履行的一些起码的基本义务。

那么，自然法与前述的自然状态有什么关系呢？这种关系就在于：自然法是人由自然状态向社会状态，由战争状态向和平状态过渡的基本条件和基本法则，由于人的理性所发现的自然法，人们看到了摆脱自然状态的可能，看到了转入和平状态所必须遵循的基本条件和义务。但是，在霍布斯看来，自然法仅仅在内心范畴中是有约束力的，也就是说仅对于欲望有约束力，而在外部范畴中，即对人们的行动却不总是如此。如果没有某种有形的力量，没有某种绝对的权威来使人们慑服，并以刑法之威来约束他们履行信约时，自然法就得不到遵循，人们就仍然不能摆脱自然状态，在此，这一点我们一定要记住，既然自然法不是实有法，不是成文法，不是被人们实际上遵循的法，不是有明文规定在前、有强行制裁在后的法，而宁可说是阐述人们应当向之努力的条件，所以，自然法有法之名，而无法之实，只有言词而无刀剑保障（word no sword）的信约只是一纸空文，这就意味着要订立一个把人们的自然权利全然放弃，一次性地转让给一个绝对的主权者的契约。有了这一完全授权的根本契约，才能使其他一切的信约生效，使自然法、自然正义得以实现，使人们的生命得到切实的保障。

3. 契约与正义

在霍布斯举出的第三条自然法“所订信约必须履行”中，他已经涉及契约与正义的联系。他认为，在这一自然法中，就包含着正义的根源。因为，事先没有信约出现的地方，就没有权利的转让，每个人也就对该事物都具有权利，于是也就没有任何行为是不义的，在订约之后，失约就成为不义，即不正义等于不履行信约，正义等于履行信约，履行了信约的人就是正义的人，正义的性质就在于遵守有效的信约，而信约的有效性则要在足以强制人们守约的社会权力建立以后才会开始，所有权也是在这个时候开始。正义以所有权的存在为先决条件，而所有权必须伴随着国家一起出现，也就是说，体现在守约中的正义必须在建立国家这一根本契约签订之后出现。

除了立约的正义，霍布斯还谈到分配的正义。前一种正义可以说是交换的正义，即通过契约转让，交换的东西必须价值相等；后一种正义则在于对条件相等的人分配相等的利益，即把各人应得的分给各人。这种正义就更有赖于国家的产生了，它和国家的功能紧密相关。

霍布斯在阐述正义有赖于契约的同时，还具体分析了契约的性质、内容、制裁和订约方式等。他认为，契约作为一种自愿行为，一种自由合意的行为，每个订约者都必然要考虑自己的利益，他在按约承担某种约束或义务（放弃他的某些权利）的时候，必然要考虑对方也必须承担某种约束或义务（即也放弃某些同等的权利），这就意味着，契约就是权利的相互转让，而不是单方面的转让，否则，那就不是契约，而是赠与或强制了。但是，怎样使这种契约真正有效呢？霍布斯认为，契约之所以产生约束力，并不是由于其本质或其言词，而不过是由于畏惧毁约后将带来的后果（惩罚或者无政府状态），由于守约而得到的光荣和骄傲虽然有用，但不是很能靠得住，其作用在追求财富、统治权和肉欲之乐的人们中罕见其效，偏偏这种人又占人类的绝大部分，因此，真正可以指靠的是畏惧，尤其是对于人的力量（而非神鬼）的畏惧。因此，在霍布斯这里，所有思想的线头都拈聚到一起：就是需要创造和建立一种绝对的主权。只有这种绝对主权出现，随后才能使正义与和平产生，而要产生这一绝对权威，又需要通过一种根本的原初契约。

4. 利维坦的诞生与价值目标

前面已述，人类的和平只能根据信约，而信约的生效则需要一种使大家慑服并指导人们行动以谋求共同利益的共同权力，而要建立这样一种能抵御外来侵略和制止相互侵害的共同权力，就只有一条道路——把大家的意志化为只有一个意志的多人组成的集体，亦即指定一人或一个由多人组成的集体来代表他们的人格，而这一人格是通过人人互相订立一个根本的原初契约所形成的，其立式就好像是每一个人都向每一个其他的人说，我把管理自己的权利授予这个人或这个集体，条件是你也把自己的权利拿出来授与他（它），如此统一在一个人格中的一群人就被称为国家，这就是伟大的利维坦的诞生，承当这一人格的人就被称为主权者，国家就可以说是按约建立了。

这种主权者的特征是：主权者的权力是最高的权力，是不可分割的，也是不可反抗和推翻的，因为主权者并不是订约人。此外，原先持异议的少数人，一旦契约已成，也必须同样绝对服从。这一主权者也拥有对于言论和出版的管理和审查权，拥有立法、司法和行政权，拥有宣战和媾和权。根据承当主权者的人数的多寡，国家可以分为君主制、贵族制和民主制。霍布斯认为君主制——由一人作为主权者的制度是最好的，其主要论据是：在君主国内，私人利益和公共利益是一回事，而公私利益结合得最紧密的地方，公共利益所得到的推进也最大，另外，君主制也利于统一，他认为君主制虽有弊病，却优于其他政体，跟无政府状态造成的内战和灾难相比更不可同日而语，臣民的自由并非如孟德斯鸠所言是与法制联系在一起的权利自由，而是指可以做法律之外，即无法律规定，不受法律束缚的那些行为。霍布斯这里的法律似乎仅仅是刑法，执掌赏罚的职能，而无权利的规定。法是为臣民而定的，对法律的解释也取决于主权者。

值得我们注意的是，在签订了绝对和一次性的权利转让的契约之后，在赋予了主权者以绝对的权力之后，霍布斯即认为：一个战士可以不服从主权者命令，即把自己杀死、弄伤、不自卫或者绝食之类的命令。这等于是说，为了生存可以违反契约，说明履行契约和遵守诺言并不是绝对的，不是一种不可更改、不容推诿的义务，而是要依订约的目的为转移。我们可从中窥见霍布斯的政治论证的总的价值目标：就是自我的保存，就是和平、安全和稳定，国家的目的和功能也尽在于此。

总之，我们看到，霍布斯的有些结论与近现代主流精神不合，例如，他对绝对君主制的维护，对自由权利的排斥，都与近代思想和政治发展的潮流相悖。这也许正是罗尔斯没有把霍布斯与洛克、卢梭并列作为自己理论先驱的重要原因，他认为霍布斯的《利维坦》虽然伟大，但它讨论的问题是专门性的，与自己的社会正义论无直接关系。那么，霍布斯为什么会得出维护绝对君主制的结论呢？

这里面自然有个性的原因，按霍布斯不无幽默的自述：他是他母亲生的一对孪生子之一，另一个叫作"恐惧"；他经常不由自主地显露出思想的锋芒，但又赶紧收敛锋芒以避灾祸。另外也有时代和阶级的原因，霍布斯成年生活的 17 世纪中叶，正是英国爆发革命的时期，内乱和战争不断，在一些地区出现过类似于自然状态的权力真空状态，那里充斥着暴力、流血和混乱，所以，霍布斯身临其境，深有痛感，以致声称即使最坏的君主制也胜过无政府的自然状态，和平与稳定这一最起码的社会条件就成为他社会政治哲学中最高的价值目标。在他那个时代，他比渴望自由更渴望安定，比渴望权利更渴望和平，确实情有可原。另外，他和王党分子及国王本人的联系，和专制制度的利益纠缠，也不能不影响到他的政见。最后，霍布斯之所以得出赞同君主专制的结论，还有其理论逻辑上的原因，如果作为他理论前提的自然状态的描述真是那样可怕，对人性也真是那样难以信任，又非此即彼地只有专制和无政府两条路好走，再加上霍布斯心中所悬的生命保存的价值目标，那么自然而然就会引出最好高度集权于一人的结论。霍布斯的逻辑在这里并无前后不一之处，而是明确和始终一贯的。

但是，霍布斯又确实是近代第一位伟大的创建体系的政治哲学家，许多作者都认为在霍布斯那里含有的近代因素是更为主要、更为明显的。那么，霍布斯的现代意义，他对近现代西方政治思想和实际政治之发展的贡献，他思想中在今天仍具有活力的因素主要表现在什么地方呢？

第一，霍布斯摈弃了君权神授的政治理论，他不是从虚幻的神，而是从现实的人，从人的需求、本性和利益来解释政治权力和政治义务。国家不是根据神意，而是根据社会契约形成的，君主的权力不是神授的，而是人民所转让和托付的。君权的根源从天上降到了地下，不再具有那种神圣性和权威性，所以，后来者其实可以很方便地抛弃他的结论的外壳，做出否定君主专制的结论来。实际上，我们从斯宾诺莎那里就可以看到这一倾向，他对人性，对自然状态和契约的解释与霍布斯基本上是一致的，但却得出了主张君主立宪以致民主共和制的结论。人们可能有一天会将权力追溯到神意或天意，但以此阻碍对现实社会的观察却是不可以的，后者复杂纠缠如一团乱麻，理应有它自己的一门科学。

第二，霍布斯的契约论中实际上包含着一种强烈的个人主义倾向，人的一切行为是为个人的自保动机所驱使，而哪怕是具有最高主权的国家，亦不过是达到个人自保这一目的手段，主权者的权力和法律甚至都是围绕着个人自保旋转的（例见前述的个人可以不服从杀伤自己的命令），社会所保障的只是个人的私利，而赋予主权者最高权力的契约也是在个人之间签订的，是个人之间的一种协议，所以，萨拜因的这一段话并不夸大，他说："这种个人主义是霍布斯学说中彻头彻尾的近代因素以及他最明确地抓住了正在到来时代的特色的方面。"[1]

第三，霍布斯关于国家主权的阐述也适应了近代民族国家兴起的大趋势，他对这种主权最好属于君主的形式的看法是与时代不合的，但他认为近代的趋势将是中央集权的加强的预言，至少在相当长一个时期内是言中了，而且，从主权论到人民主权之间也还是有路可通的。

总之，霍布斯是一个复杂的天才，在他思想中激进的因素和保守的因素、活的东西和死的东西纠缠在一起，正是因此，他常常受到两面夹攻，革命派抨击他的君主制结论，而保王派也同样驳斥他的理论，因为他抽掉

[1] 乔治·霍兰·萨拜因：《政治学说史》下册，刘山等译，商务印书馆 1986 年版，第 534—535 页。

了君主制的理论基础——君权神授。另外，在霍布斯以后很长一段时期里，许多思想家对霍布斯的唯物论、无神论和性恶论也甚为憎厌。这使历史上出现了一个奇怪的现象，许多人实际上受到了霍布斯的影响，然而却不愿承认这种影响。

二、洛克：维护自由

作为一个思辨的天才，洛克思想的思辨性可能不及霍布斯，但他的社会影响却远胜于霍布斯。尽管洛克的言论在今天已成常识，在当时也不算深奥，但重要的是他在恰当的时候、恰当的地方说出了这些话。可以说，洛克是近代英国最大的思想启蒙者，而且是对整个西方政治理论在近现代的发展影响十分深远的人物，美国哲学家梯利认为："他代表近代的精神，即独立和批评的精神，个人主义的精神，民主的精神，表现在十六、七世纪宗教改革和政治革命中、并在十八世纪英国启蒙运动中达到顶点的那种精神。没有一个哲学家比洛克的思想更加深刻地影响了人类的精神和制度。"[1]

在认识论方面，洛克是个经验论者，而在政治学、伦理学方面，洛克却又表现出强烈的理性主义倾向。他所说的自然法实际上就是一些直觉的、不证自明的、普遍适用的原则。人的自然权利被看成是天赋的、不可争议的、不可剥夺的权利。洛克的认识论对其政治学、伦理学最大的意义是他对神学的天赋观念论的批判，从这种批判中可以直接引申出否定君权神授的结论来。而这就是他在《政府论》上册中所做的工作，他以其犀利的笔锋抨击了当时的保王党费尔默爵士的君权神授论和世袭权力说。然而，在其对"普遍同意"说的批判与其自然法理论之间却存在着明显的逻辑矛盾，这种矛盾不仅存在于他的政治学内部，也可见于他的其他学说中。这也可以附带说明洛克的哲学是种受欢迎的常识哲学，受欢迎的常识常常需要兼容并包，综合各种意见，以至容忍逻辑上的某些矛盾。所以，洛克的理论也往往可以由后来者从不同的方面加以发展。但无论如何，由于洛克的社

[1] 梯利：《西方哲学史》下册，葛力译，商务印书馆 1979 年版，第 94—95 页。

会政治哲学是符合时代主流的，罗素把洛克既看作经验主义的奠基者，又看作自由主义的始祖。洛克政治学说的基础是个人及其权利，其主要倾向是维护个人自由，反对政治压迫，如果说在霍布斯那里的价值目标和口号是“生存”，在洛克这里就上升了一步，“生存”变成了“自由”，尤其是个人对于财产、经济利益方面的自由权利，更为洛克所看重。所以后来以边沁、密尔为代表的功利主义，虽然摒弃了洛克有关自然状态、天赋人权和社会契约的假设，但却保留了洛克学说中个人主义的价值内核，仍然是以个体为中心，强调个人自由，以及这种自由与公共利益的一致。而且，在功利主义内部还可以说达到了某种逻辑的一致性，达到了经验主义和摈弃了自然法理论的功利主义的相容。那么，在洛克学说内部，以及洛克学说与其后继者（如继承了个人主义和自由主义传统的功利主义）之间的逻辑矛盾说明了什么呢？说明了：“从洛克到约翰·斯图尔特·密尔之间所有学说主张的个人主义更多地依靠于符合主要产生这一思想的阶级的利益，胜过依靠逻辑。”[1] 下面我们就来具体地考察一下洛克的政府理论，这主要见于洛克在英国光荣革命之后撰写的《政府论》下册中。

1. 自然状态

洛克认为，自然状态是自由、平等的状态：首先，这是一种完备无缺的自由状态，人们在自然法的范围内，按照他们认为合适的办法决定他们的行动和处理他们的财产和人身，而无须得到任何人的许可或听命于任何人的意志；其次，这也是一种平等的状态，在这种状态中，一切权力和管辖都是相互的，没有一个人享有多于别人的权力，不存在从属或受制关系。

和霍布斯不同，洛克把自然状态与战争区别开来，认为自然并不等于战争状态，而是仅当发生对另一个人的人身使用强力或表示使用强力的企图，而又不存在人世间可以向其诉诸救助的共同尊长时，这才是战争状态，看来，洛克的意思是想说虽然战争状态在自然状态中发生，但并非等于自然状态，或者说，不是自然状态的常态。

---

[1] 萨拜因：《政治学说史》下册，第 596 页。

但这里还是涉及自然状态的一个明显的缺点，即在自然状态中，人们虽受到理性的自然支配，但还不存在一个有权力的裁判者，洛克对自然状态的描述与霍布斯的描述相比，透出了许多亮色，自然状态不再是那种混乱、野蛮和人身财产全无保障的状态，而倒是颇有点值得处在专制社会中安全却全无自由的人们向往的一种状态。但洛克也不像卢梭那样把自然状态描绘成一个黄金时代，而是指出了自然状态的若干缺陷，这些缺陷是：

第一，在自然状态中，缺少一种确定的明文规定和众所周知的法律，以作为普遍同意的是非标准和解决人们之间一切纠纷的共同尺度。

第二，在自然状态中，缺少一个有权按照既定的法律来解决一切争执的知名的公正裁判者。

第三，在自然状态中，往往缺少权力、实力来支持正确的判决，使它得到应有的执行。

也就是说，在自然状态中，每个人自己就是自己与他人事务纠纷的裁判和执行人，人们各按自己的尺度来判断，这样也就容易造成纷争和动乱，由此就引出了政治社会的需要。

在自然状态中，也有一种为人人所应遵守的自然法对它起着支配作用。洛克不像霍布斯那样烦琐地列举各种自然法，而是简洁地认为，这种自然法就是理性，它教导着有意遵从理性的全人类：人们既然都是平等和独立的，任何人就不得侵害他人的生命、健康、自由或财产，正是这种自然法使一个人得到支配另一个人的权力，即他有权惩罚违反自然法的人。但是，由于在自然状态中自然法是交给每一个人去执行的，就易产生判断的失误，和制裁的过分或不足。

因此，在洛克看来，政治社会是由于要保障人们的自由，保障人们的自然权利，所以才需要一个作为公断人的有实力作后盾的国家，而在需要保障的这些个人的自然权利中，最重要的是保护个人对财产的天赋权利。

2. 自然权利

洛克不仅强调财产权是一种最重要的权利，而且，在他看来，这种财产权一方面是一种自然权利，即不是法权，不是由于社会、政府和法律的产生而规定下来的权利，而是在自然状态中就形成的一种权利；另一方面，保障这种财产权又是政治社会的首要目的，政府的首要任务就是保障私有财产制度的神圣不可侵犯。他反对政治的世袭主义，其锋芒是针对封建专制制度；而他又坚持经济、财产上的世袭主义，保障新兴资产者和市民阶层的利益。从狭义的社会契约论的观点看，可以说是他率先把经济因素直接引进了契约伦理，使人们重视经济方面的正义问题。这里的一个关键问题是：是否可以打破财产的世袭制，实行社会再分配？罗素从一种基尔特社会主义的正义立场出发，倾向于在经济领域内也打破世袭制，以缩小社会差别，达到平等或基尔特社会主义的理想；罗尔斯则倾向于在私有制社会里实现这种平等理想，主张通过某些调节手段使社会和经济利益的差距保持在最有利于最少受惠者的范围内；而美国另一位哲学家诺齐克则可以说是持另一端的观点的代表，他认为经济产品和货物从产生之日起，就必然受到它们归谁所有的权利的制约，任何宣称它们产生时并不伴随这类权利，可以在不侵犯这些个人权利的情况下分配这些产品的社会哲学都是错误的，不应该有任何集中的分配，或者说全社会范围内的再分配。对于诺齐克与罗尔斯之争，我们还将在后文详加讨论。

另外，我们要注意，洛克所谓“财产”或“所有权”是很广义的，不仅包括自己拥有的物品，也包括自己的人身；不仅指对物的所有权，也指人身的自由。当然，从洛克说明财产权的起源来看，从人身对财产的依赖关系来看，洛克主要指的还是对物的权利。洛克认为，自然共有物的某些部分成为人们的私有财产，并不需要经过全体世人的明确协议，那么，是什么东西使某些自然共有物转变为私人财产呢？是劳动。是加在自然物上的劳动，由于在自然物中掺进了劳动，就使这些劳动产品成为劳动者个人所拥有的东西，而排斥了原先其他人享有的共同权利，在洛克看来，正是劳动使一切东西具有不同的价值，比方说土地，没有劳动就几乎分文不值，因而正是劳动在自然共有物中开始确立起财产权。洛克似乎认为财产的积聚应有一定限度——以供人们享用为度，过此则不是他们应得的。而且，在他看来，对人类生活实际有用的绝大多数东西，即生存必需品，一般都是不能耐久的东西，因而积聚金银无用。但他似乎低估了货币的因素，低估了货币在商品经济社会的万能作用，也低估了人们的积聚欲和炫耀心理。他的劳动价值论的思想萌芽倒是对后来的李嘉图产生了影响，但在这里，他的劳动价值论还不掺杂明显的伦理因素，即用它来谴责大地产所有者或资产阶级。卢梭激烈地谴责私有制的产生，因为他看到了由此将导致的不平等，而洛克的口吻却是冷静的，甚至赞许的，他认为由劳动所确立的财产权、土地的私有制应该能够胜过土地的公有状态。联系洛克对国家目的的阐述，罗素说洛克的理论中有一种财产崇拜也许言不为过。

而对于我们的考察来说，重要的是要看到，财产权确实是很重要的一种权利，是个人其他的自由权利（人身、政治参与、思想信仰、言论出版等权利）的一种重要保障和基础，如果财产本身能得到确实有效的保障，能够使财产免受政治上的任意侵犯和干预，就可以为保障其他权利提供一个坚强有力的堡垒。

3. 社会契约

洛克政治学说的基点也应该说是立足于个人及其权利，尤其是财产权。既然自然状态不能有效地保障个人权利，这就引出了国家或政治权力的起源。在洛克看来，政治权力不同于那种父母支配儿女的父权或亲权的专制权力。政治权力是为了规定和保护财产而制定法律的权力，是判处死刑和其他刑罚的权力，以及使用共同体的力量来执行这些法律和保卫国家不受外来侵害的权力，而这一切都只是为了公众的福利。但这种权力是从何而来的呢？它的合理根据是什么呢？

在洛克看来，这种权力不是从天而降的，不是上帝授予的，而是有一个世俗的根源。它也不是像父权那样来自血缘和亲族关系，或者是像专制权力那样来自武力胁迫，而是来自同意，来自契约，因为，在先天自由、平等和独立的人们中间，要产生出一种使人服从的权威，就必须通过他们在自愿基础上订立的契约，不得到每一个人的同意，就不能把他置于一种发布命令的权威之下，就不能加给他服从的义务。政治权力只能从每个人保护自身及其财产的权利中引申而来，因为它的目标就在于要比没有政府的自然状态更好地保障这些自然权利，政治权力就是每个人转交给社会的权利，他把自然状态中所拥有的一部分权利（即自己作为裁判者和执行人的权利）交给社会，再由社会转交给设置在自身之上的统治者，于是，社会和政府就成了仲裁人，用明确不变的法则来公正地和平等地对待一切当事人，保障他们的利益。这种权利的转交或让渡并非如霍布斯所言是绝对的，无条件的，而是附有一个明确的规定：这种权力应用来为他们谋福利和保护他们的财产。洛克的理论总的说是以个人权利为基础，但他也在一定程度上看到了区别于个人利益的社会利益的存在，看到了合作的需要，认为这种合作的需要也是政治社会产生的一个原因。

这就是政治权力（或者说政治社会、国家）的起源，即它起源于一种以人人同意为基础的契约。除了逻辑的根据，洛克似乎还认为有一种历史的根据。在他看来，历史上政权的一切和平的起源都是基于人民的同意，这跟他倾向于认为自然状态也是一种历史上实有的状态而非逻辑假设有关，而后来的许多契约论者却更倾向于把社会契约看成一种逻辑前提，以便从中引申出社会和国家的性质和目标，或者说引申出公民政治义务的根据、性质和范围。“政治社会的创始是以那些要加入和建立一个社会的个人的同意为依据的；当他们这样组成一个整体时，他们可以建立他们认为合适的政府形式。”[1]

前面我们从霍布斯那里看到，从契约论也可以引出专制政体的结论来，但在洛克这里，他对君主专制持一种批判和否定态度。他认为，在君主制的情况下，由于当君主与臣民之间发生争执时，并不存在一种更高的中立权威来裁定他们的是非，君主与臣民实际上仍处在一种自然状态之中，想在君主专制制度下安身立命，就等于是为了躲避狐狸而把自己投给狮子，这里实际上隐含着这样的前提：臣民并无服从专制君主的义务，臣民有反抗乃至替换专制君主的权利。从这里也可以看到洛克为英国 1688 年“光荣革命”辩护的影子。

[1] 洛克：《政府论》下篇，第 65 页。

洛克倾向于一种以多数裁决为原则的民主制度，即使这种制度是以君主立宪的形式存在。他认为：当某些人通过契约，同意建立一个共同体或政府时，他们就结合起来形成了一个国家，在这一国家中，大多数人享有替其余的人做出行动和决定的权利。因为既然任何共同体都只能根据它的各个成员的意愿而行动，而它作为一个整体又必须前后行动一致，这就有必要使整体的行动以较大的力量的意向为转移，这个较大的力量就是大多数的同意，否则，它就不能作为一个整体而行动甚或存在了，而根据最初人人同意的契约，它正是应该成为这样一个有能力行动的整体，所以每个人都应根据原初的契约而受多数人的约束，特别是少数持异议者应该如此，社会的每一位成员都负有服从多数人的决定的义务，否则原初的契约也就失去意义，契约就不成其为契约了，这样，多数人实际上就享有全体的权力，多数人的意见实际上就被认为是全体人的意见。

笼统地看，多数决定（民主政治）比起一人决定（君主政治）或少数决定（贵族政治）来说，无疑占有优势，人们一般认为是更可取的，因为，总是达到全体意见一致实际上是一个渺茫的空想。但是，首先，拥有发表意见和参与决定之权利的人的范围有一个外延问题，例如，在洛克的时代，没有一定财产的穷人和妇女就不享有公民权利；其次，多数决定还有许多程序和技术上的问题，怎样才算是真正的多数裁决？通过什么程序达到多数裁决（尤其在一个大国）？碰到紧迫的问题时怎么办？以及哪些问题应当由多数来裁决，哪些问题又应当留给个人去处理？等等。且历史不乏这样的实例，在一个贫困和愚昧的社会里，“多数”可能被少数利用，在“民主”的幌子下也可以贩卖私利，虽然这不牵涉多数裁决原则的实质性问题。罗素说，多数权力神圣论如果强调得过分，就会成为和王权神授说一样暴虐的东西：多数人也可能专横肆虐。

然而，尽管如此，尽管人们对多数裁决原则提出了种种批评和修正意见，人们发现，多数裁决原则还是难以代替，舍此无更好的办法。多数裁决规则面临的是一个完善的问题，而不是一个取消的问题。在人们看来，与其要那种虚假的全体一致，不如要一种容有充分发表不同意见和充分讨论的多数裁决，完全由个人自由放任的无政府状态固然不可取，而赤裸裸的一人或少数人的专制，或假冒“全民意志”的专政更应遭到人们的唾弃。

4. 权力与权利

前面讲到了政治权力的起源和性质，而且我们也注意到洛克对于政治权力的目标的多次重申：它是为保护个人权利，保障公共利益而存在、活动的。但是，这种权力又要由人去掌握和执行，这就涉及人性与权力的关系。洛克对人性的看法不像霍布斯那样阴暗，但也绝不像苏格兰派道德哲学家那样光明，他看起来是主张人性亦善亦恶，其“白板说”不仅可应用在认识论方面，也贯彻到伦理学领域，即人性在善恶方面也是一块白板，人性的善恶是后天经验地形成的，是可塑的。而权力对人性将产生怎样的影响呢？“谁认为绝对权力能纯洁人们的气质和纠正人性的劣根性，只要读一下当代或其他任何时代的历史，就会相信适得其反。”[1] 融立法与执法于一身的权力给人的弱点以巨大诱惑，使他们动辄要攫取权力，追逐他们自己的私利。对于人性来说，绝对的权力就绝对具有腐蚀性。[2] 而且这也和组成政治社会的目的不合，不能够达到保障每个人权益的目的，而使国家和权力成为只是少数人用来谋自己私利的工具。

这样，就提出了限制权力的任务，而权力是必须通过权力来限制的。洛克由此提出了把立法权、行政权和对外权分开，以便保持一种制约与均衡的主张。所谓立法权就是制定和公布法律的权力，行政权就是执行法律的权力，对外权则是与外交有关的宣战、媾和和订约等权力。而在这三种权力中，最高的权力是由议会掌握的立法权，这种权力虽然有其神圣和不可变更的一面，但它必须服从保护社会及其每个成员的自然法，必须以社会的公众福利为限，它是一种除了实施保护以外并无其他目的的权力。因此，第一，它对于人民的生命和财产不是，也不可能是绝对专断的，绝没有毁灭、奴役或故意使臣民陷入贫困的权力；第二，它不能总揽一切权力，

[1] 洛克:《政府论》下篇，第 56 页。

[2] 而霍布斯的逻辑却很奇怪：他如此不信任一般的人性，却又如此信任拥有绝对权力的君主的德性。

以临时的专断命令来进行统治，而应以正式公布的法律来进行前后一贯的统治；第三，未经本人同意，不能取去任何人的财产的任何部分；第四，不能把立法权转让给任何其他机关或个人。而且，作为最后的安全阀，人民有权反抗暴政。我们将在下文注意到，诺齐克的“守夜人”式的国家，最弱的意义或最少管事的国家理论很接近于此。

权力不仅受到其他权力的制衡，也受到法律的支配。不是权力支配法律，而是法律支配权力，在洛克这里，法律是以自然法为基础的，而自然法的性质又主要是道德的，是以自然权利为核心的，所以说法律对权力的支配也反映了道德对权力的支配，自然权利对政务权力的支配，其主要倾向是保障个人自由，反抗政治压迫，洛克认为政府必须服从法律，立法者和执法者必须首先守法。在此法律的含义绝非仅仅执掌赏罚功能的刑法，而是明文保障个人权利的宪法。一个没有法律的政府是一件政治上不可思议的事情。

法律一面是限制和支配政治权力，另一面则是保障个人自由，这实际上是从两个不同方面——前者从国家，后者从个人——观察的同一件事情。洛克把自由分为两种：人的自然自由和处在社会中的人的自由，前者仅以自然法作为准绳约束自己的行为，后者则受由立法机关制定、为社会一切成员共同遵守的法律的约束。可见，洛克所说社会人的自由是与法律紧密联系在一起的，他否认自由是那种为所欲为的自由，认为自由只是在法律所许可的范围内，随其所欲地处置或安排自由人的人身、行动、财富和他的全部财产的那种自由，在这个范围内，自由人不受另一个人的任意意志的支配，而是可以自由地遵循他自己的意志。自由即意味着在不违反法律的范围内不受他人的束缚和强暴。法律是以理性为基础的，法律按其真正的含义而言，与其说是限制，不如说是指导一个自由而有智慧的人去追求他的正当利益，法律的目的不是废除或限制自由，而是保护和扩大自由，在一切能够接受法律支配的人类的状态中，哪里没有法律，哪里就没有自由。

总之，我们可以概括地说，不论与近代哪一个政治哲学家相比，当代西方社会政治制度（尤其英美）从洛克那里吸取的东西是最多的，洛克是自由主义的真正始祖。在近代三位主要的社会契约论代表那里，洛克对后来西方社会的制度所遵循的道德原则，对后来西方人在社会联系和交往中所奉行的伦理准则所起的影响最为广泛而持久。

三、卢梭：渴望平等

卢梭是18世纪法国革命的一个思想先驱，但他和他的同代人——一起推动了法国革命的许多启蒙思想家，如伏尔泰、狄德罗等人，在许多方面又格格不入，这种冲突既表现在个人性格和出身方面，也表现在理论和精神方面。启蒙运动的主要倾向是推崇科学、知识、艺术和文明，而卢梭却把科学艺术看作奢侈怠惰的产物，是道德败坏的根源；启蒙运动对人类文明已经取得的成就感到骄傲，并憧憬美好的未来，卢梭却因人类文明带来的道德不幸感到愤怒，怀恋原始的自然纯朴状态；启蒙运动批判宗教、怀疑和否定上帝，而卢梭则推崇虔诚，主张一种基于情感的有神论。这些冲突从一个侧面说明了人类精神及其产品的复杂性，说明了以单一规则解释历史事件是危险的，容易出错。卢梭的声音在启蒙运动中似乎很刺耳，可是它仍有独特的意义和作用。

现在，我们着重考察一下卢梭对情感的推崇。因为，可以说正是由于对情感的推崇，使卢梭从契约论通常的个人主义立场出发，最后却得出整体主义的结论。契约论的方法一向具有理性主义的鲜明色彩，而卢梭作为一个社会契约论的主要代表，不仅是因为他写过一本名为《社会契约论》的影响巨大的书，从而在普及契约观念方面功不可没，而且体现在他在基本价值方面提出了彻底平等的要求，从而与当时以洛克为代表的契约论主流分庭抗礼。

在卢梭看来，生活之所以有价值，在于共同的感情，而这种感情在质朴而未受教育的人身上要比在那些有教养、文明、体面的人们那里更为纯真，更少受到亵渎。人的价值不在于他有知识，而毋宁说“思维状态是违反自然的一种状态，而思维者乃是一种变了质的动物”，人的价值在于他有道德的本性，而这种道德本性本质上就是感情，一种具有道德色彩的感情，唯善良愿望具有绝对的价值。生活中普通人的感情：从家庭生活的柔情和互爱，到从农耕一类平凡技艺中得到的满足，直至普遍存在的宗教性质的虔诚感情，这些才是真正有价值的，相反，人的理性和智慧的结晶——科学、艺术、文明却是无价值的，指引我们去满足公共利益，或者说做出道德行为的是我们的自然感情，而不是理性，理性常常只激励自私心，所以我们要想有道德，只需不遵循理性而遵循感情。

可见，卢梭推崇感情和他崇尚道德和宗教的价值观密切相关，他希望以一种善良和虔诚的感情来解释道德和宗教的基础，指引道德和宗教的方向，这种努力虽然和启蒙运动的主流不合，但也有弘扬道德，使之摆脱实利倾向的一面，并曾对康德的思考产生过影响，使康德由纯粹的求知转而关心人，关心和尊重人类的道德情感，阐述人的善良意志，提出对人的绝对命令。所以，我们必须注意到，在卢梭的思想发展中，有一种强烈的根本动机，就是道德的动机，这种动机在卢梭即便不直接探讨道德时也始终起着作用。

1. 从自然状态向社会状态的过渡

《社会契约论》在某种意义上可以说是《论人类不平等的起源和基础》一书工作的继续。《论人类不平等的起源和基础》一书描述了人原始的自然状态及其进入文明社会后的堕落，论述了不平等的起源和进展，以及政治社会的建立和流弊，而在《社会契约论》中，卢梭则试图以其心目中的日内瓦共和国为蓝本，设计一种理想的使人类由自然状态进到合理的社会状态的方案。这是一种理性的设计，卢梭在这本书中采用的实际还是他曾鄙视的理性思维的方法。此书的第一卷主要讨论人类怎样由自然状态过渡到政治状态，以及达成这一过渡的公约的根本条件是什么，接着讨论立法、政府形式以及巩固国家体制的方法。自然状态是卢梭社会契约论的起点。

卢梭所描绘的自然状态又要比洛克所描绘的自然状态更为光明，它在

《论人类不平等的起源和基础》中甚至被描绘为一种理想状态，以致被伏尔泰讥为“读了你的书，真的令人渴慕用四只脚走路了”。卢梭谈到人在自然状态中的生活是淳朴、单纯的，人与人之间是平等的，并有一种自然的同情。在《爱弥儿》第一章中他甚至说：一切自然的东西都使人变好，一切社会的东西都使人堕落。

在《论人类不平等的起源和基础》与《社会契约论》两书之间是否存在尖锐的矛盾？在两书之间，是冲突的因素居多，还是和谐的因素居多？关于这方面有两种不同的意见。我们不欲在此评论，而只是想指出，卢梭在《社会契约论》一书中确实有一种有意义的转变，即他思考的重点不再是考虑自然状态的美好，而是考察自然状态向理想的社会状态的转变。

在《社会契约论》中，卢梭考虑了人类由自然状态向社会状态过渡的必要性和得失，他的基本倾向是肯定这一过渡。他认为，由于在自然状态中有不利于人类生存的种种障碍，在阻力上已超过每个人在那种状态中为了自身生存所能动用的力量，于是，那种原始状态便不能继续维持，并且人类如不改变其生存方式就会被消灭。然而，人类既然不能产生新的力量，而只能结合并运用已有的力量，所以人类便只有一种办法可以自存，这就是通过社会合作把力量汇聚到一起，从而克服有碍生存的各种障碍。

在卢梭看来，人类从自然状态进入社会状态，便发生了一场最堪注目的变化，虽然人失去了得之于自然的许多便利，然而却得到了如此巨大的收获：他的能力得到了锻炼和发展，思想开阔了，感情高尚了，灵魂升华了，使他从一个愚昧、被局限的动物一变而为一个智慧的生物，一变而为一个人，一种更美好更稳定的生活代替了过去那种不可靠、不安定的生活，法律保障的自由代替了天然的独立，以致人类会对自己从自然状态永远脱离的那一时刻感恩不尽。这一说法和他以前的看法并不融贯。

如果画一张人类进入社会状态后的得失表，那么可以简略地表述如下：

第一，丧失的情况

（1）天然的无拘无束的自由；

（2）对所企图和所能得到的一切东西的无限权利；

（3）自然原始的平等。

第二，得益的情况

（1）社会的、法律规定和保障的自由；

（2）对他自己享有的东西的、社会和他人所承认的所有权（私有制）；

（3）根据约定和法律而产生的所有人在权利上的平等，尽管人们在力量和才智方面依然不平等；

（4）道德的自由。这很重要，因为只有道德的自由才使人真正成为自己的主人，而只有嗜欲与冲动会使人处于奴隶状态，人类正是由于进入了社会状态，才使他们的行动带上了某种道德性，使正义代替了本能，义务的呼声代替了生活的冲动，从而通过道德自律使自己真正成为自己的主人。

从自然状态向社会状态的过渡总是意味着一种个体主义的出发点，即社会人以前的自然人是孤立的、个别的，他关心的只是自己，卢梭也是如此看法。他认为，人的最原始的感情就是对自己生存的感情，最原始的关怀就是对自我保存的关怀，人性的首要法则也就是维护自身的生存，但这一出发点并不是最终目的，人类并不能满足于只能维护个人生存的制度。

2. 过渡的途径：社会契约

那么，怎样把这些分散、独立和首先关心自己的个人联合起来呢？只有通过契约。在卢梭看来，无论是权利还是义务，其基础都是契约，社会秩序乃是为其他一切权利提供了基础的一项神圣权利，然而，这项权利不是出于自然而是建立在约定之上。卢梭批判了把强力作为权利基础的观点，认为强力并不构成权利，既然任何人对于自己的同类都没有任何天然的权威，最强者也绝不会强得足以永远做主人，那么，便只剩下约定才可以成为人间合法权威的基础。

而从另一方面，即义务和服从的方面看，把分散的人们结合为一个社会，使他们承担义务的基础不是强力，不是父权，也非规章，而同样是社会成员之间的约定，因为，对人与人之间的义务，对人服从合法权威的义务来说，没有什么基础能比人们相互之间的自由缔约更为确定不移的了。卢梭在阐述这种社会契约的订立时仍然是以个体主义为原则，他认为约定之所以成为义务，只是因为它们是相互的，即在进行这些约定时，人们在为别人效劳时也在为自己效劳，他在为全体投票时想到的只是他自己，这就证明了，权利平等、义务平等及其所产生的正义概念，乃是出于每个人对自己的偏私，因而也就是出于人的天性。正义是出自偏私，公平是源于自利。正是因为人们都坚持自己的利益要求，才有必要提出正义和公平的问题，这正是正义和公平区别于仁爱和自我牺牲之德性的特色。

这种契约是典型的社会契约。卢梭认为政府并非基于契约而产生，政府与臣民之间也不订立什么统治或服从契约。创制政府的并非契约而只是法律，政府是在公民与主权者之间所建立的一个中间体，以便两者互相适应，它负责执行法律，并维持社会以及政治的自由，这完全是一种委托和任用，行政官员们绝非人民的主人，而只是人民的官吏，人们委任他们，也可以随时撤掉他们，对于这些官吏来说，绝不是什么订约问题，而只是服从问题，他们在履行国家赋予的职责时不过是在尽自己的公民义务。社会契约就其本性而言，必须要有全体一致的同意，如果在订立社会契约时出现反对者的话，这些人的反对也不能使契约无效，那只不过是不许把这些人包括在契约之内罢了，他们是公民中间的外邦人，但在国家成立之后，则居留在该国这一行动本身就构成同意，居留者就负有服从的义务。社会契约所要解决的根本问题则是：要找出一种把人们结合起来的形式，把分散的个人的力量结为一种整体的共同的力量，来捍卫和保障每个结合者的人身和财产，并且同时又要使每一个与全体联合的个人只不过是在服从自己，仍然像以往一样自由。这就是说既要结成社会又要保持自由，那么按照卢梭继续进行的推论，这一目标是否能够达到呢？

3. 缔约的结果：民主抑专制？

以上所描述的卢梭的阐述跟洛克较接近；而再往下发展，卢梭的观点就更接近霍布斯了。卢梭认为，出于既要结成社会又要保持自由的目的，社会契约的性质必然是绝对的、无条件的、无保留的，每个缔约者都要把自身的全部权利转让给整个集体，把自己全部地奉献出来，但不是像霍布斯所言那样奉献给一个人、一个专制君主，而是奉献给自己作为其中一员的整体。这样，由于每个人都向全体奉献自己，所有人就都是同等的，就没有什么吃亏或占便宜了，而且，既然转让是毫无保留的，联合体也就会尽可能地完善，每个结合者也就不会再有什么要求了，而每个人既然是向全体奉献自己，就并没有向任何人奉献自己，他们就一如既往地是自由的，因为，所有人的意志融合为一个总的意志——公意，每一个人的意志都在一个公意中体现。

这样，社会公约就可以简化为：我们每个人都以其自身及全部的力量共同置于公意的最高指导之下，并且，我们在共同体中接纳每一个成员作为全体之不可分割的一部分，通过这一社会公约就产生一个道德的共同体，以代替每个订约者的个人，这个共同体就由此获得了它的生命和意志。这一由全体个人的结合所形成的公共人格，可依观察角度的不同，被称为城邦、共和国、政治体国家和主权者，而其结合者则可分别从不同角度被称为人民、公民或臣民。

这样，我们就看到，卢梭从个体主义的逻辑起点开始走向整体主义，卢梭认为：主权是不可分割，不可转让的，主权不外就是公意运用，主权者的意志就是公意。

所以，要辨明卢梭结论中是否蕴含着专制主义的倾向，关键是理解和把握“公意”（volonte generale）的概念。按照卢梭的观点，首先，“公意”和“个别意志”（volonte particuliere）不同，个别意志由于基本性质总是倾向于偏私，而公意则总是倾向于平等，它们虽会有一致，但也常有冲突；同理，它和“团体意志”（volonte de corps）也不同。其次，“公意”和“众意”（volonte de tous）也不同，众意只是个别意志的总和，着眼于私人的利益，而公意只着眼于公共的利益，永远以公共利益为依据，公意永远是公正的。使意志得以公意化的与其说是投票的数目，倒不如说是人们结合在一起的共同利益。

但现在的问题是：卢梭对“公意”虽然做了一些区分，但仍然是一个含混和抽象的概念，它并不妨碍某些人把自己的个人意志说成是公共意志，把个人的私利冒充为公共利益，从而建立起外表饰以“人民主权”的暴虐专政来，因为卢梭并没有提出一个衡量对公意的各种解释的客观标准，由于公意也不等于多数人的意志、全体人的意志，所以我们也无法按民主制的多数裁决原则来判断。这样，一个组织严密、斗志旺盛的党派或团体，不就是可以把这一团体的意志，甚至仅仅是这一团体的领袖的意志宣布为“公意”，从而建立起一种专制乃至恐怖的制度来吗？而卢梭赋予人民进行革命和反抗的权利则可能流为空谈（卢梭理论对法国革命的意义往往是因为它强有力地诉诸人们内心的某种强烈情感和渴望，而不是依靠它的理论逻辑）。所以，不管卢梭如何宣称公意永远不会犯错误，或者他的初衷并非宣扬暴政，甚至他对专制制度深恶痛绝，他的绝对主权和公意理论却隐含着一种专制主义的倾向，这一倾向并不是什么新发现，有许多学者早已指出过这一点，而且在实践中也已显现出它的恶果。对卢梭这一理论弱点溯其根源，则和他推崇情感有很大关系，卢梭把整体理想化、浪漫化了。任何乌托邦思想如果真能实行也许都是诱人的，但是，有时似乎仅技术性的一些程序问题就会使它全盘倾覆，甚至转到其反面。

卢梭主张一种以古代的希腊城邦和近代的日内瓦共和国为蓝本的直接民主制，反对任何形式的代议制，这只有在小国才能实现，而当时民族国家的扩大、统一和加强正是时代潮流，所以，在这方面他的政治思想主张也是不现实的。他倾向于低估政府的地位，但实际上所谓公意、主权者是要通过政府来发挥作用，对政治形式的轻视往往带来惨痛的结果，有名无实的“人民主权”完全可以成为使专制统治得以维持的一个幌子。因此，正确的结论是：在有关社会制度，尤其政治制度的问题上，我们不能依赖我们的感情或者建立在感情基础上的思辨，而是要依靠我们健全的、不脱离常识的理性。

4. 缔约的目标：自由抑平等？

在一开始，卢梭的论述给人的印象是非常强调自由，他认为人是生而自由的，但却无往不在枷锁之中，也就是说自然人进入社会后失去了他的自由，处在社会的枷锁之中，处在习惯的奴役之中，处在强力或虚假契约造成的桎梏之中，他力主人民有权反抗，夺回他们的自由，他反对君主专制，认为一个人上升到可以号令别人的时候，一切就都会来变相剥夺他的正义感和理性了。

卢梭甚至把自由与做人等同起来，认为放弃自己的自由就是放弃自己做人的资格，就是放弃人类的权利，甚至就是放弃自己的义务，这样一种弃权是不合人性的，而且，取消了自己意志的一切自由，也就是取消了自己行为的一切道德性。他批判亚里士多德的人天然不平等（有些人天生是作奴隶的，另一些人是天生来统治的）理论，认为亚里士多德是倒果为因，不是先有天生的奴隶再产生奴隶制，而是先有奴隶制再造成了甚至心甘情愿的奴隶，是强力造成了最初的奴隶，而他们的怯懦则使他们永远当奴隶。

卢梭也否定那种“逃票乘客”式的契约，即一方可以根据意愿守约，而另一方则必须无条件地守约，一方获取契约带来的全部利益，另一方却必须承受契约规定的全部义务；他也否定那种专制主义的契约，即一方是绝对的权威，另一方是无限的服从。卢梭认为这些都是虚假的契约，本身就是一种无效而且自相矛盾的契约。

可以说，卢梭对自由的追求是十分真诚、热烈和感人的。他认为他所提出的一种真正的社会契约，就是想使分散的个人一方面结成社会以克服生存的困难和谋求共同的幸福，另一方面，又想使参加结合的人们继续保留一种自由，即继续服从自己的思想、按自己的意志行事的自由，他试图通过“公意”的概念来克服这一困难，即公意作为所有个人意志的真正融合，作为每一个人思想的集中体现，服从公意就是服从自己的意志，而非服从任何异己的意志。但是，我们前面已经指出了“公意”异化为个人或小集团意志的可能性，那么这种自由实际上就是不可靠的。

尤其是在这样的情况下，即当卢梭说这番话的时候——当有人拒不服从公意，全体就要迫使他服从，并且这恰好就是迫使他自由——人们就更感到这自由岌岌可危了。这话从逻辑上讲也许并无矛盾，因为如果公意真的代表了你自己的意志，而你又处于蒙蔽之中看不明白藏于公意的你自己的意志，那么强迫你服从公意确实是强迫你自由——当然，这里的自由是一个狭义的、深层次的、哲学意义上的自由，或者如伯林所说的积极自由，而非常识所理解的政治自由、消极自由。但是，谁来做这一裁判者呢？全体。全体又是通过什么来裁判、发言呢？这里的许多环节都隐藏着陷阱和暗沟，可以把自由化为乌有。

确实，在卢梭那里，可以经常看到他对自由和权利的相互矛盾的说法（这与他阐述社会政治哲学时依然保留的浪漫风格有关）。例如，一方面，在《社会契约论》的第二编第四章中我们读到：

“每个人由于社会公约而转让出来的自己一切的权力、财富、自由，仅仅是全部之中其用途对于集体有重要关系的那部分。”[1]

“可是主权者这方面，却决不能给臣民加以任何一种对于集体是毫无用处的约束。”[2]

另一方面，我们又读到：

“社会公约也赋予了政治体以支配它的各个成员的绝对权力。”[3]

“唯有主权者才是这种重要性的裁判人。”[4]

所以，看来卢梭更重视的，他始终一贯坚持的还不是自由，而是平等这一价值目标。

卢梭曾谈到，立法体系的最终目的是全体的最大幸福，而这一最大幸福又可归结为两大主要目标，即自由和平等。自由成为目标是因为一切依附和奴役都要削弱国家共同体的力量；而平等，是因为没有它，自由便不能存在。或者说，没有平等，一方就要购买自由，另一方就要出卖自由。

在此，按卢梭的解释，平等，并不是指权力与财富的程度应当绝对相等，而是指权力不能成为暴力，并且只有凭职位与法律才能加以行使，而贫富差距也不可两极分化到一个人可以购买另一个人，使其成为自己的奴

[1] 卢梭：《社会契约论》，何兆武译，商务印书馆 1980 年版，第 42 页。

[2] 同上。

[3] 同上书，第 41 页。

[4] 同上书，第 42 页。

隶或劳工。在卢梭看来，事物的惯常倾向是要破坏平等，因而法律就应该总是倾向于维持平等。这话是有道理的，尤其是前一半。在《科西嘉制宪拟议》中，卢梭更明确地说，我们制度之下的根本大法应该是平等，除了功勋、德行、贡献之外，不允许再有别的区分，而功德方面的区分也不应是世袭的。他认为绝对消灭私有制是不可能的，但要最大程度地限制它，给它以一种规矩，一种羁绊，借以遏制它，指导它并使它始终服从于公共的幸福。要使两极尽可能地接近，既不许有豪富，也不许有赤贫。以上主要着眼于经济方面的平等，而在《山中书简》第 9 书中，卢梭还着重从政治、法律的角度谈到了平等，他认为最先且最大的公共利益永远是这种平等，公众要求法律面前人人平等，不容有例外。

卢梭对利益分配平等的渴望并没有超出私有制的范围，他不是要废除私有制，而是要通过立法来节制豪富，所有人都应该自己占有一些东西，但每个人都不能占有得过多，以致使他们不必劳动。为了限制财产的积聚，卢梭主张经济领域中减少金钱的作用，主张豁免某些只拥有生活必需品的穷人的赋税，而增加拥有多余财物的人的赋税。他写道："因此，政府的最重要的任务之一，就是要防止财富分配的极端不平等。这并不是要从富人手中夺取财富，而是要从人人手中剥夺积累财富的手段；不是要给穷人设立济贫院，而是要保证人民免于贫困。"[1]"使一切人的财产不知不觉地接近于乃是社会的真正力量的中等程度（中等财产）的这种政治，乃是国家的目的。"[2]

综上所述，霍布斯、洛克与卢梭三人的阐述，都旨在引出某种类型的社会制度或者政体形式。他们虽然都没有明确和系统地谈到这种社会制度所应遵循的伦理原则，但通过其对自然法和所赞成的社会制度的描述，却可以看出其中隐含的伦理原则或价值目标。这在霍布斯那里是对于个人生命的捍卫，是稳定、安全与和平；在洛克那里是对于个人自由、公民权利，尤其是财产权的保障；而在卢梭那里则主要是平等，包括政治和经济的平

[1] 参见卢梭：《论政治经济学》，王运成译，商务印书馆 1964 年版，第 20 页。

[2] 《卢梭全集》法文版第 1 卷，第 340 页，转引自勃・姆・别尔纳狄涅尔：《卢梭的社会政治哲学》，焦树安、车铭洲译，王太庆校，中国社会科学出版社 1981 年版，第 105 页。

等。对自然状态的描述是他们社会政治理论的共同起点，是他们理论的逻辑前提，对自然状态的不同描述影响他们得出了不同的社会政治结论，而反过来也可以说，他们心中所隐含的社会政治方面的价值目标和理想，反过来亦影响到他们对自然状态的不同描述。当然，在他们三人中间，这种前提和结论之间的逻辑联系并不都是同样明晰一致的，霍布斯在逻辑上最为明确一贯，最具思辨性，虽然也包含着常识往往难以避免的一些逻辑矛盾。卢梭在逻辑上则最难融贯，比如他对私有制的看法，一方面他说第一个实行私有产权的人给人类带来了最多不幸，另一方面又说不必废除私有制，而他的影响力看来也是主要诉诸人们的情感。

从他们的理论对于西方近代史产生的影响来看，霍布斯的君主专制结论是不合民主发展主流的，但他的自然状态理论所蕴含的个人主义和理性主义因素却富有意义和影响力；洛克的理论被实现的成分应当说是最多的，作为近代政治自由主义的始祖，他对西方民主制度的建设和社会伦理的影响最为广泛和持久；而卢梭的理论则更易于打动人们的情感，因而曾成为促发了法国大革命的有力思想因素之一，但他对社会政治制度的理论设计却往往不切实际，隐藏着一些严重的漏洞乃至陷阱。但总的说，近代西方民主制度的确立和发展，公民观念和道德的形成，与探讨自然状态的社会契约论确实有着不解之缘。

四、正义原则的逻辑

在分别讨论了霍布斯、洛克、卢梭的观点之后，现在我们拟合而观之，观察的角度还是我们上文所指出的契约论的一个基本方面——道德主义，而具体说来，道德主义又涉及社会制度所实际追求的基本价值和遵循的正义原则。

由此，我们遇到的第一个问题是：制度本身的道德与个人的道德有何不同？确实，制度本身的道德看起来很不同于一般我们所看到的个人德性，制度是没有心的，或者说没有一种统一的、单纯的动机，而是糅合了多种人的动机，或如习惯所称的，是“多种合力”的产物，故我们评价一种制度的道德时，即使可以追溯这一制度建立者们的个人动机，其重要性也远不如评价一个人或一种行为时对这个人或行为者的动机的那种追溯，那种个人的追溯甚至可仅以此动机为标准。相反，对制度的道德评价，我们却主要是看这一制度的实际功能和作用，看它实际上指向什么基本价值，遵循什么正义原则，实际上在禁止什么、保卫什么。另外，制度的道德与个人的德性相比也呈现出很不一样的面貌，甚至表现为一种看来很不像道德的道德。举一件我们在日常生活中经常遇到的事情——排队为例：我们知道，一个排队者的个人德性可以表现为礼让，如把自己占先的位置让给残疾人、老人，或其他任一他愿意的人，但排队本身的秩序却不能以“礼让”这种道德要求作为自己的秩序规则，否则，人人都必须礼让比自己后到者，也必须推让比自己先到者的礼让，排队就不成其为排队了。排队只能以我们所熟悉的“先来先买”为原则，维护这一秩序者也主要是以禁止夹塞为己任，这一秩序规则看来很不像道德，但这就是它的道德，这一规则蕴含着一个“窗口面前人人权利平等”的道德原则。当然，如果在设置窗口时再设置残疾人窗口、老人窗口、记者窗口，这就由所有人一律一个窗口的形式平等原则而开始趋向有所区别的实质平等的原则了，但制度本身无疑不能表现出太多的偏爱（设过多的窗口），不能太动感情，那种爱可能是属于另一个领域——个人伦理领域中需要倡导的感情，否则就对其他人不公平了。社会制度无疑比排队要复杂得多，它涉及这一社会的所有人，且以警察、法庭、监狱等强制手段为基础，故而更不能不谨慎从事。

我们需要预先说明的第二个问题是：为鲜明和集中起见，我们在此虽然是谈社会制度所应遵循的正义原则，但并不具体展开这些原则，而是直接以这些原则的核心内容来称谓这些原则，这些核心也可以说是社会所追求的基本价值，这样，在我们面前就出现了生命原则、自由原则、平等原则。

有了上面的第一个说明，我们就比较好理解为什么说看上去有道德相对主义倾向的霍布斯仍然坚持了契约论基本的道德主义立场；也更好理解洛克和卢梭看起来不像在谈论道德实际上却在谈论道德，以及为什么生命原则、自由原则、平等原则这些看起来似乎不是道德原则的原则却恰恰是制度的道德原则、正义原则。霍布斯确实认为善恶只是我们快乐与痛苦的另一个名称，没有什么至善，那么，他是否因此否定了制度的道德呢？

我们把霍布斯与马基雅维利联系起来谈会更有助益。马基雅维利常被认为是一个非道德主义者，他在其名著《君主论》中认为君主只要能达到巩固权力的目的，使用欺诈、暴力等不道德的手段也无可非议。确实，马基雅维利使政治独立于道德，然而我们要注意他使政治摆脱的是什么样的道德。他使政治摆脱的实际上是君主的德性，是个人的道德，因为，只有这样，才能真正展开独立的政治学研究。在他所处的时代，包含着道德的神学是压倒一切的，然而，神学有代替其他所有社会科学、人文科学的倾向，从而妨碍着它们的独立发展。而在政治的神圣和道德根基之外，还有广阔的包含许多技术性问题的领域，这些涉及可行性的技术问题绝非不重要。我们前面说过，可行性问题会使许多看起来美好的乌托邦理想成为泡影。马基雅维利是一个非常有现实感的人，对人性和政治都有着深刻的实践经验和了解。出于这种现实感，马基雅维利实际上是把自己限制在一个技术性问题和手段的领域内，这也是该学科发展的内在需要，他是在这一领域内撇开个人道德，而并没有超过这一领域去否定制度的道德原则。罗素说，马基亚维利所追求的目的其实有很值得赞扬的一面。马基雅维利在另一部著作《李维史论》中阐明了他理想的以古罗马共和国为蓝本的制约与均衡的共和制，这样，《君主制》中所讨论的君主政体实际上是一种在他看来不得不采用的过渡手段。因为，比起自由权利来，民族独立、安全、井然有序的政治组织在他看来如果说不是最高，至少也是更为优先的价值。

如果我们如此“善意”地理解马基雅维利，就更难以论断霍布斯否弃了制度的道德。因为，霍布斯的社会契约论的本意就是要推演出以一种基本价值为根基的、使自然法（即道德法）实际地对人们的行为产生约束力的国家。我们还可以进一步说，正是通过区分政治与道德，才能使双方都各自得到迅速的发展。也只有在两端充分发展之后，才谈得上一种深刻的、有成效的综合，这一点我们从契约与伦理的分离、各自发展及其最后综合的过程也可得到证实。政治必须在根基处与道德有一种联系，无论权力还是义务都须有一种道德理性的根据才算牢靠，然而，却不能以道德去代替政治，尤其不能以个人德性代替政治技术。在某种意义上，摆脱个人德性来观察政治，恰恰是我们追溯制度本身的伦理原则和根据的一个途径，因为，有时正是个人德性掩盖了制度道德。

我们暂不去评论在马基雅维利与霍布斯那里确实潜存的另一种危险——使政治与道德完全脱离的危险，而转过来考察霍布斯所坚持的社会制度应遵循的基本原则究竟是什么，它有什么意义，与其他原则有何联系等问题。这一基本原则，我们在上文已指出过了，就是生命的保存。

我们在霍布斯、洛克、卢梭三个人那里，实际上发现了一种历史和逻辑的一致：在他们的理论中历史地依次出现的三种正义基本原则，也内在地含有一种逻辑的联系。历史与逻辑不谋而合，而不管他们本人是否主观上意识到这一联系。这一社会制度所遵循的基本原则的逻辑就是：生命—自由—平等，它们之间存在着一种逻辑的次序，甚至一种不可逆性，它们的优先性是递增的，只有基本上满足了前一个才能满足后一个，而前一个又应当是向后一个开放的。

首先是生存，或者说生命的保存。生存意味着身体不受任意的侵害，不受死亡的威胁，也意味着拥有以其所属的文明的标准看来是基本和必需的物质生存资料（食物、住房等）。保障其成员（至少是大部分成员）的生存，这无疑是任何社会、任何国家应当首先满足的基本价值，也是人类之所以由原始社会过渡到政治社会的第一动因。纯粹由拳头和身体来决定一切的状态是可怕的状态，战争、内乱、饥馑等会剥夺千百万人的生命，因此，这是一个国家所要首先考虑防止的。在面对无政府状态的危险，尤其是当道德与宗教等精神上的约束力也被大大削弱的条件下面对这种危险时，甚至一种有严重缺陷的政治制度也不失为较佳的选择。所以，马基雅维利、霍布斯强调稳定与和平，赞成君主制政体，这与他们所处的混乱时代有很大关系，他们都亲历了战火蔓延后的疮痍满目、哀鸿遍野。由于生命处于极度无保障的状态，生存就成为压倒一切的问题，稳定为天下之大利，尤其是从社会角度看更是如此。个人可以为信念，为道德采取一种舍生取义、杀身成仁的态度，可以“宁愿站着死，不愿跪着生”“不自由，毋宁死”，而从社会、国家制度来看，却不能不以保障其社会成员的生命，维护他们正常的生存为其最优先的考虑。“生生大德”，保存生命确实应当是一个社会制度的首要德性，是社会正义的第一原则。政治社会的发展不能逾越生命的原则而先去满足后面两个原则。它首先必须稳定，建立秩序，使杀人越货受到惩罚，使恐惧不致蔓延，以任何名义而做的侵害民众生命、剥夺他人基本需求的事情都要黯然失色。这种对人的生命的尊重，甚至可以说是从根基处沟通了个人道德与社会伦理，它不仅是社会伦理的首要原则，也是个人道德的基本义务。

然而，对这种最基本、最优先的价值的肯定，却可以有两种态度：一种是向更高的价值、更高的原则开放，一种是堵塞其进路而停留于此。霍布斯持哪一种态度呢？

霍布斯认为，主权者的权力是最高的、不可分的、不可推翻的，他非订约人，而是所有其他人订约授权给他。他不受控告、不能被废黜。主权者的权力还包括他可以决定哪些学说和见解有害于和平，哪些有利于和平，决定什么人可以在什么情况下对人民公开讲话，决定一切书籍出版之前的审查，因为，良好地管理人们的意见就是良好地管理人们的行为。他对良心和信仰的权利没有直接涉及，但在某种意义上，控制了表达的方式，也就等于在相当程度上控制了思想。

霍布斯认为自由的本义是指人身的自由，是不受锁链监禁的自由，而在一个保障生命的君主制社会里，人们显然已经享有这种自由了，在法律未加规定的一切行为中，人们可以自由地去做自己的理性认为最有利于自己的事情，臣民的自由在主权者未对其行为加以规定的事物中存在，如买卖或其他契约行为的自由，选择自己的住所、饮食、职业以及按自己认为适宜的方式教育子女的自由等。霍布斯所理解的臣民自由在“法律未禁止的都可以做”的意义上范围相当大，包括经济和财产的自由，这样，经济与社会平等自然不在国家的考虑之列，但臣民自由显然不包括政治自由，因为这种自由他已经在缔约时交出去了，在霍布斯看来，如果保留这种自由，就有使社会重堕那种可怕的自然状态的危险。故他在制度方面亦反对分权。他引历史的教训说：

> 这种分割是“国分则国将不国”的分割；因为除非事先发生了这种分割，否则就不会出现分裂成敌对阵容的情形。如果英格兰绝大部分人当初没有接受一种看法，将这些权力在国王、上院、下院之间加以分割，人民便决不会分裂而首先在政见不同的人之间发生内战，接着又在宗教自由问题方面各持异议的人之间发生内战。
>
> 人类的事情决不可能没有一点毛病，而任何政府形式可能对全体人民普遍发生的最大不利跟伴随内战而来的惨状和可怕的灾难相比起来或者跟那种无人统治，没有服从法律与强制力量以约束其人民的掠夺与复仇之手的紊乱状态比起来，简直就是小巫见大巫了。[1]

霍布斯对一般人性的估计偏低，忽视了人也有社会性的一面，故他设想的自然状态即意味着战争，但他却对主权者、统治者的人性估计很高，似乎他们的人性高出一般人性很多，或者不属于一般人性，也不会受赋予他的绝对权力所腐蚀。拿最糟的自然状态与一般的政治社会相比，人们自然会选择后者，但如果将其与最糟的暴政相比呢？也许人们就宁愿“与木石居，与鹿豕游”了。我们需要考虑必须特别强调生命原则的一些历史条件：

1. 物质生存资料因天灾或战争极度匮乏；

2. 面临外敌即将入侵的危险；

3. 面临严重内乱即将爆发的危险；

4. 已处在权力真空、社会无序状态，几种政治军事集团正为问鼎权力而激战。

在前三种情况下，片面强调财产权利、政治权利可能会导致许多人丧生，在最后一种情况下则简直是迂腐了，这时，无疑应当毫不犹豫地强调生命保存的价值。但这些情况往往发生在人类社会的早期，或者历代权力更迭的那一短暂时期。尽管生存是优先的基本价值，也是起码的价值，但

[1] 霍布斯：《利维坦》，黎思复、黎廷弼译，杨昌裕校，商务印书馆 1986 年版，第 140—141 页。

停留于此就意味着人类社会的停滞状态，甚至没有真正把有尊严的人与动物状态区别开来。卢梭把自由看作道德成立的一个基本条件，并认为只有道德自由才使人真正成为自己的主人，这确实是独具卓见。

洛克对自由的理解是古老的、朴素的、常识性的，然而今天仍不失为经典的意义。自由是什么？一个人如果有一种能力，可以按照自己心里的选择和指导来决定思想或不思想，运动或不运动，那么，这就是自由了。在个人那里，自由就等于自主，就等于在各种欲望对象、各种可能性之间进行选择。然而人是处在社会中的，倘若他由于某些外界原因不能自主，受到了束缚，则他就不自由了。离开思想，离开意欲，离开意志，就无所谓自由，虽然有了思想，有了意欲，有了意志，也不一定享有自由，是否享有自由要看社会条件。在社会的人那里，自由就等于不受束缚。这就是社会政治的自由观念的含义。

人类在进入社会之前的自然状态中拥有一种自然自由，此时，他不受任何人间权力的约束，只以自然法作为他的准绳，而一旦进入政治社会之后，他所享有的自由就始终是与法律联系在一起的自由，是在法律指导和规定下的自由，所以自由并非攻击自由者所说的那样是“随心所欲”“为所欲为”，而是要以长期有效的规则作为生活的准绳，这种规则为社会一切成员所共同遵守，并为社会所建立的立法机关所制定，人能在法律规则未加规定的一切事情上按照自己的意志行事，而不受另一个人反复无常的、出乎意料的和武断的意志的支配。

这样，我们看到，自由受到两个方面的限制，一是受到自身理性的限制，人的自由以他具有理性为基础。当人幼年时理性尚不成熟，就需父母托管，随着理性成长到一定程度，他才获得自由，故说“年龄带来自由”。二是受到自然法的限制，此自然法即道德法，正当法，它不仅在自然状态中存在，在社会状态中仍然活跃着，并指导着成文法的制订。洛克一再强调，自由并非人人爱怎样就怎样的那种自由（当其他任何人可以凭一时高兴而支配另一人时，谁能自由呢？），而是在他所受约束的法律许可范围内，随其所欲地处置或安排他的人身、行动、财富和他的全部财产的那种自由，在这个范围内他不受另一个人的任意意志的支配，而是可以自由地遵循他自己的意志。很少有攻击自由者不把“自由”解释为“为所欲为”者，也很少有捍卫自由者把“自由”解释为“为所欲为”者，如果对自由的解释一致，也许会消弭许多争论。然而，人们的这种争论常常不仅仅是一种学术争论和理性探讨，还受到各种现实政治利益的纠缠，此外，也有从源头言之和从流弊言之之别，故这种争论持久不衰、动情而激烈。

然而，至少我们知道，谈到真实的社会自由就不能不谈到法律。并且，我们与其谈自由，不如谈法律。但是，“如果法律不能被执行，那就等于没有法律；而一个没有法律的政府，我以为是一种政治上的不可思议的事情，非人类的能力所能想像，而且是与人类社会格格不入的”[1]。这使我们想起深入到西方社会生活中的一个著名论断：“法律若不被信仰，便形同虚设。”法律的这种状态，就已经蕴含有这种法律的性质会是什么样的意思了。

自由可以包括生命的权利，但生命的权利却不能包括自由。生命的权利在自由中表现为霍布斯所说的人身自由，即人身安全以及拥有基本的维持生存的生活资料的自由。除此之外，自由还包括良心的自由、信仰的自由、表达的自由，以及政治和经济的自由等。这后面的内容构成了社会制度所追求的更高价值目标。

而在此之外，或达此目标之后，制度是否还有必要追求进一步的价值呢？在逻辑上是否还有更高的必须为社会制度所遵循的正义原则呢？或径直说，是否还有必要追求平等、实现平等呢？洛克的旨在保障自由的社会契约理论是否又向平等开放呢？

首先，我们可能需指出平等概念的多义性。平等看来是一个更广泛的价值范畴，它甚至可以在最广义上包含前两个价值范畴。生命价值可以解释为国家要平等地把每一个人都当作人看待，同等地对待每一个人的生命，不容许任意的戕杀和残害；也不允许在人之为人的意义上剥夺他赖以生存的基本生活资料，并且，前一方面比后一方面更为重要，更为优先。而自由的价值亦可以在思想信念和政治领域里解释为平等地对待一切人，“每

[1] 洛克：《政府论》下篇，第132页。

一个人都被看作一个，而不是更多”，用社会制度的眼光来看，没有哪一个人比别人享有更重的份量，每份自由在权利上都是相等的，虽然在实际使用中会有不同。国家在政治上不偏不倚、平等地对待所有成员，没有歧视，也没有偏爱，这就意味着他们享有自由了，因此，思想政治领域里的自由也可以用平等来界定，甚至可以说，正是平等突出地指明了思想和政治自由的真义，并且由于它能贯穿到人类社会生活的各个主要方面，也便于人们认识这些社会基本价值之间的联系，便于人们追溯其根据（权利也可以成为一个如此贯穿的概念）。总之，在思想与政治领域里，自由与平等实际上是一回事，它们是统一的，自由与平等所冲突的领域主要发生在社会地位和经济利益的领域，那么，前述的问题可以在这一领域内改换为：在实现了人身、信念和政治权利方面的平等之后，是否还有必要实现社会地位名望和经济利益方面的平等呢?

洛克看来是不倾向往前走的，至少他不把进一步的平等作为政治制度应当追求的更高的基本价值。他说：“所有的人生来都是平等的，却不能认为我所说的包括所有的各种各样的平等。年龄或德行可以给一些人以正当的优先地位。高超的才能和特长可以使另一些人位于一般水平之上。出生可以使一些人，关系或利益使另一些人，尊敬那些由于自然、恩义或其他方面的原因应予尊敬的人们。”[1]“人生而平等”并不意味着人事实上平等，社会并没有必要通过正义原则去消除这些事实上的不平等。而凡此种种社会地位方面的不平等（“尊尊”即意味着“卑卑”），在洛克看来，并不与人们对其天然的自由所享有的平等权利（即自由）相冲突，虽然无疑会影响到人们实际享有的自由。洛克对保障财产权的强调更明确地显示出洛克不会赞同通过削弱财产权去达到经济平等，甚至哪怕是轻微的削弱。

卢梭的思想是复杂的，他所渴望的平等有时是笼统的、最广义的，就像我们上文所说，是那种包括了生存和自由价值的平等。例如他认为生命是宝贵的，政治结合的目的就是它的成员的生存和繁荣，甚至好政府的标

[1] 洛克:《政府论》下篇，第 34 页。

志就是看它治下人口是否显著增加，而自由并不是任何气候之下的产物，所以也不是任何民族都力所能及的，但他更严厉地批判了霍布斯的君主专制论，他认为人们签订契约，正是为了保护那构成他们生存要素的财产、自由和生命，他们为什么要给自己找出一个统治者呢？人们之所以要有首领，乃是为了保护自己的自由，而不是为了自己受奴役，这是无可争辩的事实，也是全部政治法的基本准则。被奴役的人民处在堕落状态，他们把最悲惨的奴隶状态称为和平。自由是人的一切能力中最高的能力，是人类主要的天然禀赋，人们可以根据契约把自己的财产让与民众，但不能因此抛弃自己的自由。一个人抛弃了生命，便消灭了自己的存在，一个人抛弃了自由，便贬低了自己的存在。所以卢梭不想以生存之名牺牲自由，不想堵死社会走上自由之路，卢梭主张社会实行在思想领域中的信念自由，反对不宽容，主张在政治领域中全民参与，坚持民主共和制。

但是，如前所述，除了思想信念及政治的平等之外，卢梭进一步要求经济的平等，在贵贱贫富悬殊的社会现象面前，卢梭的心灵很难平静，其感情激荡不已。在《论人类不平等的起源和基础》中，他说："使我们一切天然倾向改变并败坏到这种程度的乃是社会的精神和由社会而产生的不平等。"[1] 他追溯这种不平等的发展：法律和私有财产权的设定是不平等的第一阶段，官职的设置是第二阶段，而第三阶段则是合法的权力变成专制的权力。相应于上述三个阶段，则第一阶段是穷富即经济的不平等；第二阶段是强弱即政治的不平等；第三阶段则是主仆的不平等，是不平等的顶点。最后，反过来，个人出身、血统又决定并加剧了政治与经济的不平等，各种不平等最后必然归到财富上，都表现为财富不平等。

然而，如果社会能逐步前进到首先剥离开那些由政治、身份因素造成的贫富不均，则在面对剩下的由人的天赋差别和努力程度造成的贫富不齐时，却不能不持一种谨慎的态度。这里可能有两个问题需要人们认真考虑：第一，这种财富和收入的不平等（即在社会消除了其他不平等后仍存留的不平等）是否必定会重新开始一轮如卢梭所说的恶性循环，即又发展到政

[1] 卢梭：《论人类不平等的起源和基础》，李常山译，东林校，商务印书馆 1997 年版，第 148 页。

治和身份的不平等，甚至变为赤裸裸的奴隶制？是否还有别的抑制手段？第二，旨在消除这种经济平等的理由是否可能来自别处，即不是来自社会基本制度，不是作为这种制度追求的基本价值，而是作为另一种重要价值而被相对次要层次的社会政策所调节，被自愿结合的社团及个人所追求？但即使回答是肯定的，卢梭的平等渴望仍然有其巨大的意义，就像它曾促使康德摆脱学者的优越感而重视普通人的价值和权利一样，它也促进了社会摆脱历史的偏见而对所有人——包括以往被轻视的“默默的多数”——一视同仁。

总之，在霍布斯—洛克—卢梭的社会契约论那里表现出来的这一社会正义原则的逻辑，对我们来说，恰好构成了一段循序而进的思路，构成了我们把握制度伦理的一条基本线索。而且，这种正义原则的逻辑不仅和它在契约理论中出现的次序一致，也大致和人类政治社会发展的历史相符。然而，要证明这一点就必须提出确凿的历史证据，除了正面的证据之外，还包括反面的证据，即社会是否越过生命原则而先满足自由原则将带来混乱动荡和瓦解？是否超越自由原则而先满足平等原则将带来暴力、流血和灾难？等等。这是历史的证据，是有关原则的逻辑次序的证据，至于哲学的证据，正义原则本身的证据，即追问为什么要尊重生命，为什么要尊重自由和平等，就把我们引向康德了。

五、正义原则的根据

寻找道德原则的根据至少可以有两条途径：一条是循经验的感性的途径，从人所处的环境、从历史，包括从人的本性的某一方面去寻找理由，为提出的道德原则提供依据；另一条道路则是循理性而行，为道德原则提出纯粹理性的证据。

社会契约论者所提出的社会制度的道德原则（即正义原则），显然难于循经验去证明。历史的材料告诉人们，社会和国家很少是由其成员缔结契约而诞生的，相反，它们倒经常是暴力、征服的结果，或者逐渐生长的产物。社会契约论者也常常清楚这一点，知道他们并非从事实推出原则，从实有推出应有，而是运用自由的理性为社会立法。而康德则更为明确地宣布了这一点，“人们借以把自身组成国家的这种行为——所有人的共同的原初契约，更恰当地说，是这种行为的理念（idea）——构成了国家唯一合法的基础，从而使它可以为人们所相信”[1]。因此，这种契约“不必是事实”，甚至不可能是事实，它只是一种理性的观念，然而其现实性又不可否认，也就是说，它要求每个立法者都需以所有人的联合意志为法律的起点，同时视每一个人——就他愿意成为公民而言——都同意这个意志。因为，这种合意是一切公共契约的试金石，它们是否合法全依此而定。[2]

循经验去证明正义原则还会带来两个严重问题：第一，这原则既然依经验为转移，而这经验是感性的，其因时而异、因地而异，这原则也就只拥有相对权威，而作为一种社会正义原则，它只拥有这种相对权威是不够的，甚至是很危险的。一个社会要稳固，除了以毫不含糊的法律和强制机构的巨石作根基之外，它必须还有一种敬意作为凝固剂黏合这些巨石，否则，即使它由垒合而成的外观貌似庞然大物，也还是会一推就倒。而这种敬意不是来自变化多端的经验，而必须来自理性，来自对存在着一种普遍的、绝对的、不为任何经验所动摇的根本理性法则的信念。一个人暂时性地陷入相对主义对己对人尚不可怕，甚至有时这正是他思想深化的一个环节（只要这社会仍存在着牢固的道德信仰），而一个社会，一个国家的道德合法性发生问题，它的基本制度的道德原则处于暧昧不明的状态，这个社会中的人就会广泛地对政府失去信任，这才是真正可怕的。第二，这种来自经验的正义原则由于其源泉的低微、其权威的卑弱，它常常适应现实、迁就现实，它不求满足更高的价值，不求遵守更高的原则，而宁愿维持现状，甚至以达到了社会正义的最低一级台阶而自得。而由于它权威的削弱，它又常常得过且过、苟且偷安。所以，寻找正义原则的根据不能眼光向下，

[1] 康德：《道德形而上学》第2部分，第47小节，此段是笔者译自外文原著的译文；中文版可参见康德：《法的形而上学原理》，沈叔平译，林荣远校，商务印书馆1991年版，第143页。

[2] 参见康德：《历史理性批判》，何兆武译，商务印书馆1996年版，第190页。

专在经验的仓库里搜罗，还必须抬头向上看，寻找那种同支配着我们头上的星空的自然律一样普遍必然的道德律，寻找那种根源于理性，既存在于我们心中，又普遍地对一切有理性者有效的道德律，这就是康德所指示的路径。

康德认为（他认为这也是所有人都会同意的）：一条规律若被认为道德的，也就是作为约束的根据，它自身一定要具有绝对的必然性。“你不应当说谎”这条戒律并不只是对某些人在一般情况下有效，甚至并不只是对人类普遍有效，而是对所有有理性者都有约束力，其他真正的道德戒律也莫不如此。从而，约束性的根据既不能在人类本性中寻找，也不能在他所处的世界环境中寻找，而是要完全先天地在纯粹理性的概念中寻找。

而过去的道德理论则可以划分为两大类，它们提出的道德原则或者是经验的，或者是理性的，前者以幸福原则为起点，以自然的情感（快乐）或道德的情感（良知）为依据；后者以完善原则为起点，以独立完善的理性概念或者神的意志为依据。但康德认为这两种根据都不可靠。

首先，康德认为，立足于自然感性的经验的幸福原则不宜作为道德律的基础，使一人成为幸福的人与使一人成善良的人绝非一事，故这个原则向道德提供的动机恰是败坏道德，完全摧毁它的崇高性，不具有对一切有理性之存在的普遍有效性。

那么，康德对诉诸道德感（或径直说，诉诸良知）的那些理论家怎么说的呢？在《任何一种能够作为科学出现的未来形而上学导论》中，康德认为，良知确实是一个伟大的天赋，不过，这种良知必须用事实，通过深思熟虑、合于理性的思想和言论去表现，而不是在说不出什么道理之后像祈求神谕那样去求救。除良知之外，还应当有一种批判的理性。良知和思辨一样，两者各有其用，前者用在经验里马上要使用的判断上，后者用于凡是要一般地纯粹用概念来进行判断的地方，比如在形而上学里。也就是说，良知对道德实践很有用，然而，如果要在道德哲学中探讨原则及其根据，仅诉诸良知就不够了。良知非终点，在探讨正义原则的根据时我们不能停留于良知。

至于对另一类，即依据理性的一类道德理论，康德仍对它们不满意的理由是：它们仍然是目的论的，也就仍然是他律的。即它们所提出的道德原则非以自身为根据，而仍然是以道德之外的其他目的（如完善）为依据，即“我应当做某件事情，乃是因为我意愿另一件事情”。此外，这种理论在没有联系的地方发现了一种联系，在没有必然性的地方发现了一种必然性，它也是独断论的，这样，就不仅是它的结果，它的逻辑和方法也不能令人满意。休谟对这种逻辑给予了致命的一击，康德诧异于在这一打击之后哲学家们怎么还若无其事、无动于衷，对康德来说，批判地考察人的理性认识能力，确定其范围和限度，同时又不仅不放弃道德和信仰，反而努力将其从独断教条的基础上安放在真正坚固的理性基础上，就成为头等重要的任务。

综观上文对寻找道德原则之根据的方法论考察，我们看到，康德认为他与以往的道德理论家之间有着鲜明的分野：康德哲学之前的道德理论，它们或者是经验的、感性的、后天的、现象的，从而也是相对的，或者虽是依据理性，但仍然是一种目的论（teleological theory），这样，从它们那里就都只能给出他律的道德原则，给出假言命令。康德的道德哲学在他看来则是依据先天理性，是一种道义论或义务论（deontological theory），是自律的，给出的原则是绝对的道德命令。道义论的因素在我们前述的苏格拉底不为生死所动的守诺中，在柏拉图、斯多亚派，以及自然法理论中都可以见到，然而，只是在康德这里，它才获得一种系统、完整的阐述，并且被康德明确地与所有目的论的观点区别开来，乃至形成对立。康德想说的实际上是：道德本身有自在的价值，本身有一种自存的根据，道德的绝对根据无须到其他地方去寻找，而是在其本身之中，这就是被康德视为道德最高原则的自律概念的真实含义。

以上所涉及的问题已不止正义原则的根据问题，而实际上是整个道德的根据何在的问题，是所有的道德原则（无论个人的还是社会制度的）的最终基础问题，在一个坚持道德原则的普遍性、绝对性、纯正性和严格性的理论中，寻找某一个道德原则的根据，就意味着也要寻找所有其他道德原则的根据，这个问题必须一揽子解决。要证明一个道德原则，必须也同时证明所有道德原则，而在对所有道德原则的证明中，也就已经包含着对某一个道德原则的证明了（是必要，当然还不是充分的证明）。因此，寻找社会正义的根据必然涉及寻找一个更大的范畴——道德正当的根据。但在此，我们尚需节省笔墨，因为我们主要考虑的是第二层次的问题：上述我们在社会契约论那里发现的正义原则——生命原则、自由原则和平等原则，是不是适合作为制度的道德原则？是不是真正合乎道德或者说真正正义的？如果说是，那么理由和根据是什么？

康德并没有直接回答这些问题，并没有直接去论证这些原则，阐述它们的根据，没有以回答这些问题作为他写作的目的。所以，我们所做的是一种尝试，即试图从康德的哲学中引申出对这些问题的回答。而在我们看来，这些答案确实隐含在康德的理论之中，这使社会契约论与他的哲学有一种逻辑关系：前者阐述原则，后者寻求根据。我们知道最后一个社会契约论的主要代表卢梭对康德产生了重大影响，这种影响可以说主要是道义论的，而休谟对独断论，包括对契约论逻辑的批判，则构成了康德的全盘考虑和批判人的理性能力，尤其是实践理性能力的强烈动因。休谟的这种影响则可以说主要涉及方法和证明：旧的方法已经显露出它的弊病，社会契约论者常常诉诸自然法作为其提出的正义原则的根据，然而，这是不够的，这种不足就像我们上文所见仅仅诉诸良知一样不够，所以就还需要一种批判的理性为之探讨更深层的根据。而在康德看来，他的哲学的肯定因素和积极方面，就主要在于通过清理道德和信仰的旧的地基之后，又为它们建立了一个新的可靠的根基。

康德说，世界上唯一真正的善是善良意志。然而，社会制度并没有如在个人那里的那样一种意志，故我们必须从制度的行为中去发现一种它实际倾向的东西，而把这种倾向拟人地称为“意志”，这是向前看，其意义即如康德所说的契约无须是事实，而关键在于它是一种理念，一种能动的理念。制度是人为的，建立和改造制度的人们，是否清醒地意识到一种制度的“意志原则”（正义原则）应当是什么，则对这一制度的命运关系甚大。就是说，我们也要努力使制度的道德原则纯然对正义、对它所当为之义尊重，以不致受各式各样人的欲望、爱好纠缠而偏离正道。在这个意义上，我们也可以说：只有自觉的正义才是真正的正义、可靠的正义。而寻找正义的根据，就是使之成为自觉的正义的一种努力。

社会的正义原则不是最普遍的道德原则，它适用于社会制度而非用于个人，更非能囊括一切有理性的存在行为的最高道德原则。但我们要证明某一个正义原则，寻找它的理由和根据，却可回溯至比它更高更普遍的道德原则，看它是否符合它们。用康德的话来说，那些最基本的道德原则（也称规律、绝对命令）构成了一个入口，任一准则、任一行为只有能通过它们，才可以称之为是道德的。

这样的普遍道德律一共有三个，康德把它们称为“绝对命令”。第一个绝对命令涉及道德律的形式，即“普遍立法”：要选择这样的行为准则，使它同时也能成为普遍的行为法则即准则，形式上必须具有可普遍化的特征。第二个绝对命令涉及道德律的质料，即“人是目的”：你的行动，要把你人格中的人性和其他人格中的人性，在任何时候都同样看作目的，而绝不能只看作手段。第三个命令涉及道德律的性质，即“意志自律”：每个有理性者的意志都是颁定普遍律的意志，也就是说，意志，或者说实践理性，是自己为自己立法。

我们现在就来看这些正义原则是否符合这些绝对命令。

先看生命原则，康德在《道德形而上学基础》中实际上已经涉及保存生命的道德原则，然而，他在那里是把这一原则作为个人义务、个人道德准则的例证提出的，即一个人是否可以结束自己的自然生命？这一准则是否能同时成为一个普遍的自然规律？人们马上就可以看到，它是不能普遍化的，自然即意味着“生生”（前一个“生”为动词，后一个“生”为名词），此即为“天地”（自然）之“大德”。因此，自杀、自戕就是与“生生大德”之自然相冲突的，就是不自然的，不应当的。同样，自杀也违反“人是目的”的绝对命令，一个人如果为了摆脱困境就毁灭自己，那么，他就是把自己的生命作为达到幸福或至少避免不幸的一个物件、一个工具了，然而，人并不是一个仅可作为工具使用的物件，而是自在的目的。因此，个人无权处置代表他人格的那一生命，无权摧毁它、杀害它。

生命原则与“意志自律”之绝对命令的对照需稍微变换一下形式，并再做一些引申。当然，戕害自己的生命违反了“自律”原则，因为它是从别的东西（比方说幸福）中引申出自己的行为准则，因而这一准则显然是他律的。但除此之外，康德还把意志自律与人的尊严联系起来了，人正是凭意志自律而成为目的王国的成员，正是凭意志自律体现了人作为自由和有理性的存在的本质，正是凭自我的道德立法而使自己属于物自体，从而超出了纯粹感性的现象界，由此他就获得了一个作为有理性的存在的尊严；这一有理性的存在除了自己的立法之外，不服从任何其他的法则。这种尊严是最高的价值，没有任何等价物可以与它交换，因此，违反了自律的概念，也就意味着看低了人，贬抑了人，玷污了人，夺去了他的尊严。

但以上均是从个人义务立论，保存生命被视作个人对自己的完全责任，而它是否也是社会制度的义务，构成了制度首先要考虑的一个正义原则呢？

我们先看制度的道德原则与个人的道德原则有何不同：首先是执行的主体不同，一为制度，一为个人，制度虽为人造物，本身却是非人格的，它没有人的那种意志动机，故评价它是否合乎道德，合乎正义不必追究它是否纯然出自善良意志或义务心，而只看它的实际倾向即可；其次是内容不同，个人道德固然有起码的基本要求（如守诺、不谋杀、不盗窃），但也有更高的要求（如扶贫济困、慈爱）[1]，且道德之崇高、纯正性就主要体现在此，而制度的道德则总是提出最基本的要求，故它的道德原则常常不太像道德原则，这是因为我们常以个人道德的眼光去观察社会道德之故。第三是影响面不同，个人道德是一个人与其他人、与社会发生关系，故它常常是有中心的、逐步推广的、由近及远的、由亲及疏的，即使其道德原则是普泛的爱，但实际受其行为影响的还是少数人，而制度道德是一个人造物，与所有人或其社会的所有成员发生关系，它的一举一动对所有人都关系甚大，因此，它必须在某一范围内不偏不倚地、平等地对待其他成员（虽然这种平等对待的范围实际上划在什么地方可能大不一样）。最后是它们的约束方式、依靠力量不同，个人道德主要是通过良知和舆论起作用，而制度伦理则依靠一套社会机器来运作，是强制性的，因此它也不能不更加谨慎。

[1] 康德称之为个人的完全义务和不完全义务，后者是更高的要求。

但制度的道德原则与个人的道德原则又有相通的一面。道德原则是统一的，它们有共同的根基，在性质上是不能够发生歧义的。故在那些最基本的义务上，制度原则与个人原则是一致的。正由于制度原则的影响面宽广，属强制性，它必须仅仅把那些最基本的、不履行则危及每个人的义务纳入其要求的范畴；而反过来说，正是由于制度原则要求只是最起码、对人也最为生死攸关的义务，则它的要求就不能不带有更大的强制性，即外力的强制性。

因此，我们说，康德所列举的个人对自己的完全义务（保存生命），和个人对他人的完全义务（守诺、遵守契约），可以纳入社会伦理之范畴，可以通过另一种形式（法律）来体现这些原则要求，可以通过强制手段来执行它们（当然不是惩罚自杀，而是溯其保存生命的原意，即禁止任意杀人，而不能禁止此事的社会也可以说等于是它实行自杀）。在某种意义上，"法律即最低限度的道德"。而且，如果说个人连自己的生命都无权任意处置，政治社会对其所有成员的生命就更没有这种权利了，它无权任意剥夺人的生命，或允许其中一些人对另一些人施虐。无论从历史还是从逻辑看，社会之术即建立秩序、保持稳定、结束过去那种生命无保障的状态，它正是因此而产生的，故甚至以暴力和流血在群雄混战中夺取政权者，只要他有长远的眼光，想建立长久的王朝，也不得不尽快禁止危及人生命的一切暴力，包括约束自己部下的任意暴力，此即所谓"逆取顺守"。"顺守"即首先得遵循使社会得以成立的第一正义原则：结束无法无天的状态，保障人的生命，使人的生命在受到任意威胁时可诉诸政府，得到政府的保护。

戕害生命的原则作为制度原则之不能普遍化和违反"人是目的"的命令是一目了然的，因为它与社会之概念是正相反且对立的，社会的概念本身意味着秩序、稳定和"生生"，让戕生原则普遍化即意味着取消社会，使社会土崩瓦解。社会作为社会也还不像个人一样有其他目的，或者说有自己的特殊利益，它的建立和维持最终是为了其成员，故我们不仅可以在康德道义论的意义上理解戕害生命的原则是违反了"人是目的"的绝对命令，是不合人性的，是不把人当作有理性的存在的自在目的看待，是把人的生命仅仅当作手段对待（哪怕是作为“杀死无辜一人，可使万人幸福”的手段），甚至还可以在目的论的意义上理解这一原则违反了“人是目的”的原则。社会是为了人的利益而存在、维持的，它没有独立于人的“更高”的自在目的，而从全社会的角度看，生命可以说是人类的最大利益。人类首先是生存，然后才谈得上其他。但如果说这仍有他律的嫌疑，我们用康德的第一条理由也就足以在制度原则中提出禁止戕害生命的要求了。戕害生命与道德自律及从中引申出来的人之尊严的概念相悖也同样明显，此不必多言，而上文我们主要从否定方面来阐述生命原则，则是为了更有力地彰明这一原则。生命原则之不可动摇的一个明证就是，甚至实际上以大规模灭绝生命为宗旨的政权，也不会敢于公开地承认这一点，虽然它即便如此也难逃迅速灭亡的命运。而且，一般来说，这种政权是变态的，是一种例外，在一个政治社会的内部，常态一般是和平稳定，虽然在其外部，在各个国家之间，人类还处在自然状态之中，还远没有建立起一种和谐的稳定关系。这样一种关系正是康德的渴望，他在《论永久和平》中甚至认为：制定一部完美的文明的宪法问题，取决于各国的外在关系要根据法律来调整；如果不解决后面这一问题，就制定不了上述的宪法。

我们再看自由原则。我们先得理解康德道德哲学中的自由概念。在《纯粹理性批判》中，康德指出，他所谓的自由就其宇宙论的意义而言，是指“自发地创始一种状态”的力量，即它能自己开创一种因果系列，自己成为最初因而不受另外的、先前的原因决定，也就是说，世界上除了有一种受自然法则决定的因果系列之外，还有一种来自自由的因果作用。我们若以链条为喻，则可设想一条环环紧扣的无限延伸的链条，而自由即意味着这一链条的中断，意志进入了这一链条成为起始的一环，它不再和它前面的一环发生关系，不再受它传递来的力的决定，但却和后面的环发生关系，成为它们向某一方向运动的原因。当然，此种说法并不是说实际现象中有两种可以观察到的不同的因果系列，从外观上看自由的因果系列也还是受某种自然或社会法则的支配，可以观察到某些条件和原因，但内在地看，这种因果系列却是出自自由的意志，而非受任何感性的冲动和嗜欲的决定。

所以，在康德看来，自由乃是一个纯然先验的理念，不含有任何来自经验的内容，与一个经验中所不能规定与授予之对象相关。自由就其实践的意义而言乃脱离任何感性冲动的压迫而独立。换言之，自由即“自主”，而极言之，自由即“否定”，即是说“不”的自由，意志一旦意识到自身的这种自由，它任何时候都可以对外在的必然性说一个“不”字，中断来自外界的因果链条，而开创自己的因果系列。从这一点看，似乎这种否定的自由和后来萨特的观点很接近，然而萨特的自由是再无规定、全无肯定，只是一种绝对的选择自由，康德则不然，他在否定人全然受外部必然性决定的观点时，又肯定人可以自己为自己立法，这一法则就是道德律，它对人类这样的理性存在有绝对的约束力，人在作为理性存在的意义上是无可选择的，或者说他必须选择道德，故康德又说“有自由即无选择”“有选择即无自由”。这里所说的自由当然是康德心目中真正的意志自由。

这种自由并非摆脱必然性或与必然性对立的自由，实际上康德努力想证明的只是这种自由的因果系列可以与自然的因果系列并存，其证明的根据是人同属两个世界：感性世界与理智世界，或者说现象与物自身。作为感性世界一员，人本身也是现象，其心理行为受着自然规律的制约，但他同时也是理智世界的成员，属于物自身，故而他本身又能成为自由律的主体。而此种自由又确实是道德得以成立的先决条件，没有这种自由，人就会成为感性冲动的奴隶，社会完全被外界必然性决定。康德论证说，这种先验的和哲学的自由全然是为了道德，而不是为了成功，不是为了成为自然和社会的主人。若是为了成功，合理的思路就是要通过认识和利用自然和社会的必然来达到自由，而自由在康德这里毋宁说是消极的、否定的，自由的主体在此不是说“是，那么我就照这样做”，而是说“不，我不能这样做”，即使外界的一切条件都压迫我这样做，即使在现实生活中找不到一个不这样的先例，即使这样做肯定要面临失败，但只要道德律告诉我不能这样做，我还是只听从我心中的道德律，只有在这方面它是绝对的、积极的、肯定的，对这种道德律的服从是不计结果、不计成效的。这也就是董仲舒所说的“正其谊不谋其利，明其道不计其功”。

因此，我们确实难以从这种哲学的自由概念中直接引申出信仰的、良知的、政治的和所有权的自由来，因为它们确实是两种很不同的“自由”概念，一种是自主和自律，一种则是指行为在不影响他人的同等自由的前提下不受妨碍；一种只考虑道义，一种则兼容各种目的；一种无条件地服从道德律，在此没有选择的余地，另一种则是在不触犯法律的前提下有选择自己行为的广阔空间；一种只涉及个人意志，与经验无关，发生在看不见的心灵之中，另一种则必涉经验，总是对他人和社会产生影响。虽然同用“自由”一词，但两者的含义却相距甚远。或者，我们可以这样分别说明这样两种自由：社会的自由就是指我的行为出自我的意志、我的意愿，其直接动因、第一动因是我自己而不是外来的强制，只要我在力所能及的范围内不受阻碍地行动，就可以说我是自由的。而哲学的自由则还要追问在这一行为者的意志前面是否还有第二因、第三因……乃至最终因，而从结果方面则不仅要探讨直接的结果，还要探讨长远的结果，这是哲学穷根究底的本性所致，这样出自我意愿的行为即使从社会意义上说是自由的，却可能因为我的意志还受到先前心理的、自然的或社会的条件决定而在哲学上不是自由的。这样，我们看到，两种自由并不相干，探讨社会自由、法律自由只需考虑行为的第一因和直接结果，而无须去探讨第二因、最终因、长远结果和最终结果，后者是少数哲学家的事情而非众人的事情。混淆两种自由容易引出严重的后果，比方说：如果我们说自由是为了道德，只有有德性者才能给予他自由（或者自由应当与德性成正比），或者说，自由是为了人在自然与社会方面的成功，故只应给能认识自然与社会奥秘的人以自由，这就把两种不同的自由搅在一起了，在此，阐述条件的前一句话里说的是社会自由（或行为自由）。又如萨特说“人是绝对自由的”，此自由指本体的否定性自由，不可与争取社会方面的基本自由混淆。但若因此轻视后一种自由，就将是一种对自己和他人都不负责任的态度。

那么，两种自由有无联系呢？也许一个哲学家会说，毕竟社会的自由有助于人们去认识哲学的自由、道德的自由，尤其是法律规定的思想信仰的自由构成了人们认识哲学自由的有利条件，一个人若能自由地思考，自由地表达，政治经济上也享有一定的权利，会有助于他去认识和把握哲学的自由。反过来，我们也可以说，就康德把自由理解为自律，并从而赋予人尊严，赋予道德律以一种绝对性、普遍性、纯正性而言，我们也可以从中找到对基本的社会政治自由的坚强支持。但是，这并不是说从自由意志论中必然能引申出政治自由的结论，我们还是需要从康德对道德律的进一步解释中，从康德对人的义务的具体规定中，以及从康德的社会政治法律观点中，去发现支持基本的社会自由的有力论据。

对于正义的自由原则的哲学根据，我们可以在康德的三个“绝对命令”（而非从先验的自由演绎）中去寻找，我们问：它能通过这三个绝对命令所把守之门吗？它是可以普遍化，是以人为目的的和意志自律的吗？

答案看来是肯定的。虽然自由原则不像生命原则那样有一种最根本和最优先的重要性，社会违反了生命原则就将不成其为社会而取消自身，但违反自由原则在逻辑上社会还可以维持，因为它虽然不平等地给予其成员自由权利，甚至没有自由，但毕竟提供了某种秩序、和平和稳定，保障了成员的生命。不过，首先需要强调的是，它能维持的根据只是它遵循了生命原则，而非它对自由的损害；其次，这种维持是有条件限制的，它尚非一种满意的社会状态，尚非一种平衡的、可以长期稳定的社会状态，故这种损害自由的社会要么发展到绝对专制，甚至走向任意戕害生命的暴政而遭覆亡，要么就得向上发展成不仅在生命的权利上，也在其他的基本自由权利上平等地对待其所有成员的社会，这样才能真正获得长治久安。因此，自由的原则无疑是可以普遍化了，现在它不是立足于某一个人的角度（立足于一个人的角度，“我希望别人尊重我的自由，所以我也得尊重别人的同样自由”这一行为准则无疑是可以普遍化的），而是立足于整个社会对其所有成员而言：“每一个人要获得自己的基本自由权利，就必须尊重其他所有人的同等自由权利。”社会无意追求自己的自由，或者说它的自由仅在于照管这一切，惩罚违反的情况和抵御外来的侵犯。

自由原则无疑也符合人是目的的绝对命令，甚至可以说，由于它是在更高的层次上把人视为目的，即把人看作拥有理性、能够自我指导和控制的存在，所以应当给予人们以自由，它就比生命原则在更高的意义上满足了这一绝对命令。生命的存在和维持固然是第一位的，而生命意义的展开和丰富，却有赖于提供给它以社会、政治、信仰方面的一些基本自由条件。至于对意志自律命令的符合，我们可以说，这一原则是不以其他目的为转移的，自由不只是为了福利、效率而要求的，因此就不能因为福利与效率而被牺牲，自由本身有自在的价值，有自身的根据，它是意志、实践理性自己为自己立法。

康德对个人义务的规定也可用来说明自由原则的根据。康德把守诺、言而有信、遵守契约义务视为个人对他人的完全义务，比如一个人借债，明知道在规定期限内无力归还，还是许诺可以到期归还，这种假诺肯定不能普遍化，因为人人都可以许假诺，就将毁掉许诺这件事本身，这是自相矛盾的；同样，许假诺也违反了把人视为目的，而不仅仅作为工具的绝对命令，因为这样做就是把被借一方仅仅视为手段了。康德在此所说的许假诺就是对他人自由权利的侵犯，而不能许假诺的我的义务，对他人来说就是他的一种不应被侵犯的自由权利，在康德所举的借债这个例子中，这种权利是经济权利、经济自由，但也可以引申到政治自由、思想自由上去；而且，如果说许假诺、欺诈比起行动的侵犯（如盗窃、抢劫）还是一种较轻微的侵犯，个人的侵犯比起制度的侵犯（如无故没收、剥夺）也还是一种较局部的侵犯，那么，既然这种个人的局部的、较轻微的侵犯都不能普遍化、不能被允许，制度的全面的、更严重的侵犯就更不能普遍化，更不能被允许了，这样，就像他人的自由权利构成了我的义务一样，所有社会成员的平等自由权利就构成了国家的义务，保障这种广泛的自由权利就成为可普遍化的正义原则对它的要求。所以，国家就不能够将其成员视作自己的手段，或者将其中的一部分成员视作另一部分人的手段，而是要普遍地把他们同时视作目的。以上是我们从义务反观自由，从个人反观国家的一个尝试。

在《道德形而上学》的第一部分“公正的哲学理论”中，康德明确地把社会正义与自由联系在一起，把他的“公正的普遍原则”表述如下：“外在地要这样去行动：你的意志的自由行使，根据一条普遍法则，能够和所有其他人的自由并存。”[1] 如果我的行为或者我的现状，根据普遍法则能

[1] 康德：《法的形而上学原理》，第 41 页。

够和别人的自由并存，那么，任何人妨碍我的这个行为，或者妨碍我保持现状的这个行为，就是侵犯了我，我这样行动、保持这种现状就是我的权利、我的自由。而另一方面，这一普遍法则也给了我义务：不侵犯别人同样的自由。如果我或他人不遵守这种义务，国家就有权强制或惩罚；如果自由的行使本身是自由的妨碍，那它就要被社会禁止。严格的公正可以表示为这样一种可能性：根据普遍法则，能使所有人的自由相协调而产生一种普遍的相互强制。在此康德所说的自由是指意志的自由行使，而非意志自由本身，是指社会政治方面的基本自由。他这样界定自由："自由是独立于别人的强制意志，而且根据普遍的法则，它能够和所有人的自由并存，它是每个人由于他的人性而具有的独一无二的、原生的、与生俱来的权利。"[1] 康德的自由主义观点是很明显的，且与其道德哲学是相容的。

至于平等的正义原则是否能在康德那里找到根据，或者说通过他的关卡，如果我们把"平等"理解为广义的平等，那么平等原则的根据已经部分地包含在对前面两个原则根据的讨论之中了。有关生命的权利、自由的权利实际上都有一个限制词，这就是"平等的生存权""平等的自由权"。社会制度只有在生命权利、自由权利方面平等地对待所有社会成员，才谈得上真正的生命权和自由权。所以问题实际上归纳为：是否消除经济收益的分配不均及由此带来的社会地位不平等，作为一个制度原则也有其根据隐含在康德的道德哲学之中？

康德对所有人的人格平等及一些基本权利（如人身、思想、信念、表达及所有权）的平等享有无疑是赞同的。我们可以设想，当说到"不管一个人的出身、信仰、社会地位和财产状态如何，他应当从社会得到与其他人同样的对待"这一准则，按照康德的原则显然可以普遍化，而当说到"不管一个人的天赋和做出的努力与贡献如何，他都应当从社会得到与其他人同样的收益"，这个准则就很难说可以普遍化。平等对待不等于平等收益，在人存在差别的情况下要求平等收益恰恰不是要求平等对待，而是要求给我以较其他人更为优厚的待遇或者说某种偏爱，而这就可能意味着

[1] 康德：《法的形而上学原理》，第 50 页。

侵犯到别人的权利：必然要从别人那里拿一些本应属于他的东西给我。然而，这只是问题的一个方面，另一方面，如果收益悬殊到一定程度，境遇最差的人就可能连自己的基本自由权利也要被损害，甚至生存也受到威胁，这时无疑需要做出某些调整和再分配，但在此，再分配的理由是来自经济平等的原则还是来自生命与自由的原则呢？

细观康德的论述，他严格地坚持人必须守诺，遵守契约的义务，认为这一义务是个人对他人的完全、严格的义务，而个人财产的转让一般通过契约，这些都显然与经济收益平等的要求相矛盾。他也谈到“公平”，比如说，一个仆人在干活一年后拿到工资，由于这段时间货币贬值，他所得到的收入实际上不值他一年的工作，但如果他拿到的钱数与契约规定的相同，他就不能根据法律来要求补偿由于货币贬值造成的损失，而只能根据公平的道德理由提出要求，但法庭却不会受理这类要求，也无法判决。这确实是不公平，确实是损失，但康德说这种祸害是无法用法律的形式去消除的，由此产生的不幸，只能诉诸“良心的法庭”。这里谈的还不是平等收益的问题，而只是公平工资的问题，但康德的倾向已显而易见。

所以，我们发现，在康德这里寻找经济平等原则的论据最为困难，康德看来是把扶贫济困视作个人对他人的不完全义务，这一义务是可以普遍化的，但这是从个人立论，而从社会制度的角度言，个人对他人的完全义务可以纳入法律义务。[1]

总之，我们是从追寻正义原则之根据的方法论开始，康德告诉我们，只有循理性而非循经验去发现原则的根据，这些原则才具有绝对的必然性。随后我们又分别探讨了三个正义原则是否符合康德提出的普遍的道德律，符合最高的道德原则，符合三个绝对命令，并与康德阐述的个人义务、公正原则相对照。考察的结果说明，作为制度伦理的生命、自由和特定意义的平等原则可以在康德的理论中找到其根据，这些原则可依据普遍绝对命令得到证明，而它们本身也是一种绝对命令，就像康德所举的个人义务一样，它们虽适用的范围不同，但在性质上都相同。而循理性考察的结果

[1] 个人对自己的不完全义务——发展和完善自己——亦不能纳入法律义务。

也说明，道德原则的根据、绝对命令的根据也就在自由的理性本身，理性不仅是康德告诉我们去寻找原则根据的途径，也是他据以建立所有道德原则——包括最高的道德原则与次级的道德原则、个人的道德原则与社会的道德原则——的基础。在他看来，自然界中每一物件都是按照规律起作用的，唯有有理性的存在具有按照规律的观念，也就是按照原则行动的能力，或者说，具有意志，具有把行为从规律中导引出来的实践理性。原则即规律的观念，规律的表述，意志即实践理性。如果人全属物自身，人的意志等于神的意志，它就无须约束，无须自律了；既然人另一面还属于感觉界，此规律就对他还有强制性，然而，此强制性归根结底又是来自他自身的理性，属于自律。道德哲学并不寻求事物发生的根据，而是寻求应当发生的根据，应当如此的根据，所以，即使现实生活中没有一个纯然出自义务心的行为，道德律也还是命令这种行为。在《实用人类学》中，康德依据经验描述现实的人类，在这一幅图景中有很多阴暗面；而在道德形而上学的一系列著作中，康德则依据理性，提出了绝对的道德命令，此时他所注目的只是一支纯然光明、全无阴影的火炬——道德理性的火炬。这里的问题完全不在如何由实有引出应有，如何从事实引出原则，而是完全撇开实有和事实，有关应当的原则另有一个源头，另有一种真理性的尺度。道德原则的源头是纯粹的，不掺杂经验，这真理是先验的，不迁就现实，康德反对一切杂拌的、将就的伦理，而不遗余力地捍卫道德的纯正性和崇高性。

最后，还有两点需要说明：第一，作为一种绝对的由内在意志原则建立起来的道德哲学，康德的道德哲学有一种合一的倾向。唯一绝对的善是善良意志，善良意志就是纯然出自对义务的尊重，而义务就是服从规律，规律就意味着普遍性，而道德的第一个绝对命令就是使自己的行为准则也能同时成为普遍规律，这是决定意志的原则，由这个原则决定的意志就是善良意志，这就在第一循环上回到善良意志。而三个绝对命令也是统一的，可以说是一个命令：一分为三只不过一个从形式言之，一个从质料言之，一个从性质言之，说到一个时已包含着另外两个，而次一级的道德原则和命令、义务都可以从它们演绎出来，或者说与它们相符合，因此所有的道德原则和义务可以说都是绝对命令。服从绝对命令也就是服从道德律，服从道德律的意志也就是善良意志。当然，在对绝对命令的三种最普遍的表述中，前两个绝对命令对道德实践更为重要，尤其是能否普遍化的形式原则最为明晰，而第三个绝对命令（即意志自律）则主要是为了由其性质引出其哲学上的根据，故又可说它是意志的最高原则，是判别一切道德原则之真伪的根本标准。自律即意味着自由，自由是解释意志自律的关键：意志只有自由才能自律，而只有自律才体现出真正的意志自由，自由与自律实际是一回事。而自由又是一切有理性者意志的固有特性，有理性即意味着有自由，自由又在于自律，自律的意志即善良意志，善良意志则是世界上唯一绝对的善。这是在更大的循环中回到善良意志，而善良意志也可以说就是实践理性，一切道德原则、绝对命令都可以说是从这一先验理性发源的，都以它为根据，换言之，此即道德自律、自我立法，道德自律本身又是一个绝对命令……这种循环还可以不断地进行下去。

所以，我们若从这种合一的观点观察，那么，从内在的主体、动力看，意志、理性、善良意志、实践理性，乃至有理性的存在，目的王国的一员等，都可以视为一种东西；而从其活动看，意志自律、意志自由也可以视为一事；最后从外在的规范看，则绝对命令、道德律、义务、原则等皆可视为同一。而这三个方面也是相通的、一致的。因此，我们说，在康德这里，道德原则（绝对命令）与其根据（自由的理性）在某种意义上又是合一的。

一种由内在原则扩展开去，并且性质属绝对的道德哲学理论都有一种倾向，它是由一到多，而多仍归结为一。只有通过这种统一性，它才能维护其基本原则的绝对性和普遍必然性。所以，我们在中国的阳明哲学中也看到同样一种强烈的合一倾向就不感到奇怪了。当然，这种理论也会给我们带来困难：由于异名之同义或通义，我们常常不易把握其思想线索，毕竟差别是较容易分辨的。但如果我们抓住了核心的一点，则又有提纲挈领之效。

在康德的道德哲学中，唯一打破这种合一倾向的是这样一种划分（它在康德的整个哲学中也是一种非常重要的划分），即物自身与现象的划分。而由于人这一特殊存在同属两个世界，他也就具有了两种特性，即一方面他属于现象界，有经验的特性，被纳入自然界的因果链条；另一方面，他又属于物自身，有理智的特性，能自由地开创一个系列。康德认为，通过这一划分就能打破从自由推出自律，又从自律推出道德律，反过来，又从道德律推出自律、从自律推出自由的循环论证。如果问，为什么说自由是解释自律以及道德律的关键，为什么说自由是自律及道德律的根据？那就不必说因为道德律即意味着自律，即包含着自律，而自律就意味着自由，包含着自由了，而是可以诉诸人同属两个世界的命题。这里的问题可以置换成：为什么在看来矛盾的两者中，前者能以后者为根据？那么，我们可以说，因为人属现象界，人的意志非神的意志，人还会受源自自然律的感性的嗜欲、冲动和爱好的影响，所以必须约束，必须立法，必须命令；但人同时也属物自身，属理智世界，拥有理性，所以此约束、此法则、此命令非来自他处，非来自外界，而是来自自身，他的意志是自由的，可以自己立法，自己定规，自己发令。在此，"自律"的概念实际上在自身中包括了"道德律"与"自由"两者：一面是"律己"，一面是"自由"，"律己"是因为人属现象界，"自由"是因为人属物自身；而在这两者之间，无疑后者高于前者，后者是前者的根据，就像物自身高于现象，是现象的本因和根据一样，人能有道德是因为他有理性，而说到底，是因为他有自由，自由使他成为理智世界的一员。自由是道德的绝对命令得以存在的前提（在此，我们亦可以说，社会伦理的自由原则的最后根据亦是这种先验的自由，它们之间亦有联系，只是通过了一些中介，而且这种先验的自由亦非仅仅一个社会制度的自由原则的根据）。

康德引入这种划分确实很有意义，虽然这常常被认为是"二元论"的倾向，这种倾向在康德的一般哲学，尤其认识论中更为明显：物自体与现象、经验与理性、可知论与不可知论、知识与道德及信仰，等等，两种观点在康德的哲学中同时存在，保持了一种富有活力的紧张关系，而主要的倾向还是综合和统一。总之，康德在深刻认识并发展了两端观点的基础上，完成了一种极困难，也极有意义的综合，这种综合如果让哲学天才逊于他的人去做，就可能变成一种平庸的综合，一种折中，甚至一种杂拌。

最后我们想说明的第二点是：在康德这里，对道德原则之根据的追寻并不是无穷尽的，至少不是人的能力所能达到和穷尽的，一切实践哲学都有一个极限：当它追溯到作为道德存在的前提的自由时，它就应该止步了。它知道确实存在着自由，但不知道这种自由何以存在，如果它继续追问时，它就显然是越界了，超出了它的能力，只会带来谬误。划一条界限可以避免目的论——不以经验的东西理解自由，也可防止进行空洞无谓的思辨。这也就是说，人能思维自由，但不能认识自由，能证实自由，但不能证明自由，能知道自由是道德的根据，但什么是自由的根据却不得而知，自由可以通过我们的道德实践来证实，并且对于道德实践是绝对必要的前提，但我们却无法知道自由本身何以可能。因此，对道德原则的根据，或“绝对命令何以可能”的问题，我们只能回答到自由理念为止。

第三章　罗尔斯正义理论的形成

罗尔斯的《正义论》已成为20世纪的学术经典，这不仅是由于它所触及的领域广泛而深入，探讨的问题真实、迫切而重要，还因为作者穷数十年学术工作之力，又赖其卓越的哲学天赋和分析证明能力，而终于提供了一个全面而又细密、独具特色的正义理论体系。下面我们就先来介绍罗尔斯的生平、著述以及《正义论》的篇章结构和其主要思想的形成过程，以便读者初识其门径和背景，为下一步的分析介绍打下基础。

一、罗尔斯的生活与著述

约翰·罗尔斯（John Rawls）1921年2月21日生于马里兰州巴尔的摩市的一个富裕家庭，[1] 在五兄弟中排行第二。他父亲是成功的税务律师和宪法专家，母亲来自德国家庭，是活跃的女性主义者，据说母亲对罗尔斯的影响要远比父亲大，例如在关注平等的问题上。罗尔斯七八岁时，他的两个弟弟先后受他所患之病（白喉症）传染而病逝，他自己却奇迹般地

[1] 以下生平介绍多参考周保松文：《当代哲学祭酒罗尔斯》，载中国台湾《当代》杂志第145期（复刊第27期，1999年9月1日），他在这方面所依据的原始材料则主要是哥伦比亚大学教授 Thomas Pogge 的德文著作 *John Rawls*（Munich:Verlag C. H. Beck,1994）第一章的英文版 “A Brief Sketch of Rawls's Life”。另外也参考了1991年由 S.Aybar, J. D. Harlan, W. Lee 采访罗尔斯的一次访谈，题为 “John Rawls: For the Record”, *The Harvard Review of Philosophy*（Spring 1991）。

幸免于难，但这件事对他的身心还是造成了巨大的打击，据说他的口吃也为之加剧。他后来在《正义论》中所表达的对先天和后天不幸的弱者的关怀，可能也多少与此有关。

罗尔斯中学就读于康涅狄格州肯特的一所严格的圣公会私立学校，他并非教徒，但对宗教信仰有相当的同情和理解。他 1939 年 18 岁时即进入普林斯顿大学，他后来回忆说“我刚进普林斯顿大学时不知要做什么”，他先后试修过化学、数学甚至艺术史等科目，但不是没足够兴趣，便是自认没天分，到最后才选择了哲学，其哲学启蒙老师是维特根斯坦的著名弟子诺曼·马尔康姆（Norman Malcolm），到 1943 年，罗尔斯终以最优等的成绩毕业于普林斯顿大学哲学系。

不过，他后来对采访他的学生说：“我很少鼓励人们从事哲学……如果你很想去从事，那是另一回事，否则，你也许不应从事哲学，因为它有它的困苦，大多数能很好地从事它的人，在做别的事情时将生活得更好——至少按社会的标准是这样。哲学的真正奖赏是个人的、私下的，你们应理解这一点。我想哲学是一件很专门的事，尤其在我们的社会里，它很少注意很严肃的哲学，即使它们做得很好。然而，这并不是一个抱怨，这可能是一件好事。”当然，哲学又不是没有必要的：“在每个文明中，都应有人思考这些问题。”至于如何做哲学：“它跟艺术、音乐一样，如果你是个好的作曲家或者画家，你对人们的理解力就有所贡献，而不必问这一准确的过程。”[1]

罗尔斯大学毕业后随即加入军队，参与太平洋对日作战，服务于新几内亚、菲律宾及日本等地，他隶属于步兵团，负责情报及侦察工作，当时战事相当惨烈，仅罗尔斯的普林斯顿的同届同学，就死了 17 人，他却又一次幸免于难，罗尔斯的战争经验对他的思想无疑还是产生了影响，他后来在 1995 年发表的也许是唯一一篇直接评论政治事件的文章《广岛五十年》，对美国投掷原子弹以及在第二次世界大战中伤及平民的“火海轰炸”进行了抨击。20 世纪 60 年代，他也反对越战，但不主张罢课，仍坚持讲

[1] 参见 John Rawls, “John Rawls: For the Record”, *The Harvard Review of Philosophy*（Spring 1991）。

课不辍，反对把政治活动引入课堂。罗尔斯毕生研究正义理论、政治哲学，但却几乎不涉实际政治，他说："我对政治感兴趣，但却不想有一个政治事业，我想我在这方面是很差的"，"一个人有不同的才能，政治不适合我的气质"。他说他实际上也不以《正义论》的框架来看待当前的事件：这样一个虚拟的理论设计，并不能直接给出实际问题的答案，《正义论》的领域是有限的，它只是在一种很抽象的层次上探讨社会基本结构可能采用的正义原则。罗尔斯与现实的社会政治事件保持了相当的距离，他是在一个很靠后，但也更深的层次上关怀政治。他说："这是很重要的：把政治讨论带到最深的层面，使之尽可能地清楚，以便它能尽可能广泛地被人们所接受。"

1946 年罗尔斯重回普林斯顿大学攻读道德哲学的博士学位，师从功利主义哲学家沃尔特·斯代思（Walter Stace），于 1950 年在该校获博士学位，提交的博士论文题目为"一种伦理学知识基础的研究：参照对品格的道德价值的判断来考虑"（A Study in the Grounds of Ethical Knowledge: Considered with Reference to Judgments on the Moral Worth of Character）。他在论文中尝试提出一种反基础论（anti-foundationalist）的伦理学论证程序，他后来在正义理论中使用的"反思的平衡"的基本证明方法即与此有关。当年他还修了一门有关政治哲学的课，从那时开始，他便决定要写一部有关社会正义问题的著作，而在二十年之后，这部书终于问世，其准备不可谓不久，其意志也不可谓不坚韧。

罗尔斯说他那时即有后来发展为"原初状态"的观念，甚至有一个更复杂的程序，但都是笔记，没有整理出来。他说他事实上是一个"偏执狂"（monomaniac），他一心想把事情做对，把工作做得尽量完善，而在哲学中一个人也不可能不抱有某种信心来从事它，因为真正的困难总是存在。当然，这种"偏执"只是一种思想学术上的执着，这种"偏执"指向的恰恰是一种殚思竭虑如何捍卫平等自由、关怀弱者和多元宽容的自由主义政治哲学。罗尔斯的持之以恒也确实令人惊奇和钦佩不已，他甚至可以说是一个"一本书主义者"，他一生的运思几乎都可以说是紧紧围绕着《正义论》这本书（1971 年出版），或稍广义一点说，紧紧围绕着自由主义的正义理论这一核心内容展开。此前二十年，他一心一意地为这本书作准备，而此后三十年，他也一心一意地继续考虑对这本书的批评进行回应，以及继续发展和完善，他并没有在这本使他享有盛誉的著作上坐享其成，而是不断改进论据，并从中发展出新的理论来。

大致与此同时，他还邂逅了他后来的妻子玛格丽特·福克斯（Margaret Fox），并于半年后结婚，两人育有两子两女，白首偕老。罗尔斯在这期间事业方向和家庭婚姻都有了一个定局，这大概也是一种“三十而立”吧。

罗尔斯毕业后先在普林斯顿大学做助教（1950—1952 年），并认识了到该校访问的牛津大学教授厄姆森（J.O. Urmson），经厄姆森介绍，1952 年罗尔斯获奖学金往牛津大学修学一年，在那里他认识了著名政治哲学家和思想史家伯林（Isaiah Berlin）、著名法学家哈特（H.L. Hart）等，积极参与了他们的研讨会，他运用虚拟契约论来证明道德原则的构想即于此时明确化。1951 年，他发表了文章“用于伦理学的一种决定程序的纲要”（Outline of a Decision Procedure for Ethics）。这是他的初试之作，以后他更专注于社会正义问题，潜心构筑一种理想性质的正义理论。

从牛津回美后，罗尔斯辗转任教于康奈尔大学（1953—1959 年）、麻省理工学院（1960—1962 年）。在此期间，他发表了“两种规则的概念”（Two Concepts of Rules, 1955），和“作为公平的正义”（Justice as Fairness, 1958）这两篇文章，其以“公平的正义”为标志的正义理论的粗略框架于此基本成型。这一段时间罗尔斯发表的文章也许并不算太多，但能够以质取胜，而哈佛大学也算是能慧眼识人。1962 年，41 岁的罗尔斯进入哈佛大学哲学系任教，其后三十年未有变动，直至退休。在哈佛的前十年时间里，罗尔斯进入了一个相对高产的时期，他接连发表了论文《宪政自由与正义观念》（Constitutional Liberty and the Concept of Justice, 1963），《正义感》（The Sense of Justice, 1963），《法律责任与公平游戏的义务》（Legal Obligation and the Duty of Fair Play, 1964），《公民不服从的辩护》（The Justification of Civil Disobedience, 1966），《分配的正义》（Distributive Justice, 1967），《分配的正义：一些补充》（Distributive Justice: Some Addenda, 1968）。这期间是罗尔斯思想工作最紧张的时期，这些先行发表的文章大致构成了以后《正义论》主要章节的雏形，他也以此来倾听反应和批评，以便对自己的理论作进一步的改进。他还从 20 世纪 60 年代起就开始在自己的课程中讲授所撰《正义论》的初稿，以广泛地在师生中收集意见，总之，到 20 世纪 60 年代末，其反复磨炼、精雕细刻的正义理论的全貌实际已经呼之欲出。

1969—1970 年，罗尔斯专门到斯坦福大学的高级研究中心做《正义论》的最后定稿工作，在那里他的书稿还差一点出了意外：由于该中心发生炸弹爆炸，他放在中心办公室里的唯一新手稿差点被毁。无论如何，《正义论》一书前后数易其稿，被不断修改和扩充，终于在 1971 年正式出版发行。一开始罗尔斯以为《正义论》只写了三百多页，后来印出来却有五百多页，不仅在内容和意义上，在篇幅上也成了一本大书。

《正义论》出版之后，很快就在学界乃至社会上产生了广泛的反响，引起了热烈的讨论。罗尔斯倾听来自各方面的批评，继续对自己的正义理论进行修改、完善和发展。他在随后的二十年里陆续发表的重要文章有：《最大最小值标准的一些理由》（Some Reasons for the Maximin Criterion, 1974）；《一种康德的平等观》（A Kantian Conception of Equality, 1975）；《对善的公平》（Fairness to Goodness, 1975）；《道德理论的独立性》（The Independence of Moral Theory, 1975）；《作为主题的基本结构》（The Basic Structure as Subject, 1978）；《道德理论的康德式建构主义》（Kantian Constructivism in Moral Theory, 1980）；《社会统一和首要善》（Social Unity and Primary Goods, 1982）；《基本自由及其优先性》（The Basic Liberties and Their Priority, 1983）；《作为公平的正义：政治学而非形而上学的》（Justice as Fairness: Political not Metaphysical, 1985）；《重叠共识的观念》（The Idea of an Overlapping Consensus, 1987）；《正当的优先性和善的观念》（The Priority of Right and Ideas of the Good, 1988）；《政治领域和重叠共识》（The Domain of the Political and Overlapping Consensus, 1989）；《康德道德哲学中的主要论题》（Themes in Kant's Moral Philosophy, 1989）等。1979 年罗尔斯接替肯尼斯·阿罗（Kenneth Arrow）荣任“大学教授”，当时哈佛大学全校仅 8 人拥有这一职位，他们享有很高的荣誉和学术研究的方便，

比方说有随时进入学术休假的自由。

罗尔斯在著述的同时也继续他的教学生涯，他最常开的两门课程是“道德哲学”和“社会与政治哲学史”。在近代政治哲学方面，他向学生推荐需重点研读的四位作家是洛克、密尔、卢梭和马克思，我们看到，其中前两位是近代自由主义的奠基者，而后两位则表现出对于社会平等的强烈渴望，这与罗尔斯正义理论的基本倾向也是大致吻合的。罗尔斯说，应同情地、认真地对待马克思，“他对资本主义的批评是民主传统的一部分”。1991 年 3 月 20 日他在接受学生采访时谈到，他还想写两本书，一本叫《作为公平的正义：一个重述》（*Justice As Fairness: A Restatement*），另一本是要把他 1980 年 4 月在哥伦比亚大学的讲演汇集成书，在那之后，他说，“一个停止写作的时期就将来临”。但后来的情况看来并非如此。

1991 年 70 岁的罗尔斯退休，但依然被邀请回来讲课，并著述不辍。他许诺的后一本书终于在 1993 年问世，这就是他的第二本重要专著：《政治自由主义》（*Political Liberalism*）。这本书三年后出的平装本分为“基本原理”“主要理念”“制度框架”三个部分共九讲，全书大致包括了上述《道德理论的康德式建构主义》（此文是在哥大三篇讲演的基础上作了大幅修改而成）、《作为主题的基本结构》《社会统一和首要善》《基本自由及其优先性》《作为公平的正义：政治学而非形而上学的》《重叠共识的观念》《正当的优先性和善的观念》这几篇 20 世纪 80 年代发表的文章，以及他专为该书写的《公共理性》（“Public Reason”）一讲，还有 1995 年发表的《答哈贝马斯》（“Reply to Habermas”）一文（平装本增收此文及加一导论）。在这本书之后，实际上罗尔斯仍未放弃写作，他在 1993 年发表了《万民法》一文（“The Law of Peoples”），1995 年发表了产生很大社会影响的《广岛五十年》一文（“Fifty Years after Hiroshima”），1997 年又发表了《公共理性观念再探》的论文（“The Idea of Public Reason Revisited”）。1999 年，他有三本著作出版：《论文集》（*Collected Papers*）、由《万民法》及《广岛五十年》等文扩充和发展而成的《万民法》，以及修订的英文版《正义论》。其中他的《论文集》，除了收在《政治自由主义》第三部分的三篇论文，以及两篇论文的较早版本和三篇范围较窄的特殊短文之外，几乎汇集了他半个世纪以来的所有论文。当然，这些论文的思想又可以说已经融入了他的专著。2000 年 10 月，哈佛大学出版社又推出了他有关康德、莱布尼茨、休谟和黑格尔等人的《道德哲学史讲演录》（*Lectures on the History of Moral Philosophy*）。罗尔斯认为这四个人代表了道德推理的四种基本类型：完善主义、功利主义、直觉主义和康德式建构主义。2001 年 5 月，他许诺已久的《作为公平的正义：一个重述》（*Justice As Fairness: A Restatement*）亦问世。

在《正义论》出版后的三十年里，罗尔斯也看到了它不断被译成其他文种出版：它在 1975 年首先被译成德文，罗尔斯还在这一德译本中做了修订，后来的一些译本及 1999 年的英文修订版多根据此译本推出；1979 年这一年，就有韩文、日文和西班牙文三种语言的译本问世；1981 年葡萄牙文译本出版；1982 年意大利文译本出版；在西欧主要语言的译本中，法文译本独后，于 1987 年问世，罗尔斯专门为它写了一篇序言；1988 年 3 月，中国社会科学出版社出版了我和另外两个朋友何包钢、廖申白合译的《正义论》的第一个中文译本，1991 年，上海译文出版社出版了谢延光译的第二个中文译本，而据我所知，徐征等还有另外两个未出版的译本。此外，还有俄文、匈牙利文等文种的译本，但据说不是全译。

罗尔斯的性格比较内向，甚至可以说有些羞涩，他并不很擅长言谈和讲演，说话速度不快，时而还出现口吃，但他的讲课广受尊敬，每学期最后一节课学生要鼓掌到他走远听不到为止，这甚至已成为哈佛的一件著名逸事。他几乎不接受任何传媒访问，也不喜交际，很像一个老派的英格兰绅士，伯林形容他"像一个戴着黑色高帽的清教徒"。他的态度谦和，为人中道，从不疾言厉色，但他的内心实在说来是骄傲的，也不轻易向外人开放。他的身体不是太好，尤其生命的最后几年，据说他已几乎无法写作。他逝世前两三年出版的著作基本上都是由他的学生整理而成的。

罗尔斯对自己著作的出版一直十分谨慎和"比慢"，总是要广泛听取意见、反复修改后才肯付梓，并且一般是先就其主要观点发表若干文章，然后再在适当的时候整理成书。他的第一本书《正义论》在他 50 岁时才出版，而他的第二本书《政治自由主义》则又过了 22 年才问世，1999 年到 2001 年倒是一下就出了他的好几本书，但这已经像是一种最后的交代了，这位年近八旬的老人，在这世纪之交的时刻，已知道自己时日无多，他已经无法再撰写新著或对旧著做大的修改，这大概也是他终于同意让学生把他的论文集等书出版的一个原因。只要他还有精力修改，他大概还要把这些著作放在自家箧中。除了战争中的几年，他的生活看来是平淡，甚至单调的，这是生活在一个相当稳定的社会里的学者的选择，他有板有眼、不急不躁，舒缓前进，初看起来速度不快，最后取得的成绩却是结结实实、成色十足，而份量也因此就足够可观了。罗尔斯在他的晚年也只需静静地看着自己毕生努力的工作发生着影响，这一工作已经被记入历史，在西方道德和政治哲学史上取得了相当重要的地位。

罗尔斯的生活基本上是顺遂的，也是成功的，他的著作虽然不是很多，但还是较早就引起了关注，他受过很好的教育，也一直在很好的大学工作，并很快又到了哈佛大学。他专心致志于学术，他的关怀不像古典的自由主义大师，例如密尔那样宽广，他是相当纯粹的一个学者，也是相当符合现代学术标准并取得极大成功的一个学者，除了一些很少的例外——如在“广岛五十年”一文中——他一般不轻易表露感情，无论是对社会还是对个人的感情。我们对他的精神世界，对他的焦虑、苦恼、内心的挫折（如果有）不得而知，但即便有这种感情，他本来也没有必要告诉我们，学者毕竟不同于作家。当然，他也可能本来就将这些焦虑化解得很好，无论如何，在他冷静论证的正义原则中，我们还是可以看到他对人间，尤其是对弱者的关怀，这是一个出身富家的学者对于穷人的真诚关怀，这种关怀具有其特有的高贵和令人感动的一面，但也可能仍留有“无法感同身受”的隔膜和不解。

二、《正义论》一书的主要思想和篇章结构

《正义论》一书是罗尔斯累积近二十年的思考之努力而成的一部心血之作，它集罗尔斯思想发展乃至英美近年来道德和政治哲学发展之大成，

把罗尔斯多年来殚精竭虑力图完善的一种正义观念和证明程序，进一步发展成为一个严密的条理一贯的体系：一种继承西方契约论和自然法传统，试图代替现行功利主义的、有关社会基本结构的正义理论。在此之前，西方曾有过对“规范性的道德哲学是否还有意义”“政治哲学是否已经死去”的疑问和讨论，而罗尔斯的巨作表明：诉诸规范和价值的道德与政治哲学仍然可以保有强大的活力。

《正义论》的成书既是一种体系化的努力，又试图对各种已提出的反对意见进行辩驳，或修正自身，这就自然使它在理论逻辑上更加完善。所以，此书一出，很快就被誉为“二次大战后伦理学、政治哲学领域中最重要的理论著作”，被认为将列入经典之林。一般大学的哲学、政治、法律等有关学科都把它列为最重要的必读书之一，许多大学还开设了专门讲解这本书的课程。人们在报刊上发表了许多评论文章，出版了一些专门的评论文集和辅助性读物，并召开了讨论这本书的各种规模的学术讨论会。这种影响还波及美国以外，《正义论》被译成二十多种文字，在其他国家，尤其是西方国家激起了热烈的反响。

《正义论》一书产生如此广泛的影响有以下几个原因：首先，罗尔斯所研究的社会正义问题涉及广泛的领域。他是作为一个哲学家从道德的角度来研究社会的基本结构的，即研究社会基本结构在分配基本的权利和义务、决定社会合理的利益或负担之划分方面的正义问题。然而由于这一对象和主题的性质，他在学科上就必然要涉及伦理学、政治学、法学、经济学、社会学等许多领域，而且，他所研究的问题又关系到对每个人来说都是至关重要的切身利益，因此，他的讨论就不仅为伦理学，而且为其他一些学术领域的学者所注目，甚至为一般公众所关心。

其次，罗尔斯酝酿和写作《正义论》时期的美国，正处于一个动荡不安的年代。在 20 世纪 50 年代，美国外有朝鲜战争，内有麦卡锡掀起的反共浪潮等；到 20 世纪 60 年代，在涉外的方面有古巴导弹危机、越南战争，在国内则有此起彼伏、如火如荼的争取民权运动、黑人抗暴斗争、校园学生运动，环保运动已初显端倪，与豪富相对而言的贫困现象也成为令人瞩目的问题。当时的美国社会处在一种危机之中，处在一个亟需调整关系的关口，而罗尔斯《正义论》中所探讨的平等自由、公正机会、分配份额、差别原则和代际正义等问题，恰以一种理论的方式提出了一些解决问题的建议或希望。

按照罗尔斯的说法，他的理论是理想性质的，不涉及任何现实的制度和政策，探讨范围仅限于一种“法律被严格服从的状况”，限于一个“组织良好的社会”，因而他的理论又被人称为一种“乌托邦”理论。但是，这并不是那种老式的、真诚幻想和期待的乌托邦理论，而宁可说是一种证明方式和标准，一种想为非理想的正义理论提供基础的尝试。罗尔斯认为，正义理论可分成两部分，第一部分即理想部分，确立了那些在有利的环境下一个组织良好的社会的原则，即那些处理人类生活中不可避免的自然限制和历史偶然因素的原则；第二部分即非理想部分，则面对现实，主要由解决不正义问题的原则组成。他主要考虑的是理想部分，然而，他认为理想理论是非理想理论的基础，理想的正义要为怎样对待现实的不正义提供指导。所以，在他的著作中实际上体现着一种高度虚拟性和强烈现实性的结合，他是有感而发，但所发并非一定通过直接诉诸现实政治问题的形式。相反，有时思辨的程度越高，倒越能表现时代的总体面貌。因此，他的思想作为他所处的动荡时代、他所处的美国社会的一种折射乃至聚光，自然会引起许多人的注目和反应。

最后一个原因涉及罗尔斯理论的一些特点。20 世纪以来，英美伦理学乃至整个哲学一直是由实证和分析传统占主导地位。伦理学家们大都专注于从形式方面探讨道德陈述及命令的语义和逻辑关系，而不太关心紧迫的现实道德问题，自然也不齿于构筑那种形而上的、绝对的伦理学体系。这样，在某种程度上，伦理学实际上变成了道德方面的逻辑学和认识论，以致被人讥为“冷冰冰的伦理学”。这种现象在哲学的其他一些领域内也同样存在。而罗尔斯《正义论》的出版，则在某种意义上标志着哲学、伦理学潮流的一个重要转折：由形式的问题转到实质性问题；由怀疑和否定转到试图重新肯定；由实证的分析转到思辨的概括。这个转变在某种意义上可以说是对 19 世纪及之前的古典非怀疑论哲学伦理学传统的复归，是对康德、密尔等所代表的哲学传统的复归。罗尔斯明确地谈道：道德理论是一种描述我们道德能力的企图，正义论即为描述我们正义感的一种企图，与描述我们的语法感需要一种语法理论相类似，描述我们的正义感也需要涉及原则和理论结构，所以，不能高估定义与意义分析，它们在道德理论中并不占有中心地位，而是要随基本理论的兴衰而兴衰，而且，实质性地解释道德观念，反倒有益于意义分析。他说他“希望强调研究实质性道德观念的中心地位”。但是，罗尔斯又吸收了分析哲学的某些成果，例如，他在构造其正义论体系时努力避免独断的倾向，谨慎小心地进行逻辑、语言方面的推敲，仔细琢磨证明的方式，确立自己的有限目标，对一些重大的根本问题存而不论，以明智审慎来代替道德结论等。罗尔斯正义论的上述特点引起了学术界乃至一般公众的广泛兴趣。实际上，这种在哲学领域中转向实质性问题的趋势美国迄今仍在继续，并有加强之势。

罗尔斯理论的另一个特点是：在他的作为公平的正义理论中，表现出一种试图达到全面和综合的倾向，从而使他的理论具有巨大的伸缩余地和回旋空间，以致具有相当不同倾向的理论家都能从他的著作中各取所需地找到证明自己观点的材料或抨击的对象。他的正义论既可以满足那些仍缅怀和执着于构造某种一般正义理论的人的思辨兴趣，又可以为那些焦灼地面对社会现实中的严重不正义而绞尽脑汁的人提供某些理论根据或启发；既可以说通过强调他的两个正义原则的平等主义倾向和展示社会的理想状态，而为自由主义左派提供了某种支持；又可以说通过强调设计社会基本结构要考虑到的稳定性和可行性，强调个人自由权利的优先性，而也有自由主义右翼（美国的保守主义）可以首肯之处。毋庸讳言，他试图为他所处的美国民主社会提供一个合适的、能最广泛地为人接受的道德基础；他试图发掘这一社会的活力，建立这一社会的良性循环；他直率地承认，他的正义论要通过一种反复比较、互相修正，达到与这一社会所流行的、人们所考虑和推重的正义判断接近一致的状态，并且把这种“反思的平衡”作为证明他的正义论的一种方式。当然，使罗尔斯的正义论产生巨大影响的最重要原因，还是他所提出的基本观点的具体内容和理论深度，是这一理论体系的博大和精致，这正是我们下面所要介绍的。

“正义”一词的使用由来已久。在亚里士多德的伦理学中，它主要用来评价人的行为。然而，在近现代的西方思想家那里，“正义”的概念越来越多地被专门用作评价社会制度的一种道德标准，被看作社会制度的首要价值，罗尔斯则更明确地规定，在他的正义论中，正义的对象或者说主题是社会的基本结构——用来分配公民的基本权利和义务、划分由社会合作产生的利益和负担的主要制度。他认为：人们的不同生活前景受到政治体制和一般的经济、社会条件的限制和影响，也受到人们出生伊始所具有的不平等的社会地位和自然禀赋的深刻而持久的影响，然而这种不平等却是个人无法自我选择的。因此，这些最初的不平等就成为正义原则的最初应用对象。换言之，正义原则要通过调节主要的社会制度，来从全社会的角度处理这种出发点方面的不平等，尽量排除社会历史和自然方面的偶然任意因素对于人们生活前景的影响。

为此，罗尔斯通过进一步概括以洛克、卢梭、康德为代表的契约论，使之上升到更高的抽象水平而提出了他的“公平的正义”理论。在此，契约的目标并非选择建立某一特殊的制度或进入某一特定的社会，而是选择确立一种指导社会基本结构设计的根本道德原则（正义原则）。罗尔斯的契约论是完全与社会历史分开的。他认为，订立契约的“原则状态”（original position）纯粹是一假设的状态，一种思辨的设计，对它可以有各种旨在引出不同结论的不同解释；我们可以合理地设置原初状态的条件，使一个人任何时候都能进入这种假设状态，模拟各方进行合理的推理而作出对正义原则的选择。这些选择是在无知之幕（the veil of ignorance）后进行的。原初状态中相互冷淡的各方除了有关社会理论的一般知识，不知道任何有关个人和所处社会的特殊信息。这时，各方运用博弈理论中的“最大最小值规则”（maximin rule）是恰当的，即选择那种其最坏结果相比于其他选择对象的最坏结果来说是最好结果的选择对象。这样，这一规则马上就排除了功利主义的选择对象，因为功利主义在产生最大利益总额（或平均数）的前提下容许对一部分人的平等自由的严重侵犯。

罗尔斯认为：各方将选择的原则是处在一种“词典式序列”（lexical order）中的两个正义原则，第一个原则是平等自由的原则，第二个原则是机会的公正平等原则和差别原则的结合。其中，第一个原则优先于第二个原则，而第二个原则中的机会公正平等原则又优先于差别原则。这两个原则的要义是平等地分配各种基本权利和义务，同时尽量平等地分配社会合作所产生的利益和负担，坚持各种职务和地位平等地向所有人开放，只允许那种能给最少受惠者带来补偿利益的不平等分配，任何人或团体除非以一种有利于最少受惠者的方式谋利，否则就不能获得一种比他人更好的生活。所谓“作为公平的正义”（justice as fairness）即意味着正义原则是在一种公平的原初状态中被一致同意的，或者说，意味着社会合作条件是在公平的条件下一致同意的，所达到的是一个公平的契约，所产生的也将是一个公平的结果。罗尔斯的正义论确实具有一种平等主义的倾向。

以上只是对罗尔斯正义论的一个极其简略的勾画，是为了使读者对这一正义论的最核心的观念获得一个大概的印象。具体说来，这一正义论分为两个部分：一是对原初状态的解释和对其间要选择的正义原则的概述，一是对实际选择正义原则的论证。

我们先扼要地阐述被看作在原初状态中将被各方选择的两个正义原则的内容。罗尔斯认为，这两个正义原则是一个更一般的正义观的一个专门方面，这个一般的正义观是：

所有的社会基本价值（或者说基本善［primary goods］）——自由和机会，收入和财富、自尊的基础——都要平等地分配，除非对其中一种或所有价值的一种不平等分配合乎每一个人的利益。

而体现这一正义观的两个正义原则通过几次过渡性的陈述而达到的最后陈述则是：

第一个正义原则，每个人对与所有人拥有的充分恰当的、平等的基本自由体系相容的类似自由体系，都应有一种平等的权利（平等自由原则）。

第二个正义原则，社会的和经济的不平等应这样安排，使它们（1）在与正义的储存原则一致的情况下，适合于最少受惠者的最大利益（差别原则）;（2）依系于在机会公平平等的条件下职务和地位向所有人开放（机会的公正平等原则）。

这两个正义原则暗示着社会基本结构的两大部分：一是有关公民的政治权利部分，一是有关社会和经济利益的部分，第一个原则要处理前一方面的问题，第二个原则则要处理后一方面的问题。

我们要注意这样一个转换：从一般正义观的“合乎每一个人的利益”到两个正义原则的最后陈述的“合乎最少受惠者的最大利益”，这是理解罗尔斯正义论的一个关键。罗尔斯实际上总是从最少受惠者的地位来看待和衡量任何一种不平等，换言之，他的理论反映了一种对最少受惠者的偏爱，一种尽力想通过某种补偿或再分配使一个社会的所有成员都处于一种平等的地位的愿望。罗尔斯挑选出一种特殊地位（最少受惠者的地位），这不仅是理论上的简化所需要的（论证“合乎每一个人的利益”要宽泛和复杂得多），而且使两个正义原则不仅仅是上述一般正义观的简单展开，更是前者的深化和倾向化，使罗尔斯的正义理论成为一种独具特色的理论。

要解释清楚“合乎最少受惠者的最大利益”，还有两件理论上的工作要做：（1）怎样鉴定最少受惠者的地位？（2）怎样衡量人们的利益，或者说合法期望的水平？对于前者，罗尔斯认为：每个人都占据两种地位，一是平等公民的地位，一是在收入和财富分配中的地位（假定权力与财富通常结为一体）；这样，确定最少受惠者可通过选择某一特定社会地位（如非熟练工人），或按达不到中等收入水平的一半的标准来进行。至于对人们的合法期望水平的衡量，罗尔斯则认为期望即等于基本社会善的指标，如果说善就是理性欲望的满足，那么基本的社会善就是一个理性人（无论他想要别的什么善）都想要的善。这些基本的社会善主要是指自由和机会、收入和财富以及自尊的基础。

但是，我们还注意到一个情况：我们所看到的正义原则不是一个，而是两个，甚至多个，因为在第二正义原则里还可再分出两个原则来，而不是像功利主义、完善主义那样只有一个单独的最后标准（功利或完善），而直觉主义的正义论按罗尔斯的话来说，“只是半个正义观”，因为它停留在一批最后标准上就被认为是不可追溯的而逡巡不前了，不去寻找那种唯一的根本标准，这在理论上是不彻底的，且不易解决义务的冲突。罗尔斯认为，他的“作为公平的正义理论”并不能完全排除对直觉的依赖，但他试图从几个方面来限制直觉，其中最重要的就是提出一种词典式序列来正视两个原则孰先孰后的优先性问题。他认为第一原则优先于第二原则，第二原则中的公平机会又优先于差别原则，只有在充分满足了前一原则的情况下才能考虑后一原则，这样，就有了两个优先规则：

第一个优先规则（自由的优先性），两个正义原则应以词典式次序排列，因此，自由只能为了自由的缘故而被限制。这有两种情形：（1）一种不够广泛的自由必须加强由所有人分享的完整自由体系；（2）一种不够平等的自由必须可以为那些拥有较少自由的公民所接受。

第二个优先规则（正义对效率和福利的优先），第二个正义原则以一种词典式次序优先于效率原则和最大限度地追求利益总额的原则，公平机会原则又优先于差别原则。这也有两种情形：（1）一种机会的不平等必须扩展那些机会较少者的机会；（2）一种过高的储存率必须最终减轻承受这一重负的人们的负担。

实际上，在这两个优先的后面还蕴含着第三个也是最重要的优先，即"正当"（right）对"善"或者说"好"（good）的优先。

"正当"与"善"这两个概念可以说是伦理学的两个基本概念，它们之间的关系也就成为伦理学的一个主要问题，西方伦理思想史上目的论与义务论两大流派的分野就与此有关。目的论认为善是独立于正当的，是更优先的，是我们据以判断事物正当与否的根本标准（一种目的性标准）；正当则依赖于善，是最大限度增加善或符合善的东西，而依对善的解释不同，就有各种各样的目的论，如功利主义、快乐主义、自我实现论、完善论，等等。义务论则与目的论相反，认为正当是独立于善的，是更优先的，康德就是义务论的一个突出代表。罗尔斯认为他的"公平的正义"理论也是一种非目的论意义上的义务论，同样强调正当对善的独立性和优先性，这在两个优先规则中已经表现得很明显了，譬如他强调自由的优先性，强调由正义所保障的自由权利绝不受制于政治的交易和社会利益的权衡，不管这种有损于自由的交易多么有利或将带来的社会利益多么大；自由只能为了自由本身的缘故而被限制。

"正义"在某种意义上可以说是"正当"的一个子范畴，或者说，"正义"即是应用于社会制度时的"正当"。按罗尔斯的说法，伦理学必须包括正义论，而正义总是意味着某种平等，这等于是说，设计一种正义的社会制度就是要使其最大限度地实现平等。罗尔斯的两个正义原则也确实透露出这样一种平等乃至平均主义的倾向；他认为他的差别原则达到补偿原则的某种目的，即给那些出身和天赋较低的人以某种补偿，缩小以至拉平他们与出身和天赋较高的人们的出发点方面的差距。在他看来，天赋不是道德上应得的（desert），应当把个人的天赋看成是一种社会的共同资产，虽然自然资质的分布只是一个中性的事实，但社会制度怎样对待和处理它们却表现出正义与否的性质。他反复申明这两原则绝不会导致一个英才统治的社会，不会导致一个等级悬殊的社会，甚至不无天真地表现出这样一种预期：倘若始终遵循这两个原则，未来社会的人们不仅将在制度形式上保证平等，而且能够接近事实上的平等。

上文谈了罗尔斯正义论的基本点，这些内容大都见于《正义论》的第一编“理论”部分。然而，罗尔斯认为，如果不考察两个正义原则怎样应用于制度和适应于我们目前所考虑和推重的正义判断（第二编），如果不考察它们怎样植根于人类思想感情之中和联系于我们的目标和志向（第三编），正义论就不能算是完全的。

《正义论》全书一共九章，以一种“三三制”的形式呈现。第一编“理论”最重要（有三章），是对其正义理论的概述，而第一章“作为公平的正义”则是对这一概述的一个更为简明扼要的概述，第二章“正义的原则”和第三章“原初状态”则是分述原则的内容和证明的方法。

该书的第二编“制度”则主要考虑正义原则的应用。罗尔斯通过描述一种满足两个正义原则的社会基本结构和考察两个正义原则所带来的义务和职责来展示和验证两个正义原则的内容。第二编有三章：其中第四章“平等的自由”讨论第一个正义原则，因而主要涉及政治学和法学的问题。它所假设的主要背景制度是一种立宪民主制。在这一章中，罗尔斯首先确立了将两个正义原则应用于制度的一种四个阶段的序列，即（1）在原初状态中选择正义原则，（2）制定宪法，（3）制定法律，（4）规范的应用，并认为这一过程是一个逐步排除无知之幕的过程。然后他规定了自由的概念，进而按照上述的过程探讨了平等自由的三个问题：良心的平等自由和宽容、宪法的正义和参政自由、与法治相联系的个人自由。而所有这些，可以说都是为了阐明自由的优先性，即第一个正义原则对第二个正义原则的优先，平等自由对社会经济利益的优先（第一个优先规则）。在这一章的最后一节，罗尔斯给出了一种对于“公平的正义”理论的康德式解释，认为原初状态和正义原则可被看成是对康德的自律和绝对命令的一种程序性说明。

第五章“分配的份额”讨论第二个正义原则，因而主要涉及经济学问题。在这一章中，罗尔斯试图描述在一个现代国家的背景下满足第二个正义原则所要求的制度安排。他首先解释政治经济方面的正义概念，或者说作为一种政治的经济理论的正义原则，认为一方面社会经济制度塑造人、决定人，另一方面对制度的选择又涉及人类善的观念，涉及人的理想，“作为公平的正义”恰为社会经济的安排提供了一个阿基米德式的支点。随后，他进一步评论经济体系，特别谈到自由市场与私有制并无必然联系，它与社会主义也是相容的，声言私有制和公有制对两个正义原则都是开放的，都能够满足它们。罗尔斯还具体地假设了分配正义的背景制度，假设政府在这方面按功能分为四个部门，即配给、稳定、转让和分配部门，至于交换部门则与正义原则无关。之后，罗尔斯转到代际正义和储存（saving）的困难问题，即每一代要为后面的世代储存多少。他反对对时间的偏爱，即反对为了未来而牺牲现在，或者只顾现在而不管未来；他强调代际之间的公平，为储存率提出了一个上限，反对功利主义可能要求的过高的积累率，并在这个问题上进一步论证正义对利益和效率的优先（第二个优先规则），强调不能以后代的更大福利为借口而损害现在这一代的公平份额。然后，罗尔斯试图说明，他对分配份额的阐述能够解释正义的常识性准则的从属地位，认为这些准则不能提高到第一原则水平，例如工资政策方面的“按贡献分配”和“按努力分配”这两个准则之间就有矛盾。罗尔斯还区分了合法期望与道德应得（moral deserve），反对一切利益均应按道德价值来分配的常识性观点。在本章的最后两节中，罗尔斯还把他的正义观与混合观念及完善论原则进行了比较。

第六章“义务与职责”讨论用于个人的道德原则，或者说由两个正义原则带来的义务和职责。罗尔斯认为：原初状态中的人在选择了用于社会基本结构的两个正义原则之后，还要选择用于个人的原则，选择国际法原则和优先规则，也就是说要建立一种完全的正当观——“作为公平的正当”（rightness as fairness）。此时，“正当”实际上可置换成“符合原初状态中被选择的原则”的陈述。罗尔斯把用于个人的一组原则称为由公平原则统摄的各种职责（obligations），把另一组个人原则称为自然义务（natural duties）。履行职责要有两个前提：一是背景制度是正义的，二是履行者自愿接受这一制度的利益或机会，它意味着一种合作体系的公平份额、公平负担，而自然义务则不涉及自愿行为，是无条件的、绝对的，与制度亦无必然联系。这样，例如，一般公民虽负有支持和促进正义制度的自然义务，但却没有政治家的那种政治职责。罗尔斯在本章的头两节考察了在原初状态中选择这些原则的理由以及它们在稳定社会合作方面的作用，然后用大部分篇幅研究这些原则对于一种立宪结构中的政治义务和职责理论的意义，特别是联系多数裁决规则（majority rule）和服从不正义法律的理由解释了“公民不服从”（civil disobedience）和“良心的拒绝”（conscientious refusal）以及它们在稳定一个接近正义的民主制度中的作用，这两个问题实际上已属于部分服从的非理想理论的范围。罗尔斯主要是想通过概述一种公民不服从的理论来阐明自然义务和职责原则的内容。这一理论包括三部分：一是规定把它与其他抵制形式区别开来的定义；二是证明它在哪些条件下是正当的；三是阐述它在稳定宪法制度方面的作用。罗尔斯最后说道：“如果正当的公民不服从看上去威胁了公民的和谐生活，那么责任不在抗议者那里，而在那些滥用权威和权力的人身上，那些滥用恰恰证明了这种反抗的合法性。”[1]

第三编名为“目的”，在这一编的三章中，罗尔斯的主要目的是联系人类的思想情感和目标志向，解决“公平的正义”理论的稳定性和正义与善的一致性问题，解释社会的各种价值和正义的善。在第七章“作为合理性的善”中，他提出了一种较之原初状态中所有的善理论更详细、更充分的善理论。他认为，一个人的善是由在合理有利的环境下他的合理的生

[1] 罗尔斯：《正义论》（修订版），何怀宏、何包钢、廖申白译，中国社会科学出版社2009年版，第306页。

活计划决定的。为了在他的“公平的正义”理论中保证正当对善的优先，罗尔斯区分了两种善的理论，一种是弱意义上的或者说不充分的善理论（the thin theory of good），一种是强意义上的或者说充分的善理论（the full theory of good），前者用于原初状态中定义最少受惠者和用基本善来规定福利指标和代表人的期望，在此，善的理论是不充分的，只展开到足以保证能够合理地选择两个正义原则为止。然而，若要说明人们的道德价值，尤其是若要解释社会价值和作为公平的正义理论的稳定性，就需要一种更广泛、更充分的善理论。罗尔斯首先假设了在简单情况下善的三个阶段的定义及其道德上的中立性，然后转到作为合理生活计划的善的定义。他认为合理生活计划的两个条件是：要与合理选择的诸原则一致；要通过审慎的合理性，即在充分理解有关事实和仔细考虑后果之后做出。合理选择的诸原则包括有效手段原则、蕴涵原则和较大可能性原则。这样，我们就看到，善的定义实际上是纯粹形式上的，然而又确有某些被普遍追求的人类的善。另外，还要注意被罗尔斯看作一个基本的动机原则的亚里士多德主义原则：认为人们从实现他们先天或后天的能力的活动中得到享受，而且这种能力实现得愈充分，它自身愈复杂，得到的享受也就愈大。罗尔斯认为这是一个有关人们动机的基本心理学事实。接着，罗尔斯考察了应用于个人的善的定义和道德价值。然后，他用作为合理性的善理论考察了自尊，认为这是最重要的善，它包括对自己的价值和对自己能力的信任。在最后一节中，罗尔斯谈到了在他的正义论中正当与善的几点区别：正当是在原初状态中被一致同意地选择的，它不容有广泛不同的解释，是在无知之幕后被评价或采用的，而善却不是这样。而由这些区别又引申出契约论与功利主义的区别。

后两章主要讨论稳定性问题，这分成两步：在第八章“正义感”中，罗尔斯主要考察一个组织良好的社会里的成员是如何获得一种正义感的，以及这种情感被不同的道德观念规定时的相对力量。他首先把一个组织良好的社会定义为一个旨在推进其成员的利益、有效地被一种公开的正义观管理的社会，并在此简要评论了稳定性的意义。然后他转到讨论保证社会基本结构处在一种稳定的正义状态所需要的道德情感的形成和发展。他追溯了道德学习和培养的两种传统理论，一为经验主义的传统（当代如社会学习论），一为理性主义的传统（当代如皮亚杰的学说），然后勾画了在一个实现了两个正义原则的组织良好的社会中可能出现的道德发展过程：权威的道德—社团的道德—原则的道德。最初阶段的“权威的道德”的初级形式可看成是儿童的道德，主要是由一系列命令和规定构成，而发展到最后阶段的“原则的道德”，则上升为按照道德的首要和根本原则行动。罗尔斯进一步探讨了道德情感的某些特征，道德态度与自然态度之间的联系以及从道德发展三阶段总结出来的道德心理学三法则。他强调这些法则的互惠性质，然后联系它们讨论“公平的正义”理论与别的正义观的稳定性方面的优劣，指出“公平的正义”理论将比别的正义观带来更强有力和稳定的正义感，因而是更可行的。在本章最后一节中，罗尔斯讨论了平等的基础——人区别于动物的一些特征，即他们能有一种善的观念，能有一种正义感，这种对于道德人格的潜在能力是每个人有权被平等对待的充分条件。

第九章“正义的善”继续讨论稳定性问题的第二个方面：作为公平的正义和作为合理性的善是否一致的问题。罗尔斯认为，在一个符合两个正义原则的组织良好的社会中，一个人的合理生活计划将支持和巩固他的正义感。他首先讨论了自律与正当和正义判断的客观性，认为这两者是相容的，一个满足了两个正义原则的组织良好的社会有助于加强它们。在他看来，一个这样的社会是一种“诸社会联合体的社会联合”，体现了正义和社会联合理想的结合。这一社会也有助于减轻那种倾向于颠覆或动摇人们正义感的妒忌和怨恨的倾向，削弱产生它们的条件。罗尔斯还批评了认为现代的平等运动是一种妒忌的表现的观点。然后，他通过作为合理性的善的观念和道德心理学的法则来进一步阐明自由优先性的根据。有关幸福概念和一个支配性根本目标的讨论则是为了引导到对作为一种选择方法的快乐主义的批评和自我统一性的讨论。他认为，并没有一个可根据它而做出我们所有决定的根本目标，然而，尽管如此，一个合理的生活计划仍是可以通过由善的充分理论确定的审慎的合理性来选择的。在这之后，罗尔斯根据前面的论据，概括性地阐述了对决定稳定性来说可能是关键的正义感与善观念的统一问题，至此，他对作为公平的正义的阐释全部完成，最后一节只是对证明问题的一些回顾和评论。这样，全书的三部分：基本原理、制度应用与目的考察三者合起来构成了一个全面而精致的正义论体系。

三、《正义论》思想体系的形成过程

上述罗尔斯正义论的完整体系并不是一开始就如此呈现给读者的，这理论本身经历了一个修改和完善的过程，有一些基本的富于活力的观念自然一开始就被提出来了，然而论据的完善和应付各种可能提出的反对却费了罗尔斯多年的精力和心血，从罗尔斯正式发表《作为公平的正义》一文提出其正义论的基本构想起，到他出版《正义论》一书将这一构想发展为全面的正义论的体系止，这期间有十三年之久。甚至更早，在罗尔斯于1971 年出版《正义论》之前二十多年，当他还刚开始在普林斯顿大学任教时，他就已经有了一个类似于后来《正义论》中“原初状态”的初步设想，但他没把它整理出来，都还只是些笔记。在这二十年间，罗尔斯不断修正和发展论点，而对这一理论的阐述在篇幅上也从几篇文章发展为一部五十余万言的巨著。现在我们就分三个阶段来追溯这一过程。这三个阶段的标志是：（1）1958 年发表《作为公平的正义》（Justice as Fairness）；（2）1967 年发表《分配的正义》（Distributive Justice）；（3）1971 年出版《正义论》。追溯这一过程不仅是为了弄清罗尔斯思想的来龙去脉，还可以提供一个很好的例子，展示一个博大精致的思想体系是如何诞生和成长的。

1.《作为公平的正义》（1957—1958）

20 世纪 50 年代初，罗尔斯在哲学研究方法上深受分析哲学的影响，而在实质观点上比较倾向于一种混合了直觉主义与功利主义的观点。当时，情感主义由于其结论的极端性质，由于它实际上含有否定和取消伦理学理论研究的非认识主义倾向，因而在伦理学界并不流行，尽管伦理学家们也受到情感主义某些观点的深刻影响，但对作为一个整体的情感主义他们还是拒斥或者回避的，故而在伦理学领域，尤其涉及实践行为的领域，盛行的主要还是功利主义和直觉主义。

功利主义的吸引力主要在于它强调道德与利益的结合，肯定人类幸福的价值，在理论上也提出了一个能解决道德纷争和分歧的根本原则——最大多数人的最大幸福。然而，它难于解释追求个人最大幸福的个人怎么能被引导到追求公正福利，它的有些结论也常常和人们直觉到的正义观念相忤：比方说它为了最大功利可能容许对某些个人权利的严重侵犯，至少，这种侵犯在理论上是可行的。而当时直觉主义的优势正体现为权利不容许任意侵犯这样一些直觉观念，强调人在道德方面的崇高，而不把人仅仅看成是快乐的追求者，并使“正义”独立于“善好”，使道德正当不依赖于幸福和利益，肯定了正当、义务这样一些基本道德概念的独立自足性质，但它在方法论上却容有一批不可再追溯的直觉信念，没有可据以解决分歧和安排次序的根本原则，故而不能对人们的实践推理的结构做出清晰的描述。

罗尔斯可以说在实质结论上与直觉主义较接近，而在方法方面却不满意直觉主义而倾向于功利主义的单纯明晰，但是，功利的最终标准在他看来肯定是不可取的，现有的问题是：通过一种怎样的方法来结合功利主义和直觉主义的各自优势并避开它们的缺陷呢（而且这种方法又不宜是功利主义与直觉主义的简单混合）？

我们知道，罗尔斯后来在《正义论》中找到契约论这一方法作为设计其体系、展现其正义观的基础，但是，在他最初探讨社会正义的问题时，他虽然也看到了契约论在体现正义的要素——公平方面的意义，看到了它呈现出一种把分散的个人结为一个社会共同体的方式，但最吸引他的看来还是一种属于现代合理选择理论范畴的博弈论。

罗尔斯第一篇讨论社会正义的文章《作为公平的正义》，就是在这样的背景下发表的，它最初是作为 1957 年美国哲学协会资助的一次学术讨论上的主题论文被宣读的，当年 10 月发表于《哲学杂志》第 54 卷，次年，罗尔斯又将其由四小节扩充为八小节，再刊于《哲学评论》第 67 卷，后收入拉斯利特与朗西曼合编的《哲学、政治学与社会》第 2 辑中。

这篇文章的主旨是：正义并不等同于公平（fairness），但正义的要义正是公平，要从公平的角度来观察正义，以达到作为一个结构来集合正义的内容（诸正义原则）。然而，正是正义的这一基本方面（公平），是古典功利主义所不能解释的，但却体现在契约论的观念中，虽然契约论对公平也有误解。

在此所讨论的正义的对象始终是制度而非人或人的行动，或者说正义的对象是实践（practices），“实践”表示任何由一规范体系规定的活动，如游戏、审判、仪式、市场、所有制等。正义意味着排除任意区分和主张恰当平衡。

然后，罗尔斯提出了后来变得十分著名的两个正义原则：（1）每个加入实践或被其影响的人，对与所有人的类似自由相容的最广泛自由有一种平等的权利；（2）不平等只有在可以合理地期望它们将有利于所有人并且职位向所有人开放的情况下才是非任意和非专横的。罗尔斯认为这些原则体现了由下面三个观念——自由、平等、对为公共利益做出的贡献给予的奖赏（注意还不是博爱）——结合起来的正义。

人们可以把这些原则看作来自一种先验原则或由直觉所辨明的，说实话，这些原则并不很鲜明或者具有独创性，但罗尔斯通过一种新的方式来看待这些原则。他假设一群个人，这些人是：（1）自律的；（2）有理性的；（3）大致有类似的需求，力量也大致平等；（4）不会仅仅为他们与别人的差距而感到恼怒和不满（免除了嫉妒），这些条件就引出了正义的环境、使正义的问题出现。然后这些人就要开始按照他们的理性、考虑他们的利益来选择未来社会和实践所应遵守的道德原则，他们不知道自己将来所要处的环境，就仿佛要由自己的敌人来安排自己未来的社会地位，这样，他们接受上述两个原则看来就是很自然的。

而正义原则能以这种方式看待是一重要的事实：它说明正义的要义是公平，这种公平又联系于人们所说的“公平游戏、公平竞争、公平交易”中的公平。罗尔斯实际上把人们选择正义原则的活动看成一种“非零和”的合作游戏（a non-zero-sum cooperative game），个人就是这种游戏中的游戏者，旨在达到一种全体一致的协议，而在罗尔斯看来，两个正义原则就是这样一种协议，就是这一游戏的结果。据此，罗尔斯认为自己寻找到一种合理的联系个人与共同目标的方式，并且显示出一种强烈的说服力：尽管你们是追求自己利益的个人，但只要你们有理性，按照合理的规则推理，你们就能达到这样一个普遍同意并具有实质内容的道德原则。“正义被设想为有理性的自利主义者的一种协约。”

我们在此不欲详论罗尔斯在引出两个正义原则时受博弈论影响所提出的论据，而只是想比较罗尔斯正义论的这一雏形与其成熟形态的基本不同点：第一，在此，正义的对象还不像后来那样明确一贯，还没有明确提出社会基本结构这一概念；“实践”的概念是含糊的；另外，罗尔斯还不认为自己提出了一种正义理论，而只是一直在做分析正义概念的工作。第二，对正义原则的表述还是说“对所有人有利”，没有提出“无知之幕”的观念，其论述工作还体现出罗尔斯受到博弈论而非契约论的强烈影响和启发。罗尔斯说：“如果愿意，一个人可以把正义原则看作一种最高层次的‘游戏’的答案，这种游戏按照一定的程序，为后面所有的其特点不可预知的具体游戏建立论证原则。”这一游戏是很特殊的一种，它的意义在于其各方面的要素表现了正义概念各层面的内容。罗尔斯在此还没有用契约论的“原初状态”来统摄他认为合理的各种假设条件，而是谈到一种最高层次的游戏，在此选择原则的各方更像是一场游戏的参加者，而不像是订立契约者。对这种游戏的看重，说明罗尔斯似乎通过一种价值中立的工具理性，一种详细论证和普遍衡量的合理选择规则，来达到对实质性道德原则的选择，罗尔斯后来转而更多地使用契约论的论据，但这一根本动机并没有改变。这一想法是有吸引力的，虽然能在多大程度上成功还存在许多争议。

2.《分配的正义》（1967）

我们上面展示了罗尔斯正义论的第一种形态，而这一形态至少要遇到两个最明显的困难：一是在背景条件的假设中，选择各方的面前还没有落下对自己的情况一无所知的帷幕，而如果他们知道得太多，他们就可能都想使原则适应自己的特殊情况，从而不能达成协议；另外一个困难是，当谈到不平等只在对所有人有利才可允许时，实际上存在好些对所有人有利的方案，这样仅仅说对所有人有利就不能排定它们的次序，从而不能在它们中选择一个最合适的方案。

1967 年发表的《分配的正义》一文表明罗尔斯正视了这些困难。在这篇文章中，作者进一步批评了功利主义，并表明了自己的契约论观点，他认为功利原则只关心最大利益总额的获得而不关心怎样在个人中分配这些利益，功利原则也不能保证公民的平等自由和基本权利。因此，对功利主义的最自然的替换对象就是它传统的对手——社会契约论。契约论的目标正是要解释正义的严格性，它通过假定正义原则来自原初平等状态中的自由和独立的人们之间的某种协议，从而反映了作为订约者的理性人的完整性和同等尊严。在此他提出了“无知之幕”的概念，并认为这样能使日常生活中拥有种种特殊知识的交易问题不影响到原则的选择。他肯定了契约论中的理性原则，并认为“按照契约论观点，正义论乃至伦理学本身，就是合理选择理论的一部分，这是一个在其康德公式中十分明显的事实”。

在此文中，罗尔斯尚没有展开讨论各方在原初状态中对正义原则的选择，仅在一个注脚中提到了一些要点：无知之幕、生活计划、对第三方（后代）和某些价值（如宗教真理）的义务、保守策略是合理的、最大最小值规则等，这说明他在《正义论》书中提出的原初状态的完整证明已经初步成形。他在此文中着重解释了第二个正义原则的意义，认为对“不平等要合乎每个人的利益”的解释可以有三：第一是类似休谟提出的解释，以历史为坐标进行比较；第二是按帕累托的最优原则（Pareto optimality）解释，这意味着要承认有不止一个对所有人有利的分配方案；第三就是罗尔斯所提出的以“合乎最少受惠者的利益”来替代“合乎所有人利益”的差别原则。另外，罗尔斯也探讨了安排一种立宪民主制度以满足这些原则是否可能，以及它们所确定的分配正义观是否与常识正义观念相一致的问题，也就是说，提出了“一致性证明”的问题。

在此，我们可以看到罗尔斯正义论的两点重要发展：一是他提出无知之幕，以便避开原先理论中的重要困难，并且为各方提供了一个更一般的道德观点——某些道德哲学家所称的普遍的“道德观点”（the moral point of view），在此所有人都是类似的，每个人都等于是在为所有人选择，这样的选择就成为一种普遍理性的选择，自利的个人就有可能达到一致的道德意见。这实际上已是一种非个人，甚至非时间的选择。这里的各方既是个人，又不是个人，说他们是普遍理性体现者也许更合适。另外，无知之幕假定各方不知道自己的天赋和才能如何，这就隐含着排除自然资质分配的偶然因素，表现了一种把天赋才能看成非个人而是社会资产的思想。最后，“无知之幕”的概念也促进了罗尔斯摆脱博弈论的述语和框架，而更直接地诉诸契约论方法。

另一个重要发展是罗尔斯所提出的“最少受惠者”概念，这样就为判断几种“有利于所有人”的分配哪个理应更优先提供了一个标准，就意味着要选择合乎在社会不平等中受惠最少者的最大利益的分配。

3.《正义论》的出版（1971）

罗尔斯正义论的第二种形态解决了一些旧的困难，但也引出了一些新的问题。在原初状态方面明显的技术困难至少有二：一是无知之幕到底有多大，是否还留下什么知识，因为各方如果一无所知，他们就无法进行推理和选择了；二是如果各方不知道他们追求什么目的、利益和计划，不知道这些目标、利益和计划的性质和特征，他们就无法衡量比较，也就同样无法进行推理和选择。

在正义原则方面的困难则首先是原则的应用范围不明确，在罗尔斯的文章中，似乎它们也可应用于较次要、小范围的社会实践或制度政策，而这与无知之幕背后进行的那种普遍理性、一劳永逸的选择看来不合；其次是把“对所有人有利”变为“对最少受惠者有利”也与人们的某些直觉判断相悖，为何一定要选定最少受惠者来做参照标准呢？这是否能够鼓舞才智较高者的努力？如果有某种分配，能给社会上绝大多数人带来巨大利益，而对最少受惠者阶层也不构成利益上的损害（当然也不增加），那么也不能实行这种分配吗？等等。

我们看到，罗尔斯在《正义论》中程度不同地回答了上述问题，在原初状态方面，他提出了无知之幕后的各方只是忘记了自己的特殊情况，但却拥有有关人类社会的一般知识和对人们的心理学法则的知识，同时，他提出了一种“基本好”的理论，这些基本的社会“好处”包括自由和机会、收入和财富，以及自尊的基础，是不管人们追求什么目的都需要的东西，他认为据此可以衡量人们的利益水平。这些条件旨在使各方能够按照一般原则和利益指标进行推理。

在正义原则方面，罗尔斯明确指出正义的对象只是社会的基本结构，而不适用于小范围的社会实践，而且认为自己的正义论是在理想层次上进行的，是探讨一个组织良好的社会或“严格服从的社会”的正义原则；至于从“对所有人有利”到“对最少受惠者有利”的转折，罗尔斯并没有改变自己的观点，但在论证方面更为详尽和缜密了。

另外，罗尔斯在《正义论》中还引入了优先规则来解决两个原则的先后次序问题，对其公平论提出了一种康德式的解释，用三分之二篇幅在展开其正义原则中发展了“反省的平衡”这一证明，又用三分之一篇幅阐述了他有关“好”的理论，正义感的获得及其与“好”的一致，这些可以说都是其正义论的进一步证明和完善。而他的思想也通过《正义论》这本大书，真正成为一种既宏伟壮观又细部精致的理论“大厦”。

总之，通过考察罗尔斯正义论思想的发展过程，我们可以看到他在实质观点上日益坚持义务论的观点，摆脱了当时功利主义的支配性影响，而走向契约论的公平思想，在证明方法上从不满于自直觉主义开始，初则诉诸博弈论，后来日益转向契约论的理性设计方法以及“反省的平衡”的证明、稳定性的证明。我们也由此可以看出罗尔斯正义论的一些性质特征：从罗尔斯正义论的历史关联来看，我们可以说它是一种试图替代功利主义的契约正义论；而从罗尔斯正义论的内容来看，它旨在确立制宪和立法之前的基本道德原则，我们也可以说它是一种与法律正义相对而言的道德正义论。在某种意义上，我们还可以说它是一种与形式正义相对而言的实质正义理论。在追溯罗尔斯正义论的发展过程中我们还看到，提出一种具有价值倾向的原则、规范可能还不是太难，困难的是对提出的原则给出系统的证明，而且这种证明应当吸收了在一种文化语境中充分发展了的理论成果，也充分考虑到各种可能的反对意见，因此才能够在一个很高的水平上进行对话、讨论和争辩。类似的一些结论性的观念和提法可能在他以前的一些人那里也出现过，但那只是一些提法，而只有当它融合为一个博大精深、充满论证的体系时，它才具有一种巨大的说服力量。

第四章　正义原则的优先性

我们现在就从正义原则在伦理学中的地位开始，来具体介绍和讨论罗尔斯《正义论》中的主要内容。首先我们想清理一下诸如正义、正当、好（善）、自由、平等、权力、权利、功利等一些基本概念，不弄清这样一些概念的基本含义（包括其引申和衍生的多重含义），我们也就不能理解罗尔斯是在什么意义上说正义原则的优先性，所以，在探讨正义原则的“优先性”之前要先做一些澄清概念的工作。另外，我们需注意，这里所说的正义原则的“优先性”，还不是罗尔斯的正义论中两个正义原则之间及内部的“优先性”，而是指他的两个正义原则对所欲取代的功利原则的优先性，以及制度正义原则对个人义务原则的优先性。

一、一些概念的说明

“正义”是一个富有感情色彩的“大词”。正义的问题涉及面很广，影响到人的终生，又是属于道德的问题。一般来说，凡是道德问题，都容易牵动人的感情，引起人的义愤，而同时又容易见仁见智，意见相左。这些情况结合起来，往往就容易由口舌和笔墨之争演变成拳脚和武器之争，且双方都扯起“正义”的大旗。正义以及说明正义的各种概念也就最含混，含义甚多，乃至多有冲突与对立。

有鉴于此，我们尤其有必要在正义的问题上，进行冷静的理性分析和思考。没有正义感，我们也许会成为一个冷血动物，而没有理性，我们可能会犯更大的错误。正义感是宝贵的，但当这种感情推动我们关注问题时，就一定要诉诸理性来考虑怎样解决问题和走出危机。感情使我们发现问题并投入其中，而理智才使我们真正弄清和解决问题。

概念的问题很重要，我们都是通过概念来思考、对话和讨论。我们一定要弄清自己使用的概念，弄清一个概念的流行含义、支配含义，以及某些特殊含义，这样也才能知道我自己要说什么，如果我要表达某种观念，我如何选择合适的概念，如何尽量保证我说的东西像我所理解的那样到达别人那里，以及弄清别人在说什么，不致误解别人的意思，也不使别人误解我自己的意思。

有些没有先行澄清概念的争论其实是无意义的，因为可能争论者使用的虽是同样的概念，他们对这一概念的理解却很不同，他们不是在同样的层面上争论，没有形成真正的交锋，甚至实质的观点没有多大差距，或者在歪曲对方观点的情况下“得胜回朝”。这样的争论是一种不会使知识增值，倒可能使知识贬值的争论。当然，概念并不是很纯粹的、很干净的，总能准确表达你说的意思，你有时不得不妥协，勉为其难地使用某些概念，这时要尽量加上某些限定或说明。一个人当然也不能过于拘谨，过于咬文嚼字，或好用自撰新词。但无论如何，在使用概念时，我们必须有一种自我警惕和反省。在这一点上，罗尔斯的《正义论》给我们提供了一个对道德语言和概念保持敏感和谨慎、随时注意分析概念的范例。

下面我们可以先看看，一旦涉及正义问题，有哪些主要概念会被使用：

1. 正义、公正、公平、公道、公义。

2. 自由、平等、权利、功利、博爱、和谐、稳定、效率、安全、繁荣、富强、幸福等。

上面的第一类概念大致是“正义”的同义词或近义词，第二类则属于常常被用来说明“正义”内容的描述词，一种社会制度如果在某种程度上具有了这些属性或这些属性的主要方面，往往就被认为是“合乎正义”的。

我们来试着说明其中一些概念的含义及隐含的矛盾，这种说明可能会带有我们自己的一些见解，但应该说离罗尔斯使用这些词的用法相去不远，因而可以帮助我们理解他的正义理论和观念。另外，由于有些概念我们还会在后文的介绍中结合具体内容来仔细说明，在此就只是予以简要解释或列举。

在第一类词中，“正义”与“公正”最常被使用，都可用来翻译英文“justice”一词。但像“正义”“公义”一般只用于制度或集体行为，而不用于个人，如我们说“正义社会”“正义战争”“正义审判”等，并且，“义”字还常常有一般的“理论形态”的含义。“公正”“公平”“公道”则除了用于制度，还可作为对个人的形容词，如我们说“这个人很公正”或者说他“处事公平”“待人公道”等，但不能说“这个人很正义”。“公”字含有“公平”的含义，而“公平”（fairness）中又有“平等”的意思。“公道”则更具有传统中国的特色，更通俗，如京剧《苏三起解》中有一位差人叫“崇公道”，其开场白是：“你说你公道，我说我公道，公道不公道，只有天知道”，既点出了个人正义观念的相对性，又还没有完全否定可能有某种客观的正义——天道。

罗尔斯区别了正义概念（concept of justice）和正义观念（conception of justice）。前者是指用于社会制度时的“道德”或“正当”，一旦讲到社会、法律或者政治的正义时，我们就知道是涉及道德问题了，并认为“正义”就意味着不作任意区分和恰当平衡；但对究竟何为正义、何为道德、何为不作任意区分和恰当平衡，则人们就会有不同的看法，这就涉及正义的观念。前者是形式的、一般的标示道德的指称，后者则是实质性的、阐明道德内容的各种特殊观点。

我们可以再强调一下：正义的主题或对象就是社会，尤其是社会的基本政治和经济制度。正义即指制度的道德、制度的德性，是指称社会基本结构的属性是否道德的一个概念，它可以包括在一个更大的概念“正当”之内。正当既可指社会，也可指个人，是个一般概念，正义就是用于制度时的“正当”。在罗尔斯理想的良序社会里，只有分配的正义，而在一个现实存在的政治社会内部，正义按一种来自亚里士多德的区分，可分为交换（分配）的正义和纠正的正义，前者是政治经济的正义，即不仅分配经济利益，也分配一般的权利义务；后者是法律的正义。另外，近年来国际的正义和代际的正义的问题也相当突出。

第二类词是说明正义的一些概念。最重要的说明正义的概念也许是“平等”（equality），但这个概念也最含混，最容易被混淆。我们可以按其含义接近的程度，大致把“平等”分为两种含义系列的平等：一种含义是权利平等、身份平等、机会平等、起点平等、形式平等、前途考虑的平等；另一种含义是状态平等、条件平等、结果平等、终点平等、实质平等、手段考虑的平等。

当然这只是一个大致的划分，即便处在同一个系列中的各个平等的概念也并非等同，这样区分是为了强调对平等理解的最重要分歧。那么，这两种平等的主要区别是什么呢？前一种平等对人是有要求的，主要涉及信仰、良心、表达自由和政治参与，你必须实际地履行才能享有；而后一种平等则主要考虑经济利益和物质手段，是普遍的、全面的、无须对人提出什么要求就可享有的，它不考虑人的先天资质和后天努力而希望达到一种相当平均的生活状态。但由于人实际上是有差别的，即便实行了起点平等，只要任其自然而然地发展一段，就必然要分出差距，故此要达到结果或终点的平等，也就要以不同的方式对待所有人，即“以不平平”，这也就意味着要通过某种权力（通常是国家权力）来进行干预，打破自然而然的演变进程。

平等发展到某种文明阶段，这两种平等就可能发生尖锐冲突，无法同时实现，当然，这主要是指后一种平等主要致力的目标——社会经济利益方面的平等。在政治和信仰的方面则不难达到一致，甚至在经济利益的一个基本的层次上也可做到相安无事，即在保证基本生存和像样生活的层次上，但如要达到进一步的平等化，即不是孙中山所主张的“齐脚的平等”，而是“齐头的平等”，则必须诉诸政治权力的干预，增低就高或削高补低。

另一个重要概念是“自由”（liberty or freedom），自由可分为积极自由和消极自由、肯定自由和否定自由、古代自由与现代自由、可以做什么的自由和不可以做什么的自由、哲学意义上的自由和政治学意义上的自由、意志心灵自由和身体行动自由等种种有区别甚至冲突的范畴。这种自由作为一个复数的体系，还可从重要性上区分为基本自由和非基本自由等。

在现代社会层面意义上言说的自由显然不可能是为所欲为，因为这是指社会所有被承认的成员的自由，某一个人如果为所欲为肯定要侵犯到他人的平等自由，除非他有一种圣贤“从心所欲不逾矩”的境界，自由实际上总是要和对所有成员的约束联系在一起，这种约束一般就表现为法律。

现在再说说它们的对立面。平等的一个对立面自然是不平等，是等级，这里所说的不平等是权利和身份的不平等，这种不平等在古代社会里是公开的，甚至常常是法律所明文规定的。平等的另一个对立面却是自由，当然这里所说的平等已经是指状态的平等，要贯彻这种平等必然要与自由冲突。

自由的一个对立面自然也是不自由、束缚、奴役，如上所述，不能把旨在保护所有成员自由的约束视为奴役，而只能把不平等的、出自集权专制的约束视作奴役。它的另一个对立面已如上述，即状态的平等。

自由常常也可以用另一个概念“权利”（rights）来表达。“权利”可分为生存权和发展权，或基本权利和非基本权利，前者的范围可能会因时代的变化和国度的差异而有不同，但至少要包括人身生命的安全、基本物质需求的保障，在现代则还一般都要包括良心和信仰的自由、参政的自由；后者则有过一种体面、像样的生活的含义。与权利相对的一般是权力，这后面是个人与国家的对峙。权力的主体是国家，权利的主体是个人，两者间有一种消长关系，所以两者间有一种互相限制的关系。在这个问题上有两个极端：一个是无政府主义，一个是极权主义，但均不可取。权利要有权力的保障，权力也须受权利的限制，这是怎么实现的呢？权利的保障必须通过某种政府、权威和强制，而对权力的限制则可通过体现权利意识的法治等社会结构，即主要是以法律来制约权力、以权力来制约权力（政治权力的分割）和以社会（舆论和社团）来制约权力。权利当然也须受权力的具有保障意味的约束。作为一种强制力，权力看来是一种恶，是毫不含糊的一种体制的暴力，但它也是一种“必要的恶”，问题在于允许它施展的范围有多大。

权利还和功利有矛盾，其后隐藏的是正当（right）与善好（good）、正当与幸福（happiness）或自由与福利（well-being）的矛盾。总之，说明正义的核心概念是平等、自由、权利。而当平等被理解为权利的平等或基本的自由的平等时，这几个概念实际上是相通甚至等同的。而当平等被理解为状态的平等时，这种含义的平等就和自由、权利发生矛盾。

这里面也有一种历史的逻辑。人身安全和基本生存的权利应当是任何政府都提供的，这是政府的基本正当性或合法性所在，近代以来，西方还经历了一个首先争取信仰及良心自由（宗教宽容、政教分离）和政治自由（权利），然后尽可能地争取经济的平等、大众的幸福和福利国家的过程。在前一阶段，自由和平等合力冲击封建和中央集权的权力，那时的“平等”也主要是被理解为政治的平等，故可以同时说“自由、平等、博爱”；在后一阶段，平等常被理解为经济状况的平等，自由就与平等发生了冲突，罗尔斯与诺齐克的争论就鲜明地表现了这一冲突。

二、制度原则对个人原则的优先性

罗尔斯认为，正义的对象或主题是社会的基本结构，或更准确地说，是社会主要制度分配基本权利和义务、决定由社会合作产生的利益之划分的方式。而所谓主要制度，又是指政治结构（国家）及主要的经济和社会安排，如宪法、基本立法、市场、所有制和家庭等。这样，两个正义原则就可以说是应用于社会主要功能中，分配基本的权利、义务、利益和负担。罗尔斯的正义论是一种社会正义论，包括了通常所说的政治正义论（与第一原则的应用范围大致相合）和经济正义论（与第二原则的应用范围大致相合），至于传统的、亚里士多德式的行为和行为者的正义，罗尔斯认为并不与他的社会正义论相冲突，因为亚里士多德的行为正义论实际上以一种社会正义论为隐含的前提，在勿贪婪、得自己所应得而勿任意剥夺他人所应得的“行为正义”的内涵中，隐含着一种对何为“应得份额”的解释，而这种解释要由社会正义论来决定。

现在我们还有必要弄清正义与社会的关系，或作为一个标准的正义在社会评价中的地位。而这需要通过这三个概念来进行：社会—社会理想—社会正义。

对社会这一概念的理解是最根本的。什么是社会，社会的存在有何必要性或必然性，它的目标是什么？等等。然后才引出什么是理想的社会，什么是合理的社会等问题。由理想社会的问题又可派生出正义的问题：理想的社会就等于合乎正义的社会吗？是否还有其他的评价标准？等等。当然，我们这是从理想的层次探讨，也可以从现实的层次，从非正义的问题引出正义的问题，如良心拒绝和公民不服从的问题。但我们要记住，罗尔斯主要是在虚拟的、理想的层次上正面阐述这些问题的。

罗尔斯假设了一个这样的社会：这是一个多少自足、相对封闭的社会，这个社会的基本规范是公开的，并众所周知地被人们大致遵循，这些基本规范标志着一个旨在推进所有成员利益的合作体系，是一个组织良好的社会或“良序社会”（well-ordered society）。所谓“组织良好的社会”的两个主要标志：一是有效地受一种公开的正义观调节和管理，这就意味着“组织良好”；一是旨在推进它所有成员的利益，即它是一个互惠互利的合作体系，这就是罗尔斯对“社会”的理解。社会就意味着合作，这是最根本的，至于利益的冲突，它只是在一个小范围内发生（仅仅在分配份额方面），且绝非不可调和，而是可以寻找到一种解决方案，这种解决方案就是正义原则。一个合作社会因为在利益分配上的矛盾而呼吁建立一种公开的正义观——一种可能根据它们建立起正义共识的正义原则。

我们从上文可以看到，在罗尔斯那里，一种合作社会的概念是如何产生出对于正义原则的需要的——正义原则要用来指导对合作所产生的利益的分配。如果把社会理解为一个冲突的社会，一个利益对立、冲突不可调和的社会的话，对社会正义大概就得做另一种解释了。当然，罗尔斯是在理想的层次上探讨，他可以说他探讨的是一个理想的社会，理想的社会当然最好理解为一个互相合作、促进所有成员利益的社会，而理想社会的标准自然也不止一个，除了分配的正义的标准，还有合作的组织形式和调整是否有效率的问题，是否稳定的问题，而效率和稳定同样也是判定一个社会是否为一个理想社会的标准。虽然正义、效率、稳定这三个标准相互有别，但它们之间又存在一种紧密的联系。而正义可以说是评价一个社会的首要标准和德性，是优先于效率标准和稳定标准的。

至于为什么要把社会基本结构作为正义的主要问题或对象，是因为社会基本结构对人们的影响十分深刻广泛且自始至终，决定着人们的生活前景，决定着人们的最初机会或出发点，这种深刻和重大的影响又是个人所无法选择的，故而需要有关制度的正义原则来进行调整和处理。

在后来发表的《作为正义的主题的基本结构》一文中，罗尔斯进一步说明了为什么应当把基本结构看作正义的主题。罗尔斯认为，一旦我们把参与订立社会契约的各方设想为自由、平等和有理性的人，从契约论的观点看，把社会基本结构看作正义的主题就是自然而然的了，他们必须首先达成这一有关社会基本结构的协议，然后才是其他的协议，这里关键的还是基本结构的独特作用，它对人们生活前景的决定性影响，以及它受正义原则支配时，最能约束严重的社会政治和经济方面的不平等的意义。

现在我们要再区别一下对制度的道德原则（社会正义原则）与对个人的道德原则（行为正当原则）。我们在此不想细致地讨论对制度所作的主要与次要、抽象与现实的划分，以及制度原则与策略准则、个别制度与总体制度的区别，而是径直遵循罗尔斯的假定，把制度的正义原则理解为应用于社会基本体制的、作为公开规范体系的原则，我们现在所考虑的是对制度的原则与对个人的原则的对比。

罗尔斯认为，可从契约论演绎出来的一种完善的正当理论（或者说“公平的正当”），包括对制度的原则，也要包括对个人的原则，以及国际法原则等。但在此有一种选择的先后次序：对社会基本结构的原则要首先达成协议，然后是对个人的原则，再次是国际法的原则。对制度的正义原则有两个，大致相应于社会基本结构或社会主要制度的两大部分，第一个原则即有关人们的基本权利、基本自由的原则，涉及有关国家性质的根本大法——宪法，旨在实现政治的正义；第二个原则即有关人们利益分配的原则，涉及社会和经济方面的立法，旨在实现经济的正义或分配的正义。

对个人的原则也可分为两个方面，[1] 一是由公平的原则统摄的所有的社会要求，对制度中人的要求，或者说对人作为社会人、政治人的要求。这些要求可以统称为职责（obligation），而要确定一个人由制度所带来的职责，就必须首先认定这一制度安排所提供的利益和机会，也就是说，个人的职责要以制度的正义为前提。另一方面是自然义务，这些义务——肯定性的如互助、互尊和公正，否定性的如勿杀人、勿损害无辜者——与社会制度没有必然联系，对它们的履行也不以人们明确或隐含的同意或自愿为先决条件，它们真正是“自然的”，是在任何社会制度下都应当遵守的。而在罗尔斯看来，在自然义务中也包括要求我们支持和服务于那些现存的、应用于我们的正义制度的义务。

现在值得我们注意的是这样一种关系和次序：对有关制度的道德原则的选择，优先于对有关个人的道德原则的选择，因为有关个人职责和义务的解释都明显地要涉及制度的道德，要以制度的正义为前提或包括对正义制度的支持。契约论的这一结构确实富于启发性。在这种次序中隐含着这样的合理思想：必须首先通过人们的社会存在去理解人，在社会和政治生活中去研究人和观察人，对个人的道德改造有赖于社会制度的改造，新人的成长有赖于社会环境的改造和更新，在问人们的个人联系和私人交往是否合乎道德之前，首先要问我们的社会联系和制度安排是否合乎正义，对制度的道德评价应当优先于对个人的道德评价，相应地，有关制度正义的道德选择比有关个人义务的道德选择也应占有更优先的地位，这就是制度原则对个人原则的优先性。

划分制度伦理与个人伦理有什么意义呢？在这两种伦理之间是否应当有一种先后次序呢？如果说制度伦理对个人伦理有一种优先性，那么，怎样理解这种优先性呢？这些就是我们需要考虑的问题。

卢梭在他的第一篇产生巨大影响的论文“论科学和艺术”中，从道德

---

[1] 在此主要是指作为道德要求提出来的原则，而不包括在个人道德方面被允许的行为：如那些中性的非道德的行为，以及那些超出了要求范围、按义务原则本可豁免的分外有功的行为，如慈善、怜悯、自我牺牲。它们虽涉及伦理学的最高道德境界，但不是作为义务要求的。

的角度对科学艺术的发展进行了评判，其结论是科学艺术的进步败坏了风俗，使人们的灵魂腐败、行为下贱。在道德主义和历史主义的冲突之中，卢梭毫不犹豫地站到了道德主义的一边。然而，他对道德的关心，对道德风俗的进一步研究，不久就把他带到这一步，即他发现不能就个人道德论道德，道德强烈地受到其他因素，尤其是社会制度（主要是政治制度）的影响，他在自己的《忏悔录》中写道："我已看出一切都归结于政治，而且，无论我们怎么解释，一个民族的面貌完全是由它的政府的性质决定的，因此，什么政府是最好的政府这个大问题，可以转变为这样一个问题：究竟哪一种性质的政府才能使人民变成最道德的、最明智的、最富有学识的，从而是最好的人民呢？"[1] 在《爱弥儿》第五卷中他这样写道："那些想把政治与道德分开论述的人，于两者中的任何一种，都将一无所获。"于是，他的第二个重要论著《论人类不平等的起源和基础》（1753年写成，1755年出版）就转而探讨政治，认为不平等源于私有制的出现，这就从政治因素又追溯到了经济因素，然而，如何摆脱这种不平等呢？卢梭期望找到一种解决办法，就是通过一种真正的社会契约来建立一种主权在民的共和国。这就是卢梭在其名著《社会契约论》中所探讨的。应当说，卢梭的思路对我们是有启发的，即改造道德至少要包括改造社会环境、改造社会制度，而尤其是改造政治——虽然他依据情感的政治蓝图的设计出现了许多问题。

以上还主要是从道德关切、道德价值谈制度的重要性：个人德性的培养、道德人格的发展，没有一定的社会保障就可能枯萎，更谈不上延伸和发展了。而如果把人类的其他追求，人类其他珍视的价值都包括进来，制度的某种决定性意义就更明显了。一个人能够追求什么，其主要的路向在他诞生的那一刻就大致限定了。他只能大致在社会制度给他规定的范围内追求他渴望的东西，很少有人能越过此界限。人类的幸福将以合理的社会制度为其基本的条件，这一制度至少应当努力消除那些人为的严重灾难和不幸。

[1] Jean-Jacques Rousseau, *Confessions*, Angela Scholar (trans.), Oxford University Press, 2000, p. 398.

因此，既然社会基本结构对人所珍惜的各种价值如此重要，它本身就应该成为一种基本价值，成为一种基本的“善好”。既然社会制度对道德如此重要，它本身就也应当合乎道德，应当建立在真正合乎正义的基础上，拥有自己的道德合法性。当然，任何制度都可以说具有它自己的含有道德意味的原则，不管在这一制度中活动的人对这一原则的意识是模糊还是清晰，但从有理性者的使命来说，我们还是应当毫不含糊地把这一原则揭示出来，如果它合乎道德，就坚决地支持它、贯彻它，如果它没有道德，或者有缺陷，就应当考虑以更合适的原则取代它，或者修正它。

然而，从道德上改造制度也有两条途径。一是强调制度中的人，强调执政者的道德，认为必须由有德者来掌握权力，官员必须廉洁奉公、忠诚负责，应当率先成为道德的楷模以感化下面的人们，从而达到政治清明，使风俗淳美、社会安宁。这些应当说都是不可忽视的，但强调得过分，忽视制度本身亦有一套伦理、政治也需要一套特殊的技术和才能，就可能适得其反，使政治与道德两方面均受到损害，或者最好的情况也只是“人存政举，人亡政息”。所以，社会契约论的启发意义就在于它强调还有一条不能忽视的改造制度的途径：要注意制度本身的伦理，注意政治社会的根本大法、根本原则是否合乎道德。在某种意义上，执政者的道德是由制度本身的伦理所决定的。因此，我们必须明确地把制度中人的道德与制度本身的伦理区分开来，不能让制度中人的道德模糊了我们的视线，以为这就是社会道德的全部，要注意两者虽有密切的联系，但又有差别：前者的主体是人，依人而转移；后者的主体是一套国家机器，它有不依赖于人而运作的一面，有它的惯性和规则。制度虽然是人创造的东西，但它一旦被创造出来，就可能离开人，甚至与人敌对，我们必须以某种道德原则来约束它，鞭策它，使它不仅不致为祸，反而为人们提供一个真正可以去追求自己的理想、自己的幸福，包括自己人格完美的场所。

区分制度本身的伦理与个人的道德还有一个重要意义：制度的伦理原则并非个人伦理原则的简单延伸和扩大。罗尔斯批评功利主义的一个论据就是，功利主义把个人的合理选择原则扩大到社会，应用于制度本身了。而我们知道，这两种原则的主体和对象并不一样，个人可以为长远利益牺牲自己的眼前利益，而社会若要求一部分人为另一部分人牺牲自己的利益，这就对他们提出了很高的要求，即使这种牺牲真有必要，这种要求也应建立在个人自觉的基础上，而不能用制度手段强制推行。所以，功利主义虽提出仁爱和同情，向个人发出这方面的呼吁，而且并非没有效果，但我们还是可以说，功利主义没有明确划分开制度伦理与个人道德，混淆了两种原则，它所提出的功利原则是涵盖一切领域的最高道德原则，自然也包括制度的领域，因此，在原则上它就容许制度以功利之名侵犯个人权利。

那么我们如果明确划分开制度本身的伦理与个人的道德，进一步的问题就是，它们处在一种什么次序中？我们是否同意罗尔斯所说的原初状态中的人将首先选择制度本身的伦理原则，然后才是个人义务的原则和国际法原则？如果同意，怎样理解这种优先性？

我们可以回顾一下黑格尔，正是他曾经在《法哲学原理》中明确区分个人道德与国家伦理。按照他的三段论法，法哲学基本原理包括下面三个发展环节：

1. 抽象的法。
2. 道德。
3. 伦理。

抽象的法即客观的形式的法（其实可以理解为自然法，纯粹理性的法），它基于人的意志自由，其命令是“成为一个人并尊敬他人为人”。在此一切特殊意图和利益都无关紧要，只有纯粹形式的抽象法，它包括所有权—转移所有权的契约—侵犯他人权利的不法三个环节。

道德由扬弃抽象形式的法发展而来，它实际上就是进入人们内心的法，即“主观意志的法”。此时，自由意志不仅借外物尤其是财产而实现了（表现为抽象法），也在内心中获得一种现实性（表现为道德），换句话说就是，有关财产之物权的纯粹理性规定的法律，此时也变为人们内心的意愿。然而，由于此抽象法尚没有成为国家明文规定的法律，个人的道德意志与外部世界还存在着一种紧张关系。道德也包括三个发展环节：故意和责任—

意图和福利—善和良心。在最后的环节上，善还是抽象的，即指抽象法，良心指个人主观的道德意识，它们都缺少自己的对立面，都具有某种片面性，对客观性的渴望就使道德发展到伦理。

黑格尔认为，伦理就是主观的善和客观的、自在自为地存在的善的统一。抽象的权利和自由、个人的权利和自由，最后都要以客观的、社会性的伦理实体为归宿，为真理。伦理也可分为三个发展环节：家庭—市民社会—国家。国家是最高的发展阶段，是伦理理念的现实，是绝对自在自为的理性东西，是客观的精神，而个人只有成为国家的成员，才具有客观性、真理性和伦理性，成为国家成员是单个人的最高义务。个人只是达到国家的一些环节而已。

黑格尔通过明确地划分开个人道德与社会伦理，充分展示出国家、社会基本结构对于人的重大意义。我们甚至可以说，黑格尔的逻辑和历史之间确实存在着某种一致，历史的进程几乎总是这样：首先是一些伟大的、富于生命力的观念在个别具有原创力的心灵里明确起来，形成原则或体系；然后这些原则逐渐进入许多人的心灵，成为他们执着而强烈的意愿；最后，这些原则就通过他们的行动外化为客观存在的东西，外化为制度、法律、国家、教会等具有现实性的东西。没有这种外在的制度化，没有这种“道成肉身”，哪怕是真正崇高的东西，也难于在即便是少数人那里长久地坚持（虽然这种坚持绝不会失去意义）。尤其是在社会领域内，正义的观念和原则必须化为现实力量才有意义，生命和权利必须有切实的基本制度作为保障才不会流为空谈。

但是，我们又要说，发展并不在国家那里终结，国家，或者说正义的国家与其说是一个终点，不如说是一个新的起点。如果我们确实达到了合理的正义的社会制度，这并不是说个人只是作为国家的一个环节才有意义，而宁可说国家的意义就在于它为所有人能自由地去创造他们生活的意义而提供了一种合理正当的社会条件。

甚至仅从道德上说也是如此。我们看到，社会制度的伦理原则只会是公正、不偏不倚，而不可能是仁爱、慈善。相应地，由社会正义原则所规定的执政者的职责、公民的义务也都是比较基本的、起码的义务，多以禁令的形式出现（“勿杀人”“勿盗窃”“勿贪污”“勿渎职”等），它们并不难做到，基本可以说大多数人在不受伤害的情况下都能做到，但该原则仍以一种强制手段为后盾，只是为了防止哪怕一个人违反禁令而不受惩罚从而可能导致的危险的罪恶蔓延。至于个人可以向之做无限努力，无限飞升的道德领域，社会则把它交给个人，给予个人以充分的信任和主动权。高尚的道德不可能由国家来规定、用强制手段来推行，强制或利诱只会使本来高尚的事情也变味儿。我们相信，在任何时候，任何社会里，道德的最高境界总是在个人那里达到的，社会一般的道德水平与这种境界相距甚远，道德的真正情怀、真正韵味、真正感人的东西总是只在少数人那里被感受到，总是只在少数人那里体现出来，不仅如此，我们还可以说，道德最深的根绝不是扎在制度、国家，而是扎在个人那里，制度本身的伦理在其最深的一点上与个人道德相接，它的根是深深地扎在人作为人的一些最基本的自然义务之中。因此，我们可以怀疑黑格尔的高低次序是颠倒的。国家伦理并不是最高的发展阶段，不是个人道德为达到它而去创造条件，相反，是它要为个人道德的发展创造条件。

所以，罗尔斯说制度原则优先于个人原则，对这种优先性，我们显然有特定的理解。这种优先性并非像黑格尔所指出的国家伦理高于个人道德，凌驾于个人道德，个人道德只是向它奔赴的一条途径、一个环节、一种手段，相反，优先性在此毋宁说是根基性和基本性，就像一座大厦，它必须先有坚固的基础，但它真正灿烂壮观的部分还在于它的上层。我们可以说基础很重要，需要优先考虑，但不能说它所有上层的部分都以它为归宿。所以，黑格尔在此实际上可能是为了他的逻辑而牺牲了真理，并且，在社会政治哲学，或者法哲学中，主要的矛盾并非一种主观与客观的矛盾，而是社会与个人的冲突，正义的理论就产生于对这种冲突的调节。

这样，有关制度原则对个人原则的优先性，我们就可以归纳如下：优先性是指我们在考虑道德或伦理体系时，首先要考虑制度伦理，考虑它是否符合正义，这不是因为它是我们最高的道德目标，而宁可说它是最起码的，但也是最基本的，甚至对我们每一个人都是生死攸关的规范标准。这样，原初状态中的人要建立一个社会时，就要首先选择有关根本制度的正义原则，然后才是制宪、立法和定规，并把大量的行为领域留给个人去创造和发挥。在此，优先性还有一种含义，即正义是社会制度的首要价值，要优先于其他社会价值（如效率、稳定）而被人们考虑，这是指社会观方面的正义优先性，是正义优先于“好”，优先于功利，此优先性问题我们已在前一节中予以阐述；而制度原则对个人原则的优先性，则是指道德方面的优先性，是指一种正当（社会正义）优先于另一种正当（个人行为的正当）而被人们考虑，是指制度正义的确立要优先于个人政治义务和法律义务的确定。

三、正义原则对功利原则的优先性

罗尔斯在其《正义论》的“序言”中一开始就言明，他是要以他的“公平的正义”理论来取代在西方长期占优势的功利主义，他认为以前对功利主义只是批评而无建树。或者说，人们的建树至多是一些直觉主义观点，他们感觉到功利主义在作为社会伦理原则实行时，在理论上含有严重侵犯个人权利的毛病，与一些人们直觉到的正义准则不合，但是他们无法提出系统有序的正义原则与之抗衡。“直觉主义只是半个正义观”，罗尔斯如是说。在他看来，直觉主义实际上不考虑优先性问题，正义原则在它那里总是复数，而究竟孰先孰后则不得而知，直觉主义认为这一优先性的知识已超出直觉的范围。而不解决正义原则的优先性问题，就很难使直觉主义正义观对功利原则取得优先地位。

罗尔斯试图借助契约论来打破这一僵局，他设计了一个原初状态，认为那里的人将优先选择他的两个正义原则而非功利原则，而这两个正义原则也有先后次序，它们不仅得到来自契约论据的支持，也得到来自“反思的平衡”的论据的支持，它们不仅形成了一个统一的、解决了优先性问题的正义原则体系，也符合人们日常生活所普遍持有的有关正义的直觉信念，并且在联系制度应用和价值目标方面也得到令人满意的证明，这样，罗尔斯就认为“公平的正义”能在与功利主义的比较中占优势，取代功利主义在西方社会中对人们的正义观的实际支配地位。

功利主义与快乐主义有着承继关系，但功利主义消除了利己的快乐主义那种强烈的个人性和主观性，功利主义考虑的不再只是个人的满足和幸福，而是社会普遍利益。功利主义也消除了伊壁鸠鲁快乐主义中那种个人消极退处的因素，而是积极地主张社会改造。“最大多数人的最大幸福”，这就是功利主义的典型口号，在此，幸福不仅从总额上衡量，也从享受它的人数上来衡量，虽然这两种衡量标准还是会有矛盾。功利主义在 19 世纪英国的著名思想家边沁、密尔、西季威克那里得到了系统的阐述，对英美社会生活产生了有力的影响。契约论被丢弃，甚至因为其虚拟而被视为“一堆胡话”，功利主义重视的是经验，是事实。它主张改革，但反对革命。功利主义理论的古典形式在西季威克那里得到了完满的阐述，在 20 世纪的理论当中它无多少发展，有的只是一些精细的修补和改进，并没有大的体系创建。当然并非功利主义一家如此，20 世纪哲学家兴趣主要在于求真，在于确定性的探求，在于逻辑和语言，诚然，在这一过程中，他们还是对世界，对社会政治发生关切，不过，即使哲学家放弃了对世界的实际关切，人们还是要进行各种实践事务，那么，在这些实际事务和实际关切中，功利主义实际上仍占据主导地位。

功利主义之所以能在英美学者乃至普通人的正义观中占据主导地位，其原因下文再述。而我们现在看到的是，它确实在社会哲学领域中取代了先前以霍布斯、洛克为标志的契约论而成为主流，它不像过去的快乐主义那样只是一种个人伦理而也是一种社会伦理。甚至可以说，功利原则主要是一种社会原则，一种制度本身的伦理原则。

然而，罗尔斯认为，功利主义是通过个人与社会的类比来达到这一点的，它的作为社会伦理的功利原则只是个人原则的扩大和延伸。既然一个人能恰当地调整自己的利益，为了长远的较大利益而牺牲自己眼前的较小利益，以求达到他自己的最大利益，那么，一个社会不也可以如此行动吗？只是在此不仅仅是时间方面的调整了，而更主要是在空间，即在不同的个体之间的调整，社会可能牺牲少数人的利益而满足多数人的愿望，以求达到从总体上看的最大利益和满足的净余额。但是，一个社会是否有权像个人处置自己的利益那样处置所有不同个体的利益？或者用一个夸张的比喻来说，一个人有权通过截肢来保存自己的生命，而一个社会能否牺牲一部分人的生命来保全另一部分人的生命呢？

从个人原则到社会原则，这里确实需要一种思想上的飞跃，这使一向注重经验和事实的功利主义者也不能不诉诸一种高度的思辨和抽象，他们通过设想一个公平甚至仁爱的观察者来达到把个人原则扩展到社会。密尔说，功利主义要求行为者对自己和他人的幸福严格地公平看待，就像一个与此事无关的仁慈的旁观者一样。从耶稣的“金规”中，我们可以看到功利伦理学的全部精神，你要像期望别人对你那样去对待别人，像爱自己一样地爱邻人，这就是功利主义的道德理想。

这样，功利主义就通过公平观察者的观念和同情，而设想把个人的原则用于社会。利益受损害者就应当从这一观念得到安慰：我这是为了大多数人的利益而牺牲。而社会制度也就像这样一个公平观察者的化身，它根据这个社会的有限资源（包括人的资源），考察怎样通过有效地管理和分配它们而达到最大的利益，其行为就像一个想获取最大利润的企业家和想获取最大满足的顾客一样。如何正确地决定本质上就是一个有效管理的问题，而整个制度的原则就像是关于个人如何合理选择的明智原则。通过公平和深怀同情心的观察者的想象，所有的人都被融合为一个人，功利主义并不在人与人之间做出严格的区分，它考虑的是是否最大多数人得到了最大的利益和幸福，至于在这些人之中，这些利益如何分配、谁得到的多、谁得到的少之类的问题，则不在考虑之列。用一表格来表示就是：

方案	代表			总合
	A	B	C	
1	8	3	1	12
2	6	4	2	12
3	4	4	4	12

（注：A、B、C 表示三部分人，数字表示利益额）

上面三种分配的利益总额加起来都是 12，然而，三种分配却不同，第一种分配差别最悬殊，第三种分配完全平等，第二种分配介于其间。而按照功利原则推理，则只要 12 是能达到的最大利益额，那么这三种利益分配形式就都是可允许的。

这是功利主义经常受到攻击的一点，罗尔斯重申了这一指责。如果广泛地看待分配正义（即把作为公民的自由权利也看作一种利益），那么可以说功利主义至少可能带来两个严重后果：第一，它可能允许以社会整体或多数人利益的名义，去侵犯少数人的自由权利；第二，它可能允许一种经济利益分配上的严重差别，造成贫富悬殊。而我们看到，这显然是罗尔斯不愿看到的。

因此，罗尔斯认为，功利主义虽然也常常表示要尊重那些有关不侵犯他人权利的正义准则，尊重普遍流行的这种正义直觉，但只是把它们看成在社会交往中"有用的幻象"，只是把它们作为次要的调节规则而置于功利原则的支配之下。因此，这种平等对待每个人的道德正义就未能置入首要的社会伦理原则之中，它自身就不能巩固，不能对人们的基本权利形成有效、坚定一贯的保障。

相形之下，罗尔斯认为，他自己提出的"公平的正义"理论克服了这些明显的弱点。罗尔斯采用契约论的证据，即原初状态中的人究竟是会选择功利原则还是他的两个正义原则来证明这点。与功利原则相比，两个正义原则直接把道德正义的理想植入了原则，这样就避免了选择者的计算和猜测，也较少依赖事实，原初状态中的选择者就更喜欢保证他们权利的自由原则，而非更喜欢通过计算来猜测自己的权利是否会受到侵犯的功利原则；而且两个正义原则公开宣布自由权利的优先性，把人仅作为目的而非手段，就有利于人们的自尊，从而有利于人们的正义感趋于稳定。而且这一原则对人们提出的要求也不高，只要他不侵犯别人的同等自由即可，这也有利于稳定；而功利原则却对人要求很高，它可能要求一个人为了多数人的利益而牺牲自己的权利，这样的契约作为社会伦理原则就不容易坚持。这样，原初状态中的人就会选择两个正义而非功利原则作为他们进入社会的基本契约，两个正义原则就在契约论的基础上取得了对功利原则的优先地位。

在此，我们要以历史的眼光来看待罗尔斯的正义论与功利主义的这一争论，这样，我们就能知道这一争论发生在什么样的层次上，顺便也弄清功利主义为何会长期流行，以及罗尔斯为什么会认为功利主义还不足以成为一个恰当的社会正义原则，因而必须被两个正义原则所取代。最后，我们将追溯到罗尔斯的正义论与功利主义争论的根本点，也是最具道德哲学意味的一点，这就是正当与“善好”的关系。

我们知道，对功利主义最严重的指责就是它容有对个人权利的严重侵犯。然而，我们却又看到：功利主义最著名的代表边沁、密尔、西季威克却可以说是公民自由和政治自由的坚强捍卫者。怎样解释这一似乎矛盾的现象？看来，作为从英国社会土壤上发展起来的一种典型的、哲学的功利主义，远非俗常所理解的一般的追求功利、追求实惠的倾向，它和一种历史传统联系在一起，这种历史传统早已把尊重人们的基本权利视为常识和前提。所以，这种常识（或正义准则）虽然尚非从根本原则的层次上对人们追求功利的行为构成严格限制，但它确实构成了限制，甚至可以说在社会的内部实际上防止了这种严重侵犯的大量发生。

功利主义者从理论上也为此做出了很多努力，边沁的著名公式“一个人只能算作一个，绝不能被算作更多”很难说是一种功利的命令，伯林认为正是这一公式构成了平等理想不可化约的最后一点，且它并不专属于任何一个政治哲学体系。密尔发展了休谟“公平的，或仁爱的观察者”的观念，罗尔斯甚至依据契约论的论据证明，古典功利主义是一种立足于他人的伦理学，它强调同情和仁爱，推动人们去做出慈善行为乃至自我牺牲，只是在罗尔斯看来，这些要求不适于社会正义的领域而已。西季威克也强调功利原则必须用正义原则来补充，即必须也遵循平等对待的原则，并认为这一原则的真理性是不证自明的，而且功利原则与平等原则有趋于一致的倾向，人们越是享受着平等的自由和大致平等的财富，该社会所创造的幸福总量也就会越大。后来有的功利主义者提出了应当把平等分配利益本身就视为一种利益，虽然这可能意味着偏离功利主义的理论逻辑而走向义务论了。美国哲学家雷舍尔（Rescher）则提出了“有效平均”的概念，以加强功利主义在平等分配方面的要求。

这一切，都可以从功利主义所处的社会环境与历史传统得到解释。我们在罗尔斯《正义论》中读到："（在一个功利主义者看来）这样，原则上就没有理由否认可用一些人的较大得益来补偿另一些人的较少损失，或更严重些，可以为使很多人分享较大利益而剥夺少数人的自由。但在大多数情况下，至少在一个合理的文明发展阶段，最大利益并不是通过这种方式达到的。" [1] 这一"合理的文明发展阶段"，是一个在满足了生命原则之后正在满足自由原则的社会。社会的基本价值除了正义之外，还有稳定、效率、合作与和谐。而从这些基本价值的关系来看，作为社会正义，生命原则主要要求稳定；自由原则主要带来效率；平等原则主要要求合作与和谐。那么，我们就可以说，功利主义径直以这种效益，或者说以这种功利作为社会伦理原则，而罗尔斯的"公平的正义"理论则诉诸原则本身。因此，自由与效率、权利与功利，虽有冲突的一面，但也有一致的方面，而且，这种一致的倾向在这一文明的发展阶段上是主要的倾向。罗尔斯与功利主义的争论也就是发生在这一层次上，这也就是如果由生活在另外的文明环境中的人看来，"公平的正义"理论与英美的功利主义在实质要求上差别并不是很显著的一个原因。

这样，原本的古典功利主义就远非我们所想的那样功利了，但换一种环境，误解其原则或者将其基本原则加以不恰当的推崇，却可能造成真正严重的后果。社会就可能变得功利滔滔、金钱至上，甚至一切关系都浸在利己主义的冰水之中，造成一种让人窒息的气氛。得不到一种坚定地尊重人之基本权利的历史传统支持的功利主义是可悲的，也是危险的，尤其是当这种功利主义和一种错误的理想结合起来的话。即便得到了尊重基本人权传统支持的功利主义彻底贯彻自身，也会削弱和破坏这种传统，功利主义至少从自身逻辑上并没有完全堵死通向这一严重后果的道路。所以，不仅是为更好的情况，也是为了防止更坏的情况，就有必要在制度、在社会正义的领域内明确地提出真正道德的原则，而不是仅仅以个人的仁爱和同情来弥补。

罗尔斯认为，伦理学的两个主要概念是"正当"与"好"，一种伦理

---

[1] 罗尔斯：《正义论》（修订版），第 21 页。

学理论的性质和结构就大致是由它怎样定义和联系这两个基本概念来决定的。是“正当”优先于“好”，还是“好”优先于“正当”，实际上就构成了“公平的正义”理论与功利主义最深刻的分歧。两个正义原则是否较之功利原则居优先地位，最终要追溯到“正当”是否对“好”具有优先性。由此就可以区分出义务论和目的论（结果论）两大伦理学派别。义务论就是把针对人的行为而发的道德义务判断看作更基本、更优先的义务。它认为对人及其品质的评价最终要依赖于对他的一系列行为的评价，善恶的价值判断最终要归结为行为的正当与否，而行为的正当与否，则要看该行为本身所固有的特性或者行为准则的性质是什么。例如，我们前面见过康德的例子，“你应当遵守诺言”这一判断所指示的行为准则就是一种可普遍化，以人为目的和自我立法的准则，因而就构成对人的一种绝对的道德命令，而不管守诺会带来好的还是坏的结果。在此，“正当”是优先于“好”的，是不依赖于“好”来确定的。

目的论则认为，人的一切行为都有目的，都要达到某种结果。我们可能确定某种（或几种）“好”为最根本的“好”，为最高或最终的价值，那么，我们就可以根据这一根本的“好”来规范我们的行为，来确定什么行为是正当的，什么行为是不正当的。例如，功利主义就是这样一种目的论观点，它首先把“好”定义为功利，然后再把“正当”定义为能够最大限度地增加“好”（功利）的东西。这样，“好”就优先于“正当”，“正当”依赖于“好”来确定。

至于“善”的概念（即“道德上的好”），则可以说是一个中间的概念，它或者可以被“好”包容而归之于广义的价值范畴，或者可以与“正当”联系在一起而构成道德德性，道德人格的范畴。

任何伦理学都必须包括“正当”与“善”的概念，然而，说伦理学必须包括“好”的概念却不一定恰当，严格、彻底的义务论虽也含有价值论的因素，但那是道德价值，与非道德价值无涉。

义务论显然对人们的行为构成了比目的论更为严格的限制，有些行为（如利他动机的说谎，帮助穷人的盗窃，保障多数人利益的对少数人权利的侵犯），也许能通过目的论的道德关卡，但却不能通过义务论的道德关卡。因此，我们说义务论表现出对道德更为有力和纯正的弘扬，它强调道德的崇高性、绝对性和纯洁性，但它有可能忽视人的需要、目标和所尊重的价值，道德生活并非人生的全部内容，尤其在社会的层面更是如此。义务论的极端是可能彻底割断道德与人生的联系，使道德成为完全枯燥、空洞和生硬的东西，而反过来，目的论虽然使道德与人类全面的追求发生积极的联系，但其极端则可能走向完全以"目的证明手段"的非道德主义。我们也许可以仿效亚里士多德那样说，真理就是中道，真理就在中间，然而，如何在确定两端中把握中道却是一件困难的事情。

在此，我们不想提出什么结论，而只是通过对"正当"与"好"两个概念之间关系的再分析，给出下列四种可供进一步思考的论点：

(1) 彻底的义务论："正当"独立于"好"，支配着"善"。一个人的善性依赖于其行为的正当，一个行为的正当无须考虑它的结果、它的效益、它的内容、它的目标，而只需按其本性或准则是合乎某种标准，纯然出自某种动机。甚至"善"可以被看作唯一真正的"好"，被看作唯一值得追求的价值，从而非道德的"好"甚至可以在最高尚者那里被取消。

(2) 温和的义务论："正当"与"好"存在着某种关系，在实践中的正当行为需要考虑到结果、效益，否则就很难说它是正当的，但是，"正当"并非依赖于"好"，"正当"并非达到"好"的目标的手段，它本身即为自在的目的，本身即自有价值，自有标准，"善"主要是由它决定的。"善"是一种最重要的"好"，而且，定义"好"时不能脱离"正当"，它强调在伦理学的领域中，"正当"优先于"好"。

(3) 温和的目的论："好"确实不能完全脱离"正当"，但"好"还是更为根本，更为优先的，道德是为了人的，而非人为了道德。"正当"要参照"好"来确定，它常常是作为较次要的原则来活动，"善"是一种价值，但并非一种最高的价值，或者它只是最高价值的一部分。温和的目的论以一种更广阔的眼光来观察道德，认为"好"

优先于“正当”。

（4）彻底的目的论：“好”完全独立于“正当”，支配着“善”和“正当”。“正当”纯粹是一种达到“好”的最大值的手段，甚至只是一种名义。在此意义上，“好”就包括了“正当”，“好”的东西总是正当的，它自身会自动地给出正当的理由。“好”的目的可以证明一切手段。因此，也可以说“好”完全与“正当”无关，可以全然脱离“正当”。

以上我们列举了从彻底的义务论到彻底的目的论的四种形式。我们看到，在两个极端都有使“正当”与“好”完全脱离的倾向，而出路看来还是在它们的联系之中。现在我们重新回到罗尔斯与功利主义者的争论，我们可以轻易地看出，罗尔斯的正义论属于温和的义务论，而英美的功利主义属于温和的目的论，它们都没有极端的倾向，因而它们的冲突也不带有那种激烈和根本上无法弥合的性质。

我们在此不想泛泛地讨论“正当”与“好”孰更优先的问题，而是想把它具体化，放到特定的领域和阶段中来谈，也就是说联系正义原则与功利原则孰更优先的问题来谈。伦理道德可分为两大领域，一为社会伦理，一为个人道德，而制度本身的伦理则为社会伦理中最主要的一种。罗尔斯的正义原则与功利原则都可以说是制度本身的伦理原则。我们知道目的追求或者合理生活计划在个人那里的意义，这些计划的满足可以说就构成了他的幸福，然而这种目的在个人那里虽也有种种分歧和调整，但几乎总是可以统一的，一个人可以构成一种前后一贯的系统生活计划，而社会却很难把人们目标各异的动机统一为一个单独的、支配性的目标（且不论它是否有权这样做）。如此看来，社会制度本身不是更有理由不受各种特殊目的的影响，而只是坚持道德正当性的原则吗？它不是更有理由把公正而不是别的东西（如功利、稳定等）视为自身的最高价值吗？它不是更有理由在意图互异的人们中坚持不偏不倚吗？

此外，我们上文已谈到不同的文明发展阶段的问题。确实，罗尔斯最为忧虑的是功利原则可能允许侵犯人们的权利，而他看到的这种侵犯尚是在社会满足自由原则条件下的侵犯，这一条件把这一侵犯限制在一定的范围之内。而我们如果还考虑其他可能的侵犯，比方说，以生存利益为名义和以平均利益为名义的侵犯时，把功利原则作为一个社会的正义原则就可能导致更为严重和普遍的侵犯，因为，这种侵犯可以从功利原则中找到理由，而被侵犯者却不能从功利原则中找到抵御的手段，如此看来，功利原则就在与两个原则的比较中处于劣势了。看来，正义原则不宜是一个单数，虽然这看起来很有诱惑力，但是，原则必须符合原则所指导的事物的性质，而不能只求方便。罗尔斯把社会正义原则看作一种复数的序列是有道理的，他的两个正义原则比功利原则表现了更强烈的道德性质，能更有效地稳定和发展人们的正义感，从而最终使社会稳定地得到发展。当然，罗尔斯的两个正义原则是为他脱离历史而设想的"良序社会"设计的，如果引入历史，考虑到历史发展全部情况，就需要在这个正义原则的系列上再加上一个更优先的正义原则——生命的原则，对这一原则的内容，以及这一原则系列中的关系无疑需要仔细而缜密的证明，且不一定是对契约论据的证明。

第五章　平等的基本自由

本章主要介绍罗尔斯“公平的正义”理论中第一正义原则的内容。第一正义原则作为理论原则在西方基本上无太大争议，但在具体实践中却甚多争辩，所以我们也会涉及原则的应用。并且，恰恰是这个在西方社会无大争议的原则，即在他们的社会内部已在很广泛的范围里成为前提和共识的原则，在我们这里却成为严重和容易混淆的问题；在他们那里已经成为老生常谈的东西，在我们这里却可能是需要首先奋力争取的东西。这样，罗尔斯有关平等自由原则的阐述和优先性问题对我们就变得更有意义了。

一、基本自由的体系

罗尔斯给出的第一个正义原则的陈述是：所有人都应平等地享有最广泛的基本自由，这种自由以不妨碍他人的同样自由为限，简单地说，即平等自由的原则。我们需要先弄清在此使用的平等自由概念的含义。

首先，这里谈的不是哲学中的自由，不是那种与必然性相对而言，与自由意志相联系的自由，而是政治学意义上的自由。参照以赛亚·伯林等人的意见，这两种自由也可以从另一个角度来观察，把它们称为“消极的自由”（negative freedom or liberty，否定性的自由）和“积极的自由”（positive freedom or liberty，肯定性的自由）。“消极的自由”和以下问题有关，亦即在什么样的限度以内，某一个主体可以做他所能做的事，或成为他所能成为的角色，而不受到别人的干涉？“积极的自由”则和以下的问题有关：什么东西在决定某人去做这件事、成为这种人，而不是去做另一件事、成为另一种人？这种“积极的自由”涉及控制的来源，意味着自己真正成为自己行为的根本原因，成为自己的主人，意志不受外部因素的决定；“消极的自由”则仅涉及控制的范围，意味着自己的行为不受他人的任意干预或社会的限制。

罗尔斯把有关肯定性的自由和否定性的自由的争执存而不论，并认为定义的问题充其量只有辅助的作用。他说他更重视实质的问题，而在自由定义方面他基本上遵循了伦敦大学政治哲学教授麦卡勒姆的观点。麦卡勒姆认为，自由总是涉及三个方面的因素：自由的主体（X），自由主体所摆脱的限制（Y），自由的客体——主体决定去做或不去做的事情（Z）。这样，自由就意味着一个主体可以免除限制去做某事，用英文简洁地表示就是：X is free from Y to do（or not to do）Z。这种“三位一体”自由观的核心意思实际上还是自由基于不受任意限制，是在政治学、社会学范围内谈论的一种自由。

罗尔斯自由观的一个特点是，他总是联系社会制度的公开规范体系，联系宪法和法律来谈论自由。自由不仅不是为所欲为，不是指所有机会和行动空间，而是紧密地和约束联系在一起。这里所说的“自由”也就是那些由社会基本结构的公开规范确定的权利和自由，在此自由是社会形式的某种样式，是制度的某种结构，是规定权利和义务的公开规范体系。例如，如果我们设想信仰自由是由法律规定的，当一个人可以自由地信奉某种宗教，而且其他人也有勿干预他的法律义务时，这个人就具有这种信仰自由。

其次，这些基本自由是平等地为所有社会成员享有的，例如在政治参与的自由方面，每个公民都有选举和被选举的权利，每个人在普选中都享有平等的一票。这种“平等”本来就包含在“基本自由”的含义之中，没有“平等”，也就谈不上“基本自由”。这种“平等”同样也意味着“自由”不可能是为所欲为，一个人的自由必然要受到另一个人的同等自由的限制。但是，自由的优先性意味着自由只能被自由所限制，而不能受制于经济利益的权衡和交易。

那么，基本的自由包含一些什么内容呢？罗尔斯列举如下：

> （1）思想和信念（良心）的自由。
>
> （2）政治方面的自由（选举和被选举担任公职的权利）以及言论、集会和结社的自由。
>
> （3）人身自由和保障个人财产的自由，或者说依法不受任意逮捕和无端剥夺财产的权利。
>
> （4）由法治原则所规定的其他自由权利。

这些基本自由又是怎样概括出来的呢？罗尔斯认为这种概括可以通过两种方式，一种是历史的，即从民主国家的宪法总结而成。实际上现代国家的大多数宪法都申明了这些自由。另一种方式则是通过考虑能够使道德人格的两种力量（正义感和“好”的观念）在人的一生中得到充分训练和适当发展的基本社会条件，这些条件就是上述的基本自由。

现在我们必须把这些基本自由看作一个整体或一个体系。由于各种基本自由必然要相互冲突，规定这些基本自由的制度规范就必须调整得使它们融为一个有机结合的体系。在实践中某一种基本自由有时可能要由于另一种或更多种基本自由而受到限制甚至否定，因为，任何一种基本自由本身都不是绝对的、毫无限制的，它不仅要受到一些保障自身顺利实行而定的规则的调节，还要受到其他基本自由的限制，例如言论自由不仅要受到一定秩序规则的调节，像在议会辩论中不可能谁什么时候想说就说，而是要遵循一定的秩序规则，这正是为了保障辩论自由的顺利实行；另外，在内容上也要受到一定限制，比方说若用语言进行人身侮辱和攻击，就可能因侵害到别人的人身自由而受到禁止。但是，在此区分开秩序规则的调节和对辩论内容的限制是十分重要的。

罗尔斯认为，这一基本自由体系有如下特征：首先，每种基本自由都有一个他所谓的“中心应用范围”（central range of application），这种应用范围的制度保障是作为自由和平等个人的公民的两种道德力量得到充分训练和恰当发展的一个条件；其次，这些基本自由能够相容，至少在它们的中心应用范围内能够如此；最后，这些基本自由并非同等重要，或者说并非因为同样的理由而得到珍视。古代雅典人把参政自由看得重过思想和良心的自由，而近现代则更珍视后者，甚至只把政治自由看作保障其他基本自由的一种手段，但即使这一观点是正确的，也不妨碍我们仍把某些政治自由归入基本自由之列。

在解释过自由概念和基本自由体系之后，现在让我们来考虑第一正义原则的含义。按照第一个原则，所有人对一种最广泛的基本自由体系，是每个人都同等地拥有的，亦即一个人的自由只要不凌驾于别人的类似自由体系，或者说，只要它没有在通过侵害别人权利而使自己的这份自由扩大时使别人的那份自由缩小，那么，这个人就可以享有这份自由。

这里的关键是理解“平等”的含义。这里的平等是指份额和状态的平等还是指权利的平等呢？看来显然是指后者。平等并不意味着所有人实际上都享受这些自由的手段，能够在同等的程度上和范围内使用这些自由，他们只是在权利上平等，在此第一个原则只是要求那些确定基本自由的制度规范平等地适用于每一个人，在这些规范面前人人平等。

对于人们由于种种原因（首先是经济原因）享有不平等的自由的难题，罗尔斯引入了“自由的价值”这一概念，区分开“自由的平等权利”和“自由的平等价值”。他认为，有些人由于贫穷、无知和缺乏一般意义上的手段，不能利用他们自己的自由，这并不意味着限制了他们的自由，而只是降低了他们的自由的价值。

“自由”和“自由价值”可以区分如下：自由表现为平等公民权的整个自由体系，它们对所有人都是平等的、一视同仁的；而个人与团体的自由价值则是与他们拥有的能力和手段成比例的。对不同的人来说就是不一样、有差别的，拥有较大权威和财富的人具有达到他们目的的较多手段，而拥有较少权威和财富的人拥有达到他们目的的手段却较少。然而，在罗尔斯看来，这个差别可以通过第二正义原则（尤其是差别原则）去缩小，因为第二原则强调收入和财富的分配要符合最少受惠者的最大利益，故而能够补偿较少价值的自由，提高那些较不利者的自由价值。这样，罗尔斯实际上就把这一难题转交给第二正义原则去处理。

罗尔斯也确实强调改善最不利者的经济生活水平对于提升他们享有的自由价值的意义。而由于罗尔斯是从保证自由的价值、切实提供给所有人以自由的手段的角度来申明第二正义原则的意义，那么，处理经济利益和机会的第二正义原则显然有一种次要于第一正义原则、次要于平等自由的含义。这还意味着提高最不利者、最弱势者的物质生活水准，并不只是为了改善物质生活，还有一种希望他们能运用这些物质手段去享有基本自由的目的。这也是在确保平等的基本自由的优先性。

但有一个问题是，罗尔斯在第一原则的表述中曾使用过“最广泛的平等的基本自由体系”的修饰语，这实际上就等于提出了另外一种标准，一种份额的标准（最大份额），即一个除“平等”之外用来调整和平衡不同的基本自由，和不同的自由体系之间的矛盾的标准，那么这两个标准又如何平衡呢？布赖恩·巴里曾举例说明这两种标准之间的矛盾，他说，假设要把一个大蛋糕分给三个人，如果假设它已被切割为三等块，那很好，三个人都得到相等的且也是可能得到的最大一块，但如果它已被切割成八块，这就不合平等的标准了，看来要得到平等就只好扔掉两块蛋糕，但这显然有不合理的地方，每个人并没有得到可能得到的最大部分。罗尔斯看来是强调平等而非最大份额的，但他在有些地方又谈到一些人要放弃他们的平等参政权以更有效地保证他们的主要权利。

后来，罗尔斯在《基本自由及其优先性》一文中删去了“最广泛的”这一修饰语，而代之以“充分恰当的平等的基本自由体系”。他接受哈特的意见，承认“最广泛的”这一标准仅在某些最简单和最不重要的情况中才可应用和让人满意，而“充分恰当”则意味着各种基本自由的平衡和调整要参照道德人格的两种能力的恰当发展和充分训练来进行，这一改动也反映在后来的《政治自由主义》等书中。

二、基本自由的优先性

下面我们来考察罗尔斯所强调的基本自由的优先性。自由的优先性和对最少受惠者的偏爱可以说构成罗尔斯正义理论最具特色的部分，罗尔斯认为他的理论的主要力量也就在此。

自由优先性的含义是：两个正义原则应以词典式次序排列，亦即只有在满足了第一正义原则所处理的平等的基本自由之后，才能满足第二正义原则所处理的社会经济利益分配。不能够因为较大的经济利益（甚至不能因为最少受惠者的较大利益）而侵害到公民对上述基本自由的平等权利。在基本权利与功利这两者之间是不允许进行交换的。财富和收入的分配方式，以及权力地位的差别制度，必须同时符合平等公民的自由和机会的自由。

《正义论》正文开篇的一段话令人印象深刻：

> 正义是社会制度的首要德性，正像真理是思想体系的首要德性一样。一种理论，无论它多么精致和简洁，只要它不真实，就必须加以拒绝或修正；同样，某些法律和制度，不管它们如何有效率和安排有序，只要它们不正义，就必须加以改造或废除。每个人都拥有一种基于正义的不可侵犯性，这种不可侵犯性即使以整个社会的福利之名也不能逾越。因此，正义否认为了一些人分享更大利益而剥夺另一些人的自由是正当的，不承认许多人享受的较大利益能绰绰有余地补偿强加于少数人的牺牲。所以，在一个正义的社会里，平等公民的各种自由是确定不移的，由正义所保障的权利决不受制于政治的交易或社会利益的权衡。允许我们默认一种有错误的理论的唯一前提是尚无一种较好的理论，同样，使我们忍受一种不正义只能是在需要用它来避免另一种更大的不正义的情况下才有可能。作为人类活动的首要德性，真理和正义是决不妥协的。[1]

[1] 罗尔斯:《正义论》（修订版），第 3—4 页。

在全书开端的地方，罗尔斯虽然把上面这些语气强烈的命题只是看作我们对正义的首要性的一种直觉的确信，看作“有待证明的命题”而并非“已经证明了的命题”，但他显然也相信并力图通过证明来维护这些命题。他所说的“以整个社会的福利之名”逾越个人权利、“为了一些人分享更大利益而剥夺另一些人的自由”，正是他担心和批评功利主义的地方，而他提出“公平的正义”理论，正是想以此来替代功利主义。可以说，《正义论》全书都在致力于这种证明：个人所享有的基本自由权利优先于社会经济利益；公正平等的机会原则优先于差别原则；以及有关利益分配的差别原则并不是作为效率、利益的考虑提出来的，而是作为直接的正义原则提出来的，故而包括其在内的两个正义原则总体上优先于效率、功利原则。

这种次序表现了对各种基本的社会“好”（goods）的一个根本的偏爱，表明了在基本“好”中人应当最珍重什么。罗尔斯认为有五种“基本的社会好”：[1]

1. 前述的数种基本自由，这些基本自由是两种道德力量（正义感和“好”的观念）得到充分发展所必需的背景制度条件，也是保障在正义范围内“好”的观念容有广泛歧异的必不可少的前提。

2. 各种迁徙机会和选择职业的自由，这些机会允许人们追求广泛不同的目标，并允许人们修正和改变自己的决定。

3. 负责职位的特殊权利和权力，它们给各种自治和社交能力留下了活动空间。

4. 被广泛地理解为适于各种目标的手段的收入和财富，不管这些目标是什么，它们都直接或间接地有助于达到这些目标。

5. 自尊的社会基础，这些基础是指背景制度中的这样一些因素——它们对公民达到对自我价值的确信、实现自己目标时的自信来说是必需品。

[1] 还有一些“基本好”如健康和体力、理智和想象力是自然赋予的，所以是基本的“自然好”而非“社会好”。

我们知道，罗尔斯的两个正义原则是他的一个更一般的正义观的专门方面和特定展开，这个更一般的正义观要求：所有社会价值（“基本好”）——自由、机会、收入、财富、自尊的基础——都要平等地分配，除非对其中一种价值或所有价值的一种不平等分配合乎每个人的利益。这个一般的正义观还没有对各种“基本社会好”做出先后次序的区分，也没有从最少受惠者的立场来观察问题。而具体化为两个正义原则后，基本自由就被挑选出来而认为是“更基本的好”，优先于其他的“基本好”，必须首先得到满足，自由相对于社会经济利益或公共福利来说有一种绝对的重要性。比方说，不能够根据某些社会团体拥有了平等的政治自由就会阻碍经济发展而不给这些团体以政治自由，或者说，为提高军队素质而对应征者采取某种种族歧视的措施。

现在的关键是要说明基本自由优先于其他“基本社会好”（主要是经济利益）的理由和根据，因为这看起来似乎很怪异，人们不是首先要穿衣吃饭，然后才谈得上其他吗？罗尔斯对此的一个回答是，当社会经济发展到一定水平，便会出现边际效用递减的情况，于是，人们对平等自由的追求和重视，将远较追求物质享受的增加为强。他们对追求精神及文化生活的兴趣，以及参与种种社群及公共事务的欲望，会令自由变得特别重要。而且，从原初状态各方的观点来看，用较少的自由来换取较大的经济利益及社会地位，是非理性的做法。也就是说，这种先后次序确实依赖于某些社会条件。在某些相当匮乏的社会条件下，可能生存、吃饭、温饱的需求会压倒对这些基本自由的需求，但这种情况并不是很多，甚至可以说，如果一个社会老是定位于满足温饱或物欲，那这个社会就不正常了。在罗尔斯看来，至少在美国，早就具备把基本自由放在经济利益之上的社会条件了。

但是，即使在这种情况下，会不会有许多人还是可能为了换取较大的物质享受，而自愿放弃一部分政治自由，接受一个较为管制甚或专制的政府呢？这也是著名法学家哈特提出的疑问。罗尔斯会不会也像道家对儒家所批评的那样，“明于礼义而陋于知人心”呢？就像罗尔斯设计的原初状态中的各方是从确保“最大最小值”的角度来选择正义原则，而不是从努力争取那些虽不能担保，但仍有可能得到的“最大值”的角度选择，从而使这种人性的设计具有保守气质而不是冒险气质一样，会不会罗尔斯在此对人们在选择中的价值取向也估计有误或者对选择中的非理性因素估计不足呢？

当然，事实归事实、原则归原则，“应当如何”不必完全迁就“事实如何”。问题是罗尔斯从估计人性的角度、以物质利益“边际效用递减”的理由来解释人们会更偏爱基本自由的理由缺乏充足的说服力。所以，罗尔斯后来也主要不是从这方面立论，而是从人之为人的两种道德力量的履行和实现立论来论证基本自由的优先性。

当然，罗尔斯是从一个虚拟的、理想的“良序社会”的角度来探讨正义的。但是，即便说这不是从个人的角度而是从整个社会的角度，而且是从一个较理想社会的角度来观察这个问题，那么，是否社会基本结构在任何时候都要坚持首先满足平等自由的原则，比方说在哪怕是将给社会带来巨大的经济收益而对公民的平等自由只有轻微损害的情况下，也要毫不动摇地拒斥经济利益而坚持基本自由呢？这看来还是一个需要进一步弄清的问题。脱离罗尔斯假设的较理想社会而进入历史的、现实的社会，那么，经济利益就可分作两部分来考虑，一部分是构成人们基本生存条件的经济利益，一部分是构成人们进一步发展的经济利益，而对第一部分有关生存的经济利益的保障，在社会的层面大概是要优先于罗尔斯这里所说的基本自由。

罗尔斯对自由的优先性也做了某种社会环境条件的限制，他承认并非在所有条件下都能要求这种优先性，而是在“合理有利的条件下”——在能够使这些自由有效地实行的条件下才要求这种优先性。而这些条件是由一个社会的文化及其传统、它在管理制度中所获得的技能以及它的经济发展水平等因素决定的。当然，这种经济发展水平的条件并不要求很高，更不能以这种条件尚不完全具备为借口而长久拖延对人们基本自由的保障。人的需求毕竟是高于温饱的，不是只要有饭吃、有衣穿就可以满足的。一个社会如果始终停留在这一水平上沾沾自喜，将会是对人的一个侮辱。

至于原初状态各方为什么要接受第一正义原则并同意它优先于第二正义原则的问题，罗尔斯首先引入了个人与社会合作的概念。他认为社会合作总是为了相互利益而进行，这意味着它涉及两个因素：第一个是一种共享的有关社会合作的公平条件的观念，罗尔斯把这一因素称为“通情达理的”（reasonable）；第二个因素则是指每个参加者的合理利益，罗尔斯把这一因素称为“合理推理的”（rational）。有关合作的公平条件的观念应当是共享的、一致的；而有关每个成员自身合理利益的观点则是容有广泛差异的，社会的统一性不是在于后者，而是在于前者，即在于所有个人都同意合作的公平条件。

那么，合作的公平条件的恰当观念就有赖于合作活动本身的性质了，这种合作不同于小范围的合作，而是涉及社会基本制度的合作，而基本制度显然就要为一种旨在实现人生所有基本目标的自足的合作提供一种结构。

现在再转到个人的概念，在此关键是把个人理解为能够在其一生中成为社会的正常和充分合作的成员的人。这样我们就赋予他们两种道德人格的力量：一种是建立一种正当和正义感的能力，这种能力即尊重合作的公平条件，因而是“通情达理的”能力，类似于康德所说的代表“纯粹实践理性”的“绝对命令”；另一种是形成一种有关什么是“好”的观念的能力，这种能力即“合理推理的”能力，即一个人能够形成自己的合理价值观，类似于康德所说的代表“经验实践理性”的“假言命令”。前一种能力涉及社会，后一种能力却立足于个人。原初状态中的各方拥有“最高层次的兴趣”（the highest-order interest）去实现这两种能力。处在无知之幕之后的原初状态的各方虽然不知道他们离开无知之幕后，会有怎样的人生计划，但却知道他们的人生计划肯定是不同的、多种多样的。他们都不会愿意被迫放弃自己的生活计划，因为这种自律、自决正是他们作为人的道德本性所在，是体现他们的尊严所在，是他们人生最根本的目的和利益。于是，为了确保这些目标得到实现，各方便会给予平等自由原则以优先性。自由便不再是和其他“基本好”处在同一层次上进行比较。因为没有自由，自律便得不到保证。这样“基本好”的说明也因而改变，它们被视为“基本好”，不是基于历史性的经验调查，而是被发现对所有的人生计划都有用，是发展人的自律能力的必要条件。

这两种道德能力就被罗尔斯看作一个人成为社会的平等一员，成为平等公民的充分必要条件，而社会合作的公平条件，从形式上说就是所有平等个人愿意在其一生中据此真诚地和其他所有成员合作的条件。每个人有关什么是“好”的观念（或合理生活计划）存在差异并不要紧，关键的是建立一种正义的共识，这种共识就是对于社会合作公平条件的共识，这种公平条件就是正义原则，而基本的自由及其优先性就正好属于这种公平合作的条件，这样，罗尔斯就通过概述优先的基本自由与社会合作的公平条件的一致性，而对自由的优先性展开了一种契约论的证明。

这种证明简单说来是这样的：“原初状态”意味着个人的集合（确实，契约论的起点和基础都是个人），这些个人一方面都有自己的有关什么是“好”的观念，有自己的合理生活计划，但他们在这种“原初状态”不知道这些计划的内容是什么，不知道何为他们的“好”，现在我们可以确定出基本的“好”（利益），这些基本的“好”（利益）是依赖一般知识和人的概念概括出来的（请注意不是依赖历史），是无论这些个人认为什么是“好”都有助于推动这一“好”的东西，他们就可以根据这些基本的“好”，考虑怎样对自己最有利而进行选择。这时个人一方面要进入合作，因为共同体的“好”也是一种基本“好”，这种好处是如此巨大以致他不能够没有它；另一方面他又不知道他的“好”的观念具体说来究竟是什么，而他的“好”的观念完全有可能落入一种属于少数人甚至极少数人的“好”的观念之列，他怎么保护自己，使自己即使属于少数甚或个别之列也能够享有平等的权利呢？于是，保护自己的“好”的观念就意味着保护“好”的观念的歧异性，把这种歧异性看作社会的一个正常条件而不允许横加干涉，不允许以公共利益之名去损害，这就意味着肯定平等的基本自由，以及这种基本自由对于社会经济利益的优先性。这尤其突出地表现在良心自由方面，良心自由的优先性的理由是非常明显的，良心和信念的自由即意味着个人有形成自己有关什么是“好”、什么是“最好”的看法的权利，而这种形成“好”的观念的能力不仅是促进个人之“好”的手段，而且体现着人自律自决的理性存在的本质，所以它既是手段又是目的，要保护这种能力的充分发展，就必须优先保护良心和信念的自由。至于平等的政治自由的优先性，则来自它的功能作用以及它在社会制度中的基本地位；而思想自由与结社自由，则可以说是保障其他基本自由（如良心自由和政治自由）的不可缺少的制度性条件。

上文的理由是从“个人的好”出发的，是说明基本自由及其优先性有利于促进个人形成自己“好”的观念之能力的充分发展，保障个人的“好”的观念及其实行。而且，这里特别具有保护少数的含义——无论这少数是思想、信仰的异端还是政治、民族或种族上的少数派。在一个实质或名义上多数支配的社会里，保护每一个人的权利也就特别有保护少数的意味。而反过来说也是一样，保护少数人的权利也就是保障每一个人的权利，因为每一个人都有可能在某个时候或某一方面“沦为”或被打成“少数”。如果申明这种优先性，少数人的基本自由权利就不会被以“多数人”或者笼统的“社会”“人民”的利益所凌驾，也不容易被某一“元首”和“领袖”以“国家”或“民族”之名所践踏。

另外，从“共同体的好”的角度也可以说明基本自由及其优先性的必要性，这联系于道德人格的另一种能力，即优先的基本自由有利于促进人们正义感能力的充分发展，建立稳固的正义感，从而有利于发展“共同体的好”，建立一种稳固的合作体系。而且我们说过，“共同体的好”对个人也是一种“基本好”，将给人带来巨大的好处，所以最终也会促进“个人的好”。把基本自由及优先性明确地写入正义原则而作为社会合作的公平条件，这种使人们相互尊重的公开表示不仅有助于确立稳固互惠的合作体系和促进社会联合的“好”，而且直接支持着人们的自尊和自信，而没有这种自尊和自信，人们就几乎可以说会一事无成，甚至于在自己的“好”的观念明确以后，也不会努力去实现它们。

总之，在罗尔斯看来，原初状态中的各方将赞成有关基本自由及其优先性的第一正义原则，以保障他们尚不知晓但肯定千差万别的各种“好”的观念，保障一个人的两种道德能力都能得到恰当的训练和充分的发展。相对于其他人对基本自由的权利来说，所有人都是平等的；这种平等和优先，正是罗尔斯的第一正义原则及其优先规则的要义。至于个人推进他们的“好”的实质手段的差别，个人享有他们的自由的实际范围的差别，即所谓“自由价值”的问题，罗尔斯主要留给第二个正义原则去处理。

我们想再简要说一说第一正义原则的意义。申明保障所有社会成员的平等的基本自由（权利）的第一正义原则，可以说体现了自由主义的要义和核心，或者说，体现了所有广泛的（comprehensive）自由主义流派的底线和基本共识。自由主义的要义就是“自由”，应当说这是没有什么疑义的。这种自由则是有规定或限定的，从内容上说，它们不是所有的自由，而只是那些基本的自由；从应用对象或外部来说，它们是对所有人平等的自由，因而任何一个人都可以享有自由，但也要受别人同等自由的限制。这种平等的基本自由是自由主义最基本的含义，其他如个人主义等都甚至是次要的。自由主义首先是一种道德理论，是一种适应于社会政治领域的道德理论，这是无论怎样规定它的范围都不可改变的实质。自由主义的主要力量和强大保障来自道德，来自我们对正义和义务的确信。把自由主义视作仅仅要为个人带来一种好处的理论是对它的一个曲解。

作为基本和普遍的自由，这些自由有制度来规定和保障，这当然主要是指政治制度，指国家、法律和政治机构。后来罗尔斯把他的自由主义称为“政治自由主义”，就限定了这种自由主义适用的范围、对象或主体。但这种自由主义的内容和性质却是道德的：强调政治制度应当安排得能够保障所有人的平等自由才算正义，以及个人也负有相应的公民义务，这也就是道德的内容。这也许不是道德的全部内容，尤其从传统的道德观点看来是这样，但却是现代社会最核心和最要紧的道德。

我们也许可以把自由主义分为两种：严格、狭义的自由主义和广泛、完备的“自由主义”。前者是一种低调、弱式的自由主义，后者则是多种音调、相对强势的“自由主义”。一个人只要承认这些平等的基本自由，就可以说还逗留在自由主义的阵营，就还是一个自由主义者。所有的自由主义流派和个人都可以在这一原则的基础上寻求到共识。虽然表述和阐述的重点上略有不同，但在强调制度必须保障每个人的平等的基本自由或权利、个人亦应当负担某种保障他人同等自由的义务上，在具有一种合理宽容的态度上，他们可以找到基本一致的意见。所以，在罗尔斯的第一正义原则上，西方学者确实没有大的实质内容的争议，不仅批评过罗尔斯的德沃金、诺齐克等自由主义者是这样，甚至包括初看起来在自由主义之外的共同体主义者、左翼学者也是这样。应该说，不仅西方近代以来的社会发展，而且连他们目前的争论——包括任何人都可以对自由主义加以严厉的批评或否定——也都是得这种自由主义之赐。

由于这种严格、核心的自由主义只解决那些最基本的问题，由于它并不负担幸福和至善的问题，会有相当多的人对这种自由主义感到不满，于是从而发展出多种多样更为广泛的“自由主义”理论学说，乃至对这种严格意义上的自由主义进行批评甚或否定。其实如果我们对自由主义有一个合理的定位，就完全可以不必否定自由主义而继续发展、完善和追求自己更为广泛、深厚，以至终极的价值目标体系。在这种严格、狭义、以政治为其中心应用范围、以道德为其核心内容的自由主义的意义上，不做一个自由主义者是不对的，而只做一个自由主义者则很可能是不够的。自由主义恰恰提供了这样一种发展的平台，鼓励个人以自愿、自由结合的团体来追求自己的更高目标。自由主义本来也就只解决道德底线问题，它放开更高、更广阔的领域让人们去试验、创始和冒险。由于自由主义主张自由和宽容，所以不仅它可以和许多承认其基本原则的价值体系结合为各种色彩的“广泛的自由主义”理论，体现其理念的制度也将承认和容纳各种合理的非自由主义体系与其竞争。

罗尔斯主要应用于社会经济领域的第二正义原则在其保证自由价值的意义上，也许可以视作自由优先性的一种“延伸”，但是否要采取这种比较强势的、一切都要从“最有利于最不利者”考虑的弥补手段，却还存在着争论。因为，在“保障所有人的自由价值”和“保障所有人的平等的基本自由”之间，还可能存在矛盾。经济收入提高的人们是否真正会把这些利益用于作为履行自己的自由权利的手段亦是个问题。这毕竟不是直接地在经济领域中申明自由的优先性，或者说，在经济的领域里自由是不是应该成为最优先考虑的因素还是个争议的问题。

重要的是，对于中国的读者来说，主要应用于政治领域的第一正义原则显然是我们有必要优先考虑的，当今西方的学者可能对其中的前提共识久处其中而不觉，但我们正应该对他们目前看来“习焉而不察”的原则及其理据进行仔细的考察，吸取和借鉴那些也许不是很时新，却健全清明的政治智慧。

三、自由的一个应用：公民不服从

下面我想挑选一个罗尔斯提出的例证——“公民不服从”（civil disobedience）来考察基本自由的应用。“公民不服从”是对基本自由的一个运用，又是对它的一个挑战。因为这是边缘状态的一种应用，它实际上因为某些理由——当然不是出于自利的理由，而是出自某种良知和正义信念的理由——逾越了某些总体上是保护平等的基本自由的制度法规，它还在实际运用中有可能侵犯到别人的同等自由。但它的目标又常常是为了争取平等的基本自由，取得的效果也常是如此。对这一例证的考察可以帮助我们具体和动态地理解公民的基本自由、履行这种基本自由的个人责任感和制度容忍的范围和条件，以及制度的进步、稳定和改善等问题。

在罗尔斯那里，作为对制度或政策的抗议的“公民不服从”是在有关个人原则、个人义务的范围中讨论的。罗尔斯把一种全面的正当（right）理论所包含的原则规范分为4种：

1. 调整国家与国家之间关系的国际法原则。
2. 一个社会体系和制度本身所应遵循的原则。
3. 对于个人的原则。
4. 优先规则（当原则发生冲突时进行衡量的规则）。

那么在此与我们有关的是第2种和第3种原则。罗尔斯认为：第2种亦即制度的原则优先于第3种亦即个人的原则。一个人的职责和义务预先假定了一种对制度的道德观，因此，在能够提出对个人的要求之前，必须确定正义制度的内容。这就是说，在大多数情况下，有关个人职责和义务应当在对于社会基本结构的原则确定之后再确定，所以，罗尔斯的“公民不服从”只是在详尽探讨了有关制度的两个正义原则之后才加以探讨，并且也主要是作为说明制度原则在稳定社会合作方面的作用的理论来讨论。

有关个人的原则又可再分为两个部分：一是由公平原则（principles of fairness）确定的职责（obligations），二是自然义务（natural duties）。有许多肯定性质或否定性质的自然义务，否定性质的如不伤人、不损害无辜者；肯定性质的如相互尊重、相互援助、坚持公正等。自然义务的特征是它们与社会制度并没有任何必然的联系，也不涉及我们是否自愿，换言之，它是作为一个人自然而然就赋有的义务，而不管他处在什么制度之下，不管他愿不愿意履行。在此，罗尔斯认为，每个人都有一种支持和服从那些现存和应用于我们的正义制度的自然义务，还有一种至少当代价不是很大时帮助建立这种正义制度的自然义务。

而公平原则所要求的个人职责则必须满足两个条件：首先，这个人所处的社会制度是正义的（或公平的，在罗尔斯那里即满足了正义的两个原则）；其次，这个人自愿地接受这一制度安排的利益或利用它提供的机会促进他的利益。也就是说，职责作为一种社会要求，涉及背景制度的正义与否同个人行为的自愿与否两个条件。职责的约束预先假定着制度的正义，假定着个人自愿从这一制度中获益，罗尔斯倾向于认为，严格说来，在一般情况下，对于普通公民并没有什么政治职责。

当然，上述自然义务与政治职责可能是交叉的，一个人可能从好几个方面对社会制度负有义务，他有可能既有一种服从某种制度并完成分内工作的职责，同时又有一种自然义务。在大多数情况下，正义的自然义务是较基本的，因为它普遍约束着所有公民，而公平原则只约束那些占据公职的人们。

罗尔斯已经谈到，在自然义务中包括一种当正义制度存在并适用于我们时，我们每个人都有一种服从它的义务，现在的问题是：当制度或法律不符合正义时，我们是否还有义务服从它？或者把这个问题换成一个更细致、更可分析的问题，亦即在什么环境下，在多大程度上我们要服从不正义的安排？人们有时会说，绝不能要求我们去服从不正义的制度。但罗尔斯认为这是一个错误。一般来说，正如一种现存宪法所规定的立法的合法性并不构成承认它的一种充足理由一样，一个法律的不正义也不是不服从它的充足理由。当社会基本结构由现状判断是相当正义时，只要不正义的法律不超出某种界限，我们就要承认它们具有约束性。

严格说来，罗尔斯的正义理论只是一种虚拟的正义理论，是假设每个人一旦在原初状态中选定他所要进入的社会的正义原则，就都会严格服从他们所承认的原则。而现在我们遇到的问题却不属于这种虚拟的、理想的严格服从理论，而是属于非理想的部分服从理论（partial compliance theory）。罗尔斯从理想下降到现实来讨论“公民不服从”问题，主要是为了探讨将在原初状况中被选择的个人义务与职责的原则，其在一个宪法框架内对于实际的政治义务和职责理论将会有何意义，能否稳定一个接近正义的民主制度，从而又反过来进一步证明有必要选择这些原则。总之，这可以说是罗尔斯的抽象正义理论中最直接地触及现实的一部分，也是一种想通过一般原则来说明和指引特殊规范的尝试。

罗尔斯首先讨论有关政治义务和职责的几个要点：第一，他认为，那种要求我们服从现存制度的义务要求有时显然可能无效，即在某些情况下，不服从可能被证明为是正当的。不服从是否能被证明为正当的问题依赖于法律和制度不正义的程度。这些法律或制度，政策可能只是或多或少偏离了大家公认的正义标准；但也可能是统治者的“正义观”根本就是不合理的、是明显不正义的。后一种情况显然就要严重得多，就可能要采取比“公民不服从”更激烈的反抗方式。至少在罗尔斯看来，“公民不服从”的前提是假定社会上存在着公认的正义标准，而法律只是偏离了这一标准，所以“公民不服从”可以通过诉诸社会的正义感来尝试改变这些偏离正义的法律。

第二是我们必须考虑为什么在一种至少近于正义的社会基本结构中，我们通常有一种不仅服从正义的法律，也服从不正义的法律的义务。罗尔斯认为，虽然有人主张现存规范对正义的任何偏离都取消了服从它们的义务，但大多数人会不同意这一点。在此，罗尔斯联系于他的正义论，把“近于正义”理解为是接受一部多少满足了两个正义原则的宪法，但是，这种宪法是一种虽然正义却不完善的程序。立宪过程必须依赖于某种形式的投票，即必须依赖于一种多数裁决的规则，但多数（或几个少数的联合）还是不可能完全避免错误，这或者是由于缺乏知识和判断力，或者是由于偏狭和自私的观点，不过，只要某些不正义的法律和政策不超过某种不正义的限度，我们维持正义制度的自然义务就约束我们还是要服从不正义的法律和政策，或至少不运用非法手段去反对它们。因为，我们应当支持一部正义宪法，我们必须赞同其中的一个主要规则，即多数裁决规则。于是，在一个近于正义的状态中，我们通常根据那个支持正义宪法的义务而负有遵守不正义法律的义务。

而从根本上说，这是因为我们在政治事务中不可能获得完善的程序正义。在原初状态中的订约各方不能幻想每一个程序都会做出有利于自己的决定，而同意一个程序比根本达不成协议显然更可取。即使每个人都有最良好的意愿，他们的正义观也还是会发生冲突，所以，我们必须相互做出退让，各方为了从一种有效的立法程序中得到利益，就必须接受和容忍由彼此知识和正义感的不足所带来的损害和危险，除此之外，没有别的办法来管理一个民主制度。

当然，在罗尔斯看来，这种服从和忍受应当有某种限度，承受这种不可免的不正义的负担应该大致平均地分配于社会的不同群体，并且在任何特殊情况下，不正义政策所造成的负担都不应太重。我们是在平等地分担一个立宪制度所不可免的缺陷的意义上，使我们的行为服从于民主的权威。接受这些负担也就意味着承认人类生活环境及其自身的有限性。从这点来看，我们就负有一种“作为公民起码的自然义务”（natural duty of civility），即不把社会安排的缺陷当作一种不服从它们的现成借口，也不利用规则中的漏洞来为自己谋利。总之，服从不正义法律的义务主张，虽然不像服从正义法律的主张那样强有力，但它立论的理由还是相当充分的，并有助于我们更全面地理解公民义务的问题。

上面主要是讲在什么条件下应当服从一个不正义的法律，在做了这些预备性的阐述之后，罗尔斯才开始正式展开他的“公民不服从”的理论。他首先假定社会的背景是一个接近正义的社会，亦即一个民主制度的社会，也只有这样，才较易与他的理想正义理论接笋，而更深刻的理由当然是：真正典型的“公民不服从”实际只能发生在抗议者被视作公民，拥有公民权利，他们面对的是一种法治秩序的社会里。所以，他明确地说，他的“公民不服从”理论不适用于其他形式的政府，他也不讨论其他拒斥形式——诸如军事抵抗等，虽然他并不认为只有“公民不服从”是唯一可以证明为正当的比较激烈的反抗形式。

罗尔斯的这一“公民不服从”理论分为三个部分：定义、证明和作用三部分。首先，罗尔斯把“公民不服从”定义为一种公开的、非暴力的、既是按照良心又是政治性的违反法律的行为，其目的通常是使政府的法律或政策发生一种改变。通过这种方式的行动，一个人诉诸共同体多数人的正义感，宣称按照他们经过深思熟虑的观点，自由和平等的人们之间的社会合作原则此刻没有受到尊重。罗尔斯对这一定义的解释如下：

1. 它是一种违法行为，虽然是出自良心的违法，但却还是违法。并且，它不仅包括直接的“公民不服从”——直接违反要抗议的法律，如黑人故意进入被某些州法律禁止他们进入的地方；也包括间接的“公民不服从”——如通过违反交通法规来引起社会注意而表达自己的抗议。

2. 它是一种政治行为，是向拥有政治权力的多数提出来的，是由一些政治原则而非个人的道德原则和宗教理论来指导和证明的，它诉诸的是那个构成政治秩序基础的共有正义观。

3. 它是一种公开的行为。

4. 它是一种非暴力的行为。这不仅因为它是一种表达深刻和认真的政治信念，是在试过其他手段都无效之后才采取的正式请愿，也是因为它是在忠诚法律的范围内（虽然是在这范围的边缘上）对法律的不服从。这种忠诚通过公开、和平以及愿意承担违法的后果来体现。

这样，“公民不服从”在所有抗议形式中处在这两者之间，一边是合法抗议与提出试验案件；另一边是良心的拒绝（conscientious refusal）与各种反抗形式，包括好斗行为，破坏与军事抵抗。

罗尔斯通过给出上述这个较狭窄的“公民不服从”的定义来区别“公民不服从”与“良心的拒绝”，传统上人们习惯于使“公民不服从”包括一切根据良心的违法行为，至少当它是公开、非暴力的时候是这样。罗尔斯认为，良心的拒绝就是或多或少地不服从直接法令或行政命令，所以它是为当局所知的，如拒绝服兵役，拒绝纳税等。它和“公民不服从”的区别在于：

1. 它不是一种诉诸多数的正义感的请愿形式，更少乐观，可能不抱有改变法律和政策的期望。

2. 它不是必然建立在政治原则之上，而可能建立在那些与宪法秩序不符的宗教原则或其他原则之上。

当然，在实际行动中，“公民不服从”与“良心的拒绝”之间常常并没有明显的区别，而且，一个行动可能同时具有这两者的强烈因素。

其次，对“公民不服从”看来是合理的，或者说可以证明它们是正当的条件，在罗尔斯看来主要有三个：

1. 涉及作为“公民不服从”所反对的各种错误的性质和程度，如果抗议的对象确属实质性的、明显的不正义，那么这种“公民不服从”看来也就是合理的，具体说来，如果所抗议的是平等自由与公平机会原则被侵犯，那么这种侵犯是比较严重并且好鉴别的，而涉及经济和社会地位的差别原则，其是否被侵犯却不易判断。所以，对平等自由原则的侵犯是“公民不服从”的较合适对象，较易得到证明。

2. 假设对政治多数的正常呼吁已经真诚地做过了，但是没有取得效果，法律纠正手段也已证明无效。

3. 在某些环境里，正义的自然义务可能要求对公民不服从的范围施加某种限制，使由几个少数群体实行的“公民不服从”不致导致严重的无秩序状态，破坏对法律和宪法的尊重，从而产生对所有人来说都是不幸的后果，因此，可能需要一个由若干少数构成的合作的政治联合体来调节反抗的总体水平。各个欲抗议的少数可能有必要约束自己，而不是在任何时候都能进入“公民不服从”的行动。

罗尔斯认为，按照上述用来证明“公民不服从”的三个条件，一个人一般就拥有通过“公民不服从”来提出上诉的权利。但是，除此之外，还有行使这一权利是否明智和审慎的问题，这就要依赖于我们对具体情况的道德判断力，还有战略策略的问题，这都依赖于每个事例的具体环境。

罗尔斯没有在上述证明中提及公平原则，而是认为正义的自然义务是我们同一个宪法制度的政治纽带的主要基础。这是因为处于较不利政治地位的少数一般不负有那种公平原则所要求的政治职责。但是，这并不是说公平原则就不在参加“公民不服从”抗议运动的人们那里产生某些重要的职责，就像在私人交往中一样，凡参与政治活动的人也都要相互承担责任，当他们推进自己的事业时，忠诚和诚实的约束也还是要在他们中间确立起来。

最后，罗尔斯谈到“公民不服从”的作用，这时他再一次强调，他所说的“公民不服从”只适用于一种具有民主政治形式的社会，而不适用于其他社会。因为，“公民不服从”作为一种诉诸多数的正义感的呼吁形式，其力量有赖于把社会看作一种自由平等的人们之间自愿合作的体系的民主观念，如果在君权被看作神授的社会里，那么这一社会中的臣民就只有恳求的权利，他们只可以申诉自己的理由，而如果君主拒绝他们的请求，他们只能服从。不服从将是对最终的、合法的道德（不只是法律的）权威的反叛。“这不是说君主不会犯错误，而只是说，这种境况不是臣民能纠正错误的境况。”但只要我们把社会解释为一个平等人之间的合作体系，那些遭受严重不正义的受害者就毋须服从。具有适当限制和健全判断的“公民不服从”有助于维护和加强正义制度，它通过纠正对正义的偏离，把稳定性引入一个接近正义的社会之中。

罗尔斯特别强调关于“公民不服从”的宪法理论只依赖于一种正义观，他认为，虽然公民不服从者经常根据某些宗教或和平主义的观念而行动，但把这些观念与“公民不服从”联系起来是不必要的，因为这种形式的政治行为可以理解为一种诉诸共同体的正义感的方式，一种诉诸平等人中间已确认的合作原则的方式。作为一种对公民生活的道德基础的诉诸，它是一种政治行为而不是宗教行为，它建立在一些要求人们互相尊重的常识性的正义原则上，而不是建立在对宗教信仰和爱的确认上（这些信仰和爱不能要求每个人都接受它们）。在此，罗尔斯显然只是想从政治角度考虑从甘地一直到马丁·路德·金领导的“公民不服从”运动，仅仅把问题追溯到作为立宪的民主政体的道德基础（正义原则）为止，尽管那些非政治性的宗教观念并不是没有效力，甚至更能激励人，但它们却不一定能够为所有的社会成员接受，所以，“公民不服从”理论需要建立在一个更广泛、更普遍的基础之上。

现代立宪政体以法律为至上，“公民不服从”虽然是违法行为，但还是通过公开、和平以及甘受惩罚表达了对法律的忠诚，它诉诸的是民主制度的基本原则和多数人的正义感。因此，它必须以一种法律至上的立宪制度和平等自由的公认正义观为前提，如果没有这种前提环境，“公民不服从”是否明智就相当成问题了，不服从就可能遭到更强烈的压制。因此，我们必须承认，只有在某种相当高的程度上是由正义感控制的社会中，正当的“公民不服从”通常才是一种合理有效的抗议形式；只有在这种社会中，人们才不会采取在其他社会中可能采取的无情手段。无论如何，在一个分裂的社会、一个由集团利己主义推动的社会里发动“公民不服从”的条件是不存在的。“公民不服从”一般只适应于民主、法治或至少在往这一方向改革的社会。

然而，在罗尔斯看来，即使在一个民主和法治的社会里，诉诸“公民不服从”仍然有一定的危险性。确实，要由每个人自己来做出决定是否发动或参加“公民不服从”，公民都是有自决权的。但他们应当总是要对他们自己的行为负责，每个人都不能放弃自己的责任，或把受谴责的负担转嫁给他人。如果我们通常认为我们应当服从法律，这是因为我们的政治原则一般都导致这一结论。确实，在一个接近正义的状态中，如果缺少一些强有力的相反理由，那就一般都宜选择服从。因为个人许多自由、合理的决定都与一个有序的政治制度相适应。公民虽然有这方面的自决权，但并不是说每个人都可以随心所欲地做出自己的决定。为了自律和负责地行动，一个公民必须诉诸一些构成宪法基础并指导解释宪法的政治原则，评价这些原则应怎样运用到当前的环境中去，虽然还是可能犯错误，但这样他就不是随心所欲地行动，而是经过了审慎考虑。所有能够审慎考虑的人都是决定者，每个人都要依赖于自己对正义原则的解释和判断并对之负责，对这些原则不可能有任何法律的或全社会公认的解释，甚至一个最高法庭或立法机构也不可能做出这种解释。最高的上诉法庭不是法院，不是执行机关和立法机关，而是全体选民。“公民不服从”以一种特殊方式诉诸这个整体，只要在公民的正义观中有一种充分有效的一致性，并且发起“公民不服从”的上述条件受到尊重，我们就不会有出现无政府状态的危险，而在一个民主政体中已经含有这样的设定：当各种对所有人平等的基本政治自由得到维护时，人们就能获得这种对正义观的共识并尊重这些限制条件。

第六章　公平机会与差别原则

本章讨论罗尔斯的第二正义原则。第二正义原则和第一正义原则比较起来，大致有两点不同。首先是适用范围不同，第一原则处理的是公民的基本权利，对应于社会基本结构中分配这些基本权利的部分和功能，是任何国家和宪法都首先要处理的事情，也是任何政治哲学家毫无疑义都要承认的问题。而第二原则主要适用于收入和财富的分配，以及那些不同的社会地位（在这些地位中权力与责任结为一体）的设计与安排；它对应于社会基本结构中有关经济和分配的部分和功能，但这种功能是不是国家的合法功能却存在争议，有的政治哲学家如诺齐克否认国家有权进行一种财富和收入的集中再分配，有的学者如哈耶克甚至否认有“社会的”或“分配的”正义，因为那也意味着有一个凌驾于众多个人的“分配者”。

其次，两个正义原则提出的要求也不同，第一原则对公民基本自由提出的要求是所有人一律平等，一人一票，没有哪一票比其他票有更多的分量，所有人的自由都只是在开始妨碍别人的同样自由的那一点上受到限制，就像一个人挥动手臂的自由在接近别人的身体那一点上受到限制。在基本自由（主要是思想、良心和人身财产、参政自由）面前人人平等，不容忍有任何差别。

然而，在财富和收入方面，以及在不同的负责地位方面，如果强求绝对的一致和平等就反而会是一件损害社会进步，或至少是会使社会停滞不前的事情，是和有效率的社会经济和社会化大生产格格不入的，如果说在这一方面能够有一种对所有人有利的不平等，那为什么不允许它呢？人们的自然趋向是产生不平等——从任何平等的水平的基点，或者说任何的平等起跑线上，一旦人们开始活动，都会自然而然地产生出差距来，产生差别是自然的，而不产生差别就一定需要借助各种外部力量的不断干涉。因为人事实上千差万别，人在天赋、能力、性格、志向等各方面都千差万别，因此社会制度和国家的任务不在于强行抹去这些差异，而在于考虑要允许某一些差别，而不允许另一些差别；而且，即使对允许的这些差别，也要明确它们在什么条件下才被允许，差别的距离可以拉得多大等。

所以，如果说罗尔斯的第一正义原则是说明不允许在基本权利方面出现差别的话，其第二正义原则就是说明在社会地位和经济利益方面允许某些差别出现，它所提出的要求就不是一律平等了，而是给这种不可避免的不平等提出一些限制条件，说明这方面的差别在什么样的条件下是可允许的——这就是罗尔斯所谓“差别原则”的真实含义。从表面上看，差别原则像是在为合理的差别与不平等辩护（换一种社会环境，它有时确实也可以用来做这种辩护），而从深层看，在罗尔斯对不可避免的差别的严格限制中，又透露出一种希望尽量扩大平等和缩小差距的倾向，这种倾向可以说是罗尔斯提出第二正义原则的基本宗旨。

而这种差别和平衡的深层矛盾是自由与平等的矛盾。在近代早期，自由主要是与政治不平等发生冲突，即与专制权力和不平等的特权发生冲突，那时“自由”和“平等”是同盟军，其内容甚至可以说是一致或相通的。那时对“平等”的理解主要是政治性的。但当一种身份和社会政治地位的平等被普遍地争取到以后，自由与经济平等的矛盾就开始突出了。所以，现代西方社会有关自由与平等的争议也主要发生在这一层面。

一、公平的机会平等

罗尔斯的第二正义原则中包含两个次级原则：一是公平的机会平等原则，一是差别原则。它们构成对于社会和经济不平等的两个直接和主要的限制条件。现在我们先讨论公平的机会平等原则。按照罗尔斯的一般正义观，首先，社会地位和经济利益的不平等必须依附于地位和职务向所有人平等地开放的条件；其次，这些不平等要符合每一个人的利益。

然而，“平等地向所有人开放”和“合乎每个人的利益”这两句话还比较含糊，不够明确。我们首先看第一句话：怎样才算是地位和职务向所有人平等地开放呢？这里的“平等”实际上可以有好几种解释。

我们可以再回顾一下对“平等”概念的诠释，应当说，20 世纪尤其是 50 年代以来，西方哲学家受语言分析哲学的影响，对许多重要的政治和道德哲学概念做了有意义的分析整理工作，区分了这些概念的从迥别到微殊的各种各样的含义。例如伯林、麦卡勒姆等人对自由概念的分析，威廉斯、道格拉斯 · 雷等人对平等概念的分析等。

我们在此不打算广泛地讨论平等，而只是讨论“机会平等”的含义，人们常常在与“结果平等”（终点平等）对立的意义上谈论和推荐“机会平等”（起点平等），但正如道格拉斯 · 雷指出的那样，“机会平等”也有两种不同的含义：

1. 前途考虑——每个人都有达到一个既定目的的相同可能性，如从事某项工作或进入一所医学院。

2. 手段考虑——每个人都有达到一个既定目标的相同手段。

那么，你主张哪一种机会平等呢？如果你主张前一种平等，那么你主要是考虑地位和职务，考虑不要给它们围上封闭的城墙，你可以宣称任何地位和职务对每个人都不封闭，都没有任何涉及种族或身份的限制，所有人都有平等的权利去达到它们，然而你并不考虑他们实际上是否同等地拥有达到它们的手段和资源，而只是考虑地位和职务形式上是向所有人开放的就够了。

而如果你主张后一种机会平等，你就不仅要考虑人们对于各种机会的平等权利，而且还要考虑人们对于各种机会的平等手段，就要努力保证每个人都拥有利用这些机会的手段、工具、资源或能力。然而，正如道格拉斯 · 雷所言，这两种机会平等却又是相互冲突的，你坚持前一种机会平等，往往实际上就忽视了那些缺乏手段的人的平等要求；而如果你照顾到后一种机会平等，你就可能因剥夺那些拥有较多手段的人而损害到前一种机会平等。在此你面临着一种平等的悖论，你实际上不可能在机会平等的两种意义上都坚持平等，你要坚持形式的平等就必须允许实质的不平等，而你若坚持实质的平等就要破坏形式的平等。你不可能两者兼得而只能两者择一。

那么，罗尔斯是怎样理解机会平等的呢？他也提供了两种解释：一种是“一切为才能让路”或者说“唯才是举”的“前途的平等”（careers are open to talents），一种是作为公平机会的平等（equality of fair opportunity）。

所谓“一切为才能让路”的“前途的平等”，就类似于上文道格拉斯·雷所说的“前途的考虑”。但是，这种机会的形式平等原则在此受到第一正义原则限制，它是在有关平等自由的第一原则被满足的前提下提出来的，这就意味着：在一种自由市场和立宪代议制的背景制度下，在所有人都享有平等的基本自由的情况下，其中所有地位和职务向所有能够和愿意努力去争取它们的人开放，每个人都至少有同样的合法权利进入所有有利的社会地位。在此，我们看到权利是平等的，各种前途是向各种才能开放的，至于结果如何，机会是否能够同等地为人所利用，则任其自然，只要严格遵循了地位不封闭或开放原则，就可以说这一结果是正义的。这就是“自然的自由平等”。

然而，罗尔斯并不满意对机会平等的这种解释（即使加进了第一原则所规定的背景条件），他认为，由于这种解释没有做出努力来保证一种平等或相近的社会条件，就使资源和手段的最初分配总是受到自然和社会偶然因素的强烈影响。换言之，不仅人们的自然禀赋各有不同，千差万别，而且这些禀赋的培养，训练和发展也受到每个人所处的不同社会条件的影响，即使有类似天资的人，也可能因为其社会出身的不同而没有同等的机会，分配的份额就不仅受到自然天赋的偶然因素的影响，也受到社会本身的偶然因素的影响，而这两种因素从道德的观点来看都可以说是任意和专横的，于是他认为不能说这些偶然因素所决定的分配是正义的分配。

所以，罗尔斯转向一种对机会平等的自由主义解释（而非上面那种自然放任主义的解释）：他所谓的“机会的公平平等”原则，也就是说，各种地位不仅要在一种形式的意义上开放，而且应使所有人都有平等的机会达到它们。然而何为“平等机会”的意思还是不明确，罗尔斯补充说这是指那些有着类似能力或才干的人也应当有类似的生活机会，有类似的前景，有类似的手段和资源去达到他们所欲望的各种职务和地位，而不管他们在社会体系中的最初地位是什么，不管他们生来属于什么样收入的家庭，是贫穷还是富裕。他主张在社会的所有部分，对每个具有相似动机和禀赋的人来说，都应当有大致平等的教育和成就前景。那些具有同样能力和志向的人的期望，不应当受到他们社会出身的影响。

也就是说，机会的公平平等原则比起机会的形式平等来说进了一步，它排除了社会偶然因素的影响，使具有类似才能的人不再因其社会出身而受到妨碍。具体地说，按照这一原则，就有必要通过比方说教育方面的立法，实施一种免费的义务教育或补助金制度，使贫民中有才能的儿童得到和富人中同等才能的儿童大致同样的教育，使他们不致因家境窘迫而失去受教育的机会，从而也失去以后达到他们凭最初天赋本来可达到的地位和职务。在这方面对机会平等所需的社会条件的保障，还可见于高额累进税制、遗产税等防止产业和财富过度积聚的法律和政策。而且，我们看到，通过排除影响机会平等的社会偶然因素，也减少了自然运气（天赋）对分配份额的影响，因为正如上文所说，天资的训练和发展也是受到社会条件影响的。自然和社会两方面的偶然因素可以说相互联系和影响，从现在的社会出身的差别可以看出以往自然资质分配的累积结果，而从自然天赋和能力的差别也可以看出不同社会地位的影响，至于这种能力的后天运用和发展，就更受到社会条件强烈乃至决定性的影响了。

那么，这一机会的公平平等原则的意义何在呢？它在罗尔斯的两个正义原则中主要占据一个什么地位呢？罗尔斯认为可以联系纯粹程序正义的观念来说明这一点。

程序正义的划分主要有两个参照因素：一是看对何为正义的结果（或公平的分配）有没有一个独立的标准；二是看有没有一个可保证达到正义结果的可行程序（即使不知道这结果实际是什么，或没有判断一个结果是否正义的独立标准）。根据这两个因素的有无，可以划分出三种程序的正义来：

（1）有标准、有程序——完善的程序正义。例如：一些人分一块蛋糕，假定公正的划分是每个人都有平等的一份，这就首先有了一个对何为公平分配的独立标准；其次，假设我们设计一个这样的程序，让一个人来划分蛋糕并拿最后一块，其他人都要在他之前拿，这就迫使他必须平等地划分蛋糕，否则，最后拿蛋糕的他就不可能得到他可能得到的最大一份了。这种规定"划分蛋糕者最后拿取"的程序设计，就保证了这一程序达到了公平的结果——人人平等的一份，就它从结果和程序两方面都满足了正义而言，它是完善的正义。而这一恰当程序的意义在于：它不受划分蛋糕者意欲的影响。也许划分蛋糕者并不想拿最大一块，但程序的考虑建立在最坏情况的设想上，而不依赖于划分蛋糕者的个人道德品质。

（2）有标准，无程序——不完善的程序正义。可以举刑事审判为例，在此有一个确定何为正义结果的独立标准，即罪犯被判定有罪，而无辜者不被误判。但是，虽然可以设计一些能够比较好地达到这一目的的程序，却没有一种可以确保总是达到公正审判的程序，即很难做到万无一失，故而，这只是一种不完善的程序正义。

（3）无标准，有程序——纯粹的程序正义。可以举赌博为例，假定一场自愿进行、没有欺诈行为的公平赌博，在此并没有一种判断正义结果的独立标准，这种赌博结束时的任何一种现金分配大致都可以说是公平的，或至少不能说它们不公平，不能说谁赢就公平，谁输就不公平，而且，在此虽然没有独立标准，但是却存在一种正确的或公平的程序，这种程序若被人们恰当地遵循，无论其结果是什么，它也会是正确的或公平的。当然，这些程序必须被实际地执行。

在罗尔斯看来，公平机会原则的作用就在于保证社会合作体系成为一种"纯粹的程序正义"。也就是说，在满足了第一正义原则的社会基本结构的背景下，我们不再考虑那种把一定量的物品分配给一些特定个人的配给的正义，不再演绎出一个独立的正义标准来判断究竟哪一种特定的分配结果是正义的，而只是考虑一种能够达到正义分配的恰当程序，这种程序通过例如全民义务教育等措施保证着机会的公平平等，这样，利益的分配在第一正义原则和公平机会原则的调节下，会自然而然地倾向于满足差别原则——通过优先满足最少受惠者的利益而达到尽量平等的正义结果。这种纯粹程序的正义使人们无须追溯无数的特殊环境和个人的复杂情况，而只是从一种普遍的观点判断社会基本结构的安排。这一纯粹程序正义的因素在机会的形式平等原则中就已存在，即对机会平等的自然解释就已给出一种分配方案，在这一方案中是以公平的方式分配财富和收入、权力和利益，而不管分配的结果是什么，而这一纯粹程序正义的因素被继续保留在对机会平等的自由主义解释之中（即机会的公平平等原则）。

我们说机会的形式平等原则大致等同于道格拉斯・雷列举的“机会平等”的第一解（前途考虑），但是否可以说罗尔斯赞成的机会的公平平等原则等同于道格拉斯・雷列举的第二解（手段考虑）呢？看来并不完全吻合。换句话说，道格拉斯・雷所谓的手段考虑的机会平等看来还可以一分为二，即我们可以设想，造成机会和最初起点实际上仍然不平等的因素主要来自两个方面：（1）人们之间存在的自然禀赋的差别；（2）人们之间存在的社会条件方面的差别。对于第一点，可以考虑通过补偿人们的自然差别而提供给每个人以达到一个既定目标的相近手段；对于第二点，可以考虑通过补偿人们的社会差别而提供给每个人以达到一个既定目标的相近手段。而罗尔斯所赞成的机会公平平等原则只是排除了社会偶然因素的影响，但仍然允许财富和收入的分配、各种职务和地位的获得受能力和天赋的自然分配影响，在权利平等的前提下，天赋高者自然有更多的机会获得较高的地位和职务，这是否合理呢？许多人认为这是自然且合理的，罗尔斯却认为这还不够合理，一方面，仅仅排除了社会条件的干扰还不够，还必须考虑排除自然的偶然因素的影响，正像没有理由让历史和机会的偶然因素来确定收入和财富的分配一样，也没有理由让天资的自然分配（罗尔斯称之为“自然的抓阄”）来确定这种分配，而且，如果不减轻自然偶然因素对分配的影响，社会偶然因素也不可能完全地排除。另一方面，只要家庭制度存在，排除社会和后天条件的任意影响的公平机会原则实际上也不可能完全地实行。因此，仅仅接受机会的公平平等原则仍然不够，还必须把这一原则与一种有助于同时减轻自然偶然因素对分配的影响的差别原则联系起来。

二、利益差别的限制条件

现在我们转到罗尔斯第二正义原则的第二部分。按照一般的正义观，可以允许的社会和经济不平等的第二个条件是："对所有人有利。"换言之，任何社会和经济的不平等，除了要依系于机会的公平平等的条件外，还必须对所有人有利，否则就不被允许。这两个条件的结合就构成了第二正义原则最初陈述的主要内容，我们现在可以联系上文所说的公平机会，从第二原则的全貌来做出阐述了。

罗尔斯在解释差别原则时使用了一些经济学的论据和数学方面的图表，德沃金认为这方面的论据并不太成功，显得累赘和多余，但也有些学者如俄亥俄大学的科拉多教授认为这方面的论据是成功的，使罗尔斯的论据显出简明扼要、一目了然的优点。但无论如何，解释这方面的论据是件费力的事情，也要占据许多篇幅，所以我们还是想尽量少涉及这方面的论据同时又把问题说清。

按照罗尔斯的看法，对"符合每个人的利益"可以做两种解释，一种是效率原则的解释，一种是差别原则的解释。所谓"效率原则"（principle of efficiency），也就是转用于社会基本结构的"帕累托最优原则"（Pareto optimality）。这一最优原则应用于经济体系的特殊结构（如分配或生产），它的含义是：一种结构，当改变它以使一些人状况变好的同时不使任何其他人状况变坏，这种结构就是有效率的。现在可以直接引出有关效率原则的几点推论：

1. 存在着许多有效率的结构。
2. 这些有效率的结构都比无效率的结构要好。
3. 而在这些有效率的结构之间，它们是等价的，无所谓优劣。

然而这样的话，我们就又碰到难题了，比方说在分配结构中，可能有许多种有效率的分配，从比较平均的分配到一个人占有全部产品的分配，都可能是有效率的分配，因为，在后一种情况下，没有别的可使别人得益而不使这个占有全部产品的人受损害的再分配办法。然而，这种分配明显与我们的正义直觉相冲突，而且，我们也必须排列各种有效率的结构的高下，在许多种有效率的结构中选择一种，这就意味着在效率的标准之外还需引入另外的标准，而当应用于社会基本结构时，这种必须另外增加的标准就是正义的标准，我们就需要找到一种正义观来选出一种有效率的，同时又合乎正义的社会基本结构。换言之，仅仅效率原则本身不可能成为一种正义观，效率还要相对于正义来衡量，效率原则必须以某种方式得到补充。

这样，罗尔斯认为，如果把效率原则与上文对机会平等的两种解释相结合，就得到对第二个正义原则的两种解释。

第一种解释是所谓“自然的自由体系”，即在承认第一正义原则和把“平等开放”理解为“向才能开放的前途的平等”的前提下，认为只要满足了跟平等的基本自由和形式的机会平等有关的制度条件，任何由此产生的有效率的分配就都是正义的。而这种有效率的分配又是由资源的最初分配决定的，亦即由收入和财产、自然才干和能力的最初分配决定的，在罗尔斯看来，决定这种最初分配的自然因素和社会因素都是偶然的，从道德观点上看是“任意和专横”的，但是，这一“自然的自由体系”解释完全不理会如何调节这些偶然因素的事情，它所主张的是一种完全形式的平等，除了一种形式的权利平等，一切都任其自然，这大概就是把这种解释称之为自然的解释的一个原因。这等于是一种全面的“自由放任主义”。

第二种解释则是把效率原则与“机会的公平平等”相结合，如此就得出了一种“自由主义的解释”，这种解释之所以被称为“自由主义”的解释，不仅因为它是一种古典的自由主义的观点，而且因为它是自由主义阵营中更强调自由而不是平等的那一派的观点。这一解释对社会条件方面的偶然因素进行了限制，但对自然资质方面的偶然因素却无所作为，没有采取任何有意义的补偿措施，它像前一解释（自然的解释）一样仍停留在一种含糊的“对所有人有利”上。那么，是“自上而下”地对所有人有利还是“自下而上”地对所有人有利呢？“自上而下”就意味着主要考虑的还是先满足较上层（较优越者）的利益，然后再泽及下层，其实质是使优秀者或多数人都能获得较大利益，而最不利者自然多少也能获得一些利益，有如“涓滴效应”；而“自下而上”就意味着先考虑满足最下层的最大利益，然后再依次上长，也给最优秀者带来一些利益。这两种方式都可以说是“对所有人有利”，然而实际的含义和产生的效果却相去甚远。在罗尔斯看来，仅仅坚持“对所有人有利”的效率原则，就还没有同时也从正义的角度——这种正义在此意味着一种状态的平等——看问题，没有把正义看得更优先，而只是从效率的角度看问题。这样，以上这两种解释就都倾向于导致一个英才统治、等级分明甚至两极悬殊的社会——当然程度不同，“自然的解释”要比“自由主义的解释”更容易导致这样一种社会，而这种社会无疑不是罗尔斯心目中理想的社会。

现在我们转到“对所有人有利”的差别原则而非效率原则的解释。从整个第二原则看，差别原则与对机会平等的两种解释的结合就又产生出对第二原则的另外两种解释。

差别原则的基本含义就是要超越效率原则（当然是以与它相容的方式超越），不再停留在一种含糊的、效率优先的“对所有人有利”的观点上，而是挑选出一种较不利的阶层，以这一不利阶层的利益为标准来确定分配。

这样，差别原则与形式的机会平等的结合就引出“自然的贵族制”的观念，在此，除了形式的机会平等所要求的以外，不再作任何调节社会的偶然因素的努力，但却满足调节自然的偶然因素的差别原则。我们要注意此处的“贵族制”只是一种借用，并非历史上那种以血缘为基础的封建贵族制，这种“贵族地位”形式上向所有人开放，任何人都可以达到这一地位，它不是封闭的，说它“贵族制”仅在于强调这种解释不做任何缩小社会差别、改变社会条件以达到机会的公平平等的努力。但是，按照差别原则，具有较高自然禀赋的人的利益将被限制在有助于社会的较贫困部分的范围之内，他们必须通过为下层谋利而为自己带来利益，对他们的较好境况的辩护只能是：如果使他们的地位和生活水平降低，那些居于下层的人们的生活会更糟糕。在此，这种“贵族制”的差别（或者说不平等）需要通过它是否对最不利者最有利的条件来证明其正当性。

而差别原则与机会的公平平等的结合就引出了罗尔斯所赞成的解释——他所称的“民主的解释”。这一解释也就正式和最后地构成了他的第二正义原则的内容：

> 社会的和经济的不平等应这样安排；使它们：（1）适合于最少受惠者的最大期望利益；（2）依系于在机会公平平等的条件下职务和地位向所有人开放。[1]

罗尔斯认为，这一原则是通过结合机会公平原则与差别原则达到的，它通过挑选出一种最少受惠者的特殊地位而消除了泛泛地说“对所有人有利”的次序原则的不确定性，基本结构的社会和经济不平等就将通过这一条件来判断——只有在合乎最不利者的最大利益的情况下，经济利益分配的不平等才被允许，换言之，即社会在允许差别时，必须最优先地考虑最弱势群体的利益。

我们在此不打算详尽评论罗尔斯对差别原则的细致设计——这些设计旨在解决这一原则的实施将面临的困难。我们仅限于指出罗尔斯认为这一原则相对于功利主义在可行性方面的两个优点：

1. 对利益的衡量是通过“社会的基本好”进行的，因为，要鉴别出最少受惠者，要判断何为他们的最大利益，都必须进行一种人际比较和利益衡量，而这种利益衡量在此实际上就转变成“社会的基本好”的衡量，而且主要是“基本好”中容有差别的那些权力地位与经济财富的衡量（其他“基本好”如基本的自由和机会是绝对平等，不容有差别），如果再假定这些权力地位与财富是结为一体的，权力也可通过收入水平来衡量，那么这与功利主义的复杂计算相比就是一种巨大的简化。

2. 如何鉴定相关社会地位的问题。首先，差别原则不是要面对所有具体的人，而只是面对一些居于不同社会地位的代表人；其次，无须考虑最

[1] 罗尔斯：《正义论》（修订版），第 65 页。

少受惠者的地位；最后，最少受惠者的平等公民地位与差别原则无干，而只是在收入和财富方面的地位与差别原则相关。这样，对最少受惠者的这种经济地位的鉴定，就可以通过或是选择某一特殊收入阶层的社会地位（如不熟练工人的地位），或是通过是否达到收入平均线的一半的标准来进行。

这样，在罗尔斯看来，这就解决了差别原则的两个主要困难或者说澄清了两个主要含糊之点，就说明了差别原则的可行性和确实性。现在我们可以考虑罗尔斯最后采纳的这种对于第二正义原则的民主解释和前面三种解释的异同：

首先看同的一面，罗尔斯认为民主的解释一方面超越了效率原则，另一方面也超越了机会形式平等原则所蕴含的绝对程序正义，但它并不是以与它们相悖的方式超越，而是把效率原则与纯粹程序正义的因素仍包含在自身之中，这意味着，以平等为其实质的正义或者说公平的正义与效率一致，也与纯粹程序正义一致，当然，它又优先于效率、优先于程序正义，但并不与它们背道而驰。

另外，如果说效率原则坚持所有人获利，民主的解释也并没有违反这一点，它仍然忠实于第二原则的最初陈述或者说一般的正义观——对所有人有利。在这方面罗尔斯假设了一种链式联系——认为各种收入阶层的利益是紧密相关的，如果提高了最底层人们的生活前景，也就会提高其上所有层次人们的生活前景（包括最高层），这样就意味着差别原则还是坚持“对所有人有利”这个四种解释所追求的共同目标，虽然在次序上它是由下而上的，反映出一种缩小差距的倾向，和一般正义观所提出的“尽量平等”的思想相合。

其次看异的方面，简单地说，自然自由体系只是形式地坚持平等，笼统地要求对所有人有利，它并不要求对影响分配的自然资质和社会出身的偶然因素做出调节，而是任其自然；自然的贵族制虽然要求居上者的利益必须限制在促进居下者利益的范围内，从而减少了上述偶然因素的影响，但它并没有提出机会的公平平等；自由主义的解释努力排除在社会条件方面影响分配的偶然因素，但对自然资质方面的差别却无补偿措施；而民主的解释则不仅通过机会的公平平等原则排除了社会的偶然因素，而且通过差别原则对最少受惠者的特殊关怀，体现了一种把自然资质看作社会的资产，从而补偿天赋较低者的思想。在罗尔斯看来，这两个原则的结合所构成的第二原则就倾向于最大限度地提高社会的最低值，与第一正义原则一起构建一个从长远来说将拥有最大可能的平等的社会。

三、两个正义原则的基本倾向

现在我们可以总结一下罗尔斯两个正义原则的一些基本特征和倾向。

第一个正义原则涉及人们的基本自由体系，这些自由是基本的，包括思想、信念、人身、政治方面的自由，但看来并不包括追求经济利益的自由，在经济方面的权利和自由也许只涉及否定性的一面——保障个人财产不受任意剥夺的自由，但就连这一点也不是很明确，它更像是人身安全和有保障的法律自由的扩大和延伸，而非经济方面的自由，而且，在罗尔斯后来的“基本自由及其优先性”一文中，也没有再明言财产。从基本自由的范畴中排除经济自由看来是为了保证平等，因为强调追求经济利益的自由，甚至保障合法财产的自由都可能意味着拉开收入的差距，意味着不允许通过国家的手段来干预经济的活动和分配。另外，这种排除也有利于暗示社会基本结构的两大部分和功能。

这样，罗尔斯所说的基本自由就主要意味着内在的思想、信念和外在的政治行动的自由，以及使这种思想和行动得以成立的人身自由和得以实现的言论结社等自由了。对这些自由，罗尔斯首先坚持平等的原则，所有人对这些基本自由都享有一种平等的权利。而这些基本自由本身就是权利，对它们的权利就是一种“权利的权利”了。和后面将说到的对财富和收入的权利不同，对财富和收入的权利意味着占有，此种权利总是实质性的；而对这些基本自由的平等权利却并不总是意味着实际上的平等享有或利用，但在形式上却仍然可以称之为平等的权利，这就是罗尔斯划分自由和自由价值的由来。

罗尔斯对这种基本自由的平等权利的强调在现代西方社会中很少会引起争论，虽然在实践中也可能被勾销。而且，只有坚持平等的自由才是真正的坚持自由，因为如果不在自由的前面加上“平等的”这一严格的限制条件，那么或者就是每个人自行其是，造成社会不成其为社会的无政府状态，或者就是君主制或贵族制，或名义上的多数享有自由的专制状态。真正的社会自由总是意味着平等的自由。所以我们说，第一个原则与其说是平等的原则，不如说是自由的原则，而如果加上罗尔斯的自由优先性规则，就更其如此了。自由只能为了自由的缘故而被限制，一种不够广泛的自由必须加强由所有人分享的完整自由体系；一种不够平等的自由必须可以为那些拥有较少自由的公民所接受，也就是说，限制自由不能根据福利、效率等理由，而只能根据自由的理由。自由只能因其本身而被限制。在此罗尔斯把自由提到了一个理想的高度，自由作为人类的一种“基本社会好”，优先于人类其他所有“基本社会好”。罗尔斯的第一正义原则的基本倾向可以说是自由。

第二个正义原则初看起来是不平等的原则，因为它允许社会和经济的不平等存在，然而，它是在一种很严格的条件下允许这种不平等存在。首先，这种不平等是不可避免的，因为人与生俱来就存在差别，如果说社会出身方面的差别还可以通过社会措施来尽力消除，自然资质方面的差别却很难通过自然措施消除，即使存在这种消除的措施，人类是否愿意采取它也是一个疑问。例如，即便科学技术的发展有可能通过人为的基因配置而使所有人的天赋在出生时大致平等，人类大概也不会愿意去采用这一技术。因为，人的才能相等导致以后的生活计划千篇一律不是令人生厌吗？有差别、有各种个性甚至有高出众人之上的天才不也是人类所欣赏的吗？这里的关键不是人为地抹杀一切差别，而是要挑选出一些合适的差别来作为标准，并按这些标准同等对待人们和处理分配问题。其次，社会的进步和效益与完全平等的状态也不会投合。如果社会因此而停滞在一种原始平等的水平线上，甚至对放开竞争后处境将最差者也是不利的，故而彻底的平等主义者大概也不会完全否认人们之间差别的合理性。

这样，平等主义的倾向就不是体现在完全取消差别上，而是体现在对这些差别的限制程度上。在罗尔斯的正义原则中，不平等首先被限制在社会地位和财富收入的领域中。其次，这方面的不平等还受制于两个严格条件：一个是机会的公平平等，一个是要符合最少受惠者的最大利益，尤其是后一个条件更显出平等主义的特色。因为，一切都要从最少受惠者的利益来取舍，长此以往，所导致的社会就可望是一个不仅实现了权利平等，而且最大限度地达到了福利平等的社会。

当然，差别原则所示意的条件是一个严格的条件，但还不是最苛刻的条件。因为苛刻的条件可能要求剥夺较有利者的利益，通过减少他们的利益来提高较不利者的福利水平。罗尔斯强调的还是一种互惠互利的合作体系，他的正义原则所要求的不是对天赋较高或家庭背景较好者的剥夺，而只是对天赋较低或家庭背景较差者的一种补偿，一种依据天赋并非应得（desert）的观点而要求天分较高者对天分较低者做出一种捐助和贡献。换言之，即不是要“夺有余以补不足”，而是既要“增有余”，也要“补不足”，虽然重点是放在“补不足”上。而且重要的是，罗尔斯在这里提出缩小差距以尽量平等的理由，与其说是最少受惠者“应得”，不如说是最多受惠者“应给”。即并不是说那些将通过某种再分配的形式分配给最少受惠者的财富就是他们创造的，因而本来就应当归他们所有，而是说，罗尔斯认为较有利者并没有理由因为这种捐助而抱怨，因为他们的较高福利和满意生活依靠着一个社会合作体系，他们只能在这种合理的条件下可望得到较不利者的自愿合作。在罗尔斯看来，社会必须更多地注意那些天赋较低和出身于最不利的社会地位的人们，比方说，在中小学阶段，教育经费应当更多地花费在智力较差而非较高的人们身上。

综观罗尔斯的两个正义原则，我们可以看出一种力图兼顾自由和平等的倾向，这种兼顾借助于把社会结构划分为两大部分来进行。确实，自由与平等虽有矛盾的一面，但也有一致的方面，而罗尔斯强调的正是这种一致的方面，故而，他在第一原则中强调一种平等的自由，而在第二原则中又强调一种自由主义的机会平等，并反对以强迫或剥夺等违反个人基本自由的方式去达到财富和收入的平等。至于它们矛盾的一面，他试图通过领域的划分和优先规则来调和。所以说，在罗尔斯那里的社会正义，实际上就是意味着自由与平等的调和。而由于罗尔斯所生活的社会环境，由于这种自由在那里实际上已成常识，他对平等的强调就显示出更重的份量。但是，由于罗尔斯强调理想社会应当是一个合作体系而非一个阶级冲突体系，由于他给出的尽量缩小差别的理由是富者应该给予而非贫者应该得到，所以，他对社会平等的要求不会考虑采取暴力手段。

第七章　正义原则的证明方法

罗尔斯的《正义论》整本书都可以说是证明，罗尔斯不遗余力所要从事的工作也是证明。可能有不少人都能提出类似的结论，甚至提法更形象、更新颖、更有号召力。但要更准确、更全面，尤其是更有理性上的说服力，则非一种艰巨的学术理论工作所莫能为。罗尔斯所要证明的并不是新奇的、革命性的理论，而在某种程度上是相当具有普遍性的道德常识，他也正是要寻求某种道德共识，但这并不就此减少了证明的困难，甚至在某些方面可能更难，因为他不仅必须注意原则的微妙之处，必须在那些看似不起眼的岔路口分析日后将可能变得深远的分歧（如"公平的正义"的道德契约论与功利主义的分歧），还必须在诉诸"反省的平衡"来思考自己的各种观点的同时，又修正社会流行的道德常识。罗尔斯的证明有时看起来是相当"曲折"和琐碎的，需要我们有足够的耐心，但它却正可以限制那种根据印象和直觉的评论，以及言论上凭借机智和聪明的"信口开河"，这类评论和言论可能仍对学术有刺激作用，却终非学术的大道。而作为中国学者，我们尤其有必要培养这种耐心。一般的读者也许可以略过这一章不读，但学者最好不要如此"不求甚解"。总之，只要细心体会，我们将能够从罗尔斯的证明方法中学到很多东西。

本章先从条件设计和推理过程两方面讨论罗尔斯正义原则的证明方法，并探讨他的正义论与历史上的社会契约论的联系，这种联系主要表现在把契约论作为一种证明方法。最后我们想讨论一下对理性方法的反省。

一、原初状态的设计

原初状态（original position）相当于社会契约论中的自然状态，但它并不是被设定为历史上的真实存在，而只是在思维中的存在，历史上的存在若作为社会与国家起源的普遍解释可能只有一种，而这种思维的设计却可以有许多种，它很像一种思维的试验，设计者不时在天平上称量各个概念的分量，在试管里加进一些成分，然后再试试看会发生什么反应，是否能得到自己希望的结果，如果不理想，便改变一些条件再进行试验，一直到获得合理和理想的结果为止。自然，在此我们看到试验者还是要受到一定价值目标（或理想结果，在罗尔斯这里常常是他所谓的“被考虑的判断”）的影响和规定，要不时把自己的设计及结果与这一价值目标对照；另外，整个试验本身的程序和条件设计，也应当是合理的，不至于相互抵消、相互矛盾，而是要相互支持、相互印证。

罗尔斯的原初状态也就是这样一种思维的试验和理性的设计，它的结论是开放的，容易修正的，而不像在黑格尔的三段论体系中每一论点乃至概念都是作为整个体系中不可缺少的一环，作为绝对真理出现。在罗尔斯这里，目标只是要设计一种订立原初契约的状态，描述订约各方的信仰、利益、知识、理性、相互联系、所处环境、可供选择的对象等各种条件，并把它们视为一体，统称为“原初状态”。这样的设计肯定可以有许多种，但是否它们之间就没有高下之分，没有较可取与较不可取之别呢？并非如此，衡量高下、可取与否的标准，在罗尔斯看来，就是要看它所假设的条件是否合理，是否能够被人们广泛地接受和同意，设计应当从共同享有和广泛承认的前提出发，而不是从较专门的、带明显倾向性的薄弱前提出发，这是罗尔斯的一个基本思想。每个假设条件本身都应当是自然的、看起来有道理的，不与人们的直觉产生明显冲突。罗尔斯的原初状态的目标就是要把对可接受的正义原则有意义的约束连为一体，从而排列出一些主要的传统的社会观念的次序，并选择看来最合理、优点最多的正义观作为社会基本结构的正义原则（当然不是照搬，而是要重新进行概括和改造），从而以此来决定各方所要达成的社会联合的基本合作条件。

现在我们就来考虑罗尔斯的原初状态，广义的原初状态亦包括其间的选择和推理过程，但我们在本节中仅限于静态的考察。

1. 正义的环境

我们来假设这样一群个体（记住我们总是在假设的层次上进行），他们关心和追求自己的利益，现在由于碰到个人所克服不了的障碍（卢梭的理由），或看到社会合作将产生巨大的利益（罗尔斯的理由），而想联合为一个社会。现在假设他们要确定联合的条件即订立某种契约，最好的设想当然是每个人都能得到他想要的一切，但这是不可能的，仅仅其他人的存在就阻止了这一点。其他人不会同意大家都一起来推进某一个人的利益，实现某一个人的有关什么是“好”的观念；那么降格以求，即要求其他人都正当地行动，既不干涉和妨碍这一个人，还承担某种合作将带来的义务和负担，而这一个人却可以任意豁免自己，像逃票乘客一样免除自己的义务，其他人无疑也不会同意这种联合的条件。那么，他们将选择什么样的原则作为他们联合的基本条件呢？

原初状态的设计就是为了解答这个问题。这样，所选择的正义原则就应当是每个人对别人的相应要求的最好回答，就意味着某种妥协或平衡。

正义原则将从“正义的环境”中引出，或者说，它们作为正义问题的解决办法，将需要首先描述使正义问题得以产生，从而使正义原则成为必要的环境，换言之，那群有意进入一种社会联合的个人，他们是处在一种什么样的环境中呢?

“正义的环境”是这样规定的：在那里聚集着这样一些条件，使人类合作成为可能和必需。人类社会同时具有利益一致和利益冲突的特点，利益一致在于人们的社会合作能使所有人都过一种比他们各自努力、单独生存所能过的更好的生活，利益冲突是由于人们谁也不会对怎样分配由他们的合作所产生的较大利益无动于衷，因为对他们所追求的目的来说，不管这些利益是什么，较大份额的利益总比较小份额的利益要好。这样就引出正义的必要性——需要一些原则来决定能够恰当划分出利益的社会安排。换句话说，利益的一致引出人类合作之必要性和可能性，而在合作中利益的冲突则更加强了正义原则的必要性。

但是，人们有利益一致的一面，人们对一种互惠合作的共同愿望虽然是产生人类合作之必要和可能性的一个前提，却还不是充足的条件。人类合作之所以可能而且必要，还存在一些主客观方面的条件。就客观条件而言：第一，众多的个人在确定的地理区域内生存，他们的身体和精神能力大致平等，差别不大，没有那种能凌驾和压倒所有人的超人，每个人都是易受攻击的，都有某种脆弱性——每个人的计划都容易受到其他人的合力阻止而归于无效或失败。

第二，许多领域中都存在一种中等程度的匮乏，自然资源和其他资源并不是非常丰富以致合作的计划成为多余，同时条件也不是那样艰难以致有成效的合作也终将失败。也就是说，人们的需求和可能的提供之间存在差距，但又不是极度匮乏。

至于涉及正义环境的主体方面的条件，罗尔斯认为：主体各方有大致相近的利益需求，从而使相互有利的合作在他们中间成为可能；另一方面他们又各自都有自己的生活计划，这些歧异的计划（或者说“好”的观念）使他们抱有不同目标，造成利用自然与社会资源方面的冲突要求。在此，罗尔斯特别假设各方对别人的利益不感兴趣，即相互冷淡（mutually disinterested）。各方珍重自己的“好”的观念，认为这一观念是值得追求的，他们所提出的要求是应当满足的，但这并不意味着各方是利己主义者，只关心自己的某种利益和财富、权力、威望，而只说他们在此时对他人的利益不感兴趣。他们是不是利己主义者要依他们“好”的观念（或生活计划）的具体内容而定，如果其内容只是个人财富、权力和威望，那他们确实是利己主义者，然而他们的“好”的观念也可能是共同幸福或助人为乐。而这些具体内容在此都没有被规定，我们只知道这些人各自抱有自己的“好”的观念，各自都有自己合理的生活计划（长期计划），但并不知道这些观念或计划的内容。总之，相互冷淡的假定意味着各方一方面不是仁爱和无私的利他主义者，总是去考虑照顾别人的愿望和满足别人的“好”的观念（如此就不会有正义问题出现）；另一方面他们又不是追求个人特殊利益的利己主义者——如此也达不成普遍同意的正义原则。“相互冷淡”可以说是正义环境的一种基本的动机假设，我们也可以理解为“相互独立”的愿望。

另外，罗尔斯还假设了处在正义环境中的各方在知识、思想、判断方面有缺点，即他们的知识是不完全的，推理、记忆力和注意力总是受到限制，判断易被渴望、偏见和私心歪曲，这些缺点不仅造成了人们“好”的观念的歧异，而且引起了哲学、宗教信仰、政治和社会理论方面的不一致。最后，罗尔斯还假定各方都知道他们是处在这样一种正义环境中，并把它看作理所当然的，假定各方都表示出对下一代的关心，至此，背景的假设就基本完成。

为简化起见，罗尔斯特别强调客观环境中的中等匮乏条件和主观环境中的相互冷淡条件，认为只要相互冷淡的各方对中等匮乏条件下社会利益的划分提出了相互冲突的要求，正义的环境就算达到了。

在上述条件中，罗尔斯大致遵循了休谟、哈特和卢克斯的观点，哈特在其《法律的概念》中提出的人性观五要素是：（1）人的脆弱性，（2）大致的平等（指体力和智力），（3）有限的利他主义，（4）有限的资源，（5）有限的理解。卢克斯在《政治学原理》中对人性的五点概括稍有不同：（1）某种相互作用，（2）某种共享价值，（3）不完全的无私，（4）易出错的判断，（5）不完全的信息。至于休谟，我们可以注意他的这样一个观点：正义只是起源于人的自私和有限的慷慨，以及自然为满足人类需要所准备的稀少的供应。

2. 无知之幕

罗尔斯在原初状态中设计“无知之幕”（the veil of ignorance）的目的在于体现公平，使原初状态的条件和程序显得公平，从而使所达到的结果（正义原则）也是公平的。因为，事实上每个人的情况千差万别，天赋、出身、地位、利益、志趣、愿望都各不相同。在此，罗尔斯实际上提出了一个重要的假定前提：在选择有关社会基本结构的正义原则时，任何人都不应当因其社会背景的缘故而得利或受益，要使所选择的原则成为公平合理的、普遍同意的，就不能允许把原则剪裁得适合于个人的特殊情形，不能允许它们受到特殊的爱好、兴趣及个人价值观的影响。而且，在这方面我们不能指望订约各方作为公正的仲裁人出现，因而我们只能通过限制人们对自己特殊情况和利益的知识来达到这一点，从而使将选择的原则摆脱个人好恶的影响，避免无休止的纷争。同时，这也意味着排除各种各样的来自自然和社会的偶然因素的影响，把各方置于一种公平的条件之下，地位平等而被作为道德人同等地对待，换言之，世界上的偶然性必须通过调整最初契约状态的环境来纠正。以上这些，可以说都是罗尔斯认为要提出无知之幕的理由。

那么，无知之幕的范围有多大呢？或者说各方不知道哪些事实或情况呢？

1. 无人知道他自己在社会中的地位，他的阶级出身，也不知道他的天生资质如何，他的体力和智力怎样，即他对个人自然天赋和社会出身一无所知。

2. 没有人知道他自己“好”的观念的具体内容，他的合理生活计划的特殊性，甚至不知道他的心理特征：是否喜欢冒险、气质是乐观还是悲观，即对个人价值观念和气质性格的无知。

3. 各方也不知道这一社会的经济或正当状况，或者它能达到的文明和文化水平，以及他们所处的特定社会和所属的世代。

那么，他们知道一些什么呢？

1. 他们所知道的唯一特殊事实就是上文所说的，知道自己所处的社会是一种正义的环境，即在此人们的合作是可能和必需的，他们有利益一致的一面，又有利益冲突的一面；客观上存在中等程度的匮乏，主观上各方都关注自己的“好”的观念而对别人的利益不感兴趣。

2. 他们知道所有人类社会的一般事实，理解政治事务和经济理论原则，知道社会组织的基础和人的心理学法则。在一般的信息方面，没有任何限制，他们知道所有可以用于选择正义原则的一般事实。

这一设计看来十分怪异、不合常理，使人难以把握原初状态的含义。但罗尔斯认为在思维中进入这一状态并不困难（它当然不是一个事实——无论过去还是未来都不可能有这样的事实），实际上这就意味着依据一种一般的观点，一种排除了特殊因素干扰的观点所进行的思考。在此，由于无知之幕后的各方都是同等理智和境况相似的，每个人都是被同样的论证说服的，实际上就是每个人为所有人选择，而所有人又都像一个人那样选择。各方的思考都是相似的，实际上就等于一种完全排除了个人因素的反思过程。如此也才可望达成一种一致同意的契约。正是无知之幕使一种对某个正义观的全体一致的选择成为可能，否则，订立契约的问题就将变得无比复杂，即使存在着一个答案，也无法达到它，或者只能在一些琐屑的问题上达到一致。

在此，我们注意到，这实际上已不是达成一种契约，而是达成一种普遍性的观点。对原则的选择已经不是一种个人的选择了，而是一种把所有人融为一体的、一个抽象的理性之人的选择，这一选择通过无知之幕把所有人的特点隐去，而突出了人的一般理性和合理慎思。

罗尔斯认为，他的“相互冷淡 + 无知之幕”的假定胜过“仁爱 + 知识”的假定，因为不仅这种条件的结合迫使原初状态的每个人都考虑到别人的立场（即同时也为所有人选择），达到一种确定的一致同意的正义原则；而且，它还有简洁和清楚的优点，其本身是一个弱条件。

3. 主体条件假设：自由、平等、有理性的各方

前面我们谈到了与正义环境直接相关的、选择各方主体方面的一些条件，如利益需求大致相近，能力大致相等、相互冷淡等，现在我们继续讨论主体的其他条件假设，简单地说是这样的：各方是自由、平等、有理性的存在，或者说各方必须是自由人、道德人和理性人。我们现在来分两步说明这一假设。

各方是自由、平等的存在，这说的是一种地位。在此，自由比较好理解，如果没有自由的条件，各方不能按自己的心愿进行选择，也就不可能产生订立契约的行为了。平等的根据要复杂一些，为什么说各方享有平等的建议、推荐和选择权呢？在此是否有结论的因素渗入了前提呢？

我们前面已说过，罗尔斯认为平等的根据在于各方的道德人格，这种道德人格表现为两个方面的能力：第一，作为道德主体，他们具有一种形成他们的“好”的观念的能力，能够有一种前后一致的目的体系，有稳定的对他们自身的利益和幸福的理解；第二是他们有能力获得一种正义感，即有能力获得一种在正常情况下有效地理解、应用和实行所采用的任何正义原则的欲望。人的这两种道德人格能力就构成平等的基础，哪怕它们只是潜在的能力也是如此，而且它们可以说是唯一的基础，是一个充分的条件，原初状态中各方有选择正义原则的平等权利这个条件作为根据就足够了，不再需要其他的根据。这种道德人格能力是使一个人成为平等的权利主体的充足条件。自然，对这种道德人格能力不能做狭义、严格的理解，而且我们谈的是潜能，不是实现。这种能力就可以说是人所共有的，几乎囊括了所有人。

这里值得注意的是这样两点：第一是对人们的“好”的观念、目标体系或生活计划并没有排出高下和优劣。在无知之幕后面我们并不知道它们的具体内容，但即使撤去无知之幕，也不能排列人们的“好”的观念的次序，并据此有差别地对待持不同“好”观念的人。能够形成“好”的观念（加上起码的正义感能力）就足以构成平等对待的基础了，而无须考虑“好”观念的内容。第二，对正义感的要求也是起码的，这是指对一种最低限度的正义感能力的要求。

罗尔斯对各方是平等者的假设是为了表现原初状态的公平，这一点我们下文还要涉及，现在我们转到各方是理性的条件假设。

原初状态中的各方都是有理性的，他们的理性和他们的“好”的观念结合在一起，不仅体现为他们能形成自己的“好”的观念，而且能尽可能好地采取最有效的手段来实现他的“好”的观念，推进他的利益，如此，他们就要尽可能选择那最能推进他们利益的正义原则，但在无知之幕后面，他们不知道自己所理解的利益究竟含有什么具体内容，然而，他们总得根据一种利益标准来进行衡量和选择，那么，他们是根据什么来进行衡量和选择的呢？罗尔斯的回答是根据“基本好”（或者说“基本的社会好”），这些“基本的社会好”（自由、机会、财富、自尊基础等）是无论他们的“好”的观念是什么内容都有助于这一“好”的观念（至少不会妨碍）。即使某人因为宗教或别的缘故对“好”的理解事实上不包括这些“基本好”（如不包括财富），他至少可以很方便地选择不要较多的财富而社会绝不会强迫他要，一个人也不会因为一种较大的自由而受罪。这样，根据这种“基本好”的理论，以及道德心理学的一般事实（人们一般都希望得到较多的“基本好”以促进他们的“好”的观念的实现），他们就能够做出一种合理的决定和选择。

总之，各方的这种理性表现为一个人对他的目标有一种前后一贯的倾向，能有次序地排列这些目标，并遵循那个满足他较多欲望和具有较大成功机会的计划，采取最有效的达到价值目标的手段。

在有关主体的理性和动机的假设中，罗尔斯还有两个特殊的假定值得一提。第一，他假定一个理性的人并不受妒嫉之累，假定原初状态中的各方免除了妒嫉，这样，各方关心的就是自身利益的绝对增加而不是相对增加，也就是说，不在乎他与别人的差距，而只是追求自身利益的最高值。他不会因知道别人拥有较多的“基本好”而烦躁恼怒，他们有自己珍视的、足以自为的生活计划，他们不会“以别人的损失会更大”的理由而放弃自己的某些利益，不会有“宁可我不好，但我要你更不好”的心理，他们对自身的价值有一种牢固的自信和坚定的追求。而这个假设和前述相互冷淡的假设是相合的，这意味着各方的立场是：一方面不受仁爱心或虚荣心的推动，另一方面也不受恶意、宿怨和妒忌心的推动。他们既不想牺牲自己的利益也不想损害他人，不寻求相互亲密，也不会相互为敌。他们只是在努力为自己寻求一种尽可能高的绝对得分，而不去希望其他人的或高或低的得分，也不寻求最大限度地增加或减少自己的成功与别人的成功之间的差别。

第二，他假定各方都互相知道所有各方都具有一种能建立正义感的能力，这是为了保证严格的服从，是为了使将订立的契约（不论它是什么）真正有约束力，从而订约各方也就是在做一件严肃、郑重的事情。他们在选择原则之前，能够在对原则的理解方面互相信赖；在选择原则之后，能够在对原则的遵循方面互相信任。他们知道，这样的选择绝不是儿戏，他们只要做出承诺，就必须履行它们，因为他们知道别人也将履行其承诺，自己的承诺不会是徒劳的。这就使订约或选择原则成为一件十分郑重、富有意义的事情，同时也意味着，他们要考虑承诺的强度，考虑自己是否能承受得起契约将带来的对自己的约束和义务，因为一旦承诺，就意味着要严格服从（这点在后面将成为罗尔斯选择两个正义原则的一个论据）。

我们对罗尔斯所设计的原初状态的条件描述就此告一段落，那么，所有这些假设条件是为了达到一个什么目的呢？是为了引出罗尔斯的两个正义原则。这种引出同时也就是对这两个正义原则的契约论论证，而这种论证的核心就是要使原初状态体现出公平，只有在公平的原初状态下所选择的正义原则才是正确的原则。所以，我们说，原初状态的设计主要是为了体现出公平。

体现原初状态的公平的最重要因素有三个：（1）各方的自由和平等的地位，（2）各方在试图最有效地推进其“好”的观念的过程中所表现出来的工具理性，（3）无知之幕。它们都意味着公平，意味着类似和平等，意味着意见一致的可能性。和以前的自然状态论者相比较，应该说第一个因素是大致相同的，仅在平等的基础方面罗尔斯提出了自己的解释；在有理性的条件假设中，罗尔斯明显排除了理性中的价值因素，这就意味着排除了那些容易引起纷争的冲突的因素；最特异的假设是无知之幕，正是这一假设使原初状态完全脱掉了历史和现实性质而成为纯粹理性的虚拟，也正是这一假设最终排除了订约各方的特异性，使他们成为抽象的、一般的人，排除了一切会影响到原则选择的来自自然和社会的偶然因素，排除了一切会妨碍人们达到意见一致的冲突因素，这就使契约已完全不是现实的契约，订立契约的行为变成了对原则的选择，这种选择实际上已不是在各方之间进行，而是在一个人的脑子里进行。

在罗尔斯看来，只有这样，才能选择正确原则，只有从公平的原初状态中，才能引出公平的结果——他的两个正义原则。各方不再能把原则剪裁得适合自己的特殊利益的根本保证是：他们根本就不知道自己的特殊利益是什么！所选择的原则将确保不受到特殊的爱好、志趣及个人价值观的影响。我们甚至可以说无知之幕使第一个和第二个因素都失去了意义了，因为这里实际上已不是许多人在商讨、建立、辩论和选择，而是一种普遍、抽象、无涉具体知识的理性在运行。

二、正义原则的择出

1. 第一次筛选：选择对象的表格

若是按照理论的普遍性的要求，在原初状态欲选择正义原则的各方的面前应当呈现所有可能的正义观，这方面不应加以任何限制，因为从观念上说，只有查看了所有可能的正义观之后做出的最后选择才具有最大的普遍性和合理性，才真正可以称之为最可取的选择。但这样做显然有几个困难：首先是这将使问题变得无限的复杂，因为实际上有无数的、难以竭尽的可能性，原则上可供选择的对象是不可穷尽的；其次是对于那些对历史和现实没有透露过一点信息的未来正义观，我们无法描述其特征以便它们向原初状态各方呈现，我们说不出我们尚不知晓的正义观念的内容。

所以，罗尔斯对选择对象的提出实际上不能不依赖历史和传统，而且主要是西方的历史和传统。他只能提出一个有限的简要表格，把他继承和发展了契约论传统所提出的两个正义原则，与历史上另一些主要的传统正义观（如功利主义、完善论）进行比较，并认为两个正义原则优于这些为人熟知的观念，但是他承认他所进行的这种有限的比较是一种不能尽如人意的比较方式。他的论证是在一种较弱的基础上进行的，但是他觉得一时间找不到更好的方法，他期望以后人们能最终确定一种唯一最好的正义观的充分和必要条件，然后展示一种满足这些条件的观念。而在目前，他还仅限于挑选社会基本结构的某些可欲特征，使之具有自然的最大值的性质——如他的第一正义原则保证了各方面的最大平等自由；第二正义原则保证了最大的最低受惠值，从而看来是最理想的答案。

罗尔斯提供的选择对象的最初表格简要地说是这样的：

（1）处在一种词典序列中的两个正义原则。

（2）功利原则，包括古典功利原则和平均功利原则。

（3）完善主义原则，这是以亚里士多德为代表提出来的原则。

（4）利己主义原则，包括一般的利己主义和有特殊人称的利己主义（专制型和逃票型的）。

（5）直觉主义观念，包括平衡少数自明原则的直觉主义观念和平衡功利总额与平等权利，或平衡平均功利与补偿原则的直觉主义。

（6）混合观念，主要是指平均功利原则与两个正义原则的混合，即在承认罗尔斯第一正义原则的前提下，以平均功利原则（或修正过的平均功利原则）来代替差别原则。

上面列举的六种选择对象实际上只有前面四种是明确的、独立的、最具实质意义的。它们确实都在历史上很有影响，但是否就囊括了历史上的所有正义观呢？

罗尔斯认为，那些有条件的正义观，即那些随着时代和社会条件为转移的特殊正义观要被排除在表格之外，首先是因为各方是要选择那些在任何环境里都绝对有效的普遍原则，而不是某种具有强烈意识形态性的和时代性的特定正义观，故而这些特定正义观要被排除在外。

这样，我们就可以说，选择对象表格的提出实际上就意味着第一次筛选，因为，且不说它把那些具有鲜明时代性和有条件的正义观排除在外，而且它还是以西方文化为本位的，以作者自己的主观视野为转移的。

2. 第二次筛选：正义原则的形式限制

然而，对上面提出的选择对象的最初表格，还要有进一步的限制。

这种限制来自正义原则本身，或者更广义地说，来自正当观念本身（可以把正义看成正当的一个子范畴，即应用于社会制度时的正当）。但这一说法并不意味着这些限制来自对正当或正义概念的分析，来自其定义，而是意味着来自其作用和功能。罗尔斯认为，正义原则的作用在于分配基本的权利义务和决定利益负担的划分，这种作用就提出了下述五个方面的限制要求：

（1）正义原则应当是一般性的，即要表达一般的性质和联系，而不涉及具体的个人或事物。因为这些原则作为社会基本结构的首要原则是绝对的，是在正义的环境里始终有效的，必须始终作为一个组织良好的社会的公开蓝图，任何时代的个人都一定能知道它们。这样，对这些原则的理解就不应要求有一种对偶然的特殊情况的知识，就不能参照特定的个人或集体。而原初状态中的各方，在无知之幕的后面实际上也是不可能辨认自身的，他们必须选择一种一般的原则。

（2）正义原则在应用中，也必须是普遍有效的，即它们适用于一切场合，一切个人，它们因道德人格而必然对每个人有效，这样我们就假定每个人都能理解这些原则，并在思考中运用它们，而假如一个原则，一旦所有人实行就自相矛盾、自行取消，它就要被排除。

一般性的条件限制和普遍性的条件限制的区别是：前者是指原则本身是高度概括的，不涉及具体的事和特定的人物，后者是指原则能普遍地应用于一切场合。

（3）正义原则还必须是公开的、众所周知的，这自然是契约论的一种要求，他们要选择原则，要订立契约，原则或契约的结果对他们自然就是公开的。公开性条件的目的是让各种正义观作为被公开承认和充分有效的社会生活道德法典来得到各方评价。

（4）正义原则必须排列各种冲突的利益要求的先后次序，这种次序一般应是相互衔接的，汇合起来就构成一个层次分明的体系。有序性的条件直接来自正义原则的作用：它要调整、安排各种冲突要求，恰当地划分权利、义务、利益、负担。

（5）正义原则的最后一个形式限制条件是终极性的条件，即它们应当是裁决实践推理的最后上诉法庭。它们说的话是最后的、决定性的。在它们背后没有更高的标准可以诉诸，因此，作为社会制度的基本道德原则，法律、风俗和合理审慎的考虑都要由它们来做出最后决定。

总之，正义原则必须是这样的原则：它们具有一般的形式，普遍适用于一切场合，能够公开地作为排列各种冲突要求之次序的最后结论来接受。

罗尔斯概括出这五个形式限制条件的意义主要是：它们现在把各种形式的利己主义从选择表格中排除出去了。有两种特殊的利己主义，一种是要求别人都服务于他的利益的专制型利己主义，另一种是要求别人都履行正义义务而自己却可豁免的逃票型利己主义，这两种出现了特殊人称的利己主义都因不符合一般性的条件而被排除。还有一种一般的利己主义，即允许和承认所有人都可以如其所愿地推进他自己的利益，这种利己主义不违反一般性的条件，但却因它不可能排列各种冲突要求次序而被排除。

实际上，利己主义可以解释为一种不想订立契约的立场，在订约各方之间，选择利己主义意味着不存在可以达成协议的一致点。故而利己主义也许可以成为个人身体力行的道德原则，但却不能成为一种有关社会制度的道德原则。所以，与其说利己主义是可供选择的一种正义原则，不如说它是对所有正义原则的一种拒斥和挑战，故而它们不能列入表格。所以，正义原则的形式限制条件的提出意味着进一步的筛选和排除。

3. 第三次筛选：导出两个正义原则的推理及其论据

在罗尔斯提供的表格中，利己主义被排除之后，实质性的观念主要还剩下完善主义原则和功利主义原则，在罗尔斯看来，完善原则不是一个正义原则，也不是一个政治原则，因为公民权利和利益的分配与人的不同目标或内在价值没有关系。这是一个典型的现代自由主义的命题，但我们不打算仔细探讨罗尔斯对完善论的批评，而主要考察他在比较两个正义原则与功利原则中得出的结论。

功利原则有两种形式：一种是边沁所代表的古典功利主义，其原则要求制度应安排得能最大限度地增加各有关代表人的利益的绝对总额；而另一种是以当代哈桑伊、布兰特等人为代表的平均功利主义，其原则要求制度不仅要最大限度地增加功利总额，而且要增加平均功利（按人分配的功利），亦即最大限度地增加各代表人的利益总额的百分比。在罗尔斯看来，这两种功利原则中，从契约论的角度看，无疑平均原则要比古典原则更可取一些，因而最可能成为他的两个正义原则的竞争对象。下面我们就在这种比较中观察原初状态各方选择正义原则的推理过程。

罗尔斯认为，原初状态中各方可能首先考虑接受一种平等原则——这一原则不仅包括自由权利的平等分配，而且也包括收入和财富的平等分配。但如果有一种不平等能使所有人都变得比最初的平等状况要好，为什么不接受这样一种不平等呢？这样一种不平等无疑可以鼓励一种积极的表现和努力，抵消训练的费用，带来社会的活力，改善所有人的条件。然而，这种不平等又必须加以限制，限制在一个能够为人们接受的范围内，这意味着，首先，这种不平等道德要限制在社会经济利益的范围内，而不允许在基本自由方面出现不平等，不允许以较大的经济利益来补偿较少的自由，不允许这两者之间的交换。其次，这种不平等即使在社会经济利益的领域里也要限制在一定范围内，即要符合最少受惠者的最大利益。这就意味着，在基本权利的领域内，由于权利是平等的，最低值也就是最高值，或者说无所谓高值和低值；而在收入和财富的领域内，必须明文规定一种最大的最小值，保证一种最高的社会最低生活水平，当然这里所说的最高值是与别的选择对象比较而言，这就把我们带进"最大最小值规则"（maximin rule）的思路。

最大最小值规则就是一种可用于在不确定条件下进行选择的规则。在不确定条件下的选择有各种可供采用的选择规则，最大最小值规则只是其中的一种，虽然它并不是不确定条件下选择者的可靠指导，但它在一种具有某些专门特征的境况中特别有吸引力。而在罗尔斯看来，原初状态中的人恰恰处在一种适于采用最大最小值规则的境况之中，这种境况恰恰使他们寻求最大最小值的解决办法，而他的两个正义原则就将作为这样一种解决办法出现。

这种适于采用最大最小值规则的选择境况有三个主要特征：第一，选择者不考虑他的选择可能把他带入的各种环境的可能性，并且有对这种可能性不予考虑的理由，也就是说，他有理由把这种可能性的衡量或计算置之不理、弃而不论。这些进入各种环境的可能性（或概率）既然是我们所不知悉的，可以说就是相等的。第二，选择者抱一种保守的“好”的观念，即他主要关心他有把握得到的最少收益是多少，而不大关心他能得到的最多收益会是多少。第三，这个特征是就主体而言的，而与此相联系的第三个特征是就对象而言的，即他面临的选择对象中有的确实会产生一种个人很难承受的后果。

这三个特征结合起来构成一种特殊境况，处在这一境况中的人自然就倾向于采用最大最小值规则来进行选择。打个比方说，假如一个流亡者要选择进入三个国家，而这三个国家中都是由与他为敌的人来分配他的地位，这样他自然就要观察在这三个国家中哪个国家的最差地位相比于另两个国家的最差地位来说是最好的，他就会选择进入这个国家，以保证得到一个最好的最坏结果。当然，这里的三个特征并没有假设由敌人分配地位这一条件，而代之以对进入各种环境的可能性无法计算、选择者本人的保守气质和选择对象中可能有令人难以忍受的后果的条件，但最后达到的效果还是一样的，即采用最大最小值规则。

现在原初状态中的人恰恰也处在相似的境况中：

第一，无知之幕使各方不可能衡量或计算他们将进入的社会和他们将在这一社会中取得的地位的可能性（概率），他们就必须对这种计算置之不理；而且他们还不能光考虑自己，还要考虑后代，从而也就不能进行那种仅考虑自己利益的计算，而必须使他们对原则的选择在别人看来也是合理的。

第二，原初状态各方也免除了冒险气质，他们不想孤注一掷以求得到最大利益，而是合理审慎地力求确保他们可以得到的最起码的利益。而我们前面已经看到，两个正义原则提供了一种令人满意的最小值。

第三个特征就与功利主义有关了，即功利主义的选择对象在罗尔斯看来有一种使人几乎不能接受的后果，即便不说它为了最大功利可能允许奴隶或农奴制存在，至少它会被人们用来为严重侵害人们的自由权利辩护。这方面甚至不必深究，因为如果我们面前还有别的方便的选择对象——两个正义原则，而这两个原则又明确保证了一种令人满意的最小值时，我们何必再做他求呢？

这是就功利原则总的精神而言，它有一种可能带来令人不堪忍受的后果的倾向，虽然功利主义者一般也都表示出对人们的自由平等权利和社会最低值的关怀，但他们并没有在其基本原则中直接申明这一道德观点，罗尔斯则认为他的公平正义理论既注重人类社会的一般事实（表现在原初状态的各方都知道一般知识）；同时又把道德理想直接植入了首要原则之中，从而能直接和明确地保证各方进入社会后的自由权利和合理的最小值，因而就是更可取的。

至于功利主义的特殊形式——平均功利主义，虽然按契约论的观点它要优于古典功利主义，但首先它并没有超越功利原则的基本框架，其次它还要遇到一些难以克服的困难：它要依赖一种对或然性的计算，依赖一种个人冒险气质的假定，而这些都是不可靠的。

按照契约论的观点，还可以通过正义原则的形式限制——公开性和终极性的条件，给出两个正义原则优于功利原则的论据，这些论据也可置入最大最小值规则所暗示的结构中，即展示两个正义原则体现了在一种很不确定的状态中可望达到的最大最小值。

首先看终极性的条件，由于有关社会基本结构的正义原则的原初契约是最终和永久性的，其带来的结果是否能够承受就成为非常尖锐和严重的问题，人们是否能够在原则所规定的最坏情况下仍然尊重它们，契约是否能够在所有环境里都坚持这些原则，就需要认真地考虑承诺的强度问题。而在这一方面，处在词典次序中的两个正义原则对功利原则来说显然占有明显的优势，它们保证各方不会因别人要享受的较大利益而损害自己的自由，这种牺牲是不容易承受的一个负担，而它恰恰是功利原则可以允许甚至赞成的。

其次是公开性等限制条件引出的论据。这涉及人们的正义感和心理稳定性。有一条心理学法则是：人们倾向于热爱、珍惜和支持所有肯定他们自己价值的东西，而公开申明了一种道德理想的两个正义原则恰恰肯定了所有人的自尊、自爱和自信。所有人的平等自由及其对利益的优先性公开地表示出人们的相互尊重，保证了人们的一种自我价值感，允诺了一种互利互惠的社会结构，从而也就增加了社会合作的有效性和稳定性。而功利原则却更要求一种对别人利益的认同，要求某些人为了别人或整体的较大利益而放弃自己的利益，这作为一种私人的道德原则可以成立，而作为社会基本结构的道德原则却显然是一种过分的要求。

在罗尔斯看来，两个正义原则在这方面更深的哲学意义在于：它们表明了正如康德所说的，人们相互不把对方作为手段，而只是作为自在的目的来对待的意愿。而功利主义则是把人既作为目的也作为手段来对待；它强调人们的利益幸福是其原则的指数，强调每个人的福利都是同等重要的，这都可以说是把人作为目的；然而它又允许牺牲某些人的权利和利益以达到最大福利的目的，或者用来衡量一些较不利者的较低生活前景，这实际上就等于把这些人又作为达到目的的一种手段来对待。故而理性的天平在这一方面也要倾向于两个正义原则而非功利原则，表格上最后一个与两个正义原则并列作为候选者的功利原则也就要被排除。

以上所讨论的对两个正义原则的论证——原初状态的整个设计，选择对象表格的提出和形式限制，采用最大最小规则的选择过程，以及与终极性相关的承诺程度，与公开性相关的稳定性等——都是契约论性质的论证，那么，这种论证是否成功呢？罗尔斯从历史上的契约论那里究竟继承了什么因素，又在哪些方面有所发展呢？契约论能不能成为一种普遍的证明方法？能不能经由罗尔斯在当代复兴呢？这些就是我们下一节需要考虑的问题。

三、契约论作为一种证明方法

罗尔斯在他的第一篇探讨社会正义的文章“作为公平的正义”中，就谈到他受到了可追溯到古希腊智者的契约论思想的启发，但也指出自己的理论与先前契约论的三点区别：第一是不涉及一般的人的动机理论，即不涉及一般的人性论，而只是作为一种推测的哲学解释来分析正义的概念；第二是比先前的契约论更抽象，各方不是要建立任何特殊的社会或政体，也不是像游戏论中那样要确立个人制胜的策略，而是要共同接受可用于共同实践的某些道德原则，或者说找到最高层次的游戏的答案——正义原则；第三是非现实、非历史的情况，既然不是想提供一种对事实的解释，自然也就避开了说它虚伪、不真实的责难。

罗尔斯明确地指出，他的正义论是对契约论的继承和发展，并申明了他沿用契约论术语的理由，他认为契约论术语的优点在于：

1. 可使正义论成为合理选择理论的一部分，这样就可以为正义理论提供一条由理性的人们选择的原则，就可以科学地根据合理选择的各种模式或规则，来描述、分析乃至设计人们的选择过程和结果。

2. “契约”一词暗示着个人或团体的复数，而正义原则处理的正是若干个人或团体在分享利益时的冲突要求，而且，“契约”一词还暗示只有按所有各方都同意的原则来处理冲突要求才算恰当。

3. 契约术语也表现了正义原则的公开性，正义原则作为原初契约结果，同时又作为随后原则的指导原则，这会是众所周知的。

4. 契约论还有一种悠久的传统，以这一思考方式来表现人际关系有助于明确观念且符合自然的虔诚，即能够取得一种来自传统和习惯的适应和支持。

5. 契约论除作为证明程序外，也可成为一种比较手段，即可以通过追溯对订约最初状态的各种不同解释而进行各种正义观的比较（如比较“公平的正义”与功利主义），这样，契约论程序也就为正义观念的比较研究提供了一种普遍的分析方法。

这里主要是就证明方法谈继承，我们后面将谈到罗尔斯在实质观念方面的继承。

至于对契约论的发展，罗尔斯认为他的正义论进一步概括了洛克、卢梭和康德所代表的传统的社会契约论，使之上升到一种更高的抽象水平。在此，所谓“上升”“更高”和“更抽象”的含义在于：

1. 不把原初契约设想为要进入一种特殊社会或建立一种特殊政体。

2. 原初契约的目标是要确立社会基本结构的道德原则。

3. 这些原则是那些想促进他们自己利益的自由和有理性的人们将在一种公平的最初状态中，在一种无知之幕背后的选择和接受，并以此作为他们联合与合作的基本条件。

4. 这些原则（即原初契约论所选定的原则）将调节进一步的契约，指定各种可行的社会合作的政府形式。

5. 此即为“公平的正义”，它最接近于我们所推崇、所看重的正义判断和直觉信念，可以替代功利主义，构成一个民主社会的最恰当道德基础。

借用一个罗尔斯使用的、使正义原则应用于社会制度的“四个阶段序列”，我们也许可以更清楚地看到罗尔斯的正义论与先前契约论形式上的区别。这一序列是：

1. 选择正义原则。

2. 制宪。

3. 立法。

4. 执法。

我们可以说，先前的社会契约论注意的主要是第二阶段，即通过制定国家的根本大法来确定某一种特殊社会或建立某一种特殊政体；而历史上的统治契约论所注意的则还要靠后，它注意的主要是第四阶段即执法阶段，即在国家性质已确立的情况下考察君主与臣民双方执行最初契约的情况。这样，集中注意于在制宪、立法与执法之前对正义原则进行选择的罗尔斯的理论自然就可以说是更抽象、更概括了，而且，向前跨了一步不仅有更抽象、更概括、更具理性色彩的含义，也有更强调道德的意义。以前在社会契约论中隐含和被认为自明的道德原则（自然法、自然正义）在罗尔斯这里被公开地提出来作为探讨的主题，并且受到了严格的分析和检查，对要选择的正义原则也做出了大量细致而缜密的论证。也正是因此，我们可以把罗尔斯的理论称为道德契约论，以区别于前述的社会契约论与统治契约论。

自然法学说赋予契约理论两个鲜明特征：一个是它的理性原则，一个是它的道德原则。现在我们看到，这两个特征更为突出和明显了，但我们还可以从论证方法和实质结论两个方面，进一步概括罗尔斯正义论的继承和发展。

在论证方法方面，罗尔斯的理论进一步继承和发展了理性主义精神，在此，理性的方法一方面表现得更抽象、更概括、更带虚拟性质，更直接地指向道德目标——正义原则；另一方面又表现得更谨慎、更精密、更少依赖直觉，在其运作过程中更有意识地试图摆脱价值的纠缠。罗尔斯的正义论继承了契约论的先验和演绎的理性精神，它不是经验事实的概括和总结，不是对历史现象的分析和解释，而是一种理性的推演，但这种理性的推演现在不是要推演出绝对的定律，而毋宁是一种设计、一种试验，容有修正、补充和改造。罗尔斯在设计原初状态中所表现出来的道德几何学，不带有形而上学的本体论含义，它的目标是有限的，前提是尽量排除价值因素的，方法是严格借鉴现代科学的（如博弈论与微观经济学），所得出的结论也不是绝对意义上的。从这些方面都可以看出哲学的时代特征，看出罗尔斯所受到的分析哲学与科学哲学的影响。但尽管如此，罗尔斯并没有逸出契约论强调理性的大道。罗尔斯正义论对契约论的复兴在某种意义上也是对理性主义的复兴。

在实质结论方面，我们看到，罗尔斯理论的基本倾向是结合与调和自由与平等，既强调人的基本自由及其优先性，又强调人们对这些自由的平等权利，尤其是强调人们在社会地位利益方面也要尽量平等，即使有差别也要以符合最少受惠者的最大利益为准。罗尔斯在这两方面都对契约论有所继承和发展，在某种意义上，我们可以把他的理论看成是对洛克维护自由的契约论和卢梭渴望平等的契约论的调和，但我们在此宁愿更注意他与洛克和卢梭两人的共同点的联系，注意“公平正义”与自然权利理论的联系。

“自然权利”的另一个译法是“天赋人权”，它是否也是“人赋人权”？这两种说法可以并不矛盾，“天赋人权”是表达一种价值观，一种具有道德意味的价值观，表示对“权利”有一种坚定的、毫不动摇的看法，表示这种“权利”有一种天然的、绝对不可剥夺的性质，剥夺它就意味着侵犯道德、侵犯人之为人的根本条件。而“人赋人权”则可以表达一种具体实现这一“权利”的途径和手段，这种“权利”当然还是要通过人的活动来实现，通过人们建立的社会制度和法治来实现。在此意义上，“天赋人权”也可以说是“人赋人权”。

在罗尔斯的《正义论》中，较少出现“权利”的字眼，但是，他所说的“基本自由”实际上就等于人的基本权利，这些基本自由包括思想和信仰的自由、参政和交往的自由、人身和财产的自由等。与洛克所说的个人享有“生命、健康、自由和财产”的权利，与卢梭所说的“人生而自由”的权利，以及后来《独立宣言》的“追求幸福的权利”相去不远。而且，在此重要的还不是抽象地规定这些权利（大概现代国家的几乎每部宪法都规定了这些权利），而是要表明对这些权利要捍卫到什么程度，当这些权利与别的东西发生冲突时又采取什么态度，罗尔斯在其《正义论》正文开始时说过“正义是社会制度的首要德性”这样一段话，强调“权利”不能因为任何利益而被放弃。虽然这并不是作为定论出现的，而是作为有待探讨和证明的论点，是作为一种直觉性的正义信念，一种将放在“反省的平衡”中作为与正义原则对照的“被考虑的判断”出现的论点，但我们看到，这些论点实际上也是证明之后的结论，它们不仅体现在罗尔斯的第一正义原则及其优先规则中，甚至也渗入了其前提，体现在他对原初状态的设计中。在那里，各方是自由、平等的个人，有同等的选择权利。罗尔斯不仅在原则对制度的应用中（即“反省的平衡”中），而且在原则的选择中（即原初状态条件的设置中），都诉诸了这种流行的道德信念和直觉，而这些道德信念和直觉与社会契约论有着不解之缘，它们正是在 17 世纪社会契约论的气氛中培植、繁荣和普及开来的，当然宣传了这些观念的不只是社会契约论，但在社会正义的领域里，契约论曾经是长期占支配地位的理论，对英国光荣革命、美国革命和法国革命有直接的影响。权利在此不仅是在与权力对立的意义上使用，也常常在与功利对立的意义上使用，换言之，任何一个人的基本权利，不仅是有权力的政府或其他团体所不能任意剥夺的，也是不能以社会整体利益或大多数人利益之名而损害的，而按罗尔斯的优先规则，第一原则优先于第二原则，这就意味着，制度对个人权利的某种侵害行为，即使符合最少受惠者的最大利益，也仍然是不允许的。这就是"由正义所保障的权利决不受制于政治的交易或社会利益的权衡"的真实含义。在罗尔斯看来，这正是他的契约论性质的"公平的正义"理论胜过流行的功利主义的一个突出优点。

然而，罗尔斯更强调的并不是这种对契约论的实质结论方面的继承，而是对其证明方法的继承。前一种继承是隐藏在"反省的平衡""被考虑的判断"的后面，因为300年前新鲜的权利观念，到现在实际上已成为大多数人默认和遵守的常识。但是，这类观念毕竟还是受到了挑战，甚至受到了严重威胁，如果麦金太尔的历史分析确有合理之处，那么可以说，为这类观念所建立的理性基础还不够牢固和可靠，否则，就很难解释为何道德相对主义、虚无主义在20世纪广泛流行。因此，重新证明这类观念，为它们建立起牢固而可靠的论据，就不仅仅是一种证明方法的问题了，它对捍卫实质性的观点也具有关键的意义。

那么，契约论，或者说经过改造和提升的契约论，在新的历史条件下，是否能够提供一种有效的证明方法呢？罗尔斯通过契约论的构架提出的证明是否成功呢？

德沃金对罗尔斯的契约论方法提出了批评。首先，他认为，罗尔斯提出的原初状态的论据，对于证明他的两个正义原则来说，看来并不是必要的，因为罗尔斯还有一种证明，即把他建立的正义理论体系、基本观点与我们在日常生活和行为实践中事实上推重的直觉的、无须反思（unreflective）的信念和准则进行比较和对照，这主要见于罗尔斯《正义论》的第二编，即把两个正义原则用于制度时的推论与我们日常流行的正义准则及基本和共享（或最多的人共享）的正义观进行对照比较，来回修正。这里可以说有两种平衡，上面说的是第一种平衡；还有一种平衡是理论本身的平衡，理论结构的平衡[1]，或者说融贯论的平衡，用通俗的话说就是“自圆其说”，即一种理论体系其中各个论点都是相容的，相互支持和前后一贯的，不发生逻辑上的矛盾，它们综合起来，达成一种统一的、和谐的理论结构，这种结构就构成了某种合理性，就具有了某种说服力。整个理论体系就达到了一种平衡。一种是涉外的平衡，也是一种自身内部的平衡，这就是所谓“道德的一致性理论”（coherence theory of morality）或“一致性论据”。在德沃金看来，契约论的原初状态的论据即使不是多余的，也至少在书中占的比重过大，有喧宾夺主之嫌，罗尔斯使用经济方面的论据太多，过于繁复，不太成功。

关于“一致性”还可以再说几句。德沃金认为解释“一致性”有两种模式：一是自然模式，比方说在物理学中，把理论与客观存在的现象对照比较，看它们是否一致；一是结构模式，即把建立的理论与某些直觉信念比较，自身内部的各论点之间也互相比较，看它们是否达到了某种一致。后一种模式要经过道德直觉与道德理论之间的反复平衡，互相修正，才能达到一致。德沃金认为罗尔斯的平衡表面上看与自然模式有关，实际上是以从特殊信念到一般正义理论的推理的结构模式为前提。这样的结构模式所达到的东西，虽不构成绝对意义上的真理，但不见得对行为就没有一种指导意义，因为它还是基于某种合理性的。而且由于它要和共享或比较流行的实际道德观念平衡，就使它处在一种较为大众化的立场。

德沃金对罗尔斯理论方法的第二点批评是：用原初状态来证明两个正义原则本身是不充分的，很不够的。因为原初状态本身只是一个中介，一个中点，它后面还应有一个更深的理论作为依托。换言之，正义原则只能通过（through）契约产生而不能从（from）契约中产生，它们不能从原初状态中得到根本证明。德沃金实际上是要追溯到契约论的原初状态的公平性前提上去，即不是从原初状态，而是从罗尔斯为原初状态设置的自由平等条件中寻找正义原则的根据。在德沃金看来，还必须有一种更深的道德

[1] 著名社会学家马克斯·韦伯也早就提出过这样的思想：只要选取的材料真实，在推理过程中坚持首尾一贯性即无逻辑矛盾，每种解释就都有自己的合理性，但这种合理性并不意味着绝对的、最后的真理。

理论来证明罗尔斯对契约的用法，这一理论将解释为何原初状态对于正义论是一个有感染力的模式，那么，这一深层理论肯定不是如功利主义那样的目的论。罗尔斯自己认为原初状态是对康德的自律和绝对命令的义务理论的一种程序性解释，而德沃金认为罗尔斯的理论是一种基于权利的理论，这一点是从其采用契约论的论据表明的。契约论本质上是一种权利理论，或者说是权利理论的自然发展，目的论和康德式义务论都不能利用契约论的方法，契约论重视个人权利，以个人为基础，它假定每个人都追逐他自己的利益，对集体决定有一种否决权，不得到他的同意就不能产生义务。所以正是因为有一种更深的权利理论作为基础和依托，社会契约和原初状态才能得到说明，才能作为中介提供论证。

另外，德沃金认为，原初状态本身也是不确定的，设计得并不太好。那种虚拟的无知之幕有些不可信之处，跟人们的实际选择处境相差很大。原初状态中的人的先定利益亦不同于当代人的利益，原初状态中的人求稳妥和保险，态度保守，但实际生活中的人却可能不是这样，而是更趋进取。所以，德沃金说，只有撤去无知之幕而能证明两个正义原则才是真证明。

德沃金一方面说罗尔斯的契约论论据是多余的，因为在其“公平的正义”理论中，实际上起着更重要、更有说服力的作用的论证是一种“一致性”的证明：理论在外部与人们的直觉信念的一致性和理论自身内部的一致性；另一方面又说罗尔斯的契约论论据是不够的，因为所有这些论据本身又还需要一种深层理论的支持，一种权利理论的支持。一方面说多余，另一方面又说不够，这种说法看起来是矛盾的，然而它真的是如此矛盾吗？德沃金并没有深言做出这种似乎矛盾的批评的理由，甚至没有明言这种矛盾，没有明确地觉察出这种矛盾，但我们却可以由此思路做一些有意义的引申。

罗尔斯借重契约论作为论证方法的理由上文已论，他认为通过契约论可以利用当代的合理选择理论的规则，可以实现由竞争的个人向建立正义共识的社会的过渡，可以表明正义原则的公开性，可以作为一种把“公正的正义”与其他正义原则（主要是功利主义）进行比较的手段，最后还可以得到传统的支持。但我们说，契约论作为证明方法在罗尔斯那里最重要的意义是作为一种集合手段，即把基本的论据都集合为一体，这也就是他所说的，通过“原初状态”，把一个相当明显的选择问题，同合理公认的在选择道德原则时所面临的条件统一到一个观念中来了。“原初状态”是从契约论的“自然状态”发展而来的，然而是在形式上剔除了一切历史、现实和经验因素的一种最初状态。人们对这种最初状态的设计和解释还可以有其他的方式，因此，面临的第一个问题就是：“原初状态”本身的设计是否合理？因为这里很可能面临一个麦金太尔所做的含有讥讽意义的批评：不但处于某种无知之幕后的原初状态中的有理性的人确实会选择如罗尔斯所主张的正义原则，而且只有处在此种原初状态的人才会选择此类原则。这就意味着，结论至少已经部分地包含在前提之中了，当然，罗尔斯会回答说，证明就在于结论和前提的互相支持，就在于整个体系的互相平衡、互相协调，他也确实努力这样做了，正像一个批评者所言，《正义论》全书每一页都是在努力提供证明。但从上面我们已经看到，契约论所起的作用并不是提供一种根本的证明，而只是作为一种集合手段，一种容纳各种条件的手段，一种装载合理选择规则的手段，一种启动一系列明智推理的手段，一种与其他原则比较的手段。原初状态本身需要证明，而对它的证明现在主要是来自本身要通过它来证明的正义原则及其制度应用。因此，人们完全可以设想，他们不仅可以设计另外的最初状态，而且可以超出契约论的理论框架，以另外一种方式、另外一个名称来集合这些论据，这样，契约论的形式对正义原则的证明就可以说是多余的，即如果这种原初状态的设计并不十分合理，它所集合的论据并非最有说服力的论据，或者有一些更为根本的论据不能装载到它的形式框架之内，那么，就可以对这一形式框架弃而不用。总之，说它多余，是在契约论仅仅作为一种证明方法，甚至仅仅作为一种集合论据的手段的意义上的，与契约论的实质结论无涉。

至于说到契约论论据还是不够的，则是采取了一种更广阔的视角或进入了更深的层次。我们在第一章叙述了“契约”概念在历史上的广泛含义，它不仅是一个法律概念，而且还具有哲学乃至神学的含义。我们还阐述了可以从“契约”概念引申出来的某些逻辑推论。罗尔斯的实质结论无疑是与自然权利理论有某种联系，但他并没有指明这种联系，而主要是把契约论作为一种方法论，在这种方法中又装载了可能太多的明智性质的推理和经济、数学方面的论据，这样反而容易模糊人们投向正义原则的最深根基的视线，正义原则的根肯定不是最终地扎在此处，而是延伸到人们对人生、对世界的整个看法之中。罗尔斯的理论表现了一位严谨的学者应当具有的谨慎和小心，但我们也许可以责备他过于谨慎小心了。他希望通过重新诉诸契约而得到一种传统的支持，但把契约论仅作为一种证明方法却会限制这种支持，甚至我们可以说，契约论遭到攻击最多的地方，最为人诟病之处恰恰是它的方法而非它的结论。罗尔斯当然在很大程度上改造了这种方法，这种方法也确实有一种富于启发性，甚至解放性的意义，它能使人以一种新的眼光重新审视社会制度的道德根基，使人在建立社会正义的最初逻辑起点，即道德起点上发言，它也提供了一种集合论据的手段，提供了一种作为证明的选择过程，但是，这种道德根基、道德起点还应当得到一种更深层，也更广泛的理论支持，得到一种具有实质意义的文化观、历史观、价值观的支持，它还可以有一种更大范围内的自成一体。在此意义上，仅仅作为一种证明方法的契约论又确实是不够的。

罗尔斯曾讲到过去对功利主义的批评只是零打碎敲的批评，只是否定性的批评而非建设性的工作，因此，他努力构造另外一种观点，构造一种具有同样明晰性和同样系统性的正义论体系以取代功利主义。罗尔斯在这方面的努力相当成功，但我们还是可以说，在罗尔斯那里，仍然没有能完全摆脱过于谨慎小心、自我局限、自我封闭的分析哲学的影响，还是有零打碎敲的痕迹。罗尔斯因不满于功利主义而诉诸另一种传统——社会契约论，但正像仅仅对功利主义的批评不能取代功利主义一样，仅仅把契约论作为一种证明方法也不能充分挖掘契约论的潜力而复兴这一传统。真正的问题也许并不在于复兴这种或那种思想传统，而在于复兴一种对人生和世界的全面关怀，恢复一种博大的胸怀，进行一种最高层次的哲学观照，这不是僭妄，不是非分之想，而正是后来者的使命。这种复兴是否采取契约论的形式并不重要，历史完全可能给它另外一个名称，但一种伟大的综合确实是我们的期望。

四、“反思的平衡”

罗尔斯的证明方法从契约论中得到启发，而契约论在对社会制度的讨论上具有强烈的理性主义色彩，在这一节里我们将追溯这种理性方法在社会正义领域内的历史，并进而讨论罗尔斯的理性方法——“反思的平衡”，包括其理论渊源、与别种方法的比较，以及它在伦理学史上所处的地位。

契约和伦理的历史结合产生了统治契约论，而统治契约论考虑的尚是制度中人的伦理，到社会契约论才进一步发展到考虑制度本身的伦理，使契约论真正进入社会正义的领域。培根、笛卡尔、霍布斯等人所生活的时代，至少对思想家个人来说是一个堪称幸运的时代，他们对人类的知识和理性都充满信心，这种普遍的信心一直持续到19世纪。不管社会契约论的三个伟大代表——霍布斯、洛克、卢梭——在有关制度和政体的最后结论上是多么不同，也不管他们三个人在一般哲学，在认识论方面有何不同，他们在讨论社会制度的领域内都一致地推崇理性，都采用了理性主义的方法，但在运用各种理性方法上却又存在差别，我们现在就来分析这些差别。

霍布斯认为他的思考次序是模仿上帝创世的次序。上帝在一星期里创世的次序是：光明、昼夜之别、苍穹、有感觉的生物、人，而紧接着创世之后就是诫命。所以他沉思的次序也是：理性（光明）、定义（区别）、空间（苍穹）、星球（天体）、可感觉的性质、人，等到人成长起来，就是服从命令。

霍布斯推崇理性，这和当时对几何学的崇拜有关，在他之前的格劳秀斯和在他之后的斯宾诺莎，都借鉴了几何学方法来构建自己的哲学体系：从最简明的一个或几个命题出发，演绎出一套复杂的理论来。但他又承认一切知识是抽象的经验，也就是说，在涉及知识的起源上，他是一个经验论者；然而，他又是一个唯理论者，认为只有推理能得到普遍的知识，察知事物运动的原因要靠理性的演绎，并且，他以数学方法来解释对理性的运用，认为理论思维也就是对观念、名称的加减。

因此，我们可以说霍布斯的理性方法是一种推演的理性、演绎的理性，一种深受数学方法影响的理性。我们在《利维坦》中看到的正是这种方法：霍布斯善于列举、解说定义，如他对各种自然法的列举和规定，这种列举和定义有时未免使人有烦琐之感。而他最擅长的还是推演，即从一个基本前提推演出一系列结论来，在这些推演过程中，确实有一种逻辑的明晰性和一贯性。但如果前提有错误，就很难避免结论的错误。我们知道，在社会契约论中，最初的起点都是自然状态，由于霍布斯思考的事实前提实际上是一种人性的性恶论，他还把这种性恶论描绘成自然状态中“人对人是狼”的极其悲惨的图景，加上其价值前提是以生命的保存为至高无上，因此就逻辑地引出一种绝对放弃权利的契约和君主专制的政治结论来。

洛克在认识论上是个经验论者。在他的《人类理智论》中，他批判了天赋观念论，认为并不存在全人类普遍同意的原则，无论是思辨原则还是实践原则（前者指数学、逻辑，后者指道德、宗教），而且组成原则的观念也非天赋。真实的观念（真理）是同事物原型符合的观念，心灵又在此基础上加工构成复杂观念。虽然有直觉的知识和论证的知识，但知识并不能超过我们的观念范围。

洛克的经验主义的认识论和他具有唯理主义色彩的政治学、伦理学并不是逻辑上严密一贯的，这中间存在着某种断裂。在认识论方面，洛克是个经验论者，而在政治学、伦理学方面，洛克却又表现出理性主义的倾向。他所谈到的自然法实际上就是一些直觉的不证自明的普遍适用的原则。人的自然权利被看成是天赋的、不可争议的、不可剥夺的权利。洛克的认识论对于他的政治学、伦理学最有意义的部分是他对天赋观念论的批判，从这种批判中可以直接引申出否定君权神授的结论来。这就是他在《政府论》上篇中所做的工作。然而，在其对“普遍同意”说的批判与其自然法理论之间却存在着明显的逻辑矛盾，这种矛盾不仅存在于他的认识论与政治学之间，也存在于他的政治学内部。这也可以附带说明洛克的哲学是一种受欢迎的常识哲学，受欢迎的常识常常需要兼容并蓄，综合各种意见，以致可以容忍逻辑上的某些矛盾。所以，洛克的理论也往往可以由后来者从不同的方面加以发展。常识常意味着妥协，然而在政治领域中这一特点与其说是毛病，毋宁说是优点。

因此，我们说，洛克的理性方法是一种常识的理性，它将人们日常生活中已经流行或开始形成的某些直觉信念集合起来。而把这些有关正义的经验常识转变为具有普遍必然性的原则，甚至把它们熔铸为一个体系，则非理性莫属。洛克的伟大意义就在于他敏锐地看到了当时正在人们生活中形成的，代表时代发展方向的某些有关社会正义的信念、准则，并把它们提升为明确的、具有普遍约束力的原则。理性并不因与常识结盟而变得低下、琐屑，相反，在社会伦理的领域里，理性必须借重常识，而且我们所说的常识是指正义方面的常识。借重常识也就意味着借重传统、诉诸大众，这对达成一个良好的共同体意义重大，因为任何一个良好有序的共同体都必须首先建立在有关什么是正义的共识的基础上。至于如何消弭逻辑矛盾，这正是要求发挥理性力量的地方，但没有理由贬低常识。

我们前面讲到过卢梭对情感的推崇。卢梭擅长的不是说服人，而是打动人，不是诉诸大脑，而是诉诸心灵，卢梭的论著从来不是平心静气的，而是充满着激情。诚然，在最冷静的笔调、最枯燥的行文和最抽象的概念后面都可能隐藏着一种感情、一种信念、一种价值评判。生命不可能对外界现象无动于衷，不可能完全担当一个纯粹的旁观者的角色，即使这常常是真理的一种要求。但是，激情在涉及个人追求时常常可以大胆地前行，就像在一个艺术家、一个自为的圣徒那里一样，而在涉及社会事务，涉及不仅自己，而且许多别的人，尤其是在涉及对千百万人影响巨大的社会制度的问题上发言时，却显然要抑制个人的情感，不能纯然让自己的生命体验中所感觉到的东西成为普遍的原则，不能纯然做情感的反映，而是要以一种更为普遍、更为客观的眼光看待问题，我们确实看到卢梭在自己的著作中常常是感情流溢、不加掩饰、真诚热烈的，但我们还是可以说，《社会契约论》是他最具理性色彩的一部著作。

《社会契约论》是卢梭思考得最久的一部拟议中的长篇著作《政治制度论》的撮要。卢梭在这部著作中做了一种他很少做的使其思想体系化的工作。他首先讨论人类怎样由自然状态过渡到政治状态，以及公约的根本条件是什么，继而讨论制宪，讨论政治法即政治的形式，最后阐明巩固国家体制的方法，他的论证过程已如前述，其中也表现出一种逻辑的明晰，不乏许多有力的论据。卢梭也诉诸了人们在社会生活中某些常识性的正义直觉，他敏锐地认识到共同体的“善”对于所有生活在其中的人们的意义，同时又意识到直接民主制不可能完全实现，因为人不是神，“这样完美的政府不是人类分内的东西”，如果发展这样的思想萌芽，将可能构成对政治浪漫主义的有效抑制。卢梭特别注意到一种在人们心中根深蒂固的信念：人不能在自己的同类遭受苦难时淡漠置之，尤其是在极少数人占有大量财富的时候，让大多数人因冻饿而死于沟壑，此无异于“率兽食人”。

但是，常识性的正义直觉不是单数，而是复数，要建立道德的普遍原则，尤其是社会政府的原则，就必须以一种理性的态度，在各种常识性直觉之间进行冷静的分析和恰当的平衡。确实，一种同情，一种恻隐之心，可以说揭示了我们道德的源泉，我们的许多道德规范和原则之所以能起作用，能发挥效力就有赖于此，但道德的这种源头和道德的原则还不是一回事。如何实现这种同情，如何把那人心源头上一点十分宝贵的不忍之心化为制度的不忍，却显然要经过一种理性思考的途径。卢梭的理论看来还是受到了情感的过分影响，以致他在考虑平等时没有仔细地思考如何实现平等，首先是实现什么样的平等，其次是通过什么途径去实现平等，以及这种平等可以实现到什么程度。所以，我们说在卢梭《社会契约论》中所使用的理性方法主要还是一种受到情感影响的理性，一种具有浪漫色彩的理性。

康德从人同时属于现象界和理智界的著名命题出发，在《实用人类学》中依据经验进行分析，而在三大批判和《道德形而上学基础》中，他采用了一种先验理性的方法。如果说卢梭关注的是道德的源头，是恻隐和同情之心，那么，康德所关注的就是向人发出绝对命令的道德原则了。在康德看来，这些原则绝对不顾及人的情感、人的喜好，也不依行为的目的效果为转移，它们是先验地从人作为意志自由和有理性的存在本质中演绎出来的，是置于一种纯粹的实践理性、道德理性的基础之上的。

黑格尔自然也推崇一种思辨的理性，然而在此，过程的观念被引入了，理性，或者说绝对理念被理解为一种发展过程，自然与社会也被理解为一种由它决定的发展过程，在这个意义上，我们也可以说黑格尔的理性是一种历史的理性（但并不能完全代表历史理性或思辨的历史理性）。但是在此，一种“辩证”的逻辑必然性是至高无上的，一切演变和发展都被纳入他所称的“正、反、合”的三段式，而且，这一发展有一顶点，它在哲学上是在黑格尔自己的哲学中，在政治上是在普鲁士国家形态中得到了最终的实现。

所以，我们说社会正义理论在方法论上最容易受到来自两个方面的不利影响，一个是来自情感，来自政治上的浪漫主义；再一个就是来自理性本身，来自僭越的逻辑，来自对必然性近乎宿命论的强调。

现在又回到罗尔斯。我们在上一节考察了他对正义原则的契约论据的证明，在这一节中，我们要考察他在更广泛意义上而言的“反思的平衡”的证明，以及康德式证明，不过，为了了解他进行这些证明的背景，我们先得回顾一下20世纪英美伦理学的发展，看看由于理性害怕自身的僭越，退缩到了何等狭小的范围。这种谨慎小心，虽然作为对黑格尔主义的一种反拨是不无道理的，它也并不会对社会正义理论构成直接的损害，但我们仍旧可以说，由于限制了人们去探讨社会正义问题，因此它还是影响到了正义理论的发展。

20世纪英美伦理学大致经历了这样三个阶段：第一阶段是直觉主义，摩尔指出了传统伦理学是一种“自然主义的谬误”，即想用自然的东西去定义非自然的东西，而有些东西从根本上说就是不可定义的，不可定义就意味着无法用推理来把握，无法解释和说明，而只能通过直觉去把握、去认识，这就限制了理性的范围，就在事实与价值之间划了一条界线，就意味着此前的大多数伦理学家都犯有这种“自然主义的谬误”。摩尔指出“善”就是这样一个不可定义的概念，后来的罗斯指出“正当”也是一个不可定义的概念，普里查德则认为在我们具有什么“义务”的问题上也不可进行论证。当然，摩尔等人并不认为“善”“正当”“应当”“义务”这些概念就没有意义，而只是认为它们无法定义，只能通过直觉去把握。

第二阶段是情感主义的阶段。艾耶尔在20世纪30年代轰动一时的《语言、真理与逻辑》一书中认为，伦理命题不是有意义、可证实的命题，它们只是在表达我们的感情。这一理论后来由史蒂文森发展和完善了。情感主义进一步限制了理性的范围，经过这样两个阶段，伦理学的理性基础就在很大程度上被动摇了，理性（尤指19世纪那种思辨和概括的理性）就几乎从伦理学中被驱逐出去了，而这种对理性的限制恰恰又是出于一种寻求真理和确定性的动机，正是用理性批判、考察理性本身的结果。理性发现自身无力在价值领域中建立和证明真理：直觉主义者认为那些价值和正当与否的评价只是一种自明的、无法定义和论证的东西（但他们还是相信它们是可认识的），而情感主义则进一步坚持道德判断只是在表述我们的感情和喜好。这样，伦理学领域中还剩下什么东西具有绝对的确实性，还有什么工作是真正哲学的、发掘真理的工作呢？显然就只剩下对道德陈述的语言和逻辑所做的分析了。这样，理性就走到了对实质性道德问题表现出冷淡，仅仅对道德语言和逻辑进行分析的阶段，伦理学仅成为伦理学的认识论和逻辑学。

我们当然要注意到，这种冷淡是出自一种寻求真理、寻求确定性这样一种动机。一个真正的哲学家不会提出他本人也怀疑其真的命题，可是现在伦理命令、道德规范之类的命题恰恰就是这样一类让哲学家们生疑的命题。如果我感到我提出的规范只是表述我的情绪，但又苦于找不到我提出的规范的合理根据，那么，我也会对提出规范或解决方案持审慎态度。所以，在英国伦理学家黑尔看来，欧洲大陆存在主义哲学家所提出的伦理命题就像一些形状各异、色彩斑斓的气球，一旦破裂就会发现其中一无所有。于是，真理或者说真正的严密性、确定性、明确性现在看来就只存在于形式之中、逻辑之中、语言之中、分析之中，这种分析虽然可能是琐屑的，但它至少是可靠的。

罗尔斯正是在这种哲学伦理学的气氛中开始他的哲学工作，在他的早期论文中，也较多地表现出这种语义和逻辑分析的倾向。但在《正义论》中，他明确地对这种倾向提出批评，认为它不应在伦理学中占据主导地位。他说："无论如何，仅仅在逻辑的真理和定义上建立一种实质性的正义论显然是不可能的。对道德概念的分析和演绎（不管传统上怎样理解）是一个太薄弱的基础。必须允许道德哲学如其所愿地应用可能的假设和普遍的事实。”[1] 他说他希望强调研究实质性道德观念的中心地位。

因此，罗尔斯的《正义论》本身就体现了一种转向：由形式的问题转向实质性的问题，由纯粹语言和逻辑的分析转向进行思辨的概括，由谨慎地限制理性转到大胆地在公共事务上运用理性。

从《正义论》整个体系来观察，罗尔斯所采用的理性证明方法是一种他称之为“反思的平衡”的方法。罗尔斯把正义论看作一种想描述人们正义感的尝试。人们在社会生活中已经形成一些比较固定、比较流行的有关正义的常识性准则和信念，罗尔斯把那些在有利环境下形成的、比较可靠的、在相当程度上被公认为正确的信念准则称为“所考虑的判断”（considered judgements）。但他认为，这些判断尽管相对可靠正确，但并没有理由认为我们的正义观能够准确地由大家所熟悉的常识性准则来表现其特征。对正义感的正确解释，肯定要涉及理论结构，肯定需要建立一种理论框架，也就是说，需要通过一种思辨的理性，概括出一种包含有普遍原则的正义论体系来。

然而，这种建立就是一个“反思的平衡”的过程，“反思的平衡”也就是对正义理论的一种证明方法。在“公平的正义”理论通过被原初状态中的人一致选择（契约论据）而确立之后，还必须把它与人们的日常正义准则（“被考虑的判断”）进行对照，看是否能够达到一致，在这种对照过程中或者修改原则，或者纠正判断，总之要力求达到最后的一致或者说趋于平衡。

这就意味着，道德哲学是苏格拉底式的：在这一类似对话的过程中，我们现在所考虑的判断的原则被阐明，我们就可能想改变这些判断。也就是说，道德哲学将影响到我们的实践，将促使我们对原先的常识性准则进行进一步的反思，加以修正，甚至彻底改变，从而也就最终改造我们的行为，改造我们所建立的社会制度，这就是理论的巨大作用，就是理论的实

[1] 罗尔斯：《正义论》（修订版），第 40 页。

践意义。

罗尔斯认为，他的理性证明方法有别于笛卡尔式的从某些自明原则推演的标准和规则体系的方法，也有别于以非道德概念来定义道德概念的“自然主义”的方法，而是使证明依赖于整个观念，依赖于这个观念在何种程度上适合于在“反思的平衡”中的“所考虑的判断”，并把这些判断组织成一个系统。证明是许多思考的互相支持，是所有因素的调协一致。罗尔斯正义论体系三部分的互相连贯、互相支持正如前述，第一部分是提出基本理论的结构，提出两个正义原则，第二部分是把这些原则应用于制度时与“被考虑的判断”对照，第三部分则考虑“公平的正义”理论在联系价值目标时的可行性，而每一部分之中的各个论点也努力做到协调一致。

罗尔斯也引康德的哲学来加强对自己的正义理论的证明。他认为，对他的平等自由的正义观可以做一种康德式的解释，这个解释建立在康德的自律概念基础上，康德伦理学的意义和力量不在于它强调原则的一般性和普遍性，而是在于它把道德原则视作理性选择的目标，并设想道德原则将被作为自由和平等的理性存在的人们一致之同意。当人选择作为这一本性的最准确表现的道德原则时，他就是在自律地行动着，他所遵循的原则之所以被选择，不是因为他的社会地位或自然禀赋，也不能用他生活在其中的特殊社会以及他恰好需要的特定事物来解释，如果那样的话，就是在他律地行动了。原初状态中相互冷淡的动机假设符合康德的自律概念，它体现了选择的自由，即不以某种特殊方式来限制他们的目的，不对人们的愿望施加任何先验的限制。原初状态中的人最后所选择的两个正义原则也就是康德意义上的绝对命令，因为对它们的选择不以任何特殊目的和愿望为转移。不管我们的具体目的是什么，正义原则都适用于我们的意义，按照正义原则行动也就是按照绝对命令行动。这说明在推出作为绝对命令的正义原则时，没有以任何偶然因素为前提。

于是，原初状态可以看成是对康德的自律和绝对命令观念的一个程序性解释，而且，对原初状态的描述使我们能够解释这样一种意义：按照这些正义原则去行动，表现了我们作为平等、自由的理性人的本质，我们之所以想按照正义原则去行动，是因为我们想成为一种能够选择自由的平等、自由的理性的存在物。罗尔斯认为他的理论与康德的自律伦理学只有两点值得注意的不同：一是他把作为一个本体自我的个人的选择视作一个主体的选择；二是他始终假设原初状态中的各方知道他们是服从于人类生活的各种条件。这些不同看来不是实质性的，而只是因为罗尔斯在此考虑的不是一种普遍适用于理性存在的伦理哲学，而是一种人类社会的正义理论。

我们从以上叙述可以看出罗尔斯对洛克的常识理性和康德的哲学思辨理性的回溯，但是，罗尔斯还是吸收了分析哲学的某些成果，他在构成其正义论体系时努力避免独断倾向，明确地声明自己只是在进行一种虚拟的、深思熟虑的理性设计，他所理解的证明是整个理论的互相支持、前后一贯，是可以不断容有修补甚至局部推翻的，他细致地进行逻辑和语言方面的推敲，仔细琢磨证明方式，确定自己的有限目标，对有些重大和根本的问题存而不论，画上括弧，尽量提出一些弱的假定，力求实行某些简化的手段而突出重点，尽量以明智审慎来代替价值判断——这些都反映出分析哲学的影响。

总之，正像我们在实质结论方面看到罗尔斯努力调和自由与平等的冲突一样，他在理性方法上也表现出一种综合的倾向，他重振理性的信心，试图为正义论建立一个理性的基础，为此而调和分析哲学与思辨哲学，调和常识理性与先验理性，并在某种程度上做得相当成功，也正是这种颇为成功的综合和调和的倾向，使他的正义论产生了很大的影响，引起了热烈的讨论和批评，亦使今天西方的社会政治哲学很难绕过罗尔斯的理论。

最后，我们扼要地谈谈历史的理性的问题。

首先，我们对我们的活动，以及由这种活动构成的历史应当有一种理性主义的态度。尽管人的理性本身存在着弱点，有它的不完善之处，有它的局限性，但这是防止我们堕入蒙昧主义，堕入黑暗和野蛮的唯一途径，康德给启蒙下的定义就是在公共事务上大胆运用理性，而人们由于怯懦和懒惰往往不去使用自己的理性，这在我们现在所涉及的论题上尤其如此。在社会正义领域内，人们对任何社会制度，乃至任何社会政策都有必要采取一种“请提出理由”的理性态度，越是基本的制度政策，越是需要对之提出这一要求。制度和政策必须提出自己的道德理由，而由于制度和政策是由人去建立和实行的，这又等于是向我们自身提出要求。探讨这种理由的道路是艰难的，但一旦自觉地开始了这一过程，就使我们有了改造我们的社会环境的有力杠杆。“请提出理由”的要求对制度政策来说，就像“请提出证据”的要求对法庭一样有时是迟滞性的。到证的过程常常使得审判成为一件麻烦的事情，常常延缓判决，但它对任意的判决构成了一种有效的约束，并对保证审判的公正必不可少。同样，“请提出理由”的要求也可能并不让人痛快，对一种制度的建立、一项政策的实行也会起延缓的作用，然而，由于这类制度涉及千百万人（还不像审判只涉及一个或几个当事人），这种延缓就最终是有益的。这还只是就具体制度和政策而言，如果涉及从起点上影响着千百万人的一生的基本制度，就更有理由寻求一个合乎公道、合乎理性的基础了。

人类社会的事务是复杂的，又是简单的。说它简单，是因为它不过表明了这样一个简单的道理：人类既然不可能逃离社会而离群索居（今日就更不可能了），人们就要研究怎样合在一起生活才最好，既然要好好地合在一起生活，并使这种社会生活真正稳定下来、和谐发展，就只能说服而不能压服。而说服就是说理，说理就是说常理，说大多数人都会同意的道理。这种说理的要求并不因历史上的种种不讲理而可以勾销，相反，这正加强了它的要求的分量。所以说道德哲学是苏格拉底式的、辩证的、对话的，而这尤其适用于社会政治伦理。社会政治伦理的论证不像数学、逻辑，它必须是辩证的，因为它必定在至少两方之间进行。除了紧迫的问题之外，暂时说服不了对方时就必须等待，等待对方的回答。确立这样一种理性主义的态度至关重要，因为我们每日都在创造我们自己的历史，创造人类社会的历史，我们必须自觉地以一种理性的态度去创造这种历史。

其次，在我们的理性主义中既应当注入历史的因素，又应当关注历史。人除了本体的、生命的、个人心理的焦虑之外，还有一种历史文化的焦虑，这种焦虑尤其集中地体现在社会制度的问题上。人总处在某一社会之中，就总体而言，人的理性就不能够自我封闭于一隅，也不能超越历史文化而作一种真空中的翱翔。理性（在此说的是道德理性），应当首先在社会伦理的问题上发言，此理由我们已在制度原则对个人原则的优先性中阐明。

理性主义和道德主义常常被认为与历史主义相矛盾，然而我们相信历史中就含有真理，就含有正义。人本身就是一个有限的存在，或者说历史的存在，我们必须对我们的思考有所限制。但这并不意味着在这一领域内就没有真理，就没有绝对，这里仍然有某种共同的、普遍的东西。自然，对真理和正义不宜做一种黑格尔式的理解，尤其是在涉及未来时，我们宁可说道路是开放的，未来有待于我们去创造。

社会领域内的真理和正义的历史性质还在于：尽管它们是绝对的，但它们都还是历史地形成的。某些具有真理性的常识性正义准则和观念，它们的形成和发展有赖于一种历史的机缘。这种情况特别显示出文明的差异。这也意味着，我们不能割断自己的历史而附会别人的传统，我们必须运用自己的理性，尊重自己的文明，寻找使那些真正有普遍意义的原则和理论进入我们自己的历史的途径，我们必须在尊重历史的基础上创造历史，挖掘我们自己的传统中可以利用的资源。我们要面向未来，翻开我们历史上新的一页，这是历史的要求，也是理性的任务。

第八章　批评与发展

本章讨论西方学者对罗尔斯提出的一些批评和罗尔斯的回应及对其理论的发展。这些批评有些是来自自由主义，有些来自别的方面。我们将重点考察前一方面的批评。

一、诺齐克与罗尔斯之争

罗伯特·诺齐克（Robert Nozick）是罗尔斯《正义论》最著名的一个批评者，他在《正义论》出版之后三年推出了他的力作《无政府、国家与乌托邦》（*Anarchy, State, and Utopia*，1974），[1] 这部著作又一次震动了学术界，使人们对"政治哲学死亡了吗？"的问题更倾向于做出否定的回答。诺齐克提出的问题是：国家是否有必要？如果有必要，它能管多少事情？如果管事太少，它对人们是否还有吸引力？对这些问题，诺齐克是从道德的观点进行考察的，即对上述问题都要提出道德上的论据而非别的性质的论据，诺齐克得出的结论是：只有一种"最弱意义上的国家"（minimal state）能够得到合法性的证明，而这种国家简单说来就是一种主要限于保护性功能的国家，一种古典自由主义传统所谓"守夜人"式的

[1] 以下引述来自拙译诺齐克：《无政府、国家与乌托邦》，中国社会科学出版社 1991 年版。

国家。

诺齐克与罗尔斯在国家的政治功能方面分歧不大，争论主要发生在国家的经济和社会功能方面。诺齐克没有对罗尔斯的基本自由及其优先性的原则提出异议，他同样认为国家在政治上要保障所有人享有尽量广泛的基本自由，这种保障优先于对社会福利、秩序的考虑。但国家在满足这一条件之后，是否还能做更多的事呢？即能否按照某种社会理想或分配模式，致力于达到一种经济利益的分配正义呢？罗尔斯认为可以，而诺齐克则认为不可以，并提出自己有关持有正义三原则的权利理论，来反对罗尔斯的差别原则以及他主张扩大国家功能至分配领域的观点。诺齐克这种权利理论与罗尔斯差别原则的对立，实际上也就是在经济领域中强调自由和强调平等的对立。诺齐克与罗尔斯争论的正是经济领域中自由与平等孰更优先的问题。在政治、思想等领域，平等与自由可以统一，可以看成是一回事；而在经济、利益分配的领域，平等与自由就不能不出现矛盾，发生冲突，就会出现一个谁更优先的问题。罗尔斯通过特别关照处境最差的群体而表现出对平等的强调，诺齐克则毫不含糊地把自由优先、权利至上的原则继续贯彻于社会和经济利益分配的领域。

按照诺齐克的思路，我们可以设想一个私有制社会里利益分配或收入的情景，国家公务员或官吏拿的是国家俸禄，这些俸禄来自某种税收制，用来支持这些官员实施国家的维持社会秩序和保护公民权利（对外还有防御外敌入侵）的功能，由于国家的功能被严格限制于此，官员的数量和开支相对来说比较少，绝大多数人都是在从事自己的经济活动以赚取收入，他们通过契约或者直接的交换、赠予、转让等，使每个人都从另一个人那里得到一些东西，这样，一种总的布局，或结果状况就自然而然地形成了（当然它是在不断变化着），这就可以说是一种广义的分配了，但它并不是一种集中统一的分配，并没有一个统一的裁判和分配者，而是众多个人决定的自然产物。如果要通过税收等办法来再让人们拿出一些东西来，就像上面所言，来支付国家在实施保护功能中的费用和实施者的薪水，那就意味着一种再分配了。这种再分配，我们知道诺齐克是同意的，因为否则国家就不能成立了。但能不能把所有人生产或拥有的东西都收上来，或控制全部的资源，然后再统一决定按照某一标准原则来重新分配呢？或把这一意义削弱一点：能不能通过某种税收制征收比支付保护费用更多的钱，从而用这多征收的钱来赈济穷人，扶贫救困，兴办社会福利事业呢？

这样做看来就是在实行一种分配的正义了，所以，在诺齐克看来，“分配的正义”就不是一个中性词，一说到它就意味着已隐含地承认一种集中的分配，并且认为以前那种自然的分配有错误而需要进行再分配。分配正义往往成为国家要扩大其功能的主要理由，所以，诺齐克宁愿用“持有”来代替“分配”一词，并正面提出了他的“持有正义”理论，这一理论的核心是权利原则。

持有（Holdings）即人们所持有的东西。众多互异的持有就构成一个社会中总的持有状况——我们也可以把这种状况称为自然的分配，或第一次分配，而对它的统一改变被称为人为的分配，或再分配。前者虽然也是众多个人意志合力的产物，但就其总体来说是无统一意志、无既定目的的自然而然的过程所致，而后者则是由一个统一的意志（常常是通过国家的意志表现），为达到某一既定目的而进行的。现在的问题是，人们对自己的持有怎样才算是正当呢？怎样的持有结果系列才是正义的呢？

就我们所见，在诺齐克那里，一种总的持有现状或结果系列是否正义，完全依赖于每一个人的持有是否正义，是不是通过正当途径得来。如果每一个人的持有都是合乎正义的，持有总体也就是正义的，如果大多数人的持有是不正义的，那么这持有的现状就基本上是不正义的了。持有的最初获得问题涉及整个私有制的根据这一重大问题。在诺齐克看来，只要这种基于劳动的占有符合洛克的条件——“还留有足够和同样的东西给其他人共有”，也就是说只要不损害他人，占有一个无主物就是合法的。而诺齐克认为私有制满足了洛克的条件，即它在虽不许别人再行占有，但允许别人有偿使用的意义上并没有损害到别人。另外，私有制也有许多如增加效率、容有和鼓励各种实验和冒险、保证各种不媚俗的生活方式的优点。而加上了洛克条件（即不损害他人的限制条件）的私人占有理论，将能应付对某人若占有某种必需品的全部将带来可怕后果的质疑。不允许某人占有某种生命必需品的全部，不是如安·兰德（Ayn Rand）所认为的基于生命原则（因为生命权并不能解释所有权），而是因为为避免某种大灾难，有必要逾越某些权利。

应该说，在今天的世界上，对无主物的占有情况已经很罕见了，人们的持有绝大部分都来自他人，来自交换或分配。在这方面，诺齐克看来是认为凡通过盗窃、抢夺和欺诈得来的持有都是不合法的（这时确定什么是欺诈可能稍微麻烦一些），而通过自愿的交换（物与物，或物与活动的交换，当然更经常是通过货币媒介）、馈赠、转让的途径得到的东西都是合法的。这与我们日常生活中的常识信念和准则是一致的。看来这一切都有赖于自愿，即给予者的自愿，而且是形式的自愿即可。一份涉及转变或交换的自愿签订的合同，只要其中没有欺诈或有意隐瞒真实情况，那么由这合同认可的转变和交换就是正当的，说这合同的其中一方实际上是被生活所迫，而只能两害相权取其轻，因而可勾销这转变和交换的合法性的说法是不成立的，以上有关获取和转变的正当性的论述，就构成了获取和转变的正义原则。

然而，稍一触及历史和现实就可能知道，并非所有的实际持有都是符合这两个正义原则的。有些人是通过盗窃、欺骗、奴役和剥夺别人而得到自己的持有，这就是说，需要纠正实际持有中的不正义，纠正对前两个正义原则的违反情况。

而我们马上可以看到，这个原则不易实行，首先是因为我们对历史上的情况知之甚少，且不说不正义的施行者习惯于隐瞒其实际情况，别人的判断也常常出错，而且就算我们真能追溯几十年、几百年，及至几千年的人类社会各种持有的获取转让史，我们也还是可能对湮没于远古的许多持有的最初获取和转变一无所知。而按照诺齐克的意见，只要持有链条上的某一个环节是不正义的，这后面的所有环节就都不能说是正义的，哪怕这后面的环节相互之间是通过正当途径转让的。不如此设定就不足以维护理论本身的完整性、严格性，因为显然不能说后面的一个或一系列正义环节可以为前面的不正义提供正当证明。而严格坚持这一个原则又受到信息的限制，历史很可能是一本糊涂账，实行矫正原则根本就无从下手。诺齐克也承认他在此对许多问题是不清楚的，他说也许只能通过一种假设和预测来推断若不违反前两个原则，情况会怎样？然后按照这种对现状的虚拟描述来实施矫正，而这就可能会为干涉诺齐克所极力捍卫的个人权利打开方便之门——一种极权国家的矫正办法也不是完全不可以设想的。所以，在此大概只能给出一个大致的经验规则，比方说，那些现在处境最差的人们，可能是那些最多地遭受了不正义侵害的人的后裔，这样，罗尔斯的差别原则也就可以意外地由此得到一个证据了，虽然诺齐克自己并不想走得这么远，但其他人却可能会从此逸出，这毕竟是诺齐克理论的一个阿喀琉斯之踵。

这样，持有正义理论的纲要就出来了：如果一个人按照获取和转让的正义原则，或者按矫正原则对其持有是有权利、有资格的，那他的持有就是正义的。如果一个社会中每个人的持有都是正义的，那这社会的持有的总体（自然的分配）也就是正义的。

诺齐克的持有正义理论是基于权利观念的，一个人的持有是否正义，要看其是否对其持有拥有权利（entitlement）。在此，诺齐克没有以一般常用的“right”来表示“权利”的意思，而是用了一个具有法律蕴含的“entitlement”（意为“资格”“权利”），但应该说这两个词是相通的，诺齐克也曾经在一个段落中互相换用过，可见他并不认为这两个词有很大差异，在分配领域中用“entitlement”主要是为了表明这个领域，表明一种范围和固定性，也表明他的权利理论的独特性。

现在，诺齐克的权利原则首先可以说是一个历史原则，即它衡量分配是否正义不是看其当下的结果、看其目的、看其发展趋势，而是看其来路，看其历史演变过程。换言之，它是一个向后看的原则，是一个回顾的原则，它在回答“这持有正义吗”这个问题之前，先问“这持有是怎么来的？”它不像功利主义一样，是一个当下切断时间的原则（即时原则），作为即时原则的功利主义就好像时间此刻停止了，把分配现状当作一个切片从过程中拈出，它只注意现在的分配结果，只考虑接受者，而不参考历史的信息，不注意给予者，而目前这种分配是否正义，则看其是否能最大限度地增加功利总额或平均功利。这样，它实际上只是从整体、从结构上考虑问题，而不考虑究竟分给谁的多，分给谁的少，两种结构相同的分配，一种是A得10，B得5，另一种是B得10，A得5，只要它们都能促进最大福利，就都是同等正义的。然而这显然与人们的常识正义观矛盾，因为这忽视了谁应当得的多，谁应当得的少的问题，而“应得”的问题就必须参照分配的来源和过程来确定，而不能只注意现状和结果。一个罪犯在狱中无法上班挣钱，不得不导致他一贫如洗，但这是他应得的、该受的，是他以前犯罪的结果；而一个发明家（如爱迪生、诺贝尔）因不断推出新发明而成为富有者，也是他先前的努力（还有天赋）的结果。不能随意把这两种人调换位置。

权利原则是一个历史原则，因为它考虑的是来路是否正当，而且，它还要追溯，关心这来路的整个系列是否正当。在某种意义上，它可以说是一个尊重现实的原则，是一个保守或守成的原则（因为矫正在实际上只有很少的历史信息的情况下往往很难实行）。它没有任何抱负，没有任何要达到的理想或目标，它对任何人为的变化和有意改革都十分谨慎和小心，生怕由此伤害到某些人的权利，它只回顾而不前瞻。此外，它不仅注意接受持有的人，还注意给予者本人是不是按正当的途径，从确实对这持有权利的人那里获得这持有。

然而，还有一些别的分配原则也是历史原则，例如主张按道德价值（德性）分配的原则，按对社会的贡献（劳动）分配的原则等。诺齐克的权利原则怎样区别于它们呢?

在诺齐克看来，上述按德性或劳动分配的原则是模式化的历史原则。所谓“模式化原则”，就是按照某一个确定的方面，某一个确定的标准或者这些方面的平衡总额来衡量收入和进行分配，由此得到的结果就是模式化的分配。这种模式化分配可能是按一个统一的标准分配，例如按功德分配或按贡献分配，也可能是按一些混合的标准，例如同时考虑功德、贡献和需求的标准，在一个社会的不同领域里分别应用它们的分配。在诺齐克看来，几乎人们提出来的所有分配正义观都是模式化原则，包括前面的非历史原则（如功利原则）也都属于模式化原则。

但权利原则（entitlement principle）是非模式化原则。它没有任何标准，不确定任何东西作为分配的尺度。换句话说，它允许任何人采用任何他乐意的模式进行转让和交换（重视功德的人可以把他的财产转让给有德者，重视贡献的人可以把他的持有与对他有贡献的人进行等价交换，重视人们的需求的人可把自己的金钱财富捐赠给匮乏者等），只要这些转变和交换都基于自愿即可。但是，并没有一个或几个由国家在全社会统一推行的模式，而是一切任其自然，有的是各种各样的个人模式，而模式太多实际上也就等于无模式了，就不存在统一的社会模式。

但这里也会有问题：这样一种非模式化、任其自然的分配会不会是混乱的、不可理喻的呢？人们会不会长期安心于这样一种非模式化的分配呢？在诺齐克看来，这样一种非模式化的分配并不会不可理喻，不会变成非理性的，他的根据看来是认为大多数人都是有理性的、合理自利的，不会任性和专断，因此实际上可能会是一种哈耶克说的按价值、按给予他人的利益进行的分配占优势，但不能把这一分配作为一种主张、一种正义原则提出来，因为提出来就会陷入模式化的错误，从而为抱怨社会没有为实现这种模式打开方便之门。至于人们是否安心的问题，诺齐克的回答是：人们将不会长期安心忍受的是不公正的分配，但公正并不居于一种目的模式之中，也可能在一种推动原则之中。这个回答可能略嫌简略了一些，诺齐克也许低估了人是有目的、有一定价值观的动物，这一目的和价值观且往往是全面的，不仅涉及个人，也涉及社会。如果用简单的公式来点出模式化原则与非模式化原则的对立，那么可以说，模式化原则的公式大致是“按照每个人的（××）给予每个人”，或者“按照（××）分配”，在括号中，人们会填上“需求”“劳动”“贡献”或别的什么。但这样是把接受者与给予者割裂开了，把分配与生产割裂开了，实际上是等于把要分配的物品看作如《圣经》中所说天降的“吗哪”，来自乌有之乡。而作为非模式化原则的权利原则，则可以简化为这样的公式：“按其所择给出，按其所选给予。”诺齐克这里实际上是在强调给予者，强调他的意愿和选择，尊重他自愿给予的对象和方式。当然，他认为这不是一个有独立意义的公式，而只是为了简明和对照。

在诺齐克看来，模式化原则最严重的问题就是它会造成不断地干涉个人生活，侵犯个人权利，而由于他认为几乎所有分配正义原则都是模式化的，那么他的这一抨击自然就分量很重、涉及面很广了。诺齐克举了一个著名的例子来说明他的这一观点，假设一个社会现在实现了某种模式化的分配，比方说实现了平均的分配（D1）之后，每个人都得到了一份等量的财产，同时假设这社会是一个自由社会——自愿转让和交换，不侵犯人们的自由选择权，那么，设有一个篮球明星张伯伦，他技艺高超，能吸引很多观众，于是一支球队和他签订了一份合同，同意从每张 1 美元的门票抽出 25 美分给他，这样，一个赛季下来，有 100 万人观看了他参加的比赛，张伯伦就得到了 25 万美元。这样，他的收入和其他人的收入之间的差距就非常大了。原先平等的分配（D1）就出现了两极分化，变为一种不平等的分配（D2）了，但这一切都在自觉自愿的基础上进行，球队心甘情愿掏 25 美分给张伯伦，因为它还是有钱可挣；观众也心甘情愿买票，因为张伯伦给了他们欣赏最高超的球艺的快乐。这样，个人自由就搅乱了原先的模式，使它转为其反面。这个社会也就陷入这样一种两难境地：要么放弃模式化原则，接受现在的分配；要么继续坚持原先的模式化原则，通过禁止这种自愿转让，或者通过定期剥夺来干涉人们的生活，以维持模式。这就说明，如果不去不断干涉人们的生活，侵犯人们的权利，任何目的原则或模式化的分配正义原则就都不能持久地实现，说人们将自觉自愿地不去做损害模式的事是不现实的，因为这种说法所涉及的人们的意欲，以及信息、手段等方面的假设都不可靠。所以，模式化原则就将意味着对自由的侵犯。而且这有一种奇怪的结果，坚持一种分配模式倒成了一种彻底的个人主义了——给你的就是你的，你绝不许把它转让给别人，不准你自愿地馈赠或交换。而如果细想一下，如果 D1（第一次分配）是正义的，通过自愿转变达到的 D2 怎么就变成不正义的了呢？难道自愿是不正当，而强制反倒是正当的吗？

总之，诺齐克认为，模式原则忽视了给予的一面，而只注意接受的一面，它看到了接受者的权利，却忘记了给予者的权利。不管是通过所得税、消费税、遗产税等税收制度，还是直接收取企业利润，或者是通过一口不知来龙去脉的社会大锅来进行分配，模式化的分配正义原则都涉及对他人活动的擅自干涉和利用，都等于拥有对他人的部分所有权，而这种所有权是没有根据的，是违反了道德约束的。

从诺齐克对其权利正义观的正面阐述及与模式化原则的对照中，我们可以看出，诺齐克理论的关键点在于坚持这样一点：物都是有主的！这“主”也就意味着权利，即对物的所有权。而所有权（非使用权）的含义就是，我可以自由地用它来与别人的物品交换，可以自由地想送给谁就送给谁，也可以自由地不这样做。我们可以设想，一个坚持权利原则的人，在面对要以模式化原则之名拿走他的一部分东西的人时，他大概会这样说："这些东西是我以正当的手段得来的，我一没偷、二没抢、三没骗，你有什么权力和理由夺去我的这些东西呢？你的东西是你的，我的东西是我的，我没有去夺走属于你的东西，你为什么要夺走属于我的东西呢？如果你说我的东西曾经在先前的某个持有者那里是非法所得，那你必须给出事实的证据。如果你给不出证据而仅是猜测，那你就不能夺走它们。即使你给出证据，你可以取走它们，你也还要给我适当的赔偿。至于你说到平等的好处，或说到别人的巨大不幸，或者有功、有德，应当转让些东西给他们，那么我可以在仔细考虑之后或许自愿转让给他们，但你不能强迫我这样做。”在这些话里，自然有一种诉诸人的直觉和常识的感染力：不经我的同意，不能夺走属于我的东西。应该说他的思想相当简单明了。他的权利正义观是基于个人而非整体，是向后看而非向前看，是注重给予者而非接受者，是问来路是否正当而非结果是否可嘉，是任其自然而非进行干预，是把权利推到极致，是要么全部，要么全不；分配完全交付给历史和个人去处理了，除非是在需要诉诸一个矫正的正义原则的时候，但这样的原则却不知道怎样实行，对此诺齐克语焉不详，也无法详论。

我们现在转看诺齐克与罗尔斯的直接交锋。前述诺齐克对模式化原则的批评自然也是针对罗尔斯的，诺齐克认为差别原则是一个模式化的目的原则，而且是一种很强烈的全面的模式化原则。这样，差别原则也就同样会不断地干涉人们的生活，侵犯人们的权利——主要是经济活动权和财产权。除此之外，诺齐克对罗尔斯的批评还涉及三个方面：第一，罗尔斯正义原则的证明问题，即原初状态的证据是否适合以及能不能用日常事例证明基本原则的问题；第二，社会合作引出来的、集中分配的是合作所增加的利益还是全部利益，社会合作何以可能等，这实际是批评罗尔斯分配正义论的一个重要理论前提；第三是怎样看待天赋对分配的影响问题，即是否允许由天赋差别带来的分配差别，能不能把天赋看成一种集体资产等，这会把我们带到一个十分困难但又引人入胜的问题——如何处理天赋与分配的关系，解决它对于平等主义的目标至关重要，因为，天赋差别是个事实，由此产生出的利益不平等也将是人类生活中的一种自然倾向，而平等是一种目标、一种理想，对这一理想是否能提出足够的论据，以证明人为的中止或干预上述产生差别的自然倾向是合理和正当呢？

我们先谈社会合作问题。罗尔斯认为，分配正义的问题是由社会合作带来的，由于合作能给每个人带来比独自生活更大的利益，所以大家都愿意进入合作。而由于每个人都想得到较大的份额，就有必要提出正义原则来进行调节。诺齐克则对此提出疑问，他问道，如果没有社会合作就没有正义问题吗？在不合作状态中某人偷了别人的东西不仍然是不正义的吗？假设 10 个鲁宾逊分别居于 10 个荒岛上，一旦他们互相联系上，他们不会互相提出有关权益的要求吗？其中有的人不也可以根据好的天赋和地理条件并非某人应得而提出要分取他的部分利益吗？但诺齐克认为这种要求显然是无意义的，事实上也无人这样要求，在非合作状态中，谁对什么东西拥有权利是非常清楚的，在此显然正是可应用正确的正义理论，即权利原则的地方。那么，一旦有了社会合作，情况发生了什么变化而使权利原则就变得不适合了呢？是不是无法分离和鉴别每个人的产品和贡献，因而就需要提出另一种专门的分配原则呢？

首先假设社会合作采取的是分别的、连续的社会合作，就好像一道流水作业线，每人的产品或贡献是清楚的，这时，不是只需要自愿交换就够了吗？不需要确定一个“公平价格”，也不需要一种特殊分配，而且交换只要都是基于自愿和相互同意，就可以说由此产生的持有系列是恰当的。如果社会合作指的是大家在一起工作来生产某些产品，情况也没有多少不同，也还是可以通过自愿交换、自由契约来判断。一般来说，人们在这种交换中将收到与他们的边际贡献相等的东西。无论什么分配，只要它来自当事人一方，自愿交换就都是可以接受的。实际上，在诺齐克看来，在社会合作状态中，自愿交换也就是一切，国家只需盯着有没有强迫、抢掠、欺骗和偷盗就行了，再不需要什么另外的分配模式和原则。权利原则既适合于非合作状态，也适合于合作状态，权利原则无须明确分离和鉴别共同产品中的各个人的贡献，但它通过自愿交换能达到一种大致每个人得到自己的边际贡献的效果，而罗尔斯的差别原则要刺激那些贡献较大的人，倒是要以这种鉴别和分离为前提。

罗尔斯在谈到社会合作引出分配正义问题时，并没有明确指出在此是仅仅要分配由社会合作增加的那一部分利益呢，还是分配在合作中产生的全部社会利益总额。按总额分配的公平标准与按增利分配的公平标准实际上会不一样，罗尔斯没有明确区分这两种不同的分配，但看起来是指分配利益总额，而这肯定不是那些相互进入合作的人们将同意的理解划分合作利益问题的方式。

至于社会合作的条件，诺齐克对罗尔斯的批评主要集中在才智较高群体与才智较低群体之间的合作问题上，他假设可以有普遍的社会合作，也可以有范围较狭的局部社会合作，比如才智较高者相互之间的合作。即使承认罗尔斯所说的普遍社会合作能给每个人带来比独自生存更大的利益，这是否能使才智较高者比他们相互间的局部合作得到更大的利益呢（兰德曾设想过那些优秀者罢工，从社会逃离到一个世外桃源）？事实上，才智较低者无疑能从普遍合作体系中得到比才智较高者更大的利益，而差别原则却还要使他们更得益！差别原则提出要最大限度地促进那些比方说因才智较低而处境最差者的利益，但其他人能把这个原则看作一种进行合作的公平条件吗？这种普遍合作不是要损害才智较高者的利益吗？或至少使他们不如在内部合作中得到的多吗？他们不是宁愿退回到他们的局部合作中去吗？如果才智较低者有权利提出给他们尽可能多的份额作为合作条件，才智较高者不也有权利提出给他们尽可能多的份额作为合作条件吗？如果后者提出这种条件是任意专横的（确实如此），前者提出这种条件为什么就不是任意专横的呢？罗尔斯认为才智高者没有理由抱怨，因为每个人的幸福都依赖于社会合作，没有这种合作，任何人都不能过一种令其满意的生活。但是，罗尔斯这些话并不构成才智较高者就应当让利的理由，而是对谁都可以这样说，对才智较低者尤其可以这样说。所以，罗尔斯的话最多只是为社会合作提供理由，而不是为差别原则提供理由，他的话并没有证明差别可以成为社会合作的公平条件。才智较高者仍然有理由抱怨。而可分配利益并不是一块不变的馅饼，是有必要刺激和鼓励那些最能使它扩大的人们的。

天赋或者“自然资质”与经济利益的分配无疑有一种紧密的联系，人们常常提出的分配正义的标准大概有这样五种：平等、需求、公德（道德价值）、贡献、努力。没有人会提出完全按“天赋”或“智商”来分配的标准，这样，与天赋结合最紧的就是按贡献分配了，或者说，按价值，按对社会的有用性，按对他人服务的可以察知的价值，按边际产品等标准来分配。而贡献简单地说就是“能力 + 努力”，这能力自然又可分为天赋能力和后天因社会条件和自身努力而形成的能力。假如我们能仔细地剔除能力中的后天因素，把这些后天因素都放到“努力”之中，那就是“贡献 = 天赋 + 努力”，或像人们常说的“成就 = 天才 + 勤奋”了。按贡献分配的社会一般来说也是很有秩序的社会，因为它鼓励和刺激了那些最能作出贡献或最有能力的人们。天赋无疑在按贡献分配中占有很重要的地位，但它是否会胜过“努力”而成为决定贡献大小的最重要因素呢？这个问题暂可存而不论。总之，作为分配标准的贡献与平等、需求、功德、努力等标准相比较，无疑是最重视天赋的，而且看来也最有效率。再从人类社会几种历史形态实际奉行的分配标准来看：西方奴隶社会的战争与取胜，封建贵族社会的世袭等级和土地，中国秦汉以后的选举社会的“文化资本”，资本主义社会的财富和金钱，似乎都还是排斥贡献作为第一标准的，虽然看起来越来越接近这一标准。并且，它们在各自满足了上述的首要标准之后，贡献标准也许在次级的范围内起作用，尤其在资本社会，财富对特定人的依附性最少，从这个人转到那个人的可能性最大，或者说完全可以自由转移，因此，它实际上还是按一种可察知的服务的价值分配。这样，在一个主要按贡献分配的社会里，怎样看待天赋对分配的影响就是一个相当重要的问题。

罗尔斯无疑意识到了这个问题的重要性。应该说，他所说的勾销社会出身，即勾销人们生来就遇到的社会偶然因素对分配的影响，主张人们在社会条件方面处在同一起跑线上的看法，今天的人们一般都能较顺利地接受，而且，在现实生活中，可以说除了家庭之外，其他严重的社会限制和不平等对待（如种族、血统、等级等方面的不平等对待）也都在逐步消除，也就是说，使分配发生差异，出现不平等的两大客观因素——一为社会的，一为自然的——中的一个因素不再起很大作用了，这就把人的天赋差别推到了很突出的地位，应该说是一个进步。

天赋主要为智力方面的秉赋：理解力、记忆力、灵感、创造力等。但也有性格、气质方面的秉赋：如沉静、内向、抑郁、好动等。这些自然禀赋在后天会有变化，会受到个人努力的影响，个人有可能改造它们，但问题是天赋还可能对个人的努力起作用，较高的天赋不是常常使其拥有者做出较大的努力吗？一个人最努力的事情难道不是他自己认为的按其天赋和本性能做得最好的事情吗？与成就很有关系的兴趣不往往和天赋有紧密的关系吗？罗尔斯看来也有这种想法，他认为，人的优越性（也包括坚强、勤奋等因素），也在很大程度上依赖于幸运的家庭和环境，一个人愿意做出的努力受到他的天赋才能和技艺以及他可选择的对象影响。在其他条件相同的情况下，天赋较好的人更可能做出认真的努力。诺齐克对此批评说，这样做会导致把一切有价值的东西都归因于外在的因素，直到成功地否定一个人的自主选择和行为，也就是说导致决定论以至宿命论，而这与罗尔斯立足于个人合理选择的正义理论不相容。但这里问题还没有真正解决，界线究竟该划在哪里呢？什么是外在的，什么是内在的呢？到达哪一点才主要是人的自身努力而非外在的、偶然的天赋因素在起作用呢？这种内外的界限不容易划定，然而，分配和交换必须以能明确鉴别的标准进行，标准明确，不仅能保证至少“规则下的一致”，而且标准本身的问题也易觉察；而标准暧昧，虽然这标准有时看起来很好、很合理，但如果对它的解释过于依赖情境中的人的主观判断，它在实际操作中就会含有许多主观任意的因素，在这方面，“功德”甚或“努力”都不如“贡献”那样明确，然而，对“贡献”的理解也不应当是含糊的，或是依据某种更高权力来确定的，它最好被理解为明显能鉴别、人们愿意为之付钱（如购买专利），或以其他价值与之交换的那种价值。也许我们可以不过多纠缠这个复杂的问题，只需注意到天赋在分配，尤其在按贡献分配的社会中确实起了很大的作用，在相当程度上影响到分配的结果就够了，那么，个人的持有可不可以部分地依赖其天赋呢？罗尔斯的回答是，天赋是不应得的，从道德观点看是偶然任意的因素，因而分配不能受天赋的影响，应当从分配中尽量消除天赋差别的因素，应当把天赋看成一种集体资产，在处理天赋差别时遵循差别原则，即在社会经济利益领域中最大限度地促进处境最差者（常常是贡献较少、天赋较低者）的利益。

诺齐克试着按罗尔斯的思路去继续论证罗尔斯的观点，即努力从正反两方面看罗尔斯的这一观点是否能够成立。从正面，即证明应当取消由于天赋引起的分配差别这一方面来看，诺齐克认为罗尔斯不能使用道德“应得”（desert）的论据来证明这一点，因为罗尔斯本人是反对正义是由德性决定的，反对按道德“应得”分配的。罗尔斯大概只能使用平等的论据：除非有道德理由证明应当不平等，否则就应当平等，就应当消除天赋带来的不平等。但这种说法又有什么根据呢？人们只记得不平等需要证明，而忘记了平等也需要证明，而且，平等对待是对政府提出的要求，在自由社会中，大部分分配并不是通过政府行为而是通过个人行为形成的。一个餐馆生意兴隆、收入优厚，另一个餐馆生意萧条、入不敷出，后者可以责备消费者对它们的态度不平等吗？消费者对这种引起了收入差别的态度上的差别难道必须提出证明吗？他们必须为去前一家餐馆而不去后一家餐馆提出理由吗？他们不是只需指出前者的饭菜可口、价廉物美和服务态度好就够了吗？他们难道还需调查这家餐馆的老板是否天赋较高、先天精明能干而因此做出不同的选择，改去后一家餐馆吗？

诺齐克认为，从反面，即从反驳要坚持按天赋分配的观点看，或反驳这种分配结果不应该取消的观点看，罗尔斯也没有什么有力的论据。不管人们是不是“应得”其天赋，甚至就算人们不应得其天赋，他们有其天赋并不侵犯到别人的权利，对于他们从其天赋得到的不同的、有差等的利益，只要不损害到别人，也不是通过侵犯别人权利的途径获得的，他们对这些利益就拥有权利。不管天赋从道德观点看是不是任意的，人们对其天赋是有权利的，对来自其天赋的东西也是有权利的。而且，如果说，任意与偶然产生的一切都毫无道德意义，那么特定的个人存在也就毫无意义了，因为，一个人的每个特征都依赖其特殊基因——精子与卵子的一次任意和偶然的结合，包括人的理性选择能力，长期计划能力都无不如此，总不能也因此排除它们的差异对于生活和分配的影响吧。应该说，特定的理性与决策能力的产生虽然没有道德理由，但并非没有道德意义和效果，因此，罗尔斯说某一事实从道德观点看是任意的说法就是暧昧不清的了。

当然，罗尔斯把差别原则的应用仅限于经济利益分配的领域，但如果不承认人们对其天赋拥有权利，那么就可能会有把差别原则扩展到其他领域（如政治、人身）的危险，比如，若扩展到人的身体，如器官移植的领域，那就可以把人的器官用来促进最不利者（残疾人）的利益了，就可以说你使用你的角膜已五年了，现在应当移植它，分配给某位盲人使用。而这样做无疑不会被人接受甚至觉得可怕。

最后，诺齐克指出，罗尔斯的把天赋看作集体资产的观点，暗示着一种对天赋征收人头税的合法性。并且，照这样推理，努力使用自己天赋的人不是在贪污、滥用和挥霍公共资产吗？天赋难道必须被强行套上为他人服务的车套吗？为什么要禁止人们用天赋来为自己或为自己所选中的他人谋取利益呢？这种禁止后面不是藏有嫉妒吗？

其实，我们可以设想诺齐克的回答又回到我们先前讲到的不幸不一定等于不公平的立场上去了。人们之间的天赋确实存在差别，甚至很大的差别，这种差别在一种有效率的分配（如按贡献的分配）中最易带来分配上的差别，对于天赋较低的人来说，这确实是一种不幸，但并非不公正。天赋差别是一个事实，一个道德上中性的事实，我并没有褒扬它，但你也不要贬损它，我们只需承认这是事实。由此带来的不幸也许可以用另外的办法来解决或缓和，但不能通过国家用强迫的办法来解决，这只会造成新的，也许更大的不幸。而且问题在于这种对个人权利的侵犯在道德上是不正当、不允许的。诺齐克没有再去试图证明什么，没有去证明天赋对分配的影响是正当的、合法的，他只是指出证明其不合法、不正当是缺乏根据的，这使他在这方面处在一个比平等主义者有利的地位。但平等的强有力理由可能并不是来自这一方面，它还有植根于人性中的更深的基础。

无论诺齐克是证明最弱意义的国家，还是批评罗尔斯的分配正义理论，他都是根据权利立论的，而且是把权利作为一种道德标准、道德约束来看待的，他认为，道德哲学为政治哲学提供基础和界限，对人的道德规范也约束着国家。所谓正义，即由正当引申而来，既然他人侵犯个人权利是不正当的，国家侵犯个人权利也就是不正义的。国家在进行其防止偷窃、凶杀和欺诈等功能时没有侵犯个人权利，而是保护个人权利，是作为正义的执行者行事，但当它超出此范围，要干预人们的经济活动和利益分配时，它就越权而侵犯到个人的权利了，因而就是不正义的。那么，权利为何可以成为一种道德约束和标准呢？个人拥有不可侵犯的权利的根据是什么呢？这种约束是不是绝对的呢？国家为什么不能以统一、美好的社会理想之名干涉人们的生活呢？为什么人们对“好”的追求必须基于自愿的原则而不能强迫呢？这些就是我们需要进一步探讨的问题，也是更具有伦理学特色的问题。

首先我们要注意，诺齐克虽然把权利作为衡量个人行为和国家行为的根本标准，但他并不是把权利作为一种目的，即不认为国家必须以最大限度地减少对个人权利的侵犯为目的。因为，如果坚持这种权利目的论，就有可能允许为使较大的侵犯不致发生，而允许较小的侵犯了，也就是说，目的能够证明手段，诺齐克放弃这种目的论观点，而把权利作为一种对任何行为都始终有效的道德边际约束（moral side constraints），就意味着不管目的、动机如何，任何侵犯个人权利的行为或行为准则都不是正当的。权利不是作为所有行为趋向的目标，不是要经过各种行为相互平衡之后达到一个不受损害的最小值，而是附着于所有行为之上，对行为本身而言提出的约束：在任何行动中都应不违反这约束。他人的权利确定了你的行动界限。不仅功利目的论，权利目的论也是错误的。显然，诺齐克属于伦理学中赞成道义论，而非目的论的阵营。这对行为提出了一种更高、更严格、更普遍的要求，但这种要求也是否定性的，即是一种限制和约束，它不是要一个行为达到什么，符合什么很高的标准，而只是要它不违背什么，不侵犯什么，在此意义上看，它又是起码的、基本的了。但它不允许辩解，不允许找借口，正当就是正当，不正当就是不正当，每种行为都概莫能外。不在行为或其准则之外寻找托辞，包括不能以功利之由。这样看，它又是很严格的。这是诺齐克与罗尔斯都赞同的观点。但罗尔斯看来只把权利理解为基本自由——言论、信仰、思想、政治、人身及法治规定的自由，而诺齐克则特别强调对物品和利益的所有权也不能侵犯，故而他在一般用的“right”（权利）之外，特别用了一个更具有经济和法律意味的词“entitlement”（权利、资格）来强调这方面的权利。对“权利”的如此广泛和普遍的理解，再加上一种权利道义论，就对国家的行为构成了一种特别严格的限制。

那么，既然不侵犯权利如此重要，为什么不把它作为一个目标呢？为什么把权利作为边际约束呢？这反映了其根本的康德式的原则：人是目的而不只是手段，他们若非自愿，不能够被牺牲或被用来达到其他的目的，人有神圣不可侵犯的一面。要使人不成为工具、手段，就必须在对他的态度上加上某些不可逾越的约束。当然，不可能在所有方面都加上这种约束，因为这不仅不可行，而且意义也易含混（人们欣赏一个从旁边走过的时髦女郎是在把她作为手段吗？抑或她是有意如此吸引人们的注意而把他们用作手段呢？），政治哲学也不需要如此吸引人们的注意而利用他人的某些方面。首先是不侵犯他人的人身、他人的生命，即无论如何，不以边际约束禁止的特定方式利用他人，这就是边际约束的观点，但目的论观点则可能在“最大限度地减少以某些特定方式把人们用作手段的情况”的命令下，导致把某个人用作达到这目的的手段，康德的“人是目的”的绝对命令显然是取边际约束而非目的论的形式，这一绝对命令容易被人误解，其实最好从否定的方面去理解它：“人不只是手段”，它是针对行为本身而非其目标说的。

现在有一个问题是：为什么个人有神圣不可侵犯的一面呢？既然我们每个人都可以为了更大的利益而承担较少的痛苦和代价（如拔牙、动手术等），为什么不可以在社会范围内这样做呢？即牺牲某些人或少数人的利益而促进整体或大多数人的利益呢？可用于个人的原则为什么不可用于社会呢？因为，社会并非一种生物体，社会并不是一个放大的人。个人有自己独特的生命，社会并无这样的生命。只有个别的人存在，只有各个不同的有他们自己个人生命的个人存在，而毕竟没有这样有独立生命的社会存在。如果再加上每个人只享有一次生命的事实，加上他的生命是他的唯一生命的事实，个人的分量就不能不更重了。为了别的利益而利用一个人，利用他去为别人谋利，仅凭这一点，这里所发生的就是目的是别人而对他做某件事，就是把他用作手段。在此谈论“整体”是无济于事的，“我中有你，你中有我”也只是一种抽象的说法，有的只是你、我、他，有的只是各个人的存在。你的生命就是你的生命，你的痛苦就是你的痛苦，诺齐克的观点可以追溯到一种逻辑原子主义的观点上去，有鉴于此，社会和国家就不能对哪一个或哪一些人偏心了，它必须在所有公民中间保持中立。这并不是说个人不可以为他人或社会牺牲自己的利益甚至生命，而是说社会不能强迫某个人为他人牺牲自己。个人自愿的自我牺牲永远值得敬仰甚至提倡，但不宜在制度原则中要求这种牺牲。

因此，这一根本的观念，即认为存在着不同的个人，他们分别拥有生命，没有人可以被要求为他人或整体而牺牲，在诺齐克看来，正是权利作为道德边际约束存在的根据。个人并非别人的手段、资源、材料和工具。由此就可以导引出一种在个人之间互不侵犯、互不干涉的原则。个人是分立的，存在着不同的个人，每个人都要安排他自己的生活，在此不仅要禁止牺牲一个人去为另一个人谋利，还要禁止一种家长制的干预，即不能强迫或包办别人的生活，即便其目的是这个人本身而非他人利益。

互不侵犯的和平共处原则已经被相当普遍地看作调节国家之间关系的一个恰当原则，那么，用此原则来调节个人之间的关系不是更为恰当，更有理由吗？个人不是比国家更为独立、更为完整、更不可分割和真正享有一种单独的生活吗？他对自己不是应当享有更高的主权吗？诺齐克认为，一个国家在外交和内政上奉行不同的政策看不出有什么理由。

对此，我们也许应当回溯到亚里士多德的观点：人是一个政治的动物，人是一个社会的动物，人还有社会性的一面，没有合理正义的社会制度保障，个人的生命和基本权利也无从谈起。个人对自己不可侵犯的领域的理解也受到历史因素的决定，他们可能坚持某些最基本的人之为人的权利，也可能依据人之为人的同样理由而放弃某些权利，除了自由之外还有某些重要的社会价值如和谐与合作，尊重它们同样具有道德意义。当然，这些理由需要仔细地加以说明和展开。

探讨这些问题都与道德边际约束的根据和绝对性有关，我们还是回到人，总之，道德边际约束的根据最终是与个人的特征有关。传统上认为这些个体特征有：人有各自的感觉和自我意识，有理性，能使用抽象概念而不局限于对直接刺激的反应，有自由意志，是能够以道德原则指导、调节和限制自己行为的道德主体等。在对待人的态度和行为上的道德约束，其根据并不是人的这些特征中的某一个，而是所有这些特征的综合。从这种综合中，就产生出个人的长远生活计划和全面的人生观，这是新的特征，人们就按照自己的这种全面人生观或长远计划安排自己的生活，这种特征在道德上有何意义呢？一个人按照某种全面计划安排他的生活，也就是在赋予他的生活以某种意义。也许，对道德约束根据问题的最后答案就隐藏于此。正当毕竟还是要和价值发生联系，道德毕竟还是要和人生发生联系，约束毕竟还是要和理想发生联系，不然的话，道德正当本身不也是太孤立以至难以解释的吗？我们毕竟不能摆脱从人的角度去观察道德。

有关“好”、理想、目标、生活意义诸问题，诺齐克认为，人们所追求的美好社会的诸条件，放在一起经常是矛盾的，不可以同时，也不可能连续地实现所有社会和政治的善，这正是人类状况中一个令人遗憾的事实。既然不可能有一个合乎所有人愿望的最完善、最圆满的世界，那就转而设想所有可能世界中的最好世界吧，但对我最好的世界，不会对你最好，别人可以离开你所想象的最好世界，这样，你就得放弃这个想象世界，再设想另一个最好世界……如此持续下去，我们也许可以到达某个地方停下来，也就是到达一个稳定的世界，别人愿意生活在你想象的这个世界里。那么，这个稳定的世界满足了什么条件呢？稳定世界按其定义是一个其他人不能想象他们能生活得更好的世界，故而这世界不可能是你做君主的世界，因为其他人没有你能生活得更好，这样，我们就将达到稳定世界的一般条件——在这个世界里，每个人都得到他的边际贡献，即大致得到与他所贡献的相等的东西，而由于获得者可能比给予者更重视他所获得的东西的价值（否则就不会交换），甚至觉得与他人在一个社会中共存本身可能就是一种利益，“虽然别人给得较少，但他得到的却较多”，因为给予者和受予者对一定的给予物的评价相同，还因为社会合作将产生比每个人利益的简单相加更大的利益，所以大家都愿待在这个稳定的世界里。一个稳定联合体不会由一些按同一方向争夺最优地位的自恋者组成，而是包括各种不同的人，他们在一起互益互补，得到的实际上要比给出的多。每个人都愿生活在与自己处在同一水平，但拥有不同优点和才能的人们中间，而不愿在一群相对平庸的人们中间独自熠熠闪光。

上文说的是想象世界，如果要在现实世界中实现这一想象的模式，将涉及下列一些问题：（1）可能没有足够的人愿意加入；（2）各团体间可能发生冲突；（3）要获得信息与迁居费用；（4）有人可能限制迁徙自由等。现实与想象是有差距的，但实现这一稳定世界的模式还是比实现别的模式更可取。诺齐克把这一模式对现实世界的投影称为一种乌托邦结构。在这一社会结构中，存在着一些自愿组合的共同体，可以进行各种乌托邦的试验，容有不同的生活方式，各种有关“好”的观念均可个别或共同地被追求。这一现实结构虽不像想象的稳定世界那样能准确衡量一个人的边际贡献，衡量一个人的价值，但由于其间有许多互异的共同体，有多种价值体系能够被追求和满足，比起只有一种共同体存在，只有一种价值体系被满足，就有较多的人能够按照自己的意愿生活。

那么，赞成这一包容许多不同的共同体的社会结构是根据一些什么理由呢？诺齐克认为主要有三点：

第一个理由是从人是有差别的事实开始。人的差异是一个有目共睹的事实，人们在气质、兴趣、理智能力、渴望、自然倾向、精神追求和愿意采用的生活方式方面都各各不同。他们的价值互异，对价值的评价也不一样，因此，没有理由认定只可以有一个共同体来作为所有人的理想。有许多种生活可以说是同等地好的，对一个人是好的生活，并不比对另一个人是好的生活在客观上更好。人们之间和人们生活之间的差异都大到不允许把人按一个模子对待，即把他们的生活按一种最好的标准规定。诺齐克举例说，对维特根斯坦、罗素、金斯伯格、梭罗、毕加索、摩西、爱因斯坦、苏格拉底、福特、甘地、哥伦布、佛陀、弗洛伊德、兰德、爱迪生、林肯、杰斐逊这许多性格和追求迥异的人来说，能够有一种对他们都是最好的生活吗？你怎样去描述这一社会？这社会是乡村还是城市？性关系和婚姻制度如何？有无私有财产？是提倡宁静淡泊还是英雄主义？有无宗教？等等。在每一个问题上你都要遇到麻烦，都要看见无法调解的冲突。而且你没有理由认定其中谁的生活就是客观上（或普遍地）最好的生活。这样，最好的办法就是在社会中允许各种各样的共同体存在，允许各种各样的生活方式，而这种允许从另一个角度看就是不允许强迫，任何人都不可把自己有关什么是“好”的观念强加给他人，而这样的乌托邦毋宁说是一种元乌托邦，是一种具有乌托邦精神而非乌托邦形式的乌托邦，是容纳各种乌托邦组织的一个框架，是要稳定地实现各种特殊乌托邦理想就必须首先实现的环境。

第二个理由是，既然所有的社会政治价值不可能同时实现，那么就必须使它们可被实现的机会相等，而不能厚此薄彼，就必须允许各种各样的共同体作为选择对象出现，让每个人都能选择最符合他个人价值观的共同体。这是一种自助餐厅的观念，而主张某种特定乌托邦理想的人则是持另一种观念——他们更喜欢只有一道菜供应的餐馆，而且这餐馆是全城唯一的一家餐馆。

第三个理由是认为人是复杂的，其相互联系也是复杂的。这样，即使承认有一个对所有人最好的社会，描述它也只能通过两种手段：一种是设计手段，一种是过滤手段。由于人的复杂性，单纯的设计应当说很困难，而过滤的手段却较恰当，尤其在对什么是可欲的社会知识较少的情况下更是如此。另外，过滤也是可变的，能产生新的候选对象，而由于所有观念都需要试一试，这就一定要容有许多种试验不同的有关“好”的观念的共同体。任何人都可以设计一种类型，说服别人加入自己的试验。隐修者、幻想家、圣徒、放浪者、平等派、公社派等，各种人都可提出自己的设想，说服别人加入，创造一种有吸引力的范例。这样，上面提出的乌托邦结构的运行，就可成为一种优越的过滤过程，也许筛选出一个对所有人最好的社会，即如果真能有这样一个一元的社会，这一结构也是发现它的性质的最好手段。但我们从上文有关人的差异的事实知道：这样一个一元社会是不太可能的，因为经过筛选淘汰，剩下的可能不是一个，而是一些较好的共同体，而这些共同体也会随条件变化而变化。

这就是支持一种乌托邦结构的三点理由：人是有差异的，人是复杂的，各种“好”应当机会相等。在诺齐克的这种结构中，我们可以发现三种层次或三个环节：国家—社团（共同体）—个人。国家考虑的是公正，它不考虑人们的“好”的观念，或者说它在这些观念之间保持中立，它独立于“好”，它所做的只是征收一笔为所有人提供保护的费用，防止偷窃、欺诈和凶杀，强制履行人们自愿签订的契约。社团则考虑人们的“好”观念，它是由一些追求共同的“好”、共享的价值的人们自愿缔约组成的。在一定的地域内，国家只可能有一个，而这种社团却容有多个。国家不能对个人做的事，社团却有可能对其成员做，如利益的平均分配，强制慈善等。社团的这种内部干涉、强制的合法性，也许是因为它是自愿缔约组成的（不同意者可以不参加或退出），或者因为它是范围较小的，其成员是在一种直接接触中相互影响的。社团使用了人们转让出来的一部分权利，而由于人的复杂，有些人可能宁愿有牺牲和强制（包括自我牺牲和受强制）！他们将建立这种性质的团体。然而，一切社团都应当建立在自愿原则的基础上。个人可以合作，也可以不合作；可以加入这个团体，也可以加入那个团体，或者不加入任何社团。应当信任人，强迫人者往往提出人们是腐败的、愚昧的，不会自愿接受真正的“好”为理由，他们一方面把人想得太高，似乎人能建立一座地上的巴别塔，一方面又把人想得太低，似乎人愚蠢到只能强迫他们这样做，而过高的估计是理论上的、遥远的，过低的估计却是实践的、切近的，每时每刻都在发生影响，然而，现实的人并不是腐败得不配享有自由。最后一个环节则是个人，只有个人才有独立的生命，国家是按正义原则保护个人，社团是按“好”的原则满足个人。国家对武力的垄断和某种再分配政策，归根结底是为了保护个人；社团对各种共同“好”的追求，归根结底也是为了满足个人的渴望。一个社会，若没有某种最弱意义上的国家形式，就不会有稳定、秩序、安全、生命的保障；然而，一个社会，若没有各种实现其特殊理想的共同体，这一社会也就会缺少活力和魅力。

实际上，如果合而观之，我们可以发现，诺齐克所说的支配性保护机构，最弱意义上的国家和乌托邦的社会结构实际上是同一个东西，三者事实上是等价的。讲支配性保护机构是从其来源讲的，讲最弱意义国家是从其功能讲的，讲乌托邦结构则是从其理想、从其志向讲的。无论从哪个角度看，衡量其是否正当，是否可欲，都是根据个人的权利。也就是说，个人权利成为一个根本的道德标准和绝对的道德约束，它作为这种约束的根据就在于人本身的特征：人的理性、感觉、意志、自我意识等因素，使人能形成全面和长远的生活计划而赋予生活以意义，每个人都只拥有一次属于自己的生命，而人又非天使，他在道德、知识能力上均不是完善的。

我们现在可以将诺齐克论权利的依据与罗尔斯论平等的基础做一些比较。在此，概念表面上的差异并不太重要。诺齐克使用的概念是“权利”，罗尔斯使用的概念是“平等”，这两个概念都可以贯穿于我们所说的正义三原则。“权利”可以表达为对生命的权利，对基本自由的权利，也可以表示对获得同等经济利益的权利，虽然人们较少在此意义上使用“权利”概念；“平等”也可以同样表达生命方面和在基本自由方面的平等地位，但在现代社会，它更经常被用来表达在获取经济利益方面的平等要求，这种在经济领域使用的频率差别可以说是它们的第一点差异，由此用法上的差异也许可以帮助我们看出它们的第二点差异——“权利”概念与“平等”概念在实质意义上毕竟还是有些不同：“权利”主要是就个人立论，表示一种个人实质上拥有或应当拥有的东西；“平等”则主要是就社会立论，表示一种人际比较中的关系。因此之故，使用不同的概念就意味着强调重点的不同。但是，我们说这种差异就我们的论题来说毕竟还是不太重要。我们知道诺齐克所说的“权利”主要还是一种对基本自由的权利，虽然它也涉及经济自由的权利，但他在探寻“权利”的依据时并非探寻其中某一部分权利的依据，而是把权利考虑为一个不可分割的整体。而罗尔斯在谈到平等的基础时，也不是考虑利益分配中的平等，甚至不是权利的平等，而是在原初状态中作为自由、平等、有理性的存在这一主体条件的平等，但这种平等实质上也成为一种牵导的价值，促使罗尔斯去论证平等自由和经济利益分配的尽可能平等。结论的平等倾向已经包括在前提之中，对平等前提的论证也可部分地看作对平等结论的论证。所以，我们在讨论根据和基础的问题时，对概念上的差异可以相对忽略不计，由于他们两人所处的共同社会前提，他们两人所争论的问题的同一层次，决定了他们所说的“权利”与“平等”主要都是指基本自由。当然，如果论题涉及制度的运用，涉及政府的功能，他们之间的差异和矛盾就趋于明显和激烈了，冲突也就变得相当重要了。

罗尔斯认为，对平等的基础的探讨也是要追溯到人的特征。正义原则是应用于人类社会的，我们对动物的行为要受某些道德原则调节，而非正义原则的调节。那么，我们是根据什么理由相信原初状态中的人在选择正义原则上的平等权利呢？这个理由就是道德的存在，人作为道德的人有两个特点：一是他能形成“好”的观念，即能有他自己的合理生活计划；二是他能形成一种正义感，即能有正常情况下遵循正义原则的欲望。罗尔斯特别强调这种道德人格能力只需达到最起码的标准即可。这种最低程度的、潜在的道德人格的能力就构成了人获得平等正义权利的充分条件。换句话说，凡能提供正义的人就应当得到正义，就应当有选择正义原则的平等权利。至于何谓最低程度，则需放到具体情况中去讨论。罗尔斯在此还是在抽象的契约论观点的框架内讨论这些问题。但已经显而易见的是，最起码的、潜在的形成自己价值观和正义观的道德人格能力这一条件，加上他们是互相冷淡的，是处在无知之幕后的条件假设，充分估计到了人在道德上、知识上的种种缺陷；然而，另一方面，不管他们身上潜存的道德人格能力是多么微弱，又确实具有这种能力，有了这种能力就使他们高于动物，他们就不能像动物一样生活在自然状态中，就必须去建立社会正义，这种正义对他们就有一种不考虑任何特殊利益和兴趣的绝对约束力。

综观上述诺齐克与罗尔斯两人对于权利依据和平等基础的阐述，我们可以注意到近代以来西方注重自由权利的正义理论的一个突出特点：它们是从两个很不同的方面来建立它们的理由或论据体系。一方面它们是从现实的、经验的途径来看待人、来观察人，它们都充分考虑到人的不完善性、复杂性、有限性。人们在道德上总是有不完善的一面，总是存在缺陷，他们在获取信息和知识方面也同样遇到严重的来自外界和自身的障碍。另一方面，它们又从理性的道义论的立场来要求人，要求人所建立的制度，它们强调道德正义的绝对性、不可逾越性，表现出毫不妥协的道德立场和毫不含糊的正义信念。

这在某种意义上可以说是近代马基雅维利传统与康德传统的结合。自然，马基雅维利主要是观察现实中的人，强调的是人性中的弱点，并研究君主或国家如何利用这种人性的弱点去取得有利于自己的效果；在社会契约论者那里，霍布斯则已开始同时涉及现实的人与道德的法这两个方面；而在康德那里，则充分地体现出对道德律的有力推崇，对不依赖于任何利益、效果的道德命令的绝对尊重。但是，康德的这一方面虽然最引人注目，我们也不可忽视康德常常被遮蔽的另一面，即他在《实用人类学》中对属于现象界的人的种种弱点和丑陋的生动描述。一种坚定地捍卫权利的社会正义理论，并不只是来自这两个源泉中的一个，而是同时来自这两个源泉，来自一种现实的人性观与彻底的道义论的结合。这并不是说这种结合必然产生它，而是说它的产生必然要以上述两个方面的论据为必要条件。

所以，我们就看到诺齐克一方面把权利看作严格的、绝对的，对权利甚至不能做任何目的论的理解，因为它要约束一切行为；另一方面又反复谈到人的复杂性，人在有关什么是"好"的观念上的歧异性，人在知识、能力方面的巨大差别。罗尔斯的道义论立场毋庸多言，他虽然是在理想的层次探讨正义，但从他对道德人格能力的最低程度和潜在性的强调，从他对原初状态中人的互相冷淡和合理自律的动机规定，以及"无知之幕"的信息限制，都可以看出现实人性观对其理论的影响。这并非低估了人，并非不相信人，在罗尔斯看来，把正义原则置于如此弱的假定上，比置于强的假定上（如互相仁爱和充分知识）更能恰当地概括出正义原则的内容和使它们获得更可靠的保障。

但是，诺齐克与罗尔斯的观点尽管有许多共同之处，冲突也确实存在，一旦我们离开探讨正义之依据的领域，这种冲突就鲜明地表现出来。主要的冲突发生在经济领域，发生在利益分配的领域。这种冲突是否可以调和？综合是否可能？我们可以再考虑其他的一些批评和综合的尝试。

二、一些来自其他方面的批评

罗尔斯所作的努力在某种意义上也是一种综合，他试图结合自由与平等，调和其间的冲突，想在不损害自由的前提下尽量达到经济利益分配的平等，在不“损有余”的前提下达到“补不足”。罗尔斯不是处在一个极端（或者说，他与诺齐克客观上处于一种对峙状态是由某种社会条件造成的），而诺齐克倒是处在一个极端，即强调自由权利的极端，虽然可以说无政府主义者比诺齐克走得更远，但他们对政治权力的彻底否定实际上使他们趋于脱离社会政治哲学的领域。考察无政府主义就意味着要进入一个更广阔的领域——一个不只是政治社会的价值和伦理，而是一般人类价值和伦理的领域。

罗尔斯的理论已如前述，我们现转而看看另外的综合尝试和对这类尝试的评论。

在政治哲学领域内，牛津大学教授罗纳德·德沃金（Ronald Dworkin）常被认为与罗尔斯、诺齐克鼎足而立的人物，他的《认真对待权利》（*Taking Rights Seriously*，1977）一书对英美政治法律哲学影响很大。德沃金认为，罗尔斯隐藏在契约论据之后的深层理论仍是一种权利理论，这种权利不可能是某种特殊的个人权利，不可能是指向特定个人目标的权利，而只能是一种抽象的权利，这种抽象权利看起来像是一种对自由的纯粹权利，但实际上却不然。在德沃金看来，并无一种对自由的抽象权利（no right to liberty），虽然有对各种自由的具体权利。在政治理论中，平等是比自由更抽象、更一般、更具体的概念，可以从平等演绎出自由，却不能从自由演绎出平等，当然，平等的概念是含糊的，德沃金认为他所理解的平等是一种权利（即基本自由权利）的平等，是个人要求治理者平等关怀和尊重的权利。德沃金指出，罗尔斯“公正的正义”理论的基础实际上是一种所有人作为道德人——作为能作出人生的合理计划和拥有正义感的人——而拥有的平等权利，因为，在罗尔斯那里，平等、关怀和尊重权利不是契约结果而是进入原初状态的先决条件，不仅体现在第一正义原则的平等自由权利中，而且体现在原初状态中人都是自由、平等的这一基本假设之中，平等尊重和关怀权利来自作为道德人存在的、与动物相区别的人本身。

现在我们要转向对德沃金正面提出的平等权利论的评述：

德沃金从提出“我们有什么权利？”开始。但是，首先在此还需要解释一下“权利”的意思，德沃金是在与功利对立的意义上使用“权利”一词，即如果某人对某事有某种权利，那么，政府即便为集体利益也不能否定这种权利，这就如同罗尔斯所举出的正义信念：“由正义所保障的权利决不受制于政治的交易或社会利益的权衡”[1]，即在明显可见、唾手可得的巨大利益的诱惑面前，如果它会构成对少数人甚至某一个人抽象的、看不见的、似乎无关紧要的权利的侵害，那么也还是要拒绝这种利益，这就不是目的论者，尤其功利论者所能同意的了。一个人可以理所当然地去坚持做某事或拥有某物，即便因此总的福利被损害，正是在这种强烈的意义上，我们说他拥有一种权利。在这种意义上的权利，就成为个人所掌握的一张王牌：保护自己免受以一般利益或平均利益之名而造成的侵害，或要求的牺牲。德沃金认为罗尔斯所讲的基本自由也正是他在这种意义上使用的“权利”。

许多人捍卫个人权利是依据个人自我发展的价值或某种类似的东西，认为自我发展比一般福利更重要、更基本，因此更需要重视、保护自我发展的条件——基本权利。但是，第一，这种价值可能纳入总的福利、总的价值之中来计算；第二，其他人或大多数人的自我发展可能要求某个人或少数人放弃他或他们发展自身的权利。

德沃金主张权利另有一个基础，他从另一条途径来捍卫权利。他指出权利的观念和总福利的观念同样根源于一个更基本的价值，而且，权利与功利之间的明显对立仅仅是表面上的，它们可以在这一根本价值、根本观念的基础上统一起来——这一根本观念就是平等。这种统一表现为：在正常情况下以一般利益作为政治决定的正当理由，但在特殊情况下又把个人

[1] 罗尔斯：《正义论》（修订版），第 3 页。

权利作为不理会一般利益、超越这种正当理由的一张王牌。德沃金举经济权利为例：在一般情况下可实行某种一视同仁的普遍平等主义态度，但在某些情况下对某些人（如残废者）就必须通过确认他们有一种对于起码的生活水平的权利来修正普遍平均主义的正当理由，就应该为他们争取某种更大的经济权利。而政治权利也是如此，他认为罗尔斯说的基本自由（即政治权利）也能够由平等主义的理由来解释。

我们再回到"我们有什么权利"的问题上，德沃金认为没有对一般自由的抽象权利（这里"自由"是单数的"liberty"，"权利"也是单数的"right"），抽象的自由权利在政治生活中不起重要作用，而且容易引起自由与平等相冲突的误解。但是，我们对于各种具体的、明确的自由拥有权利，如言论自由、参政自由的权利。那么，如果说并没有一种对于一般自由的抽象权利作为对于各种具体自由的权利之基础的话，这些具体的自由权利就一定另有一个基础，而这一基础就是平等，或更准确地说，这些具体的自由权利来自被管理者提出的，要求被平等地关怀和尊重的权利。

德沃金认为，政府必须关怀它治下的人们——把他们作为会受挫折、会有失败和痛苦的人们。必须尊重它治下的人们——把他们作为能理智地、自主地制定和履行他们生活计划的人。在此，我们又一次看到同时强调人有弱点和人有理性两个方面，关怀是对人的弱点而言，尊重是因为人有理性，具有形成道德人格的能力而言。在此关键的限制则是平等，政府必须平等地关怀和尊重它治下的所有人，而不能以某些公民更有价值，应得到更多关怀的理由而不平等地分配机会和产品；它也不能以某些公民的生活计划更高尚、更优越的理由而限制另一些人的自由。但我们也由此看到了德沃金态度的倾斜，因为他理解的平等关怀着重是指社会经济利益的分配，平等尊重则主要是指政治和思想自由等基本权利，他认为有两种抽象平等权利：一是在物品分配中被平等对待的权利，一是在政策决定中作为一个平等者参与的权利。后一种是自由主义平等观的基本权利，个人对明确、具体的自由的权利只有在后一种权利要求这些自由时才被承认，这样，这些自由权利就不与平等权利冲突，反而是来自它。这里特别要注意一点：德沃金不是把平等作为人们的一种愿望、一种道德要求，或一种价值目标，而是作为一种不变的权利、一种最基本的权利提出来的。他认为公民拥有与一般福利对峙的权利，拥有某些反对政府的权利，这是没有争议、毋庸置疑的，他批评斯皮罗·阿格纽（Spiro Agnew）副总统把个人权利视作国家这艘大船的顶头风的说法，他提出“认真看待权利”，并且说：“如果政府不认真看待权利，那么它也就不会认真看待法。”

德沃金可以说是一位异中求同者，他认为自由与平等并不冲突，并以平等权利为基础来调和这种冲突。作为一个法学家，他主要从法律角度来看待社会正义，这使他关注的领域主要限于政治法律的领域，而上述冲突正是在此领域变得尖锐起来。他的实质结论与罗尔斯的结论实际上相当接近，只是他否定一种抽象的自由权，而以平等作为各种权利的基础，这初看起来更有吸引力。他同样认为政府把所有公民都视作平等者那样对待意味着把他们视作自由、独立、拥有同等尊严的个人，同样认为正义独立于“好”，独立于德性和价值，他主张正义要求确定两种主要的制度：一是市场经济，一是代议民主制。然而，在此选择市场经济不仅是为了效率，更是为了平等。而由于人的天赋差别很大，就需要通过某种再分配体系来修正和改造市场经济。同时，代议民主制的多数裁决规则也仍然可能侵犯权利，这就需要在上述两种主要制度之上再加上各种个人权利的限制，使个人把这些权利作为抵抗常常产生自制度的某些难以抵御的侵犯之有力王牌，这张王牌并不总是打出，一旦打出就应有绝对的效力。对这些权利的根本证明在于它们对于“平等关怀和尊重”的原则是必要的。德沃金采取的是比较直接地诉诸人们的正义直觉的证明方法，这是他与罗尔斯不同的地方，而在实质结论上，由于他主张一种基于平等关怀的再分配政策，显然与诺齐克的“最弱意义国家”的趋于极端的主张相去甚远，这使他也处在一个综合者的地位。

以上是来自与罗尔斯同一阵营——自由主义主流的批评。我们再看一看来自其他方面的批评。如果逸出罗尔斯与德沃金所处的社会范畴，以一种长远的历史眼光来观察，是否会得到一些不同的结论呢？麦金太尔所作的努力正是这样一种努力。在20世纪中期语言和逻辑分析在哲学领域占上风的气氛中，麦金太尔独具特色的声音令人注目。他写的《追寻美德》

就是一本以历史审视的眼光来考察德性，包括作为德性的正义的著作。

麦金太尔认为，我们今天的道德冲突似不可消解，没有达到道德一致的方式。这些道德纷争和冲突有三个显著特点：第一是对立论据中的概念不可比，不可通约，在对立的前提之间无法进行评估和衡量，因而带有很大的私人的任意性，也容易动感情。第二是这些论据都依然被称作非个人的客观的理性论据，采取的是一种断然的用法。第三是它们各有不同的历史根源。所以，我们现在就处在一个道德语言严重混乱的世界，处在一种道德无序的状态。然而，这种混乱与无序的状态是仅仅当代还是所有时代的特征呢？

按当代出现的情感主义观点，似乎所有时代概莫能外，因为所有价值或道德判断都是人们情感、态度的表现，不像事实判断有真伪之别，道德的一致并无理性的保证，而只是靠对那些与我们不一致的人的情感产生某种效果来保证，例如，情感主义的代表史蒂文森分析道德判断语句的意义，认为“这是善的”仅大致表示“我赞成这个，并这样做”的意思。情感主义实际上对道德哲学的全部历史下了一个判决：一切为一种客观的道德提供一种理性证明的企图都不能成功。

在麦金太尔看来，情感主义却正是当代的一个标志（或至少可以说是当代道德理论的一个基本倾向、基本特征），在它之前的直觉主义主要代表摩尔也可以说是它的先驱，而在它之后，表面上拒斥它、冷落它的分析哲学也逃不脱情感主义，黑尔、罗尔斯、阿兰·多尼根（Alan Donegan）、伯纳德·格特（Bernard Gert）、阿兰·格沃思（Alan Gewirth）提出各种主张，以为能在合理性基础上摆脱情感主义，但迄今他们无一成功。欧洲大陆哲学（像尼采、萨特）都掺有情感主义的因素。情感主义渗透在我们的文化之中，我们就生活在一种特殊的情感主义文化中，我们的概念和行为方式的迥异实际上就假定着情感主义的真理。而情感主义就意味着相对主义，甚至虚无主义。

麦金太尔并不认为目前的道德混乱和无序就像情感主义所认为的是自古至今一直就有的情况，而是把它看作从某种道德统一和有序中演变过来的，所以，有必要探讨历史。在这方面，分析哲学不能帮助我们，现象学和存在主义也不能查明错误。麦金太尔认为他要做的两件不同但有联系的工作就是：一是鉴定和描述那过去的（丧失的）道德，评价它在客观性和权威方面的主张；二是指明现代的特征，说明当代的道德无序是怎么来的。

要理解我们现在所处的文化困境、道德困境，就必须先认识到近代启蒙运动的失败。麦金太尔回顾了休谟、狄德罗与康德等，他认为试图为刚从神学和传统中解放出来，完全诉诸个人理性的道德另寻一个基础的启蒙方案必然要失败，而正是这种失败导致了我们现代道德理论混乱无序的问题。换言之，现代道德理论的问题显然就是启蒙方案失败的结果，一方面，从官僚制和神学中解放出来的道德个体自我意识，被道德哲学家看作在他的道德自律中是至高无上的；另一方面，继承遗传来的道德规范不再作为根本神圣的法律，而被夺去了神学或古代绝对性的特征。因此，必须通过发明新的目的（如功利主义），或找到新的绝对地位（如康德）来验证它们，但在麦金太尔看来，这两种努力都失败了，而只在使它们社会化和理智化方面有所成就。

麦金太尔主要从德性的角度来讨论古代与现代道德理论的分野，他大致以德性为标准区分了这样三个阶段：

首先，从古希腊罗马到中世纪，这个时期是“复数的德性”（Virtues）时期，其主要的理论表现形式可以举亚里士多德的道德理论为代表。麦金太尔对这种“复数的德性”的解释分三个层次进行：一是涉及作为达到内在于实践的善所必要的性质的德性；二是把它们考虑为有助于（服务于）一种总体的、统一的人生的性质；三是把它们联系于一种人类理想的追求。也就是说，在此德性是复数的，是多种多样的（像古希腊四主德：勇敢、智慧、公正以及友谊。又如神学的德性：谦卑、希望、热爱等），它们都服务于某个在它们自身之外的目标，由这些目标来定性并受其支配。这些目标就像刚才上面所说的，或者是某个社会角色，例如在荷马史诗中所见的英雄时代的德性就是如此，凡是有助于履行这个角色的能力和性质就都被视为德性，包括像体力好、善射箭等都可被称为德性；这些目标或者又是总的人生目的、好的生活，比方说在亚里士多德那里就是这样，各种德性是达到自我实现、人生完善的手段；这些目标还可以是神学意义上的、超自然的完善，比方说在《新约》中就可见这种目标，相应地就提出了谦卑、希望等神学德性。对于这种传统的复数的德性，我们要特别注意其与一种人生目的之关系，麦金太尔赞同德性有一个支配性的人生目的，在他看来，如果没有一个作为统一体的对整个人生目标的支配性观念，我们对某些个人德性的观念就必然是零碎的、片段的（当代就是如此），换言之，没有一个超越具体善的完善、至善，社会就会在道德生活中产生大量的任意和专断，我们也不能指出某些德性的内容，不能确定它们。也就是说，不仅要使德性（正当）与目的（好）联系起来，而且要有一个支配性目的（至善、全善）。

其次，到近代的时候，一种有关德性的新观念出现了，也就是说进入了"单数的德性"的时期。所谓"单数的德性"就是指，德性成为单纯的道德方面的德性。与"道德的好""道德价值"乃至"道德正当"成为同义语，虽然还是可以区分各种各样的具体德性，但它们实际上都是一种东西——一种"道德的好"、一种"道德正当"。而且，现在"德性"不再依赖于某种别的目的，不再是为了某种别的"好"而被实践，而是为了自身的缘故，有自身的奖赏和自身的动机（这方面的特征可以追溯到斯多亚派，而在康德理论中表现得最充分），现在有了一个单一的、单纯的德性标准，"德性"在此意义上就是单数的了。这样，道德实际上就向非目的论的、非实质性的方向发展了，不再有任何共享的实质性道德观念了，尤其不再有共享的"好"的观念，于是原则规范就变得重要，德性就意味着只是服从规范，休谟、康德、密尔乃至罗尔斯都是如此。

最后，到了现代，罗尔斯通过道德原则来定义德性，即德性等于一个服从原则的人的品质：规范在现代道德中获得了一种中心地位，德性不再像亚里士多德体系中那样具有一种明显不同甚至是对立于规范、法律的意义。于是各种理性主义、直觉主义相继出现，企图确定道德信念的基础，确定一批道德原则和规范，道德被看作仅仅服从规范。由此问题就变成：我们怎样知道服从哪些规范？德性概念对道德哲学家与社会道德就都渐渐变得边缘了，不再受到重视，而理性的证明也暴露出理性本身的弱点，逐渐走向相对主义，走向技术性的分析哲学，这就导致了当代的来临——一个“在德性之后的”的时代，一个不再有统一的德性观、价值观的时代。这个时代的特征我们已经在上文做过描述。尼采敏锐地觉察出当代的特征，觉察出当代道德的散漫无序和混乱状态，看出抛开亚里士多德目的论而为道德另寻根据的企图都归于失败，并提出了他自己的强力意志说和超人理想，走向某种非道德主义乃至道德虚无主义、德性虚无主义的观点。

我们将何去何从？是尼采还是亚里士多德？麦金太尔以尖锐的形式提出了这个问题。他认为这一对立是根本的对立，而他的倾向是转向古代，转向传统。他认为，对于亚里士多德道德传统的探寻和倡导至少能够提醒我们，使我们警惕可能的黑暗时代，使我们对自己的环境有一种自我认识，从而振奋力量，创造出新的符合传统美德的社会政治格局来。

在对德性的历史观照的基础上，麦金太尔考察了作为一种政治德性的正义，他重述了亚里士多德的意见，认为正义是政治生活的首要德性，一个社会对于正义的共识是这个社会的必要基础，因为若没有这种共识，就不仅达不到对道德原则规范的一致认识，不仅会造成对于德性的轻视，而且不能规定各种具体德性，使人们无所适从，所以，可以说正义是社会政治生活中最重要的一种德性。然而，在麦金太尔看来，当代的个人主义文化却不能产生对正义的共识，争论会层出不穷，并无法从根本上解决。

麦金太尔举例说明现代社会中正义观念的冲突和不可化解：比方说，有甲、乙两个人，甲很艰难地通过多年辛勤劳动积攒起一大笔钱，准备用于购房或子女教育，他反对威胁着他的计划的日益上涨的税收，认为这种高税收是不公正的，因为他的积蓄是合法挣来的，他的所有权是正当的，他强调个人的合法所得不容干涉，而不管是否会造成两极分化和贫富悬殊；乙的钱则可能来得较容易（如继承遗产），又有某种“知识分子”的良心，对两极分化现象很敏感、很痛心，认为那些财产和权力方面的不平等是不公正的，因而，他将支持产生一种再分配的税收，以便政府通过增加的税收来扶贫济困。

这样，甲就是坚持个人的正当所得和合法的所有权，而认为由此造成的不平等是必须付出的代价；乙方则坚持公平分配的原则，而认为由此造成的对个人合法所得的干涉是必须付出的代价。由此，不论依据谁的原则，不论满足谁的愿望和利益，就都要以牺牲另一些人的愿望和利益为代价。而且，在这两种实际结论的冲突之后，还隐藏着对正义概念的不同理解：甲方根据这些东西是怎么来的，是不是由合法或正当途径得来的，怎样才算对这些东西拥有权利而解释正义概念；乙方则通过人们尤其是最不利者的基本需要，通过他们的起码生存保障对某种平等权利的要求，来解释正义概念。即甲方是基于权利（所有权），乙方是基于需要（基本需要）；甲是注意过去、注意以往，乙是注意现在、注意当下。

麦金太尔认为，在某种意义上，诺齐克的理论就是对甲方观点所作的理性陈述；而罗尔斯的理论就是对乙方观点所作的理性陈述。诺齐克强调个人对于合法所得的权利；而罗尔斯则强调平等，强调即使在社会经济方面容许某种不平等，也必须在符合最不利者的最大利益的条件下才被允许。然而，诺齐克对他的前提——个人权利；罗尔斯对他的前提——尽量平等，都没有令人信服的论证，而问题的关键恰在于这种双方前提的不可比、不可通约和不可调和。

麦金太尔想强调的正是罗尔斯与诺齐克的基本前提和结论的不可通融、不可化解，甚至难以评估，不能权衡优劣，需要优先还是权利优先无法判明，两个人实际上都无法攻击对方，说对方用了无法证明的前提，因为他自己也用了同样无法证明的另一种前提。

然而，罗尔斯、诺齐克两人又有共同的地方，这就是他们的时代性，他们都属于现代，他们都把传统（亚里士多德）道德理论在分配正义中对“应得”（desert）的强调排除出去了，都认为不能按道德的功过、道德上的应得赏罚和优劣进行分配。

他们两人的理论也都有一种共有的社会观作为前提，这就是自由个人主义的社会观，他们都坚持自由主义的立场——认为个人优先于社会；都坚持自由主义的观点——认为正当独立于“好”，社会正义独立于个人的价值和幸福观念。他们不求达到对人类利益和社会利益的共同一致的理解，而只关心达到社会正义、达到为个人幸福提供必要的条件，因而都反驳根据在追求共同利益中为社会的共同任务所做贡献而确定的“应得”（desert）概念，来提供判断德性和正义的基础。

总之，麦金太尔认为在现代社会的基础上综合是不可能的。对罗尔斯与诺齐克之间的争论无法给出最后的裁决，因为我们的社会不存在任何道德的基本原则。而综合之所以不可能，冲突之所以难于消除，恰恰是因为罗尔斯、德沃金与诺齐克的共同之处——他们都只是在他们所生活的现代社会范畴内思考。而要真正考虑综合，就必须超出这一范畴，诉诸古代的伟大传统，在那里，各种德性，包括作为政治德性的正义与一种人生的支配性目标联系在一起，这一支配性目标不仅仅注意个人的价值，还更强调共同体本身的价值。麦金太尔的意义在于他的视野更为广阔，通过他纵横捭阖、驰骋古今的论述，我们面前的选择对象增多了，对当代的特征认识得更清楚了。但是，人们毕竟生活在现代社会里，传统与现代如何结合？对共同体的价值如何评价？分配正义是否需要引入道德价值因素？人们的共识应该仅仅建立在正义观上，还是进一步建立一种统一的价值观？道德原则规范与道德人格德性两者孰更重要？对道德权威和客观性应当如何理解？等等。这些问题还依然留存着，还需要继续探讨。

麦金太尔指出了现代社会各种价值、各种规范，包括各种正义原则之间的冲突，但这可能只是告诉我们：正义原则很难统一为一个单一的原则，无论是古典的功利原则还是诺齐克的权利原则，出路可能还是在某种综合、某种中道之中。在这方面，罗尔斯的“词典式序列”是一个颇具启发性的观念。正义原则不是单数，而是复数，不是一个，而是一批，但它们处在一种有先后次序的序列之中。

三、一种综合的考虑

罗尔斯的两个正义原则是为一种假想的“良序社会”设计的，而如果我们回到历史，进入现实，我们就可设想，在这之上加上一种我们在社会契约论者尤其霍布斯那里看到的，在次序上应当居于平等自由和差别原则之前的正义原则——生命保存的原则。我们现在就来看看在经济利益分配的领域——也是当代正义理论分歧最大、冲突最为明显的领域，生命原则与罗尔斯的两个原则是如何起调节作用的。我们可以设想下列四种社会：

（1）患寡亦患不均的社会。

（2）不患不均而患寡的社会。

（3）不患寡而患不均的社会。

（4）不患寡而亦不患不均的社会。

患寡亦患不均的社会是一种生活资料极度匮乏和占有很不平等的社会。我们可以假设造成这种社会的两类原因：第一是自然的原因，比方说在一个本来大致平等的城邦小国内，一次洪水把大多数人的财产席卷而去，而只有居住在一块高地上的少数人的资产安然无损，客观上就造成了生活资料奇缺并集中在少数人手里；第二是人为的原因，假设这个城邦小国是等级制社会，或者它遭到了外敌的长期围困，或者豪富者利用其优势继续积聚财产，致使许多人处在冻馁而死的边缘。这时，我们可以设想少数拥有财产者如果不肯自愿奉献或被说服捐献，这个城邦的统治者可能采取强制的手段，征收他们所拥有的生活资料（可能允诺以后将归还），实行严格、平等的定量配给，但这应当不是出于平等原则的要求，而是出于生命原则的要求，因为，此时平等的分配对许多人的生死与否具有了绝对的意义。如果说这是平等原则的要求，那就不必再做改变，可以一直维持这种状况，而如果是出于生命原则的要求，它就有满足其他进一步原则的必要性。

不患不均而患寡的社会是一个相当匮乏但却相对平等的社会。我们可以设想这个社会是由上述社会演变过来的，即在实行了一段时间的严格平等的定量供应之后，由于外患解除或灾害消去，加上同甘共苦或同仇敌忾而激发起来的积极性而增加了产品，人们已无死亡之虞。这时，严格平等的定量配给看来就不适应了，因为人的才能和努力程度事实上会有差别，如果他们总是得到相同的东西就不利于发展生产，社会生产就需要得到一种持久一贯的刺激。这样，我们可以设想执政者提出一种差别原则，即为了全体人的利益，需要让一部分才能较高、更为努力的人得到更多的收入，这些人收入较高对所有人，包括放弃配给制以后的处境较差者都有好处。而如果执政者更激进，还可能提出经济自由原则，或提出形式的机会平等的原则。

不患寡而患不均的社会是一个相当富足但相对来说不够平等的社会，我们也设想它是由上面一个社会发展而来的，此时收入的差别已经比较明显，比较悬殊，这时可能更严格地贯彻差别原则，但此时意图已不在于允许差别，而在缩小差别，并且有可能提出比差别原则更具平等倾向的原则。

不患寡亦不患不均的社会是一种高度富足和高度平等的社会。这个社会正是罗尔斯所理想的，是他希望通过实行他的两个正义原则而达到的社会。如果他的两个正义原则确实能够达到并继续维持一种效率与平等之间的微妙平衡，保证两者之间一种有益的张力，使社会进入一种良性循环，那么这种理想看来也会为他人所承认。但是，我们此处的设计并不是为罗尔斯的正义论提出一种证明，而是通过这种设计使人们能更清晰地看到正义原则的性质，使人们认真考虑“词典式次序”这一观念。而且，上述原则的应用是明显以罗尔斯坚持的一种社会观为前提的：把一个社会主要理解为一种合作的体系，而不是一种冲突的体系。不过，我们一个意外的收获就是看到差别原则的特殊性质：它可以用来为平等辩护，用来努力缩小分配差别，但也可用来为不平等辩护，用来扩大分配差别，不同的社会背景决定着它的不同用法，而它能为不同的社会所采用，也说明它确实有较大的弹性和张力。如果我们调整这一差别原则中的鉴别标准——比方说把“最少受惠者”换为“中间阶层”，这种弹性和张力可能还会更大。

这是用于一批正义原则的“词典式系列”，我们是否还有可能建立一个统一的原则，在这一原则之内应用这一观念呢？我们还可以试着考虑在类似德沃金的平等原则下分出次序：

（1）对生命的平等关怀。

（2）对公民自由的平等尊重。

（3）对经济利益的平等分配。

对生命的平等关怀自然是首位的，而在这种平等关怀中，生命不能被任意剥夺和伤害的权利，又优先于给予基本的生存资料、保证温饱的权利。其次是对公民自由的平等尊重，良心及表达的自由至少在现代人看来是优先于参政的自由。这两种平等要求也可以结合起来考虑为是法治（the rule of law）的基本精神和基本要求，即法律至高无上，法律是要求平等对待所有人的法律，在这种法律面前人人平等。在实现了上述平等之后，然后才有可能考虑是否有理由要求经济利益的平等分配，以及这种平等可以达到什么程度（或者反过来说，考虑社会将允许的不平等程度）。逾越法治的平等分配要求常使人忽视另一种地位理当更优先的平等——基本权利的平等，而人们在满足了基本生存需求之后，比起利益均分来，一般理应重视能给他尊严的法治保障下的各种基本权利，且实现这种权利的平等比起实行利益的平等，无疑有充足得多的道德理由。令人感到困难的是，基于生命原则的平等分配基本生活资料与基于平等原则的平等分配经济利益常常混淆不清，这里需要建立一个比较明确的何为一个社会的基本生存资料的标准，但在现代发达的工业文明的基础上，至少可以在实践中比较有把握地说，除非在某些特殊的情况下（如巨大的天灾人祸），基本生存资料的满足一般是比较容易达到的，因此，利益方面的平等要求应置于权利的平等要求之后，对平等的理解应当首先是权利平等，然后才是其他方面的平等。

以上只是根据历史的观念，根据有先后次序的系列的观念，对缓和或消解正义原则的冲突的一些尝试性设想，在此，我们对这些设想并没有提出认真仔细的证明，而提出一种正面的理论及证明也非本书的任务。

四、从《正义论》到《政治自由主义》

我们不必赘言《正义论》在1971年出版后所产生的巨大影响，此后二十多年，罗尔斯虽然又发表了一系列文章，但主要是对《正义论》的补充和修正。罗尔斯对待批评的态度非常认真，以此致力于发展其理论。

在《正义论》出版之后的前十余年里，罗尔斯对其正义理论的回应和发展表现在以下三个方面：

第一，他继续阐明其正义论的性质和对象，认为社会基本结构之所以成为其契约正义论的对象，主要是因为社会契约论的各方被设想为自由、平等、有理性的人，他们首先对有关基本结构的问题达成最初协议，然后才达成其他协议。

第二，罗尔斯进一步指出他的理论与康德哲学的联系，阐述其正义论的康德式基础和构成，尤其对平等概念提出了一种康德式的解释。

第三，罗尔斯继续完善其正义论的论据，同时也对其正义原则的内容做了某些进一步的补充乃至修正，他对争议颇多的最大最小值标准又提出了一些理由，对第一条正义原则所规定的基本自由及其优先性进行了新的阐述。在“基本自由及其优先性”这一篇文章中，针对哈特提出的两点反对——（1）原初状态中各方同意基本自由及其优先性的理由不充分；（2）在实用阶段无满意的标准来应用于对各种基本自由的进一步确定和其间的相互调整——罗尔斯根据其作为自由与平等个人的公民概念和改善了的“基本好”理论做出了他的回答，并对第一条正义原则的表述做了一个重要的修正，重新表述为：每个人对与所有人所拥有的一种充分恰当的平等基本自由体系相容的类似自由体系有一种平等的权利。在此，罗尔斯以“充分恰当的”的短语代替了“最广泛的”的说法。他在此文中除回答哈特的反对意见外，还详细解释了他所说的基本自由包括一些什么内容，有些什么特征，在“基本好”中占据什么位置，其优先性要求什么社会条件等。

但这期间基本上还是回应居多，发展居少，直到导致《政治自由主义》出版的一系列学术成果的出现和该书在1993年的正式出版，罗尔斯的正义理论才可以说又进入了一个新的阶段。

阿森纳曾在1989年指出罗尔斯的观点在《正义论》之后有三点主要变化：一是诉诸康德式的“人”（person）的概念；二是承认其正义原则只适用于康德式个人的理想社会，亦即现代民主社会，而暂不考虑跨文化的应用问题；三是越来越意识到并重视社会多元化的事实，区分公私领域，强调正义只是政治的共识。这里已经预示了罗尔斯思想后来变化的某些主要方面，但当时尚不可能予以充分全面的说明，而当《政治自由主义》出版后，主要的发展就很明显了。

《政治自由主义》由基本要素、主要观念、制度框架三部分共八讲组成，它从两个基本问题开始：第一，在一个自由平等的公民社会里，公民们合作的公平条件是什么？第二，面对作为自由制度必然结果的合理多元化事实，人们互相宽容的基础是什么？这两个问题也可以合并为一个：在一个其自由平等的公民被合理的宗教、哲学与道德理论深深分裂的社会中，正义与稳定如何可能？罗尔斯联系民主传统的两派来阐述这两个基本问题：一派是洛克，他所重视的是“现代自由”（按照贡斯当的划分），即更重视思想与良心的自由，重视人身与财产权以及法治；另一派是卢梭，他更重视“古代自由”，即更重视平等的政治自由以及公共生活的价值。罗尔斯在《正义论》一书中所提出的两个正义原则，正是试图调和这样两派，或者说调和自由与平等，所以，罗尔斯说他的两个正义原则既是自由主义的，又是平等主义的，亦即一方面强调自由的优先性，强调人人都应享有平等的基本自由；另一方面又主张实质的而非仅仅形式的政治自由与机会平等，他承认在利益分配上应当容有某些差别，但这些差别应当首先考虑从是否能最有利于那些处境最差者、是否能最有利于最贫困群体的标准去衡量和核准。因为，不仅造成差别的社会条件是偶然的，造成差别的自然因素，或者说天赋在人们中间的分配也是偶然的，因而应当把人们的天赋也在某种意义上视为社会财产，对天赋条件较低者予以补偿，这就是他的引起广泛争议的著名的“差别原则”，例如，贝尔在《后工业社会的来临》中曾评论说，这是以“各取所需”的原则代替“按劳取酬”的原则，在罗尔斯那里，“我们看到现代哲学最全面地努力支持一种社会主义的道德”。[1]

以上所涉及的是罗尔斯的“政治的正义”或者说“公平的正义”的实质内容，这一内容在《政治自由主义》一书中，并没有多少改变，但罗尔

[1] 丹尼尔·贝尔：《后工业社会的来临：对社会预测的一项探索》，高铦等译，新华出版社 1997 年版，第 486 页。

斯试图使这一具有自由主义特征的“政治正义”与任何广泛的价值理论脱钩，甚至与康德、洛克、密尔所代表的广泛的自由主义脱钩，这样，阐述这一政治的自由主义的观点就是一种免除了立场的观点，它不提供任何超越政治概念之外的形而上学与认识论理论。罗尔斯放弃了他曾经尝试的为其正义理论提供一种康德式哲学基础的努力。

然而，在某种意义上，《政治自由主义》仍然是《正义论》的延伸。《正义论》继承西方社会契约论的传统，试图提出一种能够代替功利主义的有关社会结构的正义理论，亦即一种“公平的正义”理论。《政治自由主义》并没有偏离这一理论，并没有在罗尔斯的思想发展中构成一个迥然有别的新阶段，或者说，系统一贯正是罗尔斯思想的特色，不同的是，罗尔斯认为，《正义论》所设计的理想的“良序社会”是一个稳定的、在道德信念上相当同质的、对什么是“好的生活”有广泛共识的社会。然而，现代民主社会实际上是一个合理的价值多元的社会，有相当多的不可调和，甚至不可比的宗教、哲学理论共存于民主制度的结构之中，自由民主制度本身也鼓励这种多元化，因而现在人们就面临这样一种情况：必须把多元看作一种正常状态和持久条件，而不是例外和反常。罗尔斯在此采用了柯亨的观点，即把民主社会看成是一个合理多元的社会，认为这一民主社会有三个基本特征：第一是广泛的宗教哲学道德理论的歧异并非一个暂时的历史状态，而是一个持久的特征；第二是对一种广泛的宗教、哲学与道德理论的持续共识不能通过国家力量来坚持；第三是一个稳定、有保障的民主政权，必须得到其政治上活跃的公民一种实质性多数的自愿和自由的支持。

因而，正义的共识尽管十分必需，但要极其严格地限制在“政治的领域”，原先《正义论》中的“良序社会”的概念就是不现实的，《正义论》第三篇对一个“良序社会”的稳定性的解释也是不现实的，必须重新组织，罗尔斯认为这就是1980年以来他所面对的难题。这样，在《政治自由主义》中，罗尔斯在《正义论》中提出的“公平的正义”理论就始终是作为一种“政治的正义”概念出现，“良序社会”不再是一个在基本的道德信念方面均为统一的社会，而只是一个在政治正义概念上统一的社会。这个

“政治的正义”就是各种合理的“广泛理论”（comprehensive doctrines）“重叠的一致”（overlapping consensus）的聚射点，“公平的正义”现在被提出来作为这种“政治的正义”概念的一个范例，它能被重叠地同意，意味着它能被各种主要的宗教、哲学与道德理论核准。政治自由主义的问题就是如何在合理广泛但互相冲突的理论之间寻找到一种“重叠的一致”，它没有例如基督教或启蒙运动那样的野心，即重新以一种君临万物的姿态取代以前的一统体系，或给各种理论提供一个共同的哲学或神学基础。

而要找到“重叠的一致”的共同点，就必须把“公共的观点”与许多“非公共的观点”区别开来，政治自由主义必须在各种理论观点之间保持不偏不倚，它不攻击任何合理的广泛理论，不拒斥它们的道德判断的真实性，而是坦率承认自己观点的有限性。罗尔斯并对不得不采取将广泛价值与政治正义两分的观点的根源作了一种历史社会学的推测，他认为，近代以前社会中的道德哲学一般都是目的论的，是根据某种至善或者说“好的生活”来定义正当和正义的。然而，近代的宗教改革导致了多元化，这样，政治自由主义以及一般自由主义的历史根源就可以说是宗教改革及有关宗教宽容的长期争论的结果。18 世纪的道德哲学家们希望建立一个独立于神学权威、能为普通人所用的道德知识基础，他们所面对的基本问题是：（1）对我们要如何行为的知识是仅为少数人（为教士）所知，还是可以为通常合理与有意识的每个人所知？（2）道德命令是来自外在根源（如上帝）还是来自人性及社会要求本身？（3）我们应由某种外在动力说服或迫使来履行义务，还是我们人性中已有足够的动力来这样做？休谟、康德都肯定后一种回答。他们这种信念还是广泛的，而“政治自由主义”却不是“广泛的自由主义”，它对上面三个问题并不采取一个普遍的回答，而是把它们留给各种广泛的观点自己去回答。换言之，它容有无神论的回答，也容有各种有神论的回答，它容有各种根基，容有来自各种立场的支持，而这又等于说它自身是无根基、无立场的。

在此，“广泛理论”与“政治正义”的区分是一个基本的区分，但是，我们要注意政治正义并不是对所有广泛理论都不偏不倚地接受和承认，而只是与那些合理的广泛理论相容，体现为所有合理的广泛理论的“重叠的一致”。所以，“合理的”（reasonable）限制条件至关重要，它和“理性的”（rational）有所不同，当我们说一个人是“理性的”时，是指我们不知他的目的，而只知道他是理智地追求其目的；当我们说一个人是“合理的”时，是指我们知道他愿用能共同推理的原则指导其行为，并考虑行为对他人的影响。“合理的”并不是从“理性的”那里来的，也不对立于它，但它肯定与自我主义不相容，另外，“合理的”也是公开的，而“理性的”并不尽然如此。这就意味着我们所要承认和接受的多元并不是接受一切多元，而只是一种合理的多元，虽然这种合理多元的范围仍然是广阔的。

既然任何一种广泛理论都不可能作为正义的基础，那么就只能期望各种合理的广泛理论的一种“重叠的一致”了，这时各种合理广泛理论都从它自己的观点赞成公平的正义，社会的统一就立足于这一政治概念的共识之上，至于政治正义如何具体地联系于每个公民的广泛价值理论，联系于他们自己对好的生活和终极目标的观念，就都要留给每个公民或社群自己去解决。“重叠的一致”独立于各种广泛理论，换言之，它不是从任何一种广泛理论引申而来，不以任何一种广泛理论作为自己唯一的基础。在此，我也许有必要指出一个容易从字面上产生的误解，即以为“重叠的一致”是指几个圆圈相交而重合的部分，这至少在罗尔斯那里不是这样。1994年春天，罗尔斯在题为“政治和社会哲学”（也许是他最后一次）的课程中，当讲到“重叠的一致”时，他特意在黑板上画了几个分开的大圆圈，表示各种广泛的价值理论，再由这些圆圈引出几条直线，共同指向一个很小的圆圈，这就是他所指的“重叠的一致”，看来，罗尔斯通过这一图示所要强调的是：“重叠的一致”的内容相当独立并分离于各个广泛体系，而且其范围相当小。

《政治自由主义》出版后，美国的《哲学杂志》刊登了哈贝马斯对这本书的批评以及罗尔斯的回应这两篇长文，使我们得以目睹欧陆与北美这两位著名学者的一次对话。哈贝马斯指出，罗尔斯强调其“公平的正义”理论的政治性，这一转变是来自对社会的，尤其意识形态的多元事实感到不安的刺激。罗尔斯的工作可分三个步骤：第一步是阐明公平合作的条件，说明为什么原初状态中虚拟的各方会选择其两个正义原则；第二步是阐明这一正义观能够成为一个多元社会的共识；第三步是概述可从两个正义原则推出的宪政国家的基本权利和原则。相应地，哈贝马斯的批评也分三点：第一是怀疑原初状态设计的各个方面是否都有助于澄清和保证人们选择“公平的正义”，罗尔斯后来的补充修正是否已使这一设计扩展得太偏离原初模式而失去了意义，哈贝马斯甚至认为，在某些方面，罗尔斯已较接近亚里士多德或功利主义的观点而非其权利理论了；第二是怀疑罗尔斯没有明确区分证明的问题和接受的问题，似在以放弃认识的确定性为代价来获得其正义观的中立性；第三是认为罗尔斯的结论产生于那使自由主义的基本权利优先于民主的合法性原则的宪政理论，罗尔斯并没有达到使古代自由与现代自由和谐的目标。哈贝马斯认为，罗尔斯提出的观点还是一种实质性的正义观，而他自己主张哲学应仅限于去澄清道德观点与民主的合法性程序，分析合理交谈、谈判的条件。他说，作为这样一种更谦虚的角色，哲学不必是建构的，而只需是重建的，它将实质性问题留给参与者自己去商量处理，而罗尔斯表现的则是另一种谦虚，他实际上采取了一种“回避策略”，回避大多数有争议的问题，使哲学变为一种聚焦理论，但他的理论也不可能是无立场的，还是要争论“理论”与“真理”问题，他的“人”的概念也超越了政治哲学的界限。

罗尔斯的回答是，他已经在《政治自由主义》一书中以“自由平等的公民”的政治概念取代了原来康德式的“人”的哲学概念，他认为哈贝马斯的理论与他的理论有两点主要区别：第一，哈贝马斯的理论是一种广泛的理论，是一种广义黑格尔式的逻辑论证，而他自己的政治自由主义只是政治的，仅仅在政治领域内活动而任各种哲学保留它们各自不同的世界观和人生观；第二，在作为一种基本论证方式的代表设计中，哈贝马斯用的是“理想的交谈情境”，而他用的是“原初状态”，他认为还是后一论证方式更为可取。罗尔斯并不为“‘公平的正义’是实质性的”批评所动，认为它不可能是别样，它确实是实质性的，因为它属于自由主义传统和民主社会的政治文化，它不可能是形式与普遍的从而成为交往行动理论的一部分，它也不想成为任何这种广泛理论的一部分。

对罗尔斯、哈贝马斯的共同课题，我们也许可以称之为是在一个多元社会里寻找共识，或者说多元与普遍的关系问题，我们在许多思想者，例如李普曼的“公共哲学”、贝尔的“公众家庭”那里都可以看到这样一种努力。有没有可能建立这样的共识，究竟把这些共识定在何处，它的范围究竟可以或可能有多大，它与人们的信仰、价值观念有什么关系，这些都是迫切需要人们回答的问题。一方面，因为现代人已经进入这样一个社会：数百年来社会平等的迅猛发展，个性自由的极度宣扬，使人们的生活方式和价值观念越来越呈现出差别，追求的目标相当歧异。在传统社会中一般都存在着某种共识，这种共识是一种全面的，不仅包括行为规范，也包括价值与信仰体系，两者相当有机地结合为一体的共识。然而，近代以来社会结构的巨变似已使此不再可能，一些思想家也以其头等的天才投入了消解传统共识的努力，从尼采、萨特到福柯、德里达，还有一些“后现代主义”的鼓噪者，他们所做的主要工作就是解构一切他们认为“虚假的”“虚伪的”共识、常识乃至一切坚硬、稳定、有厚度的东西，他们使人们充分认识和感觉到多元的事实，但同时也把人们抛入无可无不可的相对主义乃至虚无主义的绝望和放纵之中。

另一方面，我们也可以看到种种对共识及统一的社会纽带崩裂瓦解的痛心疾首和激烈反应：有些人主张全面复归传统，也有的人主张以一种宗教的复兴来拯救世界，还有的人寄希望于一种在信仰、情感、规范方面都相当一致的共同体生活。问题首先是，在经历了上述社会与精神的变化之后，现在这个时代还有没有可能这样做，且不说这样做是否恰当。所以，更多的思想者可能还是在艰难地寻求一种中道，也就是说，他们一方面承认和接受多元的事实，乃至于承认多元在道德上的正当性；另一方面又坚持仍然有一种超越于各个自我、各个团体、各个民族和各种文化的普遍的东西，这些普遍的东西主要表现为一些最基本的社会制度和个人行为的原则规范。没有这些基本规范，人类社会实际上就不可能持久生存，更谈不上协调发展。在这种普遍共识的范围究竟有多大、包含一些什么内容的问题上，他们仍持有不同的意见。不过我们可以观察到一个明显的趋势，这就是这一共识在诉求加强的同时范围趋于缩小。在此，公私领域的区分显然十分重要，对于现代社会来说，统一的范围显然只适用于公共的领域，但这一领域仍然可以外延至很大，政治领域相对于公共领域来说，可能是一个更小的范畴，而罗尔斯所说的“政治正义”，更局限于社会的基本结构和制度。罗尔斯的《政治自由主义》显然已经比他的《正义论》后退了一步，即他放弃了为其实质性正义原则建立一个哲学基础的尝试，而哈贝马斯甚至退得还要远，他主张放弃实质性的根本正义原则，而主要关注沟通交往的过程及其程序性的规则。但在范围上又可以说罗尔斯退得更远，他认为这一共识的范围只能限于政治的正义，而哈贝马斯的理论却是一种广泛的理论，当然，他们两人的争论正如哈贝马斯所说还是“一个家族内部的争论”，他们在接受多元，同时又坚持普遍的意义上既对立于倾向消解一切的相对主义和虚无主义者，又对立于传统的绝对主义和一元主义者。

中国是不是也会进入这样一个多元追求的社会，自然是可以讨论的一个问题。如果目前已经初露端倪的生活方式和价值观念的歧异和分化也将是一个持久乃至会不断扩大的状况，那么我们是否对此有足够的精神和理论准备？作为多元中的一元，作为行为主体，我们可能会乐于享受多元，但我们同时也是行为的对象，也许还要面对如何忍受多元的问题，如此我们就不可避免地也要遇到如何建立多元共存的规范问题，我们要坚持寻求共识，坚持多元中的普遍，同时又要谨慎小心，不重蹈一刀切的覆辙。这种共识自然不会等同于异邦文明的正义观，但也不会等同于我们虽然悠久、却已断裂的传统。我们尚不能确切地知道它会是什么，但却知道它必须存在，否则社会就将走向混乱甚至自毁。不管这些共识的范围是多么狭小，也不管其内容多么浅显有如常识，没有一些我们每个人都应尊重和履行的东西，我们就无法生活在同一个世界中。我们整个人类大家庭可能也将面临这样一种处境：只有充分地认识和接受文化的多元，才能努力地寻求和恰当地界定一种共识；同样，也只有恰当地界定并且坚持某种共识，才能真正使多元文化和谐共存乃至发展。

罗尔斯有关广泛理论与政治正义的区分想告诉人们的一个基本信息是，在今天社会趋于多元化的情况下，已不再有可能仅仅依赖于某一种宗教或道德哲学来整合与统一社会了，这种整合与统一的范围也不可能全面地涉及人们生活和行动的一切领域。但是，即便一种政治正义有必要对各种合理的广泛理论采取一种不偏不倚的态度，各种合理的广泛理论对这种政治正义的关系事实上却不会是一种“不偏不倚”的关系，即它们与这种政治正义的距离会有近有远，关系有深有浅。另外还有一个如何从各民族本身的文化传统和现实情况出发来确立这种政治正义的问题，即使不能否认在政治正义的观念中有一些普遍的因素，各文明在探讨自己的正义共识的过程中，也还是会不仅使这一正义的外延，乃至内涵也产生某些重要差异。此外，现代社会中的人是否不仅有可能在政治正义上达成某种最低程度的一致，而且能通过各种合理的广泛理论之价值核心的交流达到某种最高层面的接近乃至部分融合，也仍是一个不会消失的渴求。

这样，按照这一观点，例如在中国，无论是立足本土想从新儒学开出民主，还是想借助外援从基督教转出民主的尝试，按照罗尔斯的这一观点就都成为问题，都与民主本身具有的肯定多元文化的性质矛盾。比方说儒学与民主的关系问题，民主是否完全等于我们需要达成的共识的内容尚需质疑，而即便肯定民主的共识，其实，现在的问题也不是要求儒学非要能够从自身开出民主，或者说能够与民主逻辑上结合才有自己存在的权利，它只需与民主相容，成为一种合理的广泛理论，又不会与普遍的共识、政治的正义发生冲突就可以了。

五、从国内正义到国际正义

罗尔斯在 20 世纪 90 年代也已开始考虑其正义理论在各民族之间关系上的某种跨文化的扩展和应用问题，在 1993 年发表的一篇文章中，他探讨了如何从自由主义的正义观中发展出一种处理各民族关系的根本法，这一根本法类似于“公平的正义”，但又比它更为宽广和富于弹性。比方说，“公平的正义”在内部社会所要求的那种平等主义的特征就要减弱，不仅各个自由平等的社会，那些满足了某些如和平、生存、基本的人权和法治条件的非自由平等社会、教权等级制社会都可以一起达成一项共识，形成一种民族国家之间的“重叠的一致”，确立一种正义的“民族法”，而平等交往、和平共存。而在 1999 年，他正式出版了《万民法》（*The Law of Peoples*）一书。

在这本书的中文翻译中，一个基本的困难就是如何翻译“peoples”这个词，这个词一般都译为“人民”，尤其是作为单数的时候；但也可译为“民族”，特别是作为复数的时候。我们这里碰到的一个困难是，在当代汉语的语境中，尤其在前些年，“人民”作为一个最高也最流行的褒义词，主要是对内的，并有阶级划分和对立的含义，常常要把一部分人排除出去。而在超出国内社会的一般用法中，说到“人民”，也要么是和“英雄”对立，要么是和对方的“政府”对立而言。

而在罗尔斯这里，“peoples”主要是在对外关系中考量，是一个包括所有社会成员的整体。该书特别有一节谈到他为何用“peoples”（人民、民族）而不用“states”（国家）。这种“人民”可以与“公民”形成对照：“公民”是通过个人而行动的、国内社会的主体；而“人民”是通过政府而行动的、“国际社会”的主体。当然，这两个词在罗尔斯那里也有褒扬的用法：“公民”体现了平等自由的权利和义务，由这样的公民组成的社会对外也就体现为“自由的人民”（民族）。“人民社会”则是遵循万民法的“国际社会”——也是他理想的、一种“现实的乌托邦”。“人民社会”不仅包括自由的“人民”（民族），也包括“合宜的人民”（decent peoples），这两种“人民”都是“组织良好的人民”。罗尔斯认为，它们都会选择和接受他所定义的“万民法”作为处理它们相互之间关系的基本准则。“人民”和“国家”不同，它缺乏传统的主权，“人民”一词就意味着强调其道德特征及其体制合理正义或合宜的本质。

有些概念问题，也许在从事过翻译，或外文很好、常读原著的人们那里并不构成太大的困难、不致造成太大的误解。这种读者在阅读中常常是知道译者所根据的原名，所以会有一种自发的解释和调整，他知道原名的复杂性和多义性，就不会完全受中文译名的影响。但翻译更多的是要为完全不懂外文的读者着想，翻译必须全盘考虑，并且译名应力求一贯。所以，现在我们姑且就来接受这个“人民”的译法，但是不妨记住，罗尔斯这里所说的“人民”是对外关系中的“人民”，实际上是指结为一体，并具有特殊肯定意味的“民族”或“民族社会”（不是“民族国家”）——能遵守万民法、成为“人民社会”的合格成员的民族。“万民法”也不是指所有人、所有民族法律的共同部分，而是指处理各“人民”、各民族相互之间关系的政治—道德原则。

罗尔斯的思想一直有一种很强的连续性，在此也不例外，万民法的内容和论证也是从他的《正义论》和《政治自由主义》中的基本观念发展而来。他认为，在展开万民法时，首先的步骤是为国内社会制定正义原则。万民法乃是将国内体制的正义自由理念，扩展到“人民社会”中去，或者说，把“作为公平的正义”扩展到国际法中去。从论证程序上说，万民法仍是从一种第二层次的“原初状态”推演出来，各方也处在一种“无知之幕”之后——不知道他们所处社会的领土的大小、人口的多少等。从内容上说，也要大概不离平等、自由、独立、互尊、互惠的范围。具体说，罗尔斯提出了八条万民法的原则：

1. 各人民（民族）要自由独立，其自由独立要受到其他人民的尊重。

2. 人民要遵守条约与承诺。

3. 人民要平等。

4. 人民要遵守不干涉的义务。

5. 人民要有自卫的权利，除自卫之外，无权鼓动战争。

6. 人民要尊重人权。

7. 人民在战争行为中要遵守某些特定的限制。

8. 人民有义务帮助其他生活于不利条件下的人民——这些条件妨碍了该人民建立正义或合宜的政治及社会体制。

如果将这些原则的主体，尤其是前几条和国际法的主要条款，或者和我们熟悉的和平共处五项原则比较，应当说相去不远。比较有争议的是后面几条，尤其是在应用于“非理想”情况的时候。罗尔斯考虑了五种类型的国内社会：除了上面所说的理想的“自由人民”和“合宜人民”之外，还有“法外国家”“负担不利条件的社会”和“仁慈（或开明）专制主义的社会”。

现在面临的两个很困难的问题是：第一，如何对待不尊重基本人权的法外国家？对它们是否可以进行制裁或干涉，可以进行什么样的干涉，包括武力干涉吗？第二，如何对待负担了不利条件，因而其体制不能近于合理正义或合宜的社会？如何履行对它们的援助义务？这是否意味着应当有一种世界性的“资源再分配”？能不能把罗尔斯用于国内社会的、始终在最关怀最不利者的条件下才允许贫富差距的“差别原则”也用于国际社会？如果我们考虑到这样的两种状况——“法外国家”和“负担不利条件的社会”可能同时存在于一个民族社会那里时，情况就更为复杂了。

罗尔斯对他心目中的“自由人民”还是有反省和批评的，他批评美国有不当的干涉，批评美国在对日战争中殃及平民的城市“火海”轰炸，尤其投掷原子弹违反了上述万民法中对战争行为的限制原则，认为英国也很难辩护其 1942 年底以后对德国城市的轰炸。他也不主张万民法仅适用于自由民族，而认为一种采取“合宜的协商等级制”的社会也能成为“人民社会”的合格成员。虽然最终的目标是希望所有民族都能成为“自由人民”，但是，他说自由的人民应当宽容非自由的人民（指“合宜的人民”），即宽容那些虽然有某种政教合一和社会等级，但还是尊重人权、有协商机制、实行法治和非侵略性的民族。在它们那里，虽然自由不够平等，但还是有自由，能开明地对待少数族群。而自由的人民应当宽容非自由人民的理由主要是要尊重他们，要让非自由人民也拥有自己的尊严，不要损害到它们的自尊心，并相信它们可以自力改革，而且，还有某种文化形式与生活方式对他们是否的确是最好的这种深刻问题。

干涉与否的一个关键标准是人权。在罗尔斯看来，正是人权为国内政治与社会机构的合宜性（从而免除干涉）建立了一个必要的标准。而侵犯基本人权的“法外国家”将遭到谴责，在严重情形下可能遭到强行制裁甚至干涉，尤其是如果它们具有侵略性的话，其他国家是可以有对抗它们的正义战争。总之，罗尔斯认为，“自由人民”有理由拒绝宽容这些国家。

在有关援助的义务方面，罗尔斯认为应当考虑到三点：第一，建立正义或合宜的制度，并不需要大量的财富，组织良好的社会不必是富裕的社会；第二，要意识到“承受负担的社会”的政治文化非常重要、如何分配比补救匮乏更为要紧；第三，援助的目的是要通过援助使“承受负担的社会”能合理地管理自己的事务，最终成为组织良好社会的“人民社会”的成员。因此，罗尔斯看来并不赞成贝茨所提出的“资源再分配原则”和“全球分配原则”，不赞成把他用于国内的穷人和富人之间的“差别原则”，也简单地搬用于国际上的穷国和富国之间。

罗尔斯考虑建立万民法主要还是通过正义或合宜的制度和政策，来防止那些人类中巨大的邪恶和灾难发生，它不能免除人们的精神痛苦或满足他们的信仰渴望。他说，自己所坚持的政治自由主义是一种“自由的自由主义”（a liberalism of freedom），即坚持“自由人民”与“合宜人民”的平等自由；坚持“自由人民”之自由平等公民的平等自由；并关注这些公民拥有能明智运用自己自由的足够和全面的手段。至于精神福祉的问题，政治自由主义将其留给每个公民自己去解决，这并不是说宗教在某种程度上“被私人化”，而毋宁说它只是不再“被政治化”。

罗尔斯不认为自己提出的万民法理论是一种空想的乌托邦，不认为一种几乎支配了人类大部分历史的，仅有利益强权之争而无正义法律制裁的某种国际无政府状态亦将永远延续下去。他希望近代以来人们对改良社会制度所建立起来的信心和商业社会倾向于和平的特点，将有助于带来一种“出于满足的和平”。支持他信心的另一个事实是：主要的“自由人民”或者说稳固确立的民主宪政国家之间，毕竟没有发生过战争。罗尔斯也不认为自己的万民法只是反映了一种西方观点，他说，关键在于，万民法并不要求合宜的社会放弃或修改其宗教制度而采用自由制度，而如果民族间建立平等关系属于西方观念，那我们又能合理地期待建立别的什么关系？

总之，《万民法》这本小书——这也是罗尔斯独力完成的最后一本专著——表达了一个年近八旬仍不懈思考的老人对于这个动荡世界的善良希望，在我们结束这本介绍他的正义理论的小书之际，我们也愿表达对这样一位思想者的敬意。

第九章　信仰与初衷

前文我们已经对罗尔斯《正义论》的主要内容进行了较为详细的讨论，也旁涉了他的一些其他著作。但随着继续阅读他的文献，更充分地了解他的思想源流和演变的大背景，以及时代的变化，包括20世纪90年代以降的中国思想学术界的分化，以及西方社会和思想的分化——这些分化今天已经达到了一个相当激烈的程度，虽然令人不安，但至少是对不同的路向看得更清楚了——我想我对罗尔斯思想的认识也发生了一些重大的变化，甚至似乎到了这样一个拐点：我认为，我们有必要回到“罗尔斯的起点”重新进行思考，他的相对最早、最不为人所知的著作，却可能包含着他最有价值的、最值得我们深思的主题。

罗尔斯的著作到2009年已基本出齐，而中译的出版也在接近完成。[1]罗尔斯的思想看来并没有因世纪的转折而过时，甚至我们可以说，对于在经济上已然飞速崛起，而国际环境的问题却显得越来越突出的中国来说，现在或是需要更深入和全面研究他的时候，其中就包括研究他的思想的初衷和信仰的根底。

---

[1] 严格说来，罗尔斯的专著只有三本:《正义论》(初版1971，修订版1999)、《政治自由主义》(1993)、《万民法》(1999)。《公平的正义：一个重述》(2001)只是对《正义论》的一个缩写的重述，原是发给学生的讲义，有多种打印本，且最后不是由他自己，而是由Erin Kelly整理编成。罗尔斯的散篇论文、讲演和其他文字的结集基本上都是由他的学生，但现在也都是著名的学者编成，在他生前出版的有《论文集》(1999)、《道德哲学史讲演录》(2000)、在他2002年去世之后出版的有《政治哲学史讲演录》(2007)和《简论罪与信的涵义》(2009)。以上著作除了《政治自由主义》是由哥伦比亚大学出版社出版之外，其他都是由哈佛大学出版社出版。

2009年，哈佛大学出版社出版了整理出来的也许是罗尔斯的最后一部著作：《简论罪与信的涵义》（*A Brief Inquiry into the Meaning of Sin and Faith: With "On My Religion"*）。这本书由托马斯·内格尔（Thomas Nagel）编辑整理，其中收集了两篇罗尔斯自己撰写的文字：主要的一篇是他1942年在普林斯顿大学本科毕业时写的毕业论文《简论罪与信的涵义》；还有一篇是他去世之后人们在他电脑中发现的一篇创建于1997年的文章"有关我的宗教观"。前一篇文章是尘封多年之后，前几年才发现并受到重视，后一篇文章则不仅罗尔斯生前没有发表，甚至他的亲友也不是很清楚。

这样，一篇是罗尔斯早年于21岁写的论文，那时他还充满了一种神学的情怀，甚至想进入神学院学习以便成为一个圣公会牧师（海德格尔也曾想成为一个牧师）；另一篇是他晚年，在他76岁时，即他去世五年前开始写的文字，这时则主要是回忆他放弃传统的宗教信仰的原因，是一个心灵回顾，甚至可以说是一种精神交代。这样一首一尾，可以说基本呈现了罗尔斯在他的主要著作中未曾袒露的有关宗教的思想情怀。

这本书的主要文本是罗尔斯的本科毕业论文《简论罪与信的涵义》。他那时的思想自然还不是成熟的思想，是在他形成后来著称于世的理论贡献之前的思想。罗尔斯后来有一个巨大的思想转折，我们很难预测，如果罗尔斯后来仍然一直遵循他在这篇论文中的运思方向会取得怎样的成果，但恐怕很难超过他现在的学术和社会影响。然而，我们从这篇论文中已经不仅可以看到年轻人思想的锐气和爆发力，也可以看到思想天才的萌芽了，两位导师给了他这篇学士论文以"98分"的高分是有道理的。我们有理由说，这是一个天才的作品——不是说这部作品已经达到了天才炉火纯青的水准，而是说我们用心观察，已经可以发觉这个作者具有思想天才的潜质。而且，比较这篇论文和他后来的《正义论》《政治自由主义》等巨著，我们仍然可以看到不少在思想理论上一脉相承、一以贯之的成分。无论如何，罗尔斯的这篇本科毕业论文，本身虽不是一部成熟的理论巨制，却已表现出一个具有思想天才的作者的巨大潜能。而且，这部作品还表现出一种思想的青春锐气，以及一种深沉而又超越的信仰关怀。这些在他后来的哲学著作中都不容易看到。

我现在试图集中于青年罗尔斯在二战期间的思想，比较系统地评述其思想内容最具特色的部分及后来的转变。我认为，罗尔斯这一期间的思想有其特殊和自足的价值，尤其是他的学士论文，它不仅可以使我们窥见罗尔斯后来隐晦的宗教思想（即便它们不再直接出现在他后来的主要著作中，也还是会在某种程度上在其后继续起作用），还能够让我们发现有些基本的思想原则其实在他大学期间就已确立。虽然敏感的读者可能会在我的评述中发现作为一个中国学者的不同语境和问题意识，以及因此带来的强调点的不同，但我相信这一描述本身也仍然符合罗尔斯思想原意，对一般的罗尔斯早期思想研究也有一定的意义。

大略地说，我认为罗尔斯在这一期间思想的特殊意义和贡献主要表现在三个方面：第一是他通过对自然关系与人格关系的区分、通过对居于传统主流的“自然主义伦理学”的批判，明确而坚定地确立了一种贯穿其终身的反对目的论、赞成义务论的思想原则。第二，他强调共同体、强调社会，围绕着共同体来定义“罪”与“信”，也可以说是他一生始终执着于探讨社会和政治的正义的开端，尤其是他对“自我中心主义”的犀利批判，我认为不仅反映了他对他所处时代的深刻反省，直到今天也仍有其突出的价值和意义。第三，涉及他的精神信仰转折最重要的方面，自然是他二战结束时放弃了传统的宗教信仰，以后不再联系于上帝来讨论道德与政治哲学，使伦理学与宗教分离，而这种转折又是因人间正义问题引起的。而直到今天，上帝与正义、信仰与社会的问题也仍然是困扰我们的思想和精神的重要难题。下面我就从这三个方面来对青年罗尔斯的思想展开评述。

一、对“自然主义”的批判所奠定的反目的论立场

就像罗尔斯后来在《正义论》中也仍然承认其理论有一些直觉性的确信一样，他在其本科毕业论文中也认为，每一种神学和哲学理论似乎都带有某种基本的预设来研究经验，而他也不讳言，他的这篇论文也有四个基

本的前提预设，这四个作为前提的直觉性确信是：第一，无庸置疑的是存在着上帝，而且这个上帝就是《圣经》中显示的耶稣基督的上帝。第二，存在着人格，他说这种人格或许就是人们所说的“精神”。“世界上存在着被我们称为人格的东西，也存在着具有这种人格的人。”[1]第三个基本预设是共同体的存在。而这一“共同体”的概念也包含了“人格”这一概念。共同体也就是具有人格的共同体。“除非我们具有人格，否则我们就没有共同体；而且，除非我们拥有共同体，否则我们也不具有人格。”[2]个体的人只有生活于共同体之中才能成其为人。第四个基本预设则在于这样一种信念：存在着在质的方面与人格的和公共的领域截然不同的自然界。

上面的这四个预设——上帝、人格、共同体与自然——以及相互关系也就是罗尔斯这篇论文的基本概念，构成他思想的主要范畴。他在此文中所要论述的“罪”与“信”的含义实际也是围绕着这四个概念展开。我们或可如此概括罗尔斯此文的基本思想（可能也包括了一些引申）：上帝是根源，上帝创造自然万物，包括创造了人。人具有人格，这意味着人必须和必定要采取共同体的生存方式，人和共同体几乎可以说是等同的，说到人也就是说到共同体，我们不能设想还有非共同体的人格存在方式，但共同体又的确并不排斥个人和个性。人类的共同体还必然要包括上帝，这不仅是说人源出于上帝，而且是说他始终要通过信仰和皈依与上帝联为一体。“罪”就是对这一神圣的共同体的否弃，而“信”就是对这一神圣的共同体的承认和复归。如果再将自然包括进来，同时将人与共同体理解为一的话，这似乎是一个神圣的上帝、人与自然的“三位一体”。上帝最高，自然最广，似乎人是某种中间物，但人也就是“我们”，人是具有人格的，是可以结为真正的共同体的，是上帝的造物中唯一可以努力与上帝沟通和契合的，也是可以努力改善自身和共同体的。这种努力的主动权掌握在具有人格的我们的手里。“自然”也自然是人所需要的，但人不

[1] John Rawls, *A Brief Inquiry into the Meaning of Sin and Faith: With “On My Religion”*, Cambridge, Massachusetts: Harvard University Press, 2009, Edited by Thomas Nagel, p.111.

[2] Ibid., p.112.

可将他与自然物的关系搬到与上帝、与人的关系上来，他不能将他人视作工具手段，甚至也不能将上帝视为欲求的最高对象，这里要排斥一种目的论的思维——这种思维被罗尔斯视作一种“自然主义的伦理学”而予以拒斥。而在我看来，罗尔斯对“自然主义”的批判实际上是对作为现代伦理学的两大派别之一的目的论（teleological theories）的批判，他由此确立了伦理学的另一大派别——义务论（deontological theories）的立场并坚持终身。

在过了半个多世纪之后，人们自然可以批评青年罗尔斯这些思想的某些方面的内容，比如说，在生态伦理学看来，以“人格”而非以“生命”为中心来谈论“共同体”，可能会有过于强烈的“人类中心主义”之嫌等。不过，我想在这里着重谈谈青年罗尔斯对“自然主义”的批判所凸显出来的伦理学意义。

在罗尔斯看来，相应于他所说的基本预设，也存在着三种基本关系：第一是人与人之间的人格关系和公共关系；第二是人与物的自然关系；第三是物与物之间的因果关系。这里最重要和基本的区分是人格关系（personal relations）与自然关系（natural relations）。罗尔斯认为很多哲学家和神学家，包括像柏拉图、亚里士多德、奥古斯丁和阿奎那这样的人物，都将自然关系与人格关系相混淆，将人对物的欲求关系推广到人对人的关系上来，因而犯有一种“自然主义”（naturalism）的错误。[1]

罗尔斯的这一区分及批判所表现的反目的论立场，鲜明地表现于他用“自然关系”是想标识这样一种“经验领域”：一个人在其中欲望、争取、向往或需求某一对象或某一具体过程。这些“活动”可被描述成欲望、向往或争取这类行为。而他用“人格关系”是想标识另一种“经验领域”：一个人在其中力图与另一人建立一种明确的关系或达到一种确定的和谐。他还认为，为了表明自然本身并非恶的而是善的，罪并非源于欲望和欲求而是来自灵魂的堕落，区分出自然关系和人际关系也是必不可少的。简言

[1] 罗尔斯所言这种“自然主义”的错误与20世纪初直觉主义伦理学的代表摩尔所说的“自然主义的谬误”（naturalistic fallacy）的异同在于，摩尔是批评试图用自然对象来给“善”下定义，但他并不否定人对善的价值目标的追求。但两人看来都试图在人与自然之间作出区分。

之，为了理解罪、信仰和恩典，我们就必须做出这种基本的区分。[1]

青年罗尔斯对“自然主义”或“自然主义伦理学”的批判，实际也是对目的论的批判。而这种目的论在传统社会中居于伦理学的主流地位，尤其是目的论中有神论的或无神论的完善论或至善论（perfectionism）。或许批评的对象总是从更邻近自己的开始，批评更切要的是对自己观点与接近观点的区分，青年罗尔斯也是如此。对于传统伦理学另一目的论的派别——快乐主义的着墨并不多，甚至对无神论的完善论的批评也不是他的重点，他的主要批评对象反而是有神论的完善论。由于他是在写一篇有所立的神学伦理学的论文，他更注意他的观点与神学目的论、神学完善论的区分。我们看到，罗尔斯其时虽然浸染于神学，但实际是有点反对神学中的主流，或至少是和哲学结合，或受哲学影响的那部分主流。他不同意奥古斯丁和阿奎那，认为他们还是受到了古典哲学——主要是柏拉图和亚里士多德——很大的影响，而他认为这种结合并不成功，这种影响必须摆脱。年轻的罗尔斯以他后来行文中不易见到的年轻人的特有锐气说：“一盎司的《圣经》就抵得上一磅（或者一吨）的亚里士多德。”[2]

罗尔斯这里所理解的“自然主义”并非“唯物主义”，而是指用自然主义术语来构建宇宙的任一观点。这样，柏拉图和亚里士多德的哲学，以及奥古斯丁和阿奎那的神学就都是“自然主义”的了。[3] 在他看来，“自然主义的伦理学”，无论在柏拉图或奥古斯丁那里，还是在亚里士多德或阿奎那那里，都关注这样一个问题，即将欲望（爱）导向它的合理目标或目的。[4] 而他认为，所谓“好的生活”（他甚至不是很愿意使用这一称谓或者说如此被界定的“善”）并不在于寻求任何对象，而是一个完全不同的、牵涉人际关系的问题。他认为，柏拉图、亚里士多德、奥古斯丁和阿奎那这些人都认同“善”等同于某个对象，同时又都指出了一个显而易见的事实：人们实际上并不追求该对象，或者说他们没有能力追求它。这样，柏

[1] John Rawls, *A Brief Inquiry into the Meaning of Sin and Faith: With “On My Religion”*, p.115.

[2] Ibid., p.107.

[3] Ibid., p.119.

[4] Ibid., p.120.

拉图和亚里士多德就试图诉诸自然的教育和驯化来作为一种矫正的方式；而奥古斯丁和阿奎那怀揣着对人性的悲观的看法和臭高的期许，认为他们有责任祈求神的驯化和启示。但总体而言，奥古斯丁和阿奎那与亚里士多德和柏拉图之间只存在程度的差别。[1]

即便是这些人中最为神学化、最强调信仰精神的奥古斯丁，在那时年轻而虔诚的罗尔斯看来，似乎也还不够神学化和信仰化。他甚至认为奥古斯丁的基本思想实质上始终是希腊化的，说他之所以接受自然主义的伦理学，是因为在他看来美德就是自然欲望寻求某个具体的对象，并且拥有完美禀赋的人会把这个善当作适于自己的目的来追求。奥古斯丁与柏拉图的不同在于柏拉图相信人有能力实现自我拯救，奥古斯丁则否认这一点，认为人还需要上帝的恩典。[2] 但就他们都将善或至善视作一种人欲望的对象或目标，并以此来确定人们行为的标准而言，他们都是目的论的。

为此，罗尔斯甚至反对将“上帝”作为人欲望的对象。他说：“对笔者而言，把上帝作为一个对象来欲求纯属不敬，它是在以一种巧妙甚至更危险的形式返归异端崇拜。”故而，即便是把“上帝说成是所有对象中最美的、最令人满意的、最让人欲求的对象”，也还是在“犯罪”。[3] 这种犯罪和迷误的性质就在于：“如果我们将上帝设想为欲望的另一个对象，那么我们就犯了错误，因为这样我们就把上帝视为自然界的一部分了。”[4] 亦即，这个错误的缘由就是将人与自然物的关系——那的确是欲望主体与欲望目标的关系——扩展泛化到非自然的关系，扩展到人与人的关系、人与上帝的关系，从而将整个人的世界都变成了一个“扩展的自然宇宙”。

罗尔斯用“自然宇宙”指的是这样一种世界，在其中所有的关系都以自然的术语来构想，而如果整个宇宙都被“自然主义化”，结果就是失去共同体和人格，当然也包括失去上帝的真正本质。但上帝不仅仅是一个最

[1] John Rawls, *A Brief Inquiry into the Meaning of Sin and Faith: With "On My Religion"*, pp.162-163.

[2] Ibid., p.170.

[3] Ibid., p.182.

[4] Ibid., p.121.

可欲的完满对象，人格和共同体也不能用自然主义的话语来解释。所以，“被扩展的自然宇宙”就排除了人格、共同体和上帝，尽管它可能借用了上帝的名义。[1]

不过，我们在此需要特别注意的是，罗尔斯尽管否定这种“扩展的自然宇宙”，但他并不否定“自然”本身，他甚至说要为自然界辩护，也包括要为不可或缺的人与自然的关系辩护，他说自然宇宙本身是善的而非恶的，世间的恶并非源于自然界本身。[2] 他认为人类确实天生具有欲求，并具有对饮食、美、真理，进而对自然万物这个整体的欲望。他认为上述哲学家的错误之处并不在于接受自然，而在于将自然关系扩展至包含宇宙中的所有关系。[3]

所以，我们看到，青年罗尔斯反对自然主义实际是在反对目的论，所谓“自然主义的伦理学”实际是指“目的论的伦理学”，尤其是“完善论的伦理学”，而他特别针对的又多是“神学完善论的伦理学”。他终身不渝的反目的论的立场可以说在他青年时期已然确立，这倒使他的哲学一开始就呈现出一种现代伦理学的品格。但其正面的论述当时还不很清楚，或者说，他的义务论立场是明显的，但究竟是怎样一种义务论，尤其是正面的论证还不明显。他主张不能根据人的目的、欲望及对象来确立道德的标准，但如何根据共同体和人格关系来确立这种标准还语焉不详。的确，用目的或结果来作为确定行为正当性的标准，在现代社会本身价值目标已经在平等的旗帜“正当”地趋于多元的情况下将面临极大的问题，这时，行为的正当性标准不能不主要从处在一个共同体中的人们在人际关系中的行为本身来考虑。虽然罗尔斯这时所强调的“共同体”和“人格关系”还有一种特殊的基督教性质，但他的早期探讨应该说已经预示了一种不是从个人自我的观点出发，去考虑如何达到一生的目标和理想，而是强调人类社会共同体中的关系和行为的客观道义的方向。

---

[1] John Rawls, *A Brief Inquiry into the Meaning of Sin and Faith: With “On My Religion”*, pp.119-120.

[2] Ibid., p.179.

[3] Ibid., p.121.

二、对共同体的强调与批判“自我中心主义”

青年罗尔斯已经在他的本科毕业论文中认为：伦理问题是一个社会性的或者公共性的问题。伦理学应该研究共同体和人格的本质，人类主要的道德问题就是如何生活及与人相处。[1] 他批评自然主义的一个原因也就是因为它无法解释共同体和人格，从而丧失了世界的真正内涵。而他还确信，在经过了几个世纪的个人主义之后，时代的风尚将会指向“公共性”思想的复兴。[2] 但他后来并没有走向作为社群主义的共同体主义，或者说他强调的是政治上最广袤的社群，是国家政治意义上的社会，且是这一社会的基本结构。

罗尔斯对共同体的强调和他对人的本质的认识有关。在他看来，人即公共性。什么是人？他认为人本身就是一种公共性的存在，并因此而具有了人格。人区别于世间其他存在的不同之处不是他的理性能力、审美能力等能力，而是他生而为了共同体，并且是必然与共同体相连的一种人格。人类与上帝的相似之处就在于进入共同体的这种能力，因为作为三位一体之神的上帝，其自身就是一个共同体。基督教道德就是共同体中的道德，不管它是尘世的共同体还是天国的共同体。总之，人是一种道德的存在者，因为他是一种公共性的存在。而既然人类生来就是一种公共性的存在，这个事实就表明了人类绝不可能脱离共同体，因而他总是带有责任且一直背负着义务。所以，他批评逃避社会的伊壁鸠鲁学派、呼吁人回到森林中去的卢梭，还有敦促人们进入一种宁静“空灵”状态的瑜伽哲学，强调回到共同体之中来实现人的本质。[3]

但罗尔斯强调共同体并不意味着他要否定个性。他也同样拒斥一种寻求排除了一切特殊性的一致性，并意图消除所有的差异性的神秘主义。他说，我们将会带着自己全部的人格和特殊性被复活，上帝的拯救是要彻底

[1] John Rawls, *A Brief Inquiry into the Meaning of Sin and Faith: With “On My Religion”*, p.114.

[2] Ibid., p.108.

[3] Ibid., p.121.

复原整个人，而不是要消除个体的特殊性。[1]

罗尔斯甚至也从他那时所具有的有机和神圣的共同体的观点，反对他后来在《正义论》中用作其思想理论主要资源的社会契约论，他说霍布斯和洛克的理论也必须被拒斥。因为在他们的理论中，一个人并没有为社会带来任何东西，因为在进入共同体之前他什么也不是。[2] 而罗尔斯无疑认为具有共同体的人格是人的先定本质，这和是否订立契约无关，而且，共同体不能建立在普遍利己主义或互惠互利的基础上。因而他认为霍布斯和洛克政治理论中的正义观念，以及亚当·斯密认为理性的自利是我们对待他人最好方式的思想都是对共同体的误解。任何一个依据普遍利己主义解释自身的社会都会走向毁灭。而所有的社会契约论都遭受到这一根本性缺陷的影响。[3] 他后来在《正义论》中所设计的抽象的契约论，的确是指向社会基本结构的正义原则而非任何功利原则，但他也的确将过去对社会契约论的认识做出了调整，因为，建立保障生命、自由、平等的传统社会契约论也不宜单纯从保障利益的角度去理解。

另外，在罗尔斯的这篇论文中，或许还给出了一个使我长期困惑的问题的解释——他为什么在《正义论》中虽然继承和抽象地发展了社会契约论的思想传统，却仍然把霍布斯看作“特别的”而排除在外的原因。这原因或就在，在他看来，霍布斯是特别激进的个人主义者。他说，霍布斯的基本预设带有一种激进的个人主义色彩，即霍布斯认为社会是原子式的，是个人的集合体。人并不是天生就适合社会的动物，人本身并不具有社会性。因此，人不是出于社会自身的缘故而寻求社会，而是为了免除恐惧和从中获取荣誉和利益而结成社会。而正如威廉·坦普尔所言，恐惧是所有情感中最以自我为中心的情感；另外，协议式的契约社会并不构成一种共同体，因为它把社会看作一个互惠互利的体系，把社会仅仅当作手段来利用。[4]

---

[1] John Rawls, *A Brief Inquiry into the Meaning of Sin and Faith: With “On My Religion”*, p.126.

[2] Ibid.

[3] Ibid., p.189.

[4] Ibid., pp.229-231.

罗尔斯本科毕业论文的主旨，即他试图阐明的“罪”与“信”这两个概念的含义，也是联系于“共同体”来得到界定。他说：“罪应该被界定和解释为对共同体的破坏和排斥，信仰则被视为充分融入共同体，并与之紧密相连的某个人的内在状态。”[1] 或者说，“什么是罪？罪就是否弃共同体”[2]，“什么是信？信就是构建共同体，包括上帝或者说上帝作为根源的共同体”[3]。

在罗尔斯看来，既然罪就是对共同体的破坏、毁灭和否弃，那么任何破坏共同体的活动都是一种有罪的活动。而信仰则在于以某个人格的全部精神品质充分融入共同体，因而能够深植于供养它的根源当中。信仰是人与人之间最完美的关系，从这种关系中产生出将共同体连接起来的纽带。拥有信仰就意味使自身奠基于共同体之上，这种共同体支撑着人格并且是精神才能的来源。[4] 正如罪是对共同体以至人格的疏离与毁坏，信仰则是融入并重建共同体。罪是结出恶果的封闭性，而信仰则是开放性，会开出共同生活的绚丽之花。那么，有罪之人如何转变成信徒呢？这就牵涉到救赎的问题。当问“人怎样能得到救赎”时，我们只是在问人怎样才能回归共同体；怎样才能赢得从封闭性到开放性的转变；以及可见的人类共同体如何才能作为部分进入天国的共同体。[5]

如何建立这样一种理想的，或者说神圣的共同体，或者说如何拯救或解放人类？近代以来出现了种种世俗的救世理论，其中有一些还期望建立人间的天堂。罗尔斯主要批判了立足于经济的、生物性的救世理论。他说，自洛克将订立社会契约的主要目的视作保护私有财产起，一种将社会的主要目的看作经济目标的观点就经由亚当·斯密、马尔萨斯、李嘉图和科布登而不断发展，到了马克思那里，经济更被视作一切事物的基础。然而，共产主义的经济理论虽然清楚地看到了剥削在我们社会体系中的猖獗；杜威也敏锐地发现了智识合作和知识产业的匮乏，但都未能触及问题的核心，

[1] John Rawls, *A Brief Inquiry into the Meaning of Sin and Faith: With “On My Religion”*, p.113.

[2] Ibid., p.122.

[3] Ibid., p.123.

[4] Ibid.

[5] Ibid., pp.214-215.

即建立共同体的问题。[1] 罗尔斯并没有仔细区分这一重视经济观念中的自由主义与共产主义之分，他所注意的其实是一种现代性的共性，即都将经济提到首位。而他认为，这些观念都还是肤浅的。因为，“关于拯救的问题是一个具有共有性和人格性的问题，因此，究其核心，拯救是一种精神性的过程”[2]。

另一种肤浅的近代观念是生物学的观点，即认为人从生物学上讲是一种动物，因此救赎就是要使人更具动物性。罗尔斯认为，宣扬“适者生存”的科学理论就给这种观点提供了强有力的支撑，而“优生计划”更是其中最肤浅的一种。纳粹主义就是德国人糅合“自我中心主义”（egotism，对这一主义我们后面还要详细分析）和绝望的思想与情感的蒙昧主义，以及优生学的产物。

有意思的是，罗尔斯认为，纳粹主义相比于其他许多肤浅的现代救世论，倒的确是一种关于人的深刻理论，说它在对人性的理解上都“远远超出了经济人理论和生物人理论”。因为，“纳粹主义与法西斯主义都明白，人不同于动物，也不同于纯粹的生意人”。因而提出了“人是英雄式的，是圣人、得胜者、勇士和斗士”，“它认识到人是有灵的存在，而不是一种纯粹嗜欲性的动物”。这个事实解释了纳粹运动展现出巨大能量的原因。然而，罗尔斯强调，纳粹主义虽然是深刻的，但它之深刻乃是从魔鬼是深刻的意义上来说的。因为它的诉求是“自我中心主义”的，它意识到了人的灵性，但它只是看到了将招致共同体毁灭的“自我中心主义”之灵。[3]

我现在想聚焦于罗尔斯对“自我中心主义”的批判。罗尔斯认为，损害以致毁灭共同体的主要的罪还不是“利己主义”（egoism），而是他所称的“自我中心主义”（egotism）。[4] 罗尔斯在这方面自认借助了英国哲学家菲利普·利昂（Philip Leon）的思想资源。利昂在他的《权力伦理学》

[1] John Rawls, *A Brief Inquiry into the Meaning of Sin and Faith: With "On My Religion"*, pp.217-218.

[2] Ibid., p.214.

[3] Ibid., p.218.

[4] 我倾向于把它称为一种特殊形式的“立己主义”，对这种“立己主义”的界定与分析，可参见拙作：“面对死亡的立己主义”，收在《道德·上帝与人》一书中，北京大学出版社 2010 年版；以及“中国伦理学的发端与北京大学”，收在《生生大德》一书中，北京大学出版社 2011 年版。

中已经仔细区分了他所称的“利己主义”和“自我中心主义”。其中“利己主义”的含义同罗尔斯所称“自然关系”中欲望的含义近似，对利昂来说，利己主义指的是为了某个特定对象或者事态所做的生物学方面的努力；自我中心主义则具有截然不同的含义，如渴望权位，追求名望和无上权力等。自我中心主义不仅对物欲漠不关心，甚至还常常极力地反对它。自我中心主义者追求这些事物也往往只是作为他优势地位的象征，是为了满足他的优越感。这样，利昂关于自我中心主义的定义，就接近于罗尔斯所说的“人格关系”中的骄傲。罗尔斯指出利昂还非常正确地看到，自我中心主义者甚至会冒着生命危险，乃至放弃生命来维护和保存他的至上权威，这时，“野心凌驾于欲望的暴政就会是最为极端和最为明显的”。另外，罗尔斯也同意利昂所宣称的：并不是欲望引起了自我中心主义。后者在性质上是完全不同的，“欲望本身并没有导致任何形式的自我中心主义”。但是，欲望能够限定，有时甚至是决定自我中心主义的特定表达方式，因为有时它就是这些表达方式的工具。[1]

正如上述，罗尔斯自己对“自我中心主义”的批判和利昂的论述稍有不同，在这方面他还有自己的一些发展。他对“利己主义”与“自我中心主义”的区分是承“自然关系”与“人格关系”的区分而来，他认为人在自然关系中对具体对象或客体关系的欲望是利己主义的，而人格关系则被自我中心主义或者友情和爱所驱动。[2] 罗尔斯还特别强调“自我中心主义”是对共同体的主要犯罪。自我中心主义是主要的罪，它构成恶的根基，其他所有次要的恶都来源于它。他说“罪就是对共同体的破坏，而罪有两种类型：一是自我中心主义，一是利己主义。但是，两者相比，自我中心主义者的行动在本质上就是对共同体的破坏，他为了赢得其目的将会无所不用其极，无论是使用正大光明的手段还是阴险狡诈的手段；而利己主义如果限制在自然欲望之内本身其实并不是一种罪，只有逾越这个界限才是一种罪，而且，它往往是被自我中心主义所蛊惑而逾越这一界限的。换言之，如果人的自然欲望将人格性的和公共性的关系转变为自然关系，它就变成

[1] John Rawls, *A Brief Inquiry into the Meaning of Sin and Faith: With "On My Religion"*, pp.150-151.

[2] Ibid., p.118.

了一种罪。[1]

罗尔斯分析并指出了“自我中心主义”的五个特征[2]:（1）自我中心主义拒绝与人分享。自我中心主义者想把一切据为己有，这样做不是因为他需要一切，也不是因为他的欲望要求他这么自私，而是因为他把独占一切看作自身优越性的标志。[3]（2）自我中心主义力图发展封闭性群体，而理想的封闭性群体就是一个人自己的自我，因此自我中心主义为了实现自身目的不惜损害共同体。（3）自我中心主义无法容忍自我批评因而总是设法怪罪于他人。（4）自我中心主义具有一种不寻常的、狡猾的隐秘性，它使得灵魂败坏了自身中最好的部分。（5）归根结底，自我中心主义仍是某种反叛与否定，尽管它采取的策略往往秘而不宣且谨小慎微。

罗尔斯说他对自我中心主义的分析远说不上完备，就像奥古斯丁曾经说过的，“人是一个无底的深渊”，人的能力尚不足以使我们探测这深渊的深度。但这五个特征还是为弄清罪之所以如此提供了一条线索。共同体遭到破坏并非缘于具体的欲求或利己主义的满足，而是缘于自我中心主义的满足。简言之，共同体是为全然扭曲的自爱所毁。自我中心主义者只爱他自己，除了彻底围绕自身打转，并沉浸于洋洋自得的自我崇拜中，其他人要么变成纯粹的手段，要么变成他的崇拜和仰慕者。[4]可以说罗尔斯通过分析给出了一个 20 世纪极权主义统治者的传神画像。

由于权力是占有其他一切东西的前提，这里的不肯分享或者说独占，最重要的自然是对权力的独占了。而最核心或最小的封闭也就是一己之自我。故而最大的自我中心主义者也就是政治上的独裁者或者说“独夫”。自我中心主义者缺乏反省精神和自我批评意识，因为，他对权力和荣誉等资源垄断到这一极端地步，一旦开始自我批评就可能是崩溃的开始。然而，他虽然瞧不起所有其他人，但是对战略策略又极其重视、极其狡猾和相当大胆，这样他就往往能胜过对手，取得莫大的世俗成功，达到权力的巅

[1] John Rawls, *A Brief Inquiry into the Meaning of Sin and Faith: With “On My Religion”*, pp.122-123.

[2] Ibid., p.203.

[3] Ibid., p.195.

[4] Ibid., p.203.

峰。但是由于其精神根本上是否定性的，所以，他不仅会损毁共同体，而且自己也将变成孤家寡人，站在最高的权力和荣光之上，但也陷入最大的孤独之中，最后乃至毁灭自己。

我们现在看来可以从罗尔斯对“自我中心主义”的批判中得出这样的结论：自我中心主义比利己主义危险，更不道德。虽然它常常比利己主义有更辉煌的形式、更冠冕堂皇的“理由”和“魅力”，而且这种大罪往往是由才华出众者、“卓越者”犯下的。这里的一个鲜明对照仍然是自然欲望与骄傲野心、利己主义与自我中心主义的对比。罗尔斯认为，在自我中心主义和利己主义这两种“罪”的形式中，一切重大之罪都归为第一类，自我中心主义者是“卓越”的犯罪者。“最危险的自我中心主义将出现在我们所获得的最高成就中，并存在于我们之中的佼佼者身上。”[1] 因为，所谓的“自我中心主义”，指的就是异常地追逐至高无上并罪恶地渴求自我崇拜。[2] 利己主义者只是利用他者，即利用“你”，而自我中心主义者则凌辱“你”，想要把“你”置于自身之下，并使“你”转变成一个崇拜者或崇拜的对象。[3]“自我中心主义者”看来是属于少数人的，多数人会追求物质和经济利益，却不一定会费力追求野心和荣耀。而在“自我中心主义”的内部，也有隐秘与显明之别，有主要寻求自我或同行的小圈子的崇拜和寻求几乎所有人的崇拜或至少畏惧之别，有有所节制和毫无节制之别，后者尤其危害到共同体。

这里特别需要警惕和防范的是一种政治上的“自我中心主义”，一种以所谓“大我”为掩护，甚至为旗帜的来实现“小我”的权力、荣耀或者“理想”的“自我中心主义”。最极端的“自我中心主义”有时恰恰会以最极端的“共同体主义”的形式出现，因为如果能在“大我”或整个社会的层面实现一己之“小我”的“理想”，自然是最大的成功和自我实现。这种“理想”往往是政治社会的“理想”，所以说，最需防范的是一种政治上的“自我中心主义”，因为它能够最有力和最广泛地影响社会和人际关

[1] John Rawls, *A Brief Inquiry into the Meaning of Sin and Faith: With “On My Religion”*, p.201.

[2] Ibid., p.193.

[3] Ibid., p.194.

系。罗尔斯写道："我们不会把一个具有强烈的欲望的人称为罪人。当一个人无比饥渴时，他并不是在犯罪。我们不会对艺术家或形而上学家冠以这样的名号，也不会把一个无法欣赏美的人或一个弱智的人叫作罪人。我们几乎在直觉的意义上用'罪'这个词专指恣意滥用或破坏人格关系的堕落行径。"[1]这里的关键在于是否利用共同体来立己。罗尔斯说："利用共同体来追逐自我利益是罪的一种主要形式。"[2]

罗尔斯对满足自然欲望的、活动在一定范围之内的"利己主义"其实表现得相当宽容，虽然他也指出从这些欲望中并不能自行产生出友爱，不能将共同体的基础建立在这种自然欲望之上。但他认为自然欲望并不会引发使共同体分裂的自我中心主义。自然欲望毋宁说是中性的，它们本身并不包含任何支持或反对共同体自身的因素。它们本身不具有任何反社会的因素，同样也不具有任何亲社会的因素。[3]罗尔斯甚至认为身体，或者说身体的自然欲望反而有可能限制自我中心主义的大罪。他说，身体也是对罪的某种限制。正是因为身体的存在，才使得人类之罪免于沦为纯粹的邪恶。人类仅仅是一种"小罪人"，他的背叛中总是带有某些可悲与幼稚之处。"如果人不是一个受制于饥饿和饥荒的受造物，他还会回头吗？或者以另外一种方式来说，假设他具有魔鬼那样的力量，能够免于这种极端生物性的制约，他还会悔过吗？……因此，身体远不是罪的诱因，在无数情形当中，正是我们身体的因素击败了我们的自大，使我们更加清楚我们的罪过，并引导我们去悔过。这样，自然宇宙就得到了辩护。"[4]这可以说是一个很有意思的观点，罗尔斯告诉我们比起物欲横行来更可怕的是一种心灵之罪。这种心灵大罪往往是少数具有某些潜能的人才会犯下的。而多数人出于身体的自然欲望反而有可能限制这种心灵大罪，从而有可能使之不致酿成毁灭共同体乃至人类的大祸。也就是说，多数人通过对自然欲望的合理诉求，或者对强行禁欲的抵制和冷淡，反而遏制了掌握权力的自我

[1] John Rawls, *A Brief Inquiry into the Meaning of Sin and Faith: With "On My Religion"*, p.186.

[2] Ibid., p.189.

[3] Ibid., p.186.

[4] Ibid., p.156.

中心主义者的任意妄为。

罗尔斯批评叔本华认为世界的本质是追求生命意志的利己主义的观点。他说，叔本华的错误就在于他未能意识到，动物层次上的生命意志，与人类自我中心主义所体现的更高层次的生命意志具有实质性的区别；叔本华没有认识到自我中心主义是某种不同的东西——是对荣誉和荣耀的渴求，为了它们有人甚至会乐意放弃生命。[1]

“自我中心主义”之罪将导致怎样的后果？罗尔斯认为，如果说人是生存于共同体并为之而存在的受造物，如果罪就是对共同体的破坏，那么罪的后果就是孤独。孤独是人类可能陷入的最可怕、最痛苦不堪的状态。[2]罗尔斯通过对尼采“权力意志”论的批判描述了“自我中心主义”膨胀最后的结局：“强力发疯似地自我旋转，灵魂在自造的孤独中疯狂地耗尽自身精力。这就是罪的结果，也即本真意义上的罪。这样一种灵魂状态拉开了死亡和精神虚无主义的序幕。结局已然可见，冲撞渊底之后的毁灭正迅速袭来。孤独以死亡而告终。”[3]

罗尔斯对“自我中心主义”的批判，一个深厚的背景是他对法西斯主义和纳粹主义的观察和思考。他对政治上狂妄的“自我中心主义者”的描述，相当接近于像墨索里尼、希特勒这样善于蛊惑人心的“元首”形象。他还谈道，“自我中心主义”拒绝分享、共享的另一个直接的，我们或可说社会的后果就是封闭性群体的产生。像在大学社团、男性俱乐部、竞技组织、民族群体与种族群体中，我们都能发现那种在一个“优越的群体”中获得自我中心主义的满足感。罗尔斯指出西方文明封闭性群体发展的几个阶段是：（1）宗教领域的封闭性群体，如罗马教会把除它以外的所有人称为异教徒；（2）文化领域的封闭性群体，如意大利人文主义者的团体；（3）经济领域的封闭性群体，如在马克思主义那里，一个人所归属的群体由他的经济地位所决定；（4）最后，生理因素成为封闭性群体的决定因素，

[1] John Rawls, *A Brief Inquiry into the Meaning of Sin and Faith: With "On My Religion"*, pp.146-147.

[2] Ibid., p.206.

[3] Ibid., p.213.

其当代最突出的表现就是“血统论”的纳粹思想。[1]这最后一种群体的封闭性具有铜墙铁壁般的特征，故其成员的自我中心主义就比容有流动的群体更为全面彻底。罗尔斯批评了纳粹官方“哲学家”阿尔弗雷德·罗森堡在其《二十世纪的神话》中发展出来的一种精致的唯我论神学，认为在其著作中封闭性群体作为自我中心主义的工具这一点得到了清晰的展现。总之，无论这封闭的群体是“优秀种族”还是“先进阶级”，甚至是似乎相当广泛但却含义模糊的“人民”，它们总是要把一部分人排除在外，而罗尔斯在其后看到了一种“领袖”或者“元首”的“自我中心主义”。

罗尔斯的这些思考可以被视作对20世纪极权主义现象及根源的一个初步反省，这种极权主义初看起来是大众主义的、民众主义的，后面却隐藏着一种独裁主义、专断主义，一种最终导向孤独和封闭的“自我中心主义”。有可能构成对真正自由和平等的共同体的最大危险和伤害的，还不是一般人的自然欲望的“利己主义”，也不是一般观念者的“立己主义”，而正是这种政治行动者的“立己主义”，亦即一种走向极权政治的“自我中心主义”。这种“自我中心主义者”甚至可以放弃自己的物质利益，乃至生命，而且很可能将自己的政治抱负与对人类、大我的理想混合在一起，但他无论如何还是以自我及其理论观念为中心，为此将不惜把人们投入血泊。不像其他观念的、艺术的“自我中心主义者”，政治上的“立己主义者”是一定要利用他人的，而且经常是利用多数人来实现自己的目的。然而，由于他和所有其他人处在一种极度不平等的关系之中，由于他为了达到自己的目的而不惮采用暴力和欺骗等各种不正当的手段，他并不能建立一种真正的共同体，而只是毁坏共同体。

三、对上帝的信仰与人间正义

罗尔斯强调共同体，但这是什么样的共同体呢？这是人格的共同体，也是信仰上帝的共同体，是一种宗教与伦理密不可分的、神圣的共同体，

---

[1] John Rawls, *A Brief Inquiry into the Meaning of Sin and Faith: With "On My Religion"*, p.197.

是一种连接天国的共同体。这是因为，“上帝是共同体的主宰，没有任何行为可以与他脱离关系”[1]。人无法独自实现自我的救赎，因为一切救赎都蕴含着共同体，而在人类犯罪之后，共同体的重建就只能依靠上帝。人受上帝支配，尽管自我中心主义式的封闭使他看不到这一点。[2] 人类无法依靠伦理戒律而被引入共同体，他必须首先被“他者”打开并被带回到共同体之中。[3] 共同体包含着责任和义务，上帝赐予他，他也这样给予别人；上帝将他召回到共同体，他也这样召回别人。圣言试图聚集的那个共同体就以这种方式在人们的心中形成。[4]

在罗尔斯看来，宗教问题也是公共性的，它思考人类如何使自身与上帝相关联的问题。伦理和宗教都包含了对共同体的确证。宗教和伦理不相分离还在于它们所处理的问题都处在同一种关联纽带之中，即涉及全部世界——无论是天堂、地狱还是尘世——中所有人的人格关系。[5] 既然人类生来就具有人格和公共性，那么伦理学就必须要讨论他的共同体；又因为人类隶属于天国的共同体，所以伦理学又不能脱离于神学。[6] 人应当首先服从地上的共同体，之后服从天国的共同体。[7]

罗尔斯强调对上帝的信仰也是为了反对人的“骄傲的罪”——而“自我中心主义”所犯的罪就是一种最突出、最严重的骄傲的罪。骄傲的罪必然要造成对共同体的破坏。所以，罗尔斯说人要了解自己所拥有的一切都具有某种恩赐的成分。[8] 他说，如果一个人诚实地看待自己，他将会对自己说：“不错，你的确是一个有教养的人，但又是谁支付了你的学费？不错，你的确是一个正直善良的人，但又是谁教导你尚礼守法，赋予你无须以偷盗为生的好运气？不错，你的确是一个充满爱心，而非铁石心肠的人，

[1] John Rawls, *A Brief Inquiry into the Meaning of Sin and Faith: With "On My Religion"*, p.206.

[2] Ibid., p.231.

[3] Ibid., p.248.

[4] Ibid., p.249.

[5] Ibid., p.114.

[6] Ibid., p.128.

[7] Ibid., p.204.

[8] Ibid., p.238.

但又是谁在一个良好的家庭环境中养育了你？谁在你年幼的时候关心疼爱你，以致你长大后懂得感激别人的友善——难道你拒不承认你已获得所拥有的这些吗？既然如此，心存感激并停止你的自我吹嘘吧！”我们在罗尔斯后来的著作中会看到他保留了这些思想，即便这种“恩赐”的成分不再是以上帝之名。他认为强者、成功者，甚至道德上的正直者并不是全凭自己的努力得到这一切，而是还有运气或偶然性的成分起了作用，所以，他希望能够通过社会正义原则的调节,更加关心那些各种运气上的最少受惠者。

罗尔斯那时的信仰非常虔诚和投入，甚至有一种充满激情、“旷野呼告”的特点。比如他谈到皈依就是灵魂无助地站在上帝面前的时刻，“它是哭泣的时刻、低头的时刻，是手臂自然垂放在身体两侧的时刻，是内心悔过和良知备受谴责的时刻。在上帝面前，灵魂完全开放、跪倒在地、暴露无遗。灵魂无言以对、无可抱怨，没有大声痛哭，没有叫嚷也没有哭喊。这个人完全被撕开；他暴露无遗、毫无遮掩，再也无话可说。”[1]这是非常虔诚的信徒才会有的体验。

在罗尔斯后来发表的著作里，我们再也看不到他的宗教信仰的明显印迹。罗尔斯总的来说还是一个行为谨慎和言论节制的人，甚至是一个羞涩的人，他没有公开表露自己心灵最深沉和最隐秘的东西；正像他也不怎么表露自己最直接和表面的对于现实政治的意见。而更重要的是，他的信仰在二战的最后一年发生了一个关键的转折。

我们知道，罗尔斯出生在一个传统基督教气氛浓厚的家庭，他也自然而然地成为一个信仰正统圣公会教的教徒。在普林斯顿读大学的最后两年，正如我们从其毕业论文所见，他还变得深切地关注神学教义。但大学毕业后不久他就参军了，到了和日军作战的太平洋战场。而在 1945 年，他的信仰发生了一个根本的变化，从那时开始，他认为自己不再是一个正统的教徒。他在晚年写了《我的宗教观》一文，在其中说他不能完全清楚改变的各种原因，但最重要的肯定是因为战争。有三件事深深地嵌在他的记忆里：一是牧师在布道中说上帝会让敌人的子弹打不中我们；二是一个非常

[1] John Rawls, *A Brief Inquiry into the Meaning of Sin and Faith: With “On My Religion”*, p.233.

优秀的好友迪肯和他在差之毫厘之间的偶然牺牲；三是知道和思考了纳粹对犹太人的大屠杀。

我们现在可以来具体分析一下这几件事：

第一件事或可说涉及人对神或教义的利用乃至滥用，但这里似乎还是可以有人、神之别，尤其是对强调人、神之别的宗教来说。不一定要因为人的弱点，人利用和滥用教义就会怀疑甚至不再信神——除非这种滥用过于严重和广泛，人们或就要思考这一宗教教义及其信奉的神灵有没有出什么问题了。

第二件事则是涉及生命的偶然性，即便不说是一种“不公”的偶然性，至少是一种完全和正义公平无关的偶然性，为什么恰恰是张三死而不是李四死？甚至在有些时候，死亡的偶然性为什么会落到一个更好，或至少更不应当对之负责的人身上，而不是落到一个不如他好，或至少更应当对之负责的人身上？罗尔斯早年其实已经有过类似的感受和经历，而这种早年经历可能更起作用。罗尔斯 7 岁的时候染上了白喉，结果不小心传染给了大弟，他自己活过来了，而他的大弟却死去了。而第二年，他又得了肺炎，这一次又传染给了他的二弟，结果也是他活过来了，二弟却死去了。这可能一直是罗尔斯心里的隐痛。还有后来罗尔斯的大学同学也有多人在二战期间捐躯，而他则幸运地活过来了。这些都影响到了以后罗尔斯的思考。后来罗尔斯的正义理论力图尽量消除社会和自然的各种偶然性对人生的影响，可能也与这类经验不无关系。

但在影响罗尔斯放弃传统宗教信仰的因素中，第三件事可以说最为重要。如果说，“在奥斯维辛之后”，连写诗都是“一种残忍”，亦即觉得连对美的追求也含有一种不道德的因素，那么，这一惨绝人寰的对犹太人的大屠杀对“神意”支配的正义更是一个严重的挑战：全知、全能、全善的上帝怎么能够容忍这样的生命和道德的大灾难发生？这似乎与任何“隐秘的神意”“先定的和谐”“最后的拣选”的教义或理论相悖，无法用其来解释和辩护。在陀思妥耶夫斯基的《卡拉马佐夫兄弟》中，伊凡也曾提出了类似的问题，在那里的案例是“残忍地杀死孩子”，伊凡觉得，其他的罪行都可以用一种宗教的精神去理解和宽容，但是，像“残忍地杀死孩子”

这样的罪行则无法容忍和宽恕，而对容有这样的罪行发生的上帝，他也就产生了怀疑。在中国，还有像《窦娥冤》中主人公所遭受的极大的冤屈，也容易使受害者愤怒地质问和责难上天。

于是，这里就产生了一种并不是因自我利益或荣耀等诱惑，而恰恰是因道德、因正义而走向不信的问题：如果这个社会的正义隐退或消匿，甚至完全看不到它复活的迹象，还能够信仰一个上帝吗？或许人们会说，恰恰如此，更应该寄希望于一个拯救的上帝，但是，人们信仰的上帝不都是在道德和能力上无比地超越于人类的吗？那么，这一造物主为什么造就了这样一个悲惨无望的世界、这样一个邪恶的世界？难道所有的正义都要被推到彼岸，推到来世，而人间的正义却让它荡然无存？当然，这样说可能是把问题尖锐化了。人间的正义肯定是不完满的，当然也不会完全死灭，但也可能总有些不公的灾难，让人觉得不可思议、无法忍受，就像我们为今天的社会也还在发生的杀童案件、弑亲案件而困惑不解。而这样的生命的，也是道德的灾难，就容易影响到我们对道德的信心，以及对一种超越存在的信心。

无论如何，我们知道，罗尔斯后来投入了一种对社会正义理论的毕生呕心沥血的探讨，这后面一个强烈的动机或许是：即便没有了神意的正义、彼岸的正义，我们至少应当努力去实现人间的正义、此世的正义。即便“上帝死了”，也不是什么事情都可以做。人不可以无所不为，而社会制度也有改善的余地，也就是“正义犹存”。

罗尔斯似乎是从神学中挣脱出来了，走向了一种人间的正义。和我们所属的这个民族不一样的是，他所属的民族的精神关注是主要从近代开始走向人间，而我们的民族则早在三千年前就有了一种面向人间的转向。演变到今天，和世界上其他民族相比，我们这个民族好像是宗教气质最不浓的一个民族（我这里主要指的是汉族）。

对于社会的多数人来说，大概都会自然而然地接受各自所属的民族的文化习俗和传承。然而，总还是会有一些人，他们会感到不安，会费心思索，甚至由于某种契机有一种心灵的震撼，从而反省传统的文化习俗或宗教信仰。各民族中总还是会有一些人，他们会力图争取一种精神的“解放”，只是各自寻求精神解放的方向不一样。

而我们民族中一些人心底所渴望的精神解放，似乎有点像是和罗尔斯相对而行。罗尔斯因感觉社会失去正义的震撼，而怀疑上帝的存在，或至少认为，在这样的事情上，不能再依赖上帝，于是，他转向了对正义的毕生探讨。而我们民族中的一些人，则可能也由于类似的原因，例如社会的不公或者个人的不幸，但却是走向上帝。

罗尔斯也许正因为脱离了传统强势的宗教信仰和神学语言，才会那么投入地探讨社会正义而取得丰硕的成果；而我们也许要诉诸一种强大的精神信仰——包括对正义的信仰，才能脱离一种过于实用主义，甚至机会主义的策略而重新安顿好我们的精神生活与社会秩序。因“信”而走向“义”，走向“德”——在我们这里，是否会是一个更有力的倾向？

当然，一个民族的精神传承并不会完全失去。从罗尔斯一方来说，我们其实还是可以在他的正义理论深处察觉到信仰留下的痕迹，比如说他对正义的某种普遍性、绝对性乃至永恒性的信念，他对弱势者充满同情的精神。我想，罗伯特·亚当斯（Robert Adams）的下述看法是有道理的：他认为《我的宗教观》这篇文章并没有明显地丢掉在信仰中承认上帝存在的观念。说罗尔斯可能还持有一种上帝的观念，虽然并非专属于基督教的上帝观念。其中的一些文字暗示着他仍然认为他自己是一个有神论者。我不知道罗尔斯晚年是否重温过他年轻时写下的这些句子，他曾经写道：“人用错误的方式力图使自身重归上帝，他不仅焦虑而且无知。面对他的诉求，上帝毫无回应。四季更迭、阳光普照、雨露滋润，自然法则亘古不变。上帝依然保持沉默。人在上帝的沉默面前是多么无知啊！他还能做什么，还能知道些什么呢？……因此，人凭借理性是无法认识上帝的。即使假定关于上帝存在的一些传统论证是有效的……它们或许能告诉我们上帝是全知全能、永恒不朽的……上帝依旧是个巨大的未知者……关于上帝的这种知识只能来自上帝：‘除了在人里头的灵，谁知道人的事。像这样，除了神的灵，也没有人知道神的事。’”[1] 我相信，有过这样体验的人的心灵还是

[1] John Rawls, *A Brief Inquiry into the Meaning of Sin and Faith: With “On My Religion”*, pp.224-225.

会足够超越的。

而对于我们所属的民族的人们来说也是如此，我们可能还是会相当世俗。而世界现时代的方向也更偏向世俗。一个典型的现代性问题是：上帝死了，是否我们什么事都可以做？这世界是否还有正义？

然而，现时代“脱魅”的人们，虽然不再容易决定性地投入一种宗教信仰，但精神信仰在人们心灵中的维度却不会轻易消失。无论如何，信仰不可能被轻易打发。我们是准备就这样带着疑问，甚至连疑问也不带就进入死亡，还是要仍然继续信仰上的探求？这不仅是为了个人的安身立命，也是为了支持正义的事业。当正义微弱的时候，信仰能给正义以强大的精神支持；当正义似乎真的死灭的时候，人们也还能在信仰中保留正义复活的种子。

我们还没有到最后的时刻。世界没有到最后的时刻，个人也没有到最后的时刻。我们会继续生活，继续探讨，而除了在理论的领域，我们是否还会在某个地方和罗尔斯相遇？

综上所述，我认为，罗尔斯本科毕业论文的一个首要意义，是它确立了罗尔斯一生的道德和政治哲学的一种反目的论的基本立场。他在年轻时的这篇论文中主要反对的还是目的论的古典主流——其中包括柏拉图、亚里士多德的非神学的完善主义，也包括奥古斯丁、阿奎那的神学完善主义。而在后来的《正义论》中，他试图用他所构建的“公平的正义”理论替代的，则是现代目的论的主流——功利主义。

罗尔斯还在他这篇早年论文中特别鲜明地刻画了一种“自我中心主义”或者说“自我实现论”“立己主义”。这种“自我中心主义”在“观念的人”那里——比如艺术家、思想家——是真正自我的、小我的；而在“行动的人”那里——尤其是政治家——那里则会是以“大我”隐藏一己之“小我”。罗尔斯在他生活的时代对后一种所谓“大我”的自我实现论中的一种——以“优秀种族”为名义的“立己主义”（即“纳粹主义”）——已经有了强烈的感受和批判。

罗尔斯的正面观点即义务论的观点在他这篇毕业论文中表现为对人格关系的强调，即反对以追求目的为标准来确定行为的正当性，反对以追求善为基调来确定罪与信的意义，主张以共同体中的人格关系本身（这种人格关系在他的信仰时期还包括人与上帝的关系）来作为确定行为的正当性，或者说有罪与否的基准。他后来离开了正统的神学信仰，但并没有离开这种反目的论的立场。

而在青年罗尔斯对人格关系、共同体的强调中，我们说，他已经预示了他后来的道德与政治哲学的基本倾向与特点，这主要表现为：首先，他始终注意人与人的关系，即他是在人与人的关系中观察道德、确立伦理的含义。在伦理上最重要的不是自我追求什么，一个人一生要达到什么目标，而是他和其他人——无论是作为个人还是群体的“他人”——的关系。正是这种相互关系才充分显示出一种道德的意义。甚至可以极端地说，如果一个人的行为不涉及人际关系，不影响（尤其指负面的影响——妨碍和伤害）到他人，也就基本上与道德无涉。

其次，罗尔斯还认为，这种人际关系还应当体现出一种“人格关系”的特点，也就是说，这种人际关系还有一种实质性的含义，即它和“自然关系”不同（他所说的“自然关系”其实并不只是指人与物的关系，也包括被“物化”了的人际关系），也就是说，还应当把其他所有人当人看待，当人来对待；或者说，要“人其人”，以合乎人性和人道的方式对待他。不把其他人作为手段和工具、作为“他者”来看待，而是作为和“我”一样的“你”，作为目的本身。人际关系应当是一种“你我关系”，在更抽象的意义上，是一种我们必须脱离“自我”，从普遍的乃至“上帝的”观点看待的一种关系。

所以，罗尔斯在此文中强调共同体，强调共同体对于自我的根本重要性。而罗尔斯后来在他的著作中强调社会和制度，尤其是社会基本结构的重要性，强调制度正义原则对个人义务原则的优先性，应该说和他早期这种对共同体的强调很有关系，虽然那时在他那里共同体还是采取与上帝融合的形式，而正义也是与上帝紧密结合在一起的。他那时显然对共同体及其正义还有一种很高的期望。而他后来在《正义论》中所考虑的只是一种适用于社会基本结构的基本正义，在《政治自由主义》中他更进一步不仅将宗教信仰，也将具有“广泛理论”含义的道德形而上学排除在我们可以寻求的“重叠的”政治正义共识之外。而在《万民法》中，甚至他所提出的正义原则的某些内容（例如差别原则），也被他认为并不适合用来处理国际关系。

总之，人—共同体—上帝，这或可用作我们理解罗尔斯这篇本科毕业论文的主要线索，甚至也可用作我们理解罗尔斯后来著作的一把入门钥匙。人——这里的人其实在年轻的罗尔斯那里就已经是现代社会中的人，其努力的目标已经不再是个人完善，无论是有神论的还是无神论的完善。或者说，更优先考虑的是涉及人格关系的行为和态度的正当性。共同体——由于人并不是孤立的，人本性是社会的动物，是一定要生活在共同体中的动物，所以要对共同体或者说社会给予特别的强调。正是由于这种对共同体的重视和强调，罗尔斯开始了他毕生的事业：对于社会正义或正义共识的探讨。上帝——上帝在青年罗尔斯的这篇论文中得到了热烈的关注，但后来在他那里，上帝隐匿了，上帝不再是思考的主题，不再是理由的根据，而宁可说是一种后面支持的精神，或许还是一种个人的信念，即仍具有一种可能是作为背景或远景的隐秘存在。

第十章　结　语

一、生命原则与法律正义[1]

——从长时段和多文明角度看罗尔斯的正义理论

自从20世纪80年代后期接触和翻译罗尔斯的思想著述以来，我对罗尔斯及其理论也经历了一个颇长且变化的认识过程：最初主要是尽量准确地理解和领会其思想原意，也追溯其历史渊源；后是试图在中国和当今世界的语境中思考其理论的意义和限度；现在则是尝试将其放在一个更长的历史范畴里反省其理论。的确，我目前的这种反省还很初步和概略。一种长时段、大范围的视角也使我的批评不会只是一种理论内部或文本分析的批评，而且是一种不仅引入思想史，也引入对实践的社会和文明历史的观察和反思的批评。

罗尔斯的人格令人尊敬——无论是作为普通人的人格还是作为哲学家的人格，但是，我对他的正义理论却渐渐形成了一些不同看法。在他的主要著作中，除了《正义论》，我还欣赏他在《政治自由主义》中对“重叠共识”的追求，虽然也不认为他的所有正义原则适合用于这种“重叠共

[1] 此节写于罗尔斯诞辰百年,《正义论》首次出版的半百之际(2021),原文刊于《哲学动态》2021年第1期。五十年后回看《正义论》和一百年后回顾罗尔斯,这是一个合适的反思时刻。我想,作为一个后学者的思考、反省、批评、争辩,也是对罗尔斯这位一生为一事,殚思竭虑探求正义的思想家的最好纪念。

识”，以及如果完全排除信仰和感情，仅凭理性寻找这种共识的艰难乃至无力。我也欣赏他晚年在《万民法》中对这个世界的愿心。

正如前述，我还很欣赏罗尔斯思想的出发点，这见于他早年的学士论文《简论罪与信的涵义》。他对“自然主义”的批判奠定了一种反目的论的立场；在构建人类共同体方面，他对一种政治上的“立己主义”比对“利己主义”更为警惕。他那时还坚定地信仰上帝。至于《正义论》，罗尔斯对中国思想的一个最初启发可能是他对独立的制度伦理的特别强调，还有他对正义的不懈追求，他的温和渐进，强调第一正义原则的优先性，以及对社会下层生活状态的永不枯竭的同情心。但是，在我看来，他的正义理论也存在着重要的弱点，相当有限且有偏颇，他的理论及其后继者单一方向的持续推进在社会实践中带来的严重弊病也已经显露。

我在反省他的思想的时候，希望能够尽量回溯到人类文明最远的过去，但却也伸展到最近的未来。所谓最远的过去，那就是文明开端以来的历史，当然，尤其是人类的精神文明开端以来的历史。每一个时代有每一个时代精神状态的一些特点，每一个时代的特定社会也有自己的一些“时代正确”。虽然我还是相信有一些亘古不变的东西，诸如最基本的正义和道德规范。但是，从价值和信念来说，各个时代却有很大的演进方向上的不同，而且，现时代的“政治正确”甚至也有改变基本规范的倾向。

在某种意义上，罗尔斯也代表了现今西方世界“时代正确”的方向。他在二战从军期间改变了自己思想努力的方向，在二战之前，他的思想是更多属于过去的，属于传统的，他甚至想去做一个牧师。但二战之后，他开始为了自己心目中理想的人间社会而努力。

他的两个正义原则中的第一正义原则是接受“现在”的，那也曾经是一个“未来”，是近代之初的“未来”，但到罗尔斯生活的时代，这个“未来”基本已经实现了。而他的第二正义原则，则是朝向当时尚未实现或未完全实现的“未来”，而他这方面的一些思想后来慢慢地变成了“现实”——而他为此付出了一种推动之力，甚至有一种思想上的开创之功。他的思想标志出一种西方大多数学者渴望的单一“进步”方向。当然，罗尔斯的“进步”思想是缓进的，甚至在某些点上是知止的，但他们的大方向还是一致的。今天这种思想乃至舆论的“进步”已经开始造成西方社会的严重分裂。我们对庄子所说的“道为天下裂”有同样的感受，在世界是如此，在西方社会中也是一样，甚至我们可以在那里发现更深也将更具影响的裂痕，因为目前西方世界的思想学术毕竟还是更多地影响着非西方世界而不是情况相反。

但我对罗尔斯的批评反省又可以说还是依然基本符合罗尔斯的一个大的论证方法。相对来说，罗尔斯的“原初状态”的论证是特属于他的，是他的一个思想创制，展现了哲学思辨和分析的精致和自洽，而他的另一个或可以说是更有意义的“反省的平衡”的论证方法，则是相当广泛的，也可以说是此前和此后亦可为他人所用。

而且，我们还可以超出罗尔斯设想的一个“良序社会”的范围来应用。我们可以不仅考虑在正义理论和某个特定社会所推重和流行的正义准则之间进行比较对照，也可以将正义理论与更多社会，包括历史上的社会实际推重和流行的正义准则之间进行比较对照。而且，我们也许还可以说，在近代以来理论突飞猛进、相当高调的情况下，我们应该更看重常识性的正义准则，让经过了千百年考验的正义准则对新的正义理论进行修正而不是相反。而且，近代以来，各种新颖的，包括高调的、乌托邦的理论层出不穷，持续不断，以致有些思想也渗入了当代流行的正义准则，所以，我们还须从更长的时段，乃至人类的整个文明历史合观之。

罗尔斯特有的“原初状态”是一个非常精致的，但也是一个非历史的逻辑论证。原初状态并不是意指一个真实的原始自然状态。虽然有些学者批评说它“多余”，或者说这种论证并不能构成一种根本性的论证，但它的确有一种思想方法上的重要意义，富有启发性。我们可以看到原初状态的设计相当合理，甚至可以说是相当充分地考虑到了人类历史和人性的因素，比如说指出正义的环境中总是存在着某种中等程度的匮乏，人既非野兽也非天使，在人那里始终存在着某种自利或者说自爱的因素，或者说选择的各方是互相冷淡的，但除了自己的善观念，又还有基本的正义感。至于“无知之幕”的设计，可能比较特异，但作为一种思想的实验，也不是完全不可理解。

值得我们注意的是：原初状态中的各方在选择正义原则的时候，持有一种“最大最小值”的选择策略。这并非一个不重要的策略，我们甚至可以说，最后导致罗尔斯认为原初状态中的各方将会选择包含了第二正义原则的公平机会平等，尤其是涉及经济利益的差别原则的，正是这一策略。如果选择者是追求“最大值”或者“最高平均值”，都不会得到这个结果。

换言之，罗尔斯的无知之幕后面的各方选择的真正有力的，也是根本性的直觉论据是他对选择者的动机设定，也就是说，这个不知自己的特殊情况为何的人，在无知之幕撤除之后进入一个不管什么样的具体社会，他都希望他的处境即便最差，也是一种“最好的最差”，都是一个“最大最小值”。这是一个人性的前提假设。有学者认为，这是一个不完全的人性假设，因为可能还有一些人宁愿冒险，希望得到一个最优的前景——哪怕可能冒险不成，落入一个很糟的境地，但也是他更加希望的一种人生。但是，罗尔斯的这一假设可能还是能够符合多数人的愿望。这一假设甚至也可以说是一种相当保守主义的假设，不过，它还是没有明确这一最不坏的标准究竟是什么，是达到了一种体面的、像样的人的生活标准就足以了呢，还是必须和那些处境最好的人尽量接近，也就是达到同样的富裕水平？一些人的冒险气质可能还是较小的问题，那可能只是一部分人所具有的。更大的问题涉及人类普遍的价值追求或欲望。也就是说，这里还要充分考虑到大多数人的欲望，考虑到他们的物质欲望会有不断增加乃至膨胀的趋势。

如果说罗尔斯的第一正义原则已经可以将所有人置于一种信仰、良心、政治权利的平等，那么，在实质性机会和物质利益上是否也要求全面和彻底的平等？他的第二正义原则就是致力于此的，在公平机会方面，他希望达到尽可能地、实质性地排除所有社会的偶然因素，乃至家庭的偶然因素的条件平等，而在差别原则方面，他希望通过政策和制度的补偿，在物质利益和财富收入方面尽可能达到一种甚至排除个人天赋的偶然差异的结果平等。但这是否反而会不断刺激和鼓励人们的物质欲望，使得整个人类的主要价值追求始终定位在不断扩大的物质财富和经济发展之上，而将人类的精神价值的追求置于边缘乃至无视？

这一选择原则所假定的一个人性前提是：人不仅被认为追求自己的权益，尤其经济利益（甚至被视作一个功利动物或经济动物？），而且持一种保守的而非冒险的策略——不是追求得到“最好的结果”，而是追求得到一种“最不坏的结果”。当然，我们可以说，这一人性的设定基本上是考虑人的最可能的共性、类似性而非个性或差别性，或者说，是设想一个大多数人可能的价值追求，但作者将其表述为这是所有人的追求（原初状态的各方，其实也是在设想每一个人）。正如前述，引入这样一种人性的前提设定并不是不可以，甚至不是不合理，但是，将按这个策略选择的正义原则置于社会“基本结构”的基本正义原则的地位是否合适或相称却仍值得考虑。

的确，由此我们也可以看到，论证可以足够精致，但一些基本的前提可能还是会依靠个人的一些直觉，包括对人性的推定。一切理想的理论或愿景归根结底不可能脱离人性，脱离则难于成功，逆反乃至带来灾难。如果将有关经济利益的原则置于基本正义原则的地位，而且是尚未实现、需要推进的基本正义原则的地位，就还需要考虑这可能带来的实际结果。如前所述，罗尔斯的正义理论希望尽量排除偶然因素的影响，第一正义原则主要致力于排除来自权力和政治方面的偶然因素对人们基本自由权利的影响，第二正义原则中的公平机会平等原则致力于排除来自社会和家庭方面的偶然因素的影响。但即便在这之后，人的自然天赋还是会导致差别，所以，差别原则只允许那些对天赋最不利者最有利的差别。这里的价值取向是尽可能地缩小差别，尽可能地保障平等，但如果过于彻底，会不会影响到人的丰富个性的充分展开乃至泯灭个性？个性也总是和偶然性相关，一个排除偶然性的世界会不会是一个单调乏味的无趣世界？

第一正义原则涉及的主要是权利，权利的平等可以是彻底的，甚至绝对的。权利的履行，比如良心和言论自由、选举的平等权利等，一个人去不去使用也不会影响到他人。在这个领域内，自由与平等并无矛盾。但如果是第二正义原则所涉及的地位、名声、好处和经济利益，则是有份额的多寡和差别，一方的突出就意味着另一方的被冷落，一方的多得也就意味着另一方的少得乃至受损。要求结果平等，还将涉及对另一方自由的限制，自由与平等就会发生矛盾，或者说不同理解的平等观念之间会发生矛盾。在这个时候，处理自由与平等的矛盾可能就主要应该是一个权衡或平衡的问题，而不是将追求结果和利益的平等直接作为基本的正义原则。

尽管罗尔斯将有关权利的第一正义原则置于一个优先的地位，但第二正义原则作为一个尚待实现的目标，却可能成为一个实践中的主要努力目标。但如此很可能会带来人类物欲和利益期望值的不断提升，甚至不断地主动刺激物欲，导致功利滔滔。我相信反对功利主义的罗尔斯不愿看到这一情景，但他对人类在精神文化方面的卓越追求却很少提到，或者他认为那些最不利者达到良好的物质生活水准之后就会自动地追求人的全面发展？社会的确应该努力保障所有人都能过上一种“人之为人”的体面物质生活，但是，持续不断地关注和提升人们的物质利益欲求，则可能阻断人们在“人之为人”的其他方面的追求。

我上文的这一批评是因为考虑到了人类文明的全部历史。在一万余年的文明史中，当基本解决了温饱问题之后，人类对更具人禽之别的人类特性的精神文化的追求，的确在文明史上的大部分时间里占有更主导的地位。但是，我们在此还是更多地关注正义原则规范的问题而不是价值追求。

我曾经谈到，在漫长的传统社会中，其正义的理论和实践更多关注的是法律正义的问题，而不是经济利益分配的问题，或者说，主要是一种“报的正义”而非“分的正义”。[1] 传统正义理论的基本原则或可说是“应得”或“对等”。对于伤害他人或社会的人，要给予他应得的、罪刑相称的惩罚。对于利益的交换和分配，也要实行对等和相称的原则。而且，其中大部分交易是通过双方自愿来完成的，传统国家在经济领域的功能相对有限，其强制功能主要体现在保护人们财产安全和公平交易的法律领域。

我一直注意罗尔斯自己提醒我们其正义理论的广度适用性，即它是有限的，只是为一个“良序社会”的基本结构设计的。如果“反思的平衡”

---

[1] 可参见拙作：《报的正义与分的正义》，刊于《中华读书报》2018 年 10 月 10 日。

不是局限在一个作者所处或者理想的政治社会中，这种适用性就要受到怀疑。如果从全球的各种政治社会看，保存生命的原则在正义的原则中不仅应该有一个独立的位置，而且是一个优先的位置。回溯人类文明的历史，情况就更是如此了。同时，我们还要考虑未来的情况，未来的人类会不会遇到大的灾难，以致不得不调整它现在所设想的社会基本结构的理想原则。也就是说，如果我们不是像罗尔斯那样仅仅考虑一个理想的"良序社会"，那么就应当将"保存生命"单独地提出来作为一个基本的正义原则，而且应该是最优先的第一正义原则。如此才能不仅更真实地反映今天的世界，也反映历史和未来的真实世界的各种可能情况，从而也考虑一些更全面的、兼顾历史与现实的正义理论。真实的世界不会是一个全部服从的世界，而更可能是一个部分服从的世界。而哪怕不服从、不遵守法律的是极少数人，如果不予遏制，也足以让整个世界动荡不安。

但是，独立的保存生命的正义原则似乎没有进入罗尔斯的思想视野——哪怕作者为其不出现在他的正义理论中而做出一些说明。而重点在保护生命安全的法律正义在罗尔斯的理论中也没有重要地位。他的社会正义理论主要考虑分配，虽然这种分配是广义的，也包括分配基本的权利和义务、责任和负担，但由于这一部分的内容多已实现而没有争议，其理论的重心还是在分配实质性的机会和经济利益。

罗尔斯对法律正义，包括法治的专门讨论，是在选择用于社会基本结构的正义原则之后的立宪会议、立法阶段和司法阶段才出现。他认为，第一正义原则即平等的自由构成了立宪会议的主要标准。该标准的基本要求是保障个人的基本自由、良心和思想自由。在立法阶段，第二正义原则发生了作用，它表明社会、经济政策的目的是在公正的机会均等和维持平等自由的条件下，最大程度地提高最不利者的长远期望。最后的阶段则是司法的阶段，法官和行政官员把制定的规范运用于具体案例，而公民则普遍地遵循这些规范。

罗尔斯颇有些奇怪地认为，在这方面，举出各种严重的侵犯行为，例如受贿、腐化、滥用法律制度来攻击政敌，还不如举出那些诸如在司法诉讼程序中实际上歧视某些团体的细微的成见和偏心更有启发意义。[1] 但如果我们换一个语境，我们会说反对前一种腐败比反对后一种歧视具有重要得多的意义。

罗尔斯正确地指出，法治和自由显然具有紧密的联系。法治体系建立了人们合法期望的基础，构成了人们相互信赖以及当他们的期望没有实现时就可直接提出反对的基础。如果这些要求的基础不可靠，那么人的自由的领域就同样不可靠。

在罗尔斯看来，法律的正义也意味着作为规则的正义。我们可以先考虑“应当意味着能够”的准则，这也是反对高调的道德要求。首先，法治所要求和禁止的行为应该是人们能够被合理地期望去做或不做的行为，它不能强制一种人们不可能做到的义务。其次，“应当意味着能够”的观念可以表达一种那些制定法律和给出命令的人是真诚地这样做的观念。立法者、法官及其他官员必须相信法规能够被服从；命令都能够被执行。最后，权威者的行动必须是真诚的，而且权威者的诚意必须得到那些服从法规的人的承认。只有人们普遍地相信法规和命令能够被服从和执行时，法规和命令才能被广泛接受。

罗尔斯认为，法治也含有“类似的情况类似处理”的准则。这也可以说是法律面前人人平等的一个实施原则。但他似乎有点低估这个原则的意义，他说“这个观念并不十分吸引我们”[2]。还有“法无明文不为罪”的准则，最后，有一些规定自然正义观的准则，它们是用来保护司法诉讼的廉正性的指南。法治要求某种形式的恰当程序；法官必须是独立的、公正的，而且不能判决他自己的案子。各种审判必须是公平的、公开的，不能因公众的呼声而带有偏见。自然正义的准则要保障法律秩序被公正地、有规则地维持等。

罗尔斯对法律正义的内容的叙述是准确的，问题在于他赋予它们的地位。他将这些旨在保障人们生命安全和首要公义的原则放到了一个不重要的地位，而对机会和经济利益的追求反而放到了这前面。第二正义原则说

[1] 罗尔斯：《正义论》（修订版），第 184 页。

[2] 同上书，第 186 页。

的几乎都是利益，甚至第一正义原则所说的“权利”也是一种“利益”，我们或许可以笼统地说“权益”。我们看到的是不断地要求保障人们的权益，但却很少谈到责任、义务和承担，也很少谈到对善恶正邪的辨别，以及对作恶者的惩罚。我们不是不要保障人们的基本权利，但也需要从责任、义务和承担来说明和解释这些权利。

当美国著名法学家德沃金说出这一名言，谁不认真对待权利，也就是没有认真对待法，也是符合这一“进步”的大趋势，和罗尔斯一样在推动这一潮流。但这样说却可能脱离了法的本意，法的本质首先是约束性的，如果它也变成一种优先的权利、主要的权利，一种一味被强调的权利，那最后就有可能不剩下什么约束性的东西了。最后谁都可以漫无止境地要求自己的利益，而且变成“理直气壮”的了，也就是说，他们的自利要求变成了“正义”。但这实际将可能导致进入一种“新的丛林状态”。

今天，我们事实上已不难发现这些理论的一些后果，发现以高尚的“正义”之名来追求和满足某些特殊群体欲望的运动和行为。欲望不再是赤裸裸的了，而是包装以精美的外衣。他们事实上不再只是要求平等，而是要求偏爱，而且将这种偏爱解释为“正义”。如果不能得到满足，甚至不惜引发骚乱。而这大概也不是这些进步主义学者的“初心”。

在当今的世界，包括罗尔斯所在的美国，还是会不断遇到生命安全的问题，更不要说社会的进一步分裂，乃至人类可能遇到的其他自然和人为灾难——例如政治的、军事的，甚至高科技本身带来的灾难——有可能使一个社会突然陷入相当的无序状态。仅仅靠个人的觉悟和自律是不够的，或者说，单让法律作为人类的自律。而自律还需要训练和培养，一个不断被鼓励追求自己利益和好处的人群，怎么会一下就变得自制和自律?

我们还可以回顾人类的历史、文明的历史，还有人性的历史来说明在正义原则中应当把什么置于首位。人类的正义理论和实践或可分为原始正义、传统正义和现代正义三个阶段。

在人类脱离动物界以后，还曾长期处在一种非正义的丛林状态，他们主要的生产手段是狩猎和采集，没有很固定的生活区域，经常随着猎物和可采集物的多寡处在一种流动状态，他们的观念中也暂时无所谓明确的正义和不正义。那时人烟稀少，各个原始群体相对来说可以自由流动，弱势的群体可以尽量避开强势的群体，但如果狭路相逢，也就可能遭受被打杀甚至覆灭的命运。在山顶洞人等原始人群体聚集的地方，常常可以发现被打杀吸髓的人骨痕迹。

而当人类进入以种植蓄养的农业文明，群体扩大了，并开始定居了，群体之间的密切接触也增多了，乃至无可回避。这时可以说一种原始的正义观念乃至雏形的规则体系发展起来了，进入一种“原始的正义”。这一规则或观念的体系可以说是以对等报复为核心，就像《旧约》等诸多古老经典中不约而同写道的“以眼还眼，以牙还牙”。那时还没有国家，但各个扩大了的氏族、部落会支持自己的成员进行报复，甚至派遣自己的成员帮助受害人对涉外的侵犯部落人员进行报复。然而，在一个固定的地域内，若还没有垄断的暴力和执法机构，这样的报复就可能导致战争，或者世代冤仇不已。

当人类走向政治社会，产生了国家，这时就进入了“传统的正义”阶段。国家在一个固定的地域内垄断了暴力，有统一的侦察机构和执法机构，报复就可以相当精准和有效了，而且，国家的报复或者说由国家来做“恶人”或还有助于切断冤仇不已的链条。虽然报复的主体改变了，传统的正义基本没有改变原始的正义的内容，还是以对等报复为核心。

一个国家需要处理两种基本关系：一是人与人的关系；二是人与政府的关系。这里优先的，或者说根本性的还是人与人的关系，人与政府的关系也常常是通过人与各级官员的关系来表现。首先，政府要保障该社会的成员不受内部侵犯，也就是个人不受他人的侵犯。其次，政府还要努力保护该社会的成员不受来自外部力量的侵犯。

如“摩西十诫”中所说的一些道德戒律：不可杀人、不可盗劫、不可欺诈、不可性侵，这是一些基本的正义，这在传统社会中是放在首位的，甚至构成正义的基本内容。现代以前的各种人类文明虽然在其他一些方面相当不同，但在提倡和坚守这些戒律方面却相当一致。这些戒律也就变成政府的法律，尽管各种政府在其他方面的性质和特点相当不同，但颁布和执行具有这些基本内容的法律却相当一致。如果不能坚守这些法律，政治社会就很可能崩溃。人类的文明延续至今，也是有赖于这些戒律大致得到遵行。

总之，传统的正义可以说是由原始的正义发展而来，在人类还没有进入政治社会之前，就已经有原始的正义观念了，这种正义观念的核心是“报”——对侵犯进行相应的报复或报仇，对利益和服务也给予相称的回报或报酬。在人类建立国家之后，正义还是传承了这一基本内容，只是报仇的主体由个人换成了国家。鉴于个人报仇很有可能带来的判察失当、报复过分或无力报复的问题，现在改由国家来进行报应的惩罚而禁止私人的直接报复。个人之间的交易和报酬则基本上是由个人去履行，但如果出现欺诈和强迫压制，国家就也要进行干预。

传统国家也不是不考虑其社会成员的经济状况，虽然它们主要是从保存生命必须有一定的物质生活资料的角度来考虑。比较正常的传统国家也会考虑那些特殊弱势人群的生计，对鳏寡孤独予以救济，或者鼓励民间社会和慈善社团予以关怀，而对大面积降临的灾难，也都会负起救灾和救荒的责任。它们有时还会采取抑制兼并的政策，或反对强取豪夺。正常的传统国家也是希望所有的社会成员都能达到一定的物质生活水平，过上小康的生活，这是为了社会的安全稳定，也符合统治阶层的利益。但传统国家的确不以经济利益的国家再分配为己任，乃至不以经济发展为政策的中心。从古希腊罗马到中世纪阿奎那的传统正义理论看来，一个社会的成员各得其所应得的惩罚，各得其所应得的利益，这就实现了基本的正义。

现代的正义理论却不是由传统的正义发展而来，而是有了一个大的转折，这在 20 世纪表现得尤其明显。正义的思考重心转向了分配，虽然广义的分配也可包括分配权利和责任，但是关注的方向越来越朝向经济利益的分配，利益分配的原则也越来越由“对等”向“均等”转移。

但是，政府不是利益的源泉，也不是惩罚的渊薮。政府本身不创造利益，也不创造惩罚，利益和惩罚是由人们的行为引起的，而且，政府优先的是要关心惩罚以约束人们的行为。在法律中，究竟是以约束规则还是以权益诉求为更优先或主要的内容是一种重要的古今之争。但即便站在维护权益的观点来看，对权益的保障看来也要通过约束他人，尤其是公职人员来体现。先要有约束规则，才会产生权益。有“不可杀人”，才会有生命安全；有“不可盗劫”，包括禁止来自政府方面的强取巧夺，才会有能够保证生命供养和发展的财产安全；有了“不可欺诈”，才会有交易公平；有了“不可性侵”，才会有社会及其基本细胞——家庭的稳定和秩序。有了对政府权力和个人强暴的约束，也才会有臣民的生活空间或者公民的自由。对“所有人都应当享有与他人平等的权利”或就应加上一句“所有人也都应当承担和他人一样的责任”。甚至也可以直接表述为：“所有人都负有尊重他人同等自由的义务。”

这是对个人的正义要求，也是对政府的正义要求。对政府的要求就是：首先，要维护社会，准确地给予那些犯下这些恶行的人们以相称的惩罚，保证在这些案件的审理中，不受任何特殊集团，尤其是特权集团和统治者对法律的不当干扰。其次，还要防范自身，防止官员个人的侵犯，也防止体制性的腐败。很难设想一个广泛的正义理论，不首先放入不可杀害无辜、不可强暴、不可冤屈好人、不可任意剥夺合法财产的内容。如果不独立和优先地提出保存生命的原则和针对恶行的法律正义，也就很难阻止以“良善”理想之名采取恶劣手段的行径。

我最早对罗尔斯在现代西方思想谱系中的地位并不敏感，在翻译他的《正义论》时主要是致力于尽量准确地理解原意。我也希望追溯他的正义理论的思想渊源和发展线索，并在社会契约论的三个主要代表霍布斯、洛克和卢梭那里发现了一种正义原则的次序：生命、自由与平等原则的历史和逻辑的一致。后来则慢慢察觉出了，如果从一个更广阔的社会和历史的视点观察，也从我自身所处的社会及其历史观察，他的理论其实是有许多东西可以补充和修正的。我思考罗尔斯对中国的意义。我曾经指出差别原则对一个非常平均（均贫）的社会还可以有另外一种运用，即它也可以用来支持扩大差别，即对最不利者也最有利的经济收入差别。罗尔斯对独立的制度正义的强调促使我们将制度的德性与个人的德性也做一种分别开来的思考，弥补我们传统思想中制度德性薄弱的短板。罗尔斯对第一正义原则，及其相对于追求实利和收益的第二原则的优先性的阐发，还有他对社会作为一种合作体系的强调，也对我们启发甚多。我考虑我们对平等自由的第一正义原则应该有更大的权重，另外还要考虑在这个原则之前应该有一个更优先，也是应该独立提出的正义原则：保存生命的真正的第一正义原则。相应的法律正义，尤其是司法的正义也应当放在经济利益分配的正义之前予以更优先的考虑。

从罗尔斯的学士论文《简论罪与信的涵义》，到他在《正义论》出版之前发表的论文，再到《正义论》《政治自由主义》《万民法》的陆续问世，罗尔斯理论自身也经历了一个比较关键的转折时段。他本人的思想变化也是时代的一面镜子。罗尔斯的思想反映了西方许多知识分子从20世纪中叶到末叶的思想演变过程，从基于宗教信仰的思想转到脱离宗教信仰的思想理论的构建，从强调信仰的共同体到强调一个良序的政治社会的正义原则。世俗化和强调分配正义这两点可能代表了他所处的时代和美国知识分子的一种主导思想倾向。

罗尔斯正义理论中的第一正义原则是适应已经成形的社会，几乎不体现司法正义，也拒绝“应得”的概念。第二正义原则则是进一步朝向实利平等的进步主义，但基本主张非暴力，更强调社会合作而非冲突。但这两个正义原则之间其实隐含了一种不易消解的矛盾：自由与平等的矛盾。而如果在一个更大的范围内观察，则还可以说隐含了一种经济平等与保存生命的矛盾。

罗尔斯在哲学上相当精致地以“分的正义”取代了“报的正义”在正义理论中的中心位置。这并不是说这种取代是从他开始的，但他的确以一个博学而精致的哲学思考的体系，在相当程度上完成了这个工作。然而，在今天的真实世界上，法律的正义并不是已臻完善，生命的安全也不是全然无忧，而且还要考虑种种可能出现的不测情形和下滑状况。同时，当这种思想向着尽量平等分配的方向呼啸而去的时候，却可能没有意识到我们的文明有可能被不断增长的物质欲望和消费主义釜底抽薪，而这种滔滔物欲可能正是因为对平等分配的不断追逐所引起。

罗尔斯谨慎地限制自己，自认他的正义理论只适用于一个理想的良序社会的基本结构，但也可以说他是为他所处的美国社会进行一种未来发展方向的设计。在这一设计中，他将地位、机会和财富的尽量平等和缩小差别的分配作为主要的努力方向。他也许认为有关生命安全的法律正义问题在美国已经基本解决，甚至有关基本权利的第一正义原则问题也已经得到基本解决，或者说，生命安全的问题可以放在“权利”理论的框架内，用权利理论的术语得到解决。但是，迄今我们可以看到情况看来并非如此，生命安全的问题还依然是一个大问题，而且对这个问题存在着极大的争议。从2020年美国发生的“弗洛伊德事件”以及爆发的抗议示威事件来看，对于是应当更强调“黑人的生命宝贵”还是强调“所有人的生命宝贵”；在执法体系中是不是存在着“系统性的种族歧视和不正义”；如何看待由此引发的大规模抗议示威以及出现的暴力活动；是要努力“为正义呐喊”还是强调“法律与秩序”。对于这种种问题，美国社会陷入了分裂。而这些问题，看来更适合通过独立的生命原则和法律正义来予以考虑，而不只是在分配正义甚或权利理论的框架内得到解决。

罗尔斯的第一正义原则或可说已成为一种现代西方世界的“重叠共识”，但第二正义原则却还难说已经如此，或许目前还只是一种以知识界为主体的“特殊共识”。而且，这两个正义原则是隐含矛盾的，要实现第二原则，可能会损害到第一原则。从第一原则不仅推不出第二原则，而且追求实质的平等可能损害到法律面前的人人平等，即损害到人们的基本自由和权利，或至少两者不能兼得。

罗尔斯的确没有像当代左翼知识分子那样走那么远。他在《政治自由主义》中就开始更多地探讨如何在一个自由的多元社会建立政治共识，他大概不会赞同今天盛行的各种分化多元的特殊身份政治认同，而是强调在一个政治社会里对基本的正义原则的普遍认同。但其后续的一些西方知识分子继续他的早期演变方向，比如要求将他的差别原则继续推进，乃至从一个政治社会的内部扩展到各个政治社会之间。罗尔斯不像他的一些学生试图将两个正义原则推广到全世界，他尤其谨慎地拒绝将差别原则用于国际社会。

我的确赞同罗尔斯所认为的，差别原则不应，实际上也不可能扩展到国际关系的领域，或者说如果强行扩展将带来灾难性的后果。我还认为包括了差别原则的正义原则也许不具有罗尔斯所设想的那种普遍性。面对更大范围的真实世界的正义原则也许还是可以有两个原则的先后序列，但逻辑上不宜是罗尔斯所说的基本自由权利和机会经济平等，而是保存生命与平等自由。且前面的原则具有更大的普遍性：保存生命的原则是所有政治社会都应遵守的基本原则，平等自由则或是现代社会所遵循的原则。至于实质性的公平机会平等和差别原则，则是可以让不同国情和历史的政治社会去选择的次要方案。

概言之，罗尔斯“原初状态”的论证方法是精致和富有思想方法的启发的，但它的最后价值取向，是相当依赖于对“最大最小值”的人性价值偏好假定，后面其实还隐含有人作为“经济理性人”的假定。“反省的平衡”的方法更有意义，其范围可以扩展，转向真实的世界和历史，但恰恰是按照这一方法，罗尔斯的第二正义原则不太适合作为基本的正义原则，而至多作为一个次要的权衡原则、补偿原则。如果说这是原则的“增多”，罗尔斯的正义理论却还“遗漏”了更为重要的、理应成为第一正义原则的保存生命原则，以及在这一正义原则中应该阐述的法律正义的内容。罗尔斯并不是没有意识到他的正义理论的有限性，我们今天对他的理论的这种有限性应当更为敏感。和罗尔斯提出的一种理想的正义愿景相比较，我们今天更需要各种对更广阔和真实的世界的正义原则和准则的理论探讨。

二、探索中国的正义理论

我想我贯穿始终的对罗尔斯正义论的主要兴趣，并不在单纯研讨西方的学理，而是想最后落实到更重视思考和研究中国的问题，为探讨中国的正义提供借鉴。所以，在本章的最后一节，我想简要谈谈探索中国的正义理论的问题。需要略加说明的是，我下面所讨论的“历史的正义”将侧重于中国古代制度事实上所包含的伦理含义；而“现实的正义”则侧重于仅仅观察一些新的正义观念形成的可能的经验路径，即我们不妨从实际出发。

1. 再谈罗尔斯正义论的有限性

罗尔斯正义理论作为当代西方正义理论的一个基本范型，我们今天探讨中国的正义理论自然需要参考，但正如上文我们反复谈到的，我们也应当注意它的有限性：它不仅不完全涵盖传统社会正义理论的主要问题，也不是对西方之外的其他现代文明正义观念的全面阐述。

罗尔斯区分“正义概念”（the concept of justice）与“正义观念”（conceptions of justice），前者在罗尔斯那里是一个单数，或被希望是一种共识；后者是复数，自然具有多种可能性。的确，“正义”也是“争议”[1]，其含义有太多的分歧。即如罗尔斯“公平的正义”观所提出的两个正义原则，第一个保障平等的基本自由和政治权利的正义原则在现代西方学界理论上不太会成为问题，第二个偏爱最不利者的正义原则则出现了比较多的争议。但假如将这一正义理论放到古代，第一正义原则却可能会比第二正义原则更成问题，更容易引起争议，因为传统社会是政治上并非权利平等的社会，而是公开乃至法律认可的等级社会，甚至还可能是严格或松散的政教合一的社会，它同时可能也是民本主义或服膺“贵人行为理应高尚”的社会。而即便在当今世界中的其他文明，第一正义原则也可能会比第二正义原则更成问题（或因此也更值得重视）。

但不仅作为“正义观念”的罗尔斯“公平的正义”理论，罗尔斯视作某种前提共识的“正义概念”也还是现代的痕迹甚浓，如果在古代也还会引起争议。罗尔斯对“正义概念”的基本理解是：划分基本的权利和义务，决定社会合作的利益和负担的适当分配。他认为：“那些抱有不同的正义观的人就可能还是会一致同意：在某些制度中，当对基本权利和义务的分配没有在个人之间作出任何任意的区分时，当规范使各种对社会生活利益的冲突要求之间有一恰当的平衡时，这些制度就是正义的。”[2]

显然，这一“正义概念”是以权利和利益的分配为中心。它预示着一

[1] 两者同音，用汉语拼音输入法打字，一打“正义”就往往同时出现“争议”一词，似乎在提醒我们注意人们对正义理解的歧异性。

[2] 罗尔斯：《正义论》（修订版），第 5 页。

个有力的总的分配者，意味着可供其分配的东西是既定或现成的，且包含的内容相当广泛。它强调“平等”而不再考虑“应得”的观念。它基本上可以说是一种“分的正义”。

但这样的正义概念在古代肯定是成问题的。我们可以来稍稍察看一下古代西方的传统正义概念，比如毕达哥拉斯说，正义基本上就是对等。这种“对等”既有“平等互利”的意思，又有“以牙还牙”进行同等报复的意思。柏拉图在其《理想国》中认为正义就是各得其所，各自做好自己的事情而不兼做别人的事情。亚里士多德在其《政治学》及《尼各马可伦理学》卷五中谈道，正义分为两类，一类是分配财富和荣誉，即分配的正义，是几何平等（或对等，它允许等级差别）；一类是在交往中提供是非的标准，即纠正的正义。正义是中道、平衡、均等和相称，正义就是把各人应得的给各人。

西方古代的“正义概念”看来更强调各得其所，或各得其所应得、各做其所应做。它强调“各”“报”“应得”，更强调“对等”而不是“均等”，注意人与人的差别。这样，在一般利益的分配中国家的重要性并不彰显，或者说，许多现代国家正义的功能是在社会交往中处理和解决的，国家只是维护其交往的一般规则而非直接进行分配。在某种意义上，古代的“正义概念”可简略理解为一种“报的正义”，这里的“报”可以理解为两个方面：不仅是同等复仇、罪刑相等的报复、“报仇”，还有利益的回报、“报酬”等。在古代国家的“正义概念”中，对纠正的正义比对分配的正义更为重视。它和现代“分的正义”有着显著的差别。

自然，对“分”或也可以做扩大的理解，不仅可以包括“正面”的权利和利益，也包括“负面”的东西（负担，义务也可理解为与正面的权利相对的东西），甚至也可以理解为“分配”刑罚。罗尔斯没有太多涉及纠正的正义，在他那里，这种正义比起分配正义来说是次要的。其正义概念主要是讲基本权利或基本善的分配，并将“反对偶然和任意性”纳入“正义的概念”。

有关罗尔斯正义理论的有限性，我这里还想重申一下“生命原则”的问题。对罗尔斯的“公平的正义”理论提出的两个正义原则，我们或可用一个简化的说法，说第一原则是“洛克原则”，第二原则是“卢梭原则”。罗尔斯在承续和复兴契约论方面的思想资源也主要是来自这两位近代社会契约论的主要代表，以及康德。然而，在我看来，如果从整个现代世界——且不说人类历史——来看，还应当提出一个“霍布斯原则”，即在一个更早的社会契约论主要代表霍布斯那里提出的“保存生命”的原则。这个原则应当是更优先的，或者说更有力的（虽然有时是潜在的，被包容的）。它也更适合构成政治哲学的一般起点。

然而，以上所述并不构成对罗尔斯正义理论的否定。致力于不断限制自己的论题和范围甚至可以说恰恰正是罗尔斯建构其正义理论方法论的一个鲜明特色。这种限制在“原初状态”的论证范围内，主要是指罗尔斯认为其正义理论仅仅适用于“良序社会”；而在“反省的平衡”的更大范围内，是指罗尔斯认为其正义理论正是要凝聚美国民主社会的共识，为其提供一个道德的基础，或者说描述他所处社会主流的正义感、道德感。而在这样一个社会里，本来应该处在第一位的生命保障或基本生计问题似乎并不彰显。我所理解的“生命保存原则”主要包含两方面的含义：一是任何人的人身都应受到保护，不受任何任意或非法的侵犯、伤害和杀戮；二是任何人都应得到必要的、可供生存的物质生活资料。而在罗尔斯那里，人身不受侵犯或可解释说已经包含在“平等自由”或“基本权利”的第一原则之中，必要的生活资料或也可解释说已经包含在“公正的机会平等”和“最关怀最不利者”的第二原则之中，而且都是更高程度的包含。

但是，我以为，如果在一个更大的世界范围内考虑正义问题，甚至也考虑到发达社会可能发生的危机，还是有必要单独提出“生命保存”的正义原则，因为生存原则有可能和政治自由及经济平等原则发生冲突。而三者的理由也还是有所不同，需要有所区分而不混淆，这种理由和论证的区分对我们确定优先性以解决冲突将特别需要。

2. 中国历史上的差序正义

罗尔斯正义理论对近二十年来中国伦理学发展的一个很重要的影响

是：使我们特别关注制度伦理。古代中国“外王”不够独立，道德理论重视人而不够重视制度，罗尔斯使我们注意到制度伦理或社会结构的正义不仅应当有一种独立性，而且应当有一种优先性。

但正如上文所述，当我们考虑正义理论在中国的发展和应用，尤其是考虑解释中国的历史正义的时候，罗尔斯的正义理论和概念是有限的。有没有更广泛的可以涵盖“古代正义”与“现代正义”的正义概念？是否可以，甚或需要最广义地理解一种“分配正义”（比如将刑罚也理解为一种“分配”，而“权利”也包括一切机会、利益等），以此来分析不仅现代，也包括古代的制度正义？这样做大概有些勉强，但如果为了适应现代人的表述方式而一定要这样做的话，也可就从“分的正义”着眼。但我们或许需要扩展罗尔斯的分配概念，在分配什么的问题上，不取罗尔斯过于现代的“权利”概念，而至少在考察社会的结构时，还是采用韦伯的看来可更广泛地贯通古代与现代的三种主要社会资源的简明说法，这三种主要的社会资源就是政治权力、经济财富、社会地位和名声（简单的说法是“权钱名”）。如果是着眼于社会的层次结构，尤其是古代社会的等级结构，那么，这种“权钱名”还特指高出于基本的生计、高出于一般的权益和社会承认的东西。于是，这种分配就意味着统治阶级的不断再生产。当然，它又不是纯政治的，它还意味着社会的主要渴望和追求。另外，“正义”也必须包括对广大的下层，包括对底层的政策和态度。

这样，借用费孝通“差序格局”的提法，我们或许可以将中国传统的正义称为是一种“差序的正义”，甚至是一种“两分的正义”。这种正义观念在古代描述美好社会方面最著名，也在对近代最有影响的《礼记・礼运》篇里有关“大同”的论述中，有一个很好的展现。我们将特别注意其对两端的描述。一端是“天下为公、选贤与能”，另一端则是“矜寡孤独废疾者皆有所养”。前者关注高层，包括最高层；后者关注低层，尤其是最底层。前者主要是政治的，后者主要是经济的。

“天下为公”按东汉郑玄注的解释是：“公，犹共也。禅位授圣，不家之。”唐代孔颖达的疏进一步解释说：这说的是“五帝之时”的事，“天下为公谓天子位也，为公谓揖让而授圣德，不私传子孙”。直至晚清以前，像在著有《礼记训纂》的朱彬、著有《礼记集解》的孙希旦等学者那里，这大致都还是所有注疏者的共识。也就是说，“天下为公”是指最高统治者应由“选举”产生而不能“世及”。但我们知道，“选举”也可以有多种方式：有一人选，如有些古罗马帝国的皇帝选择自己的继任者；有少数选，如通过元老院或贵族院选择继任者；也有众人选，这就像是现代民主的投票选举总统、总理一类国家元首了；甚至也还有“不用选”，这或者是像古代雅典城邦那样，不是通过选举，而是通过抽签而达到“轮番为治”的直接民主；或者是不用政府，无须治理，也就是一种无政府状态。

但是，《礼运》中的“大同”世界还不是描述这样一种否定政治秩序的无政府状态，而只是说最高统治者的接续不宜“天下为家”，应当“选贤与能”，尤其是要选择有“圣德”的人。而且，这里的选看来也还不是民主的选，众人的选，而是一人的选（禅让），或至多是也参考少数人意见的选，而且最后还是选出一个人来担任“民之主”。至于这一个最高统治者之下的官员阶层，则更是要遵循“选贤与能”的原则了。“大同”世界中的权力并不是平等的，但对可居高位者的选择应当根据某种“应得”的标准而一视同仁，也就是说不能“独亲其亲”。

的确，这种对最高统治者的选择在传统社会的后世并没有在制度上实现，像六朝时期的所谓“禅让”其实都是一种“逼宫”或对权力已经转移的事后承认。但是，在官员阶层的“选贤与能”却在相当程度上变为现实了。在战国打破封建世袭，秦代建立统一的官僚制度之后，通过从西汉开始的察举制度的发展，以及后来从唐朝开始的科举制度的发展，中国政治社会中统治阶级再生产从“血而优则仕”转到了“学而优则仕”，故此，我将西周至春秋的社会形态称为“世袭社会”（hereditary society），而将秦汉至晚清的社会形态称为传统意义上的“选举社会”（selection society 而非 election society）。[1]

我们可以再注意另一端，即不是社会的高层，而是低层，尤其是社会

[1] 详请参见北京大学出版社出版的拙著《世袭社会：西周至春秋社会形态研究》和《选举社会：秦汉至晚清社会形态研究》的 2010 年修订版和 2017 年再修订版，其初版是《世袭社会及其解体：中国历史上的春秋时代》与《选举社会及其终结：秦汉至晚清历史的一种社会学阐释》，分别由生活·读书·新知三联书店在 1996 年和 1998 年出版。

上那些最困难、最弱势的人们所处的底层。这就是“矜寡孤独废疾者皆有所养”。绝不能让他们任何一个人哀苦无告，必须给他们保证一种“皆有所养”的生活。这后一方面在传统社会的后世，历代历朝的政府还是做了相当的努力。不止是在当代，历史上的中国也曾多次解决过民众的温饱问题，只是后来因人口剧增等种种原因往往又再次陷入困境。重视民生、关注贫民、救济饥荒、抚恤孤寡被认为政府的应分，甚至也有更积极意义上的国不专利、让民制产、轻征薄赋、反对兼并等种种举措。

总的说，《礼运》中的“大同世界”还是一个容有众多差别的世界，是一个尽力让人“各得其所，各尽所能”的社会。这个世界还是承认年龄、性别乃至政治地位、经济财富和社会名望等种种差别，而它主张的也还不是一切平等的大同，而是一种既承认差异，又承认所有人平等的生命和发展权利的“各得其所”，就像其中所说的“老有所终，壮有所用，幼有所长”“男有分，女有归”。而高端的“选贤与能”和低端的“皆有所养”，也同样可以说是属于“各得其所”。而且，这两者既是有别的，又是打通的，给予“矜寡孤独废疾”的并非权力职位的资源，而主要是生养的资源；但只要有才能，尤其是他们的后代，照样可以被列入“选贤与能”的对象。传统社会的确是一个官民两分的等级社会，但也是一个政治入仕机会平等的社会，一种初期主要是荐选、后期主要是考选的选官机制使上层和下层始终保持了一条稳定的通道，上层人士“多出草野”。而为了达到一个真正从下到上、从外到内都衷心认同、牢固凝结的共同体，为此也还要“讲信修睦”，实行道德教化，使人们“不独亲其亲，不独子其子”（注意不是“不亲其亲”“不子其子”）；使人们共享财富，各尽所能。既利己又为公：“货，恶其弃于地也，不必藏于己；力，恶其不出于身也，不必为己。”（注意也不是“不能藏于己”和“不能为己”。）也就是说，《礼运》中所描写的“大同世界”不是取消家庭和私产，也不是一种没有政府的状态，而更像是一种统治者清静无为的政治状态，一种主要通过道德教化实施的统治，而且是教化已成的社会状态。这不仅是儒家的思想，甚至更是老子等道家的思想，也在相当程度上是先秦其他各家的共识。

所以，《礼运》所述的“大同”和其后描述的“小康”其实又有许多相通的地方，只是后者更重视人们之间的差别，更强调政府的功能，包括强化军队和刑罚制度，强调礼义，也接受最高统治者的家族世袭。但是在其他许多方面，尤其是上述官员的“选贤与能”和穷民的“皆有所养”的两端，“大同”和“小康”两个世界基本上还是一致的。相反，古人所述的“大同说”和康有为深受近代西方空想社会主义思想影响的《大同书》倒是有更多的不同，其间的差别甚至可以说超过了古代“大同说”和“小康说”之间的差别。[1]

有关沟通上层与下层、沟通政治与社会的中国古代选举制度的发展，及其最后渐渐形成的社会形态，我就不在此赘述了。这里我只举传统中国在另一端，即关怀最弱势者、救济贫困和灾荒的作为。以法兰西学院院士魏丕信（Pierre-Etene Will）的研究为例，他在《18世纪中国的官僚制度与荒政》一书中，以清朝在1743—1744年的直隶救灾为主要例证，对中国历史上，尤其是晚期帝国的荒政进行了精心的考察，他得出的结论是，当时的政府在救灾方面具有高度的组织能力、权威性和效率性，“全活无数”并非虚语。那时虽然没有现代的交通工具和救援手段，官员的数量也相当之少，但是，立足于对传统国家功能和使命的认识，也借助于乡绅和民间组织的力量，政府在勘察灾情、调动资源、组织救援、发放粮食、安排生活和生产、使人民幸免灾荒和匮缺所带来的恶劣影响方面发挥了巨大的积极作用，而绝非近世一些史家所认为的是“有名无实”“纸上谈兵”。[2]

简略地说，像古人在《礼运》等篇章中提出的“美好社会与善治政府”的构想，并不简单地就是一些思想观念，而也是随后两千多年中的制度实践，甚至可以说是在有些方面已基本实现了的正义观念。这当然不是说实现了“大同”，而更多的是实现过“小康社会”，或者说实现过“大同”和“小康”中一些共同的东西。历朝大都有它们的“盛世”，像西汉的“文

[1] 《礼运》全篇主要是谈适用于小康社会的“礼的运作”而不是论述“大同世界”，“大同”只是一个引子，其中的讲述者“孔子”虽然一开篇就谈到“大同”，但却是在一种“感叹”现实状况中谈起的，这一理想可以视作他主要用来反省和批判现实的一种武器。而且，如果说它是一种“乌托邦”的话，也是一种“逆溯的乌托邦”，并没有现代那种直接通向未来的“历史必然性”。孔子之志看来主要还是在礼治，在小康，在仿效周公等三代人物而非尧舜等五帝，他或许抱有一个希望，希望通过礼治、小康最后能够达到大同，但并非以“大同”作为自己的行动纲领。

[2] 参见魏丕信：《18世纪中国的官僚制度与荒政》，徐建青译，江苏人民出版社2003年版。

景之治”、唐朝的“贞观之治”、清代“康乾之世”的一些年间。但是，中国在历史上虽然的确多次达到或接近过“小康”，但是又多次重新陷入危机。在传统中国的历史中，还有着一种日益君尊臣卑、权力集中的倾向，社会上的“官本位”也变得越来越根深蒂固。君主的“选贤与能”没有做到，亦即还是“天下为家”，没有实现“天下为公”，传统的国家还是“家国”，是“家天下”。官员的“选举”倒是做到了，但因为最后是以文章为主要的标准，在国力趋弱，尤其近代碰到强劲的西方时就更显得力不从心，乃至最后政治与社会的基本体制均告崩溃。

3. 建构当代中国正义理论的多种经验路径

当代中国比较稳定、趋同的正义观或还在路上，还在形成的过程中，即今天的社会还很难说已经形成了一种比较明确一贯的正义共识。这和中国在 20 世纪的命运有关。中国在 20 世纪经历了亘古未有的巨变，经历了几乎是全盘打破旧的社会政治经济体制和观念体系、重建新的社会政治经济体制和观念体系的艰难过程，而在疾风暴雨之后重新开始的社会和道德重建的过程现在也还远未结束。

张之洞在 19 世纪末发表的《劝学篇》或可视作在西潮冲击之下应变，但仍保留传统社会基本体制和观念体系的最后的纲领性文献，这一“中体西用”的努力从上个“短的 20 世纪”的历史看来似乎是失败了。在 20 世纪的主干年代，中国经历了一个激烈的“反传统”的过程，我这里特指的是否定中国“千年历史文化传统”的社会文化和政治军事革命，而它自身又形成了一个新的“百年启蒙和革命的传统”。“千年传统”的主导观念是强调尊尊、亲亲、贤贤、应得、学优、卓越、劳心、和解，最后达到的是政治入仕的机会平等和政治权利和社会地位的不平等并存，一人统治和少数治理并存。而“百年传统”的主导观念是强调平等、自由、博爱、救亡、国家、斗争、革命、专政。而在“文革”结束后的最近四十多年，伴随着中国的改革开放和“拨乱反正”，又涌现出一种至今方兴未艾的“十年全球化下的市场经济发展传统”，这一快速变化的“传统”的主导观念是强调经济、市场、民生、科技、法制、改革、开放、全球等。这样，中国的任何观念和体制的形成和构建大致可以说都处在这三种主要“传统”的影响之下，但这三种“传统”又并非贯通和统一的，而是差别甚大，甚至在许多方面是相当冲突和对立的（这也就埋下了分裂的种子，而寻求共识也就愈加有一种必要）。虽然社会的确已不像“20世纪的主干期”那样对峙和激荡，这一百多年也可以说经历了某种思想和体制“正、反、合”的过程，但不仅在一般的价值观方面，而且在道德和正义观念方面还是可以说相当歧异。而近二十年人们的价值和道德观念似乎比20世纪80年代的人们表现得更为多元和歧异。

这样，要凝聚有关正义的新的社会共识，看来就需要分别从以上三种“传统”的经验教训中吸取思想成分。下文仅就“千年传统”与这种新正义观之可能的中国特色的关系略作陈述。

孔子所代表的先秦儒家最为明确地提出了“学而优则仕”和“有教无类”的政治与文化主张，那么，后世两千多年的社会制度的发展基本上实现了这一主张，可以说展现了一个从观念到制度、从理想到实践的近乎完美的例证。这种广大和持久的“学而优则仕”自然也有它的问题和困境，但它的确是世界文明史上一个非常独特的现象，是一个社会政治的奇观，也对迄今一直是西方的思想占主流的正义理论、政治哲学和社会理论、历史理论构成了一个巨大的异类或挑战。我认为，当今世界的主流（西方）政治哲学和社会理论还没有很好地重视，更勿论解释和消化这一重要而独特的现象，而国人所习的政治哲学的理论、基本概念主要还是从西方发展起来的。

那么，通过古代选举制度表现出来的中国传统正义主要有哪些特点呢？它和现代正义观念又有什么重要关联呢？古代中国最后的确是达到了非常大的政治入仕机会平等，但也还是森严的政治权利和社会地位不平等。它作为一个流动、开放的等级制社会，上下的流动甚至超过了现代社会的垂直流动率，统治阶层的人员多直接来自民间。科举的制度非常严格和客观（如糊名、誊录、锁院、惩罚等措施所表现的）；而其应试文体竟然能把一种人文能力相当客观化、标准化也是非常奇特之现象。但是，这种政治机会的平等虽然加强了某种下层也认可的合法性，但也强化了政治权利的不平等，强化了等级社会。不过，无论如何，它毕竟在某种程度上实现了“贤贤”的理想，使尊尊与贤贤相结合，世袭君主制与开放官僚制相结合。那么，在现代的条件下，有无可能从“君主下的贤贤”转成“民主下的贤贤”？注重平等与鼓励卓越能否兼顾？这是值得我们探讨的课题。

又比如，从古代中国到现代中国，政治权力一直是最重要、最主导的资源；政治权力优先乃至弥漫到一切领域和官本位一直在我们的社会根深蒂固地存在。近代以来激烈反传统的过渡时代也没有打破这种极其突出政治和官本位的情况，甚至在某些方面还变本加厉了。到了“文革”时期，更是政治无所不包、政治决定一切，甚至管理一切。当然，在古代中国的有些时代，君主和官员的权力是受到削弱的，且不说西周到春秋，在魏晋时期也有这样的情况：从“权钱名”三种主要社会资源来说，权力固然是姓“政”，主要是属于政府，但世家也有相当大的权力；财富经常有一种非政治的性质，而名望有时甚至表现出一种反政治的性质。那么，在现代的条件下，我们是否能使这三种主要社会资源（以及其他的资源）结合不那么紧密，甚至实现较高程度上的分流，尤其是减少导致大量腐败的权钱交易？如此，或可避免“赢者通吃”，尤其政治上的“赢者通吃”（甚至实力、暴力上的“赢者通吃”“强者通吃”），而为有各种不同才能、不同追求的人们提供一个各扬其长、各有所尊、各尽所能、各得其所的社会平台。

传统的中国没有民主的选举，也缺乏强烈的民族主义，但它的确是相当注重民生的。但这种注重民生并不是要国家去直接管理社会上所有人的经济活动，或垄断牟利，而主要是在提供一种对人们正常的经济活动、弱势群体以及天灾人祸的制度保障。在某种意义上，传统政府是比任何现代类型的政府，包括自由放任主义的政府都更小的政府。古代社会中人们的活动——比如说经济活动、迁徙自由——享有颇大的活动空间，但是，这种自由也没有明确的法律保障，没有在法律上与权力分界甚至对峙地体现为“权利”的制度保障，所以，他们享有的自由也容易被限制甚至取消。

因此，在新的正义观中引入“百年启蒙传统”中平等的基本自由和公民权利等方面的价值要素，民主和法治等方面的制度要素，乃至政府更关怀和尊重劳力者、关怀和尊重弱势者和边缘人的博爱精神，就不仅适应现代社会和人类发展的要求，也是对传统的人格平等和恻隐之心的必要引申。而在某种意义上成为“千年传统”与“百年传统”之“合”的“十年传统”，自然也可以为新的正义观念贡献诸多因素——比如自主观念、人类情怀、地球意识、生命一体的观念等，即为新的正义观提供一种新的世界眼光。

另外，我们也还要考虑不同民族和地区的不同经验。尤其对于中国这样一个多民族、多文化差异的大国来说，全面的正义理论将无法回避族群的正义问题，不可能没有族群正义的地位。而且，如何处理族群的问题，对中国的社会转型是否能够成功将至为关键。在这方面，我暂时只提出一个有关精神或宗教信仰的问题。现代的正义观的确是与一种固定的宗教信仰趋于分离，要想寻求足够广泛的社会共识也不能不如此。但信仰与正义之间又毕竟存在着某些复杂的关系，在现实生活中两者更是难分难解。这些关系是什么或应当怎样处理？如何看待西方人某种或许有将精神生活乌托邦化的“东方主义神话”？如何正视而又不强化族群差异？如何既尊重各族群的信仰和文化差异，同时又坚持某些基本的平等正义原则？总之，完全不懂得信仰，不懂得超越的精神生活，也就不可能完全地理解和恰当地实行正义。

以上所述多是强调中国经验的多样性和多种来源，但是，未来新的正义观念和理论的构建并非就不需要，或并非没有可能形成某种共识。即便将“正义”仍然视作一种价值（而不是作为从价值分出甚至对称的基本道德规范），那么，和一般的、广泛的、高端的价值不同，正义应该说是一种有限的但却基本的、底线的但却优先的价值，是最有必要，也最有可能形成某种核心共识，从而也具有普遍意义的价值。也许未来的正义观念仍然是一个复数，但即便如此，我相信还是会有某种“核心共识”或“重叠共识”在其间存在。

附录一

罗尔斯的思想遗产[1]

——悼念罗尔斯

2002年11月末，我刚到达美国西海岸的一个谷地里蛰居不久。一天下午，为校一份译稿去当地市镇的图书馆，想找罗尔斯的《正义论》，图书馆却没有这本书，在1997年版的《美国百科全书》上也没有找到“Rawls”的词条。回来在电脑上用“Google”搜索，却意外地得知罗尔斯已在11月24日逝世。

我对此虽然早就有预感，但还是有些吃惊，并悲从中来。哲人其萎，20世纪总的说并不是一个哲学兴盛的世纪，而是一个行动远多于沉思的世纪，其哲学成果不但难与19世纪相比，且其下半叶又逊于上半叶。但唯独政治和道德哲学在20世纪的最后数十年里却有所复兴，1971年罗尔斯《正义论》的出版就是这种复兴的一个明显标志。

在不到一年的时间里，哈佛大学连失诺齐克、罗尔斯两位思想重镇，而由于他们的思想地位，这又不仅是哈佛的，也是欧美学术界的重大损失。两人都是在20世纪90年代中期相继染病，诺齐克罹癌症，罗尔斯也一直身体不好，前几年国内且曾有过他去世的讹传。但两人又毕竟顽强地生活着进入了21世纪，似乎预示着他们的思想要在新的世纪继续发挥——用一位评论者的话来说——不是“以十年计”（decades），而是“以百年

[1] 本文对罗尔斯正义理论的一些看法已在本书中有展开和具体的阐述，但作为一篇反映我当时观点和情感的悼念文，还是附录于此。

计”（centures）的影响。

我也许可以先说一说我与罗尔斯思想接触的个人经验。1986年夏，我和两位朋友一起翻译罗尔斯的《正义论》，译稿告讫后，我给罗尔斯写过一封信，希望他方便的话为中文译本写一篇序，大概过了相当长的一段时间，我收到了他手写的一封信，信中抱歉地说他以为已经写好寄出，却发现还是没有寄。我最后也没有收到他的序，如其自承，他是相当“心不在焉的”（absent-minded）。1994年春夏我在哈佛大学访学，听了大概是他最后一次开的课，那时他身体就不太好了，有时因病停课，上课时声音也不大，偶尔还有点口吃，让人感觉他有些腼腆，甚至害羞，当然也清高自持。他是一个不喜欢直接介入政治事务的政治哲学家，他甚至不喜欢交往，他主要是通过他的书与人们打交道，通过一种退后到更深层次的思想来间接地，但也是长远地影响世界。

所以，我想，纪念一位思想者——尤其是这样一位思想者的最好方式，应当是重视和仔细清点他的思想遗产，思其所思，包括从各个角度对其思想提出认真和仔细的分析评论，以致批评和质疑。我个人有理由深深感谢罗尔斯，在某种意义上，正是他的思想医治或至少转移了我的悲观失望，也修正了我过分关注个人的诗意浪漫和救赎渴望的偏颇。但是，在这篇文章里，我想说的更多还不是罗尔斯告诉了我们什么，而是，作为中国学者，我们能够对罗尔斯的思想遗产说些什么。这也是一种更大范围内的“反省的平衡”（reflective equilibrium），当然使用的依然主要还是罗尔斯的概念。

罗尔斯精心构建和论证了一种社会正义的理论——“公平的正义”（justice as fairness）（《正义伦》，1971），又努力使之成为一个价值合理多元的社会里政治上的“重叠共识”（overlapping consenses）（《政治自由主义》，1993），并试图将其从国内社会移用于国际法（《万民法》，1999）。罗尔斯的两个应用于社会基本结构的正义原则，第一是要求所有人都应有平等的基本自由；第二是要求所有人都应有公正的机会平等，并只允许那些最有利于最不利者的差别存在——著名的“差别原则”（difference principle）。如果说第一个原则的要义是保障自由——保障所有人的良心、信仰、言论自由和政治参与的自由；第二个原则的要义则是希望平等和尽可能范围内的均富。但是，第一原则优先于第二原则，只有在充分满足了前者之后才能满足第二原则。在这两个正义原则之间不允许存在利益的交易——比如以大多数人的利益为名侵犯少数人的基本自由，而在“差别原则”中，亦使最不利的群体也得到一种“最大最小值”的利益保障。

罗尔斯认为他的正义理论是相当抽象和一般的，是应用于一种理想的、“秩序良好的社会”的，亦即人们一旦选择或同意了社会的正义原则，就都会遵循它们。而他所提出的两个正义原则实际上反映了当今美国或西方社会“所推重的判断”，或者说，是在与这些判断的反复平衡中得到自己的论证。但今天的欧美社会也是一个历史发展的结果。如果我们将这两个正义原则的序列核之于西方近代以来社会制度以及政治理论发展的历史，也核之于当今的整个世界，尤其是非西方文明的现实世界（比如中国）而全面地考虑正义原则的序列，我们也许就不得不在这两个正义原则之前再加上一个正义原则：保存生命，或者说谋求人的基本生存的原则。当然也可以说罗尔斯的两个正义原则是在某种不言而喻，甚至更高的层次上包括了保存生命的原则，但是，我们要考虑到保存生命的原则在某些特殊情况下会与利益的平等乃至基本自由的平等的原则相冲突，这时就不得不衡量孰先孰后，就有必要独立地提出保存生命的原则，并且使其处在最优先的地位。从而，如果我们兼顾理想与现实，兼顾西方与非西方文明，就可以发现另一种正义原则的序列，一种不是两个，而是三个原则的序列：生存—自由—平等。当然，提出“生存原则”并不是要满足于此，而是要指出一个更为基本的出发点。

即便在罗尔斯提出的两个正义原则的序列中，更值得中国学者深致意焉的也还不是西方学者更为关注的第二原则，而是第一个有关平等的基本自由的原则——其中争取平等的良心自由也许又优先于争取平等的政治参与自由。同样，在第二原则中，更值得我们关注的也许又还不是差别原则，而是机会平等的原则——甚至是机会的形式平等的原则。这种优先次序自然本来就符合罗尔斯的本意，但由于西方学者在第一原则上几乎意见相同，争论就比较集中于差别原则上。而这一争论在自由主义的内部，实际上是自由主义的底线共识或者最小范围究竟划在哪里的问题。诺齐克、哈耶克等可能主张把范围划小一点，而罗尔斯则主张把范围划大一点：把最惠顾最少受惠者也纳入制度的正义原则范围之内。然而，在还要争取基本的自由权利、争取基本的公民待遇和国民待遇的社会里，第一正义原则理应得到更为优先的关注和更为仔细的讨论。

而即便是差别原则，我们也应当考虑到它在另一种文明里的另一种可能用法——这种用法是罗尔斯未曾料到的。他提出差别原则的本意是为了缩小差别，但在一个相当平均主义而又“患寡”（均穷）的社会里，这一原则却有可能用来为扩大差别辩护——如果有给未来的最不利者也带来最大好处的差别，为什么不允许这种差别出现呢？这就有点像中国在20世纪80年代末提出“让一部分人先富起来”的政策，虽然在究竟让哪一部分人先富起来，怎样富和富的程度上还会有许多争议或暧昧不明之处。

我们也要注意罗尔斯差别原则的一个理由与其说是穷困者“应得”（desert）一种补偿利益，“应得”国家的最大惠顾，不如说是富裕者或国家应当给出这样一种利益。罗尔斯分配正义论甚至基本上是排斥“应得”这样一个在亚里士多德等传统思想家那里占据中心地位的概念。同样，那些因其天赋较高处于竞争优势地位的人们，对他们的天赋也不是应得的，所以，他们应当把自己所得的一部分利益拿出来，给予那些在竞争中处于劣势的群体，而且这不是一个自愿或慈善的问题，他们应当接受国家通过高额累进税、福利国家等政策来实行一种利益的再分配。之所以应当这样做，还因为社会是一个合作体系，如果没有别的阶层的合作，优越者也不可能创造更大的利益，甚至整个社会都会趋于动荡甚至解体。

人们对国家应当最惠顾那些最不利者也许还可以再补充另一些理由，比方说，从经济上考虑，国家保障富有者的成本实际要远远高于保护穷困者的成本；从道德上考虑，所有人都是同类，相互间具有某种同胞情谊。而且，在某种意义上，不仅我们所属的政治社会，甚至整个地球也越来越休戚相关，变成一个诞生即进入，死亡方可退出的联合体，强者与弱者都无可逃逸地要生活在同一个世界里。

罗尔斯尽管主张社会制度应最关怀最不利者，但他强调的理由是“应给”与“合作”，与强调“应得”与“斗争”的理论相比，其区别还是非同小可。如果认为社会底层本就“应得”社会的主要利益，因为正是他们创造了财富，创造了世界，而他们现实的穷困只是因为被剥夺，那么，不管使用什么手段，包括使用暴力的手段来“剥夺剥夺者”就都是可允许的，甚至是最正义的，因为这只不过是“物归原主”而已。但如果缩小差别的理由是富者或社会“应给”，那么，谋求均富的目标，尤其是手段就会受到限制，至少暴力的手段会在被排除之列。

全面地看来，并不只是差别原则在谋求平等，平等的基本自由原则和机会的公正原则都在谋求平等。在信念和政治行为的领域里，自由就意味着平等，而平等也意味着自由。机会的公正平等原则要进一步消除那些来自社会环境和家庭出身的差别，这样，留给差别原则所要调节的不平等，就只是出自天赋差别而产生的不平等。

对这种来自天赋差别的不平等是不是也必须通过国家来调节？正是这一点容易引起争论，而对前两个原则所要调节的不平等则较易达成一种“重叠的共识”。罗尔斯对这一问题的肯定回答似乎还来自他对正义概念的理解，他认为正义就在于消除偶然和任意的因素，但这是否意味着要消除一切偶然和任意的因素，而在某种意义上任何个人的诞生和死亡也都是一种偶然。不过，一个不得不考虑的现实因素是：即便是纯然出自天赋差别的利益不平等也是足够巨大的，而一种社会的“马太效应”更倾向于扩大这种不平等——甚至在这一贫富分化的过程不涉及暴力和欺诈的不义情况下也是这样，于是，面对这样一种虽然是自然而然产生的悬殊，人们可能仍很难拒绝国家对这种状态的适度干预。

以上的讨论使我们追溯到罗尔斯的社会观与人性观，虽然这些观念在罗尔斯那里隐而不显。罗尔斯理解社会应当是一个合作体系，而在对人的理解上，“原初状态”（original position）中的各方，自然是“理性人”，甚至是经济学意义上自利的理性人，他们相互冷淡，会冷静权衡和计算利害得失。一些批评者认为罗尔斯甚至预设了他们的某种气质：一种相对保守，力求确保一种“最大最小值”而非争取“最大值”的气质，在这方面与经济学中谋求“利益最大化”的理性人又有差别。一些批评者可能会觉得罗尔斯对社会的理解过于天真，而他对人性的理解，在一些熟谙人性的人们看来也过于理性化，甚至偏于保守的理性。因为人也可能会更倾向于冒险以求最大利益，甚至为此丧失自己本可保守的基本利益也在所不惜。但罗尔斯也许会争辩说，社会制度，尤其是社会基本结构的设计，必须立足于人的理性，而社会正义的主旨也就在于为每个人防止最坏情况而并非争取最好状态，在基本结构的正义之外，还将留有个人激情、灵感和思想施展的广阔空间。

总之，罗尔斯给我们留下了一份重要的思想遗产。罗尔斯思想的重要意义在于：他推动了使西方哲学、伦理学转向实质性问题的潮流；他相当成功地在正义理论的领域里做出了一种使义务论取代目的论、取代功利主义而更占优势的尝试；他后来日益深刻地意识到现代社会的价值分歧而仍然不懈地寻求一种正义共识。而概括地说，他最重要的贡献就是：他为自由主义的政治与道德哲学提供了一个迄今最精致的理性设计的范本，在某种意义上，他也可以说是美国社会居主流的价值和正义观念的一位忠实的代言人。

自由主义政治哲学在当今西方的进展自然还得益于诸如哈耶克、诺齐克、伯林、波普尔等许多思想者，也包括来自左和右方面的批评者的贡献。这一次“哲学的猫头鹰”起飞得似乎要早一些，在 20 世纪六七十年代，上述思想者就开始推出他们的主要著作，而到了八九十年代，历史似乎在印证他们的主要观点：自由民主的潮流开始在世界范围里大行其道。而这种印证的鲜明揭示还可以见之于福山源自黑格尔、科耶夫的“历史终结论”，人类似乎找到了最适合自己的政治结合方式，这种政治结合方式与其说是最好的，不如说是最不坏的：它使利益和地位的竞争以及政治斗争至少处在一个非暴力和血腥的水平上；它限制权力的僭越，使任何人，无论他处于多么弱势或占据多么少数的地位，都不至于处境太坏或完全哀矜无告。

但这种“历史的终结”又是和“最后的人”（尼采所说的“末人”，或托克维尔所说的“中不溜儿的人”）联系在一起。不仅哲学，人类或许也要进入“黄昏”。人类或许要进入长久的“安睡”。没有了白日的躁动，但也没有了白日的灿烂。自由民主作为一种“长治久安”之制，看来还相当符合人类的基本道德。那么，还会不会有新的国际歌使人“热泪盈眶”，“热血沸腾”？还会不会再有其变化“一天等于二十年”的盛大的、革命的节日狂欢（即便在这之后又要进入“二十年等于一天”的时期）？除了在运动场和竞技场，人类的斗争、战胜和追求卓越的激情，还能否在其他方面充分展现？人类中一种与追求平等同样根深蒂固的追求卓越的激情将如何安置？如果说以往历史上人类对卓越的追求曾以牺牲平等为代价，那么，现在人类对平等的追求是否要以牺牲卓越为代价？人们的精神文化生活会不会变得枯燥乏味？人们的物欲或贫富分化的状况会不会变得不可收拾，甚至酿成在生命意义上终结人类的大灾难？

这些问题，当然又绝不止这些问题，不断引发出对于自由主义的批评。自由主义的理论和制度实践在某种意义上“不战而胜”，但它因此也成为最值得认真对待和施以攻击的主要靶子。它越来越承担起“公共平台”的角色，但也因此成为“众矢之的”。我们依然有必要对未来新的政治结合形式保持敏感和开放，但目前确实看不到有可能真正替代它的有力竞争者。因为，批评者除非同时也提出正面的、建设性的其他制度选择（alternative），否则，对自由主义的批评常常只不过是使之得到修正、更新和完善。在这一点上，自由主义甚至比中国历史上的儒家思想更具吸纳和包容能力。所以，只要自由民主的制度实践继续在世界上保持主导的活力甚至只是稳态，我们就可以说，在新的世纪里，我们依然绕不过提供了一份相当完整的自由主义政治哲学范本的罗尔斯。

2002 年 12 月 5 日于 Walnut

附录二

一个译名的斟酌

（1994）

约翰·罗尔斯（John Rawls）的《正义论》（*A Theory of Justice*，1971）的第一个中译本出版于1988年。[1] 与它在西方学术界的地位和影响似乎并不相称，《正义论》在中文世界里的最初出现，并没有像有些西方著作那样引起热烈反应，甚至很久没有出现很具分量的书评。在研究方面，评述和分析罗尔斯《正义论》的专著出现得也很缓慢。[2] 这种情况对于像《正义论》这样一部篇幅巨大、涉及面宽广的学术著作来说可能是难免的，甚至是更为适合的。

最近，我欣喜地在《哲学评论》第一辑上读到萧阳的长文“罗尔斯的《正义论》及其中译”，[3] 萧文说理透彻，分析细致，对西方文献也有相当广泛和娴熟的征引，显示出作者不凡的学术功底和思考力，我私心以为萧文是这两、三年来难得一见的好评论。

对一篇好文章最好的尊重是认真地去读它，思考它提出的问题，并努

[1] 第一个中译本是由何怀宏、何包纲、廖申白合译，中国社会科学出版社1988年出版，第二个中译本是由谢延光译，上海译文出版社1991年出版，萧阳提到的第三个中译本笔者未见到。台湾结构群文化事业有限公司1990年出版的，版权页上标明（审）译者为“黄丘隆”的中译本，不仅全书译文，甚至正文前数万字的“导读”都和何怀宏等三人合译的正文和“译序”一样，显然只是对何怀宏等合译本的盗印。

[2] 据笔者所知，目前在香港、台湾和大陆已经出版了三本这方面的专著：赵敦华:《劳斯的〈正义论〉解说》，香港三联书店1988年版；石元康:《洛尔斯》，东大图书公司1989年版；何怀宏:《契约伦理与社会正义——罗尔斯正义论中的历史与理性》，中国人民大学出版社1993年版。

[3] 萧阳:《罗尔斯的〈正义论〉及其中译》，载于《哲学评论（第一辑）》，《哲学评论》编委会编，社会科学文献出版社1993年版，第231—258页。

力尝试着从某些方面去做进一步的探讨，这样才最有利于学术的积累和发展，何况这篇文章也涉及我，[1] 所以我想在这里做一个初步的回应。

一

萧阳在文中根据文字与逻辑，还有学理两方面的理由，认为《正义论》合译本把“civil disobedience”译为“非暴力反抗”是不适合的，他认为，把这个词改译为“公民不服从”则较为恰当，我愿意接受这一建议，这是我的基本态度。我认为，萧阳这一建议在学理方面的理由是相当充足的，他对罗尔斯所阐述的“civil disobedience”理论确实有相当准确的把握，我只对他在批评中提到的一些具体问题发表一些意见（这些问题主要集中在文字与逻辑方面）：

萧文认为，如果逐字将“非暴力抵抗”译回英文则是“nonviolent resistance”，“resistance”（抵抗）一词一般有“不公开的、地下的秘密行动”这一层意思在里面，而“disobedience”（不服从）则通常指“公开的”行动，在英美政治哲学和法哲学界，对此也有相应的分别，并举罗德尼·巴克（Rodney Barker）区分“良心抵抗”与“良心不服从”为例。

在我看来，至少从我所查的几种大型英文词典所见，“resistance”一般并没有“不公开的、地下的秘密行动”这一层意思在里面，而只是在特殊情况下指“被占领国家中战士组织起来的地下活动”，这时，为了表示这种特殊性，首字母常要大写，并与定冠词“the”连用，如“the French Resistance”（法国抵抗运动）。[2] 我们还可以举美国“civil disobedience”运动最著名的领袖马丁·路德·金为例，他所领导的黑人民权运动无疑是公开进行的，但是他却常常把这一运动径直称为“nonviolent resistance”。例如，马丁·路德·金在 1958 年 9 月号的《五十年代》杂志上发表的一篇文章《大步迈向自由》中，就多次用“nonviolent resistance”来指称从

[1] 《正义论》讨论“civil disobedience”的第二编“制度”是由何包钢翻译出初稿，由我校订。

[2] 见 Webster's Third New International Dictionary。

蒙哥马利公共汽车抗议事件开始的这件公开进行的社会运动，并阐述了“nonviolent resistance”的六个基本特征，称参加这一运动的人为“nonviolent resisters”。[1] 这些都说明，从文字本身说，“resistance”既包括秘密的，也包括公开的抵制行为，“resistance”与“disobedience”并没有一指秘密抵制，一指公开抵制的词义上的分工，有的学者根据词意的微妙差别做了这种区分，但并不流行或具有权威性（萧阳也承认巴克的区分未被普遍接受）。而从中文来说，“抵抗”与“不服从”，从字面上也并不能看出它们有“秘密”与“公开”之分，也就是说，究竟选择其中哪一个中文词来译，从文字上也并不能把这一区分表达出来。

由此引出的另外一个问题是：是否可以把由英文译出的一个中文词，以将其再直接译回英文会成为一个什么词来作为判断译名的标准？如果两种语言间存在着严格的一一对应的关系，可能确实能够这样做。但我们知道，在两种语言之间，能够这样一一对应的词其实很少。这就使一词多译成为几乎无可避免的事情。因而，比方说，当我们要翻译一本外文的汉学著作，对其中汉语经典的引文，即使它翻译得再好，我们也绝不敢照直回译，而还是要去找到汉语原著。这不是要说明每一个翻译者都知道的译事之难，而是想说明，当我们从事翻译时，还是主要应考虑从外文到中文这一段，谨慎地根据外文原名选择最贴切的中文译名，而不能过多考虑再由中文到外文的回译，或者以这种回译的可能与否作为要求改译的论据。

那么，将“civil disobedience”译为“非暴力反抗”或“非暴力抵抗”，是否在文字上就完全扞格不通，完全不可能呢？情况也并非如此。正如萧文所说，“civil”也有“和平的、文明的”之义，因此将其译为“非暴力”也不是完全不通；而“disobedience”作为“不从”，也含有“抵制、抵抗、反抗”之义。合起来就是“非暴力反抗”，这里虽然拐了一些弯，[2] 但是很显然，这样译并不是完全脱离或有违原义，不然，不会有那么多译者不约而同地都采取了这一译法。

---

[1] 收录在 Janes Melvin Washington (ed.), *A Testament of Hope*：*The Essentional writings of Martin Luther King, Jr.*, Harper & Row, 1986E。

[2] 我们后面还要谈到译者的无奈。

以上所涉的是文字。

二

谈到逻辑，萧文认为：若把“civil”译作“非暴力”，行文表达上就会出现许多难以克服的麻烦，因为“非暴力”毕竟只是“公民不服从”诸多特征中的一个，而且在罗尔斯那里也不是一个核心特征。此外，我们显然有可能对罗尔斯的理论提出异议，即认为“公民不服从”不必是“非暴力的”，这种观点应当在逻辑上是可能的，但译为“非暴力”却使这一观点成为逻辑上不可能。

在我看来：首先，在Bedau、Wasserstrom、J. Adams、Berger、Betz、Blackstone、Childress、Freeman、Lichtman、Power、Haag、Weingartner、Zashin、Fortas（当然也包括Rawls）这样的西方学者那里，[1] 由于他们赞成将“非暴力”包括在“civil disobedience”的定义之中，从而使“civil disobedience可以是暴力的”的观点确实在逻辑上成为不可能。至于20世纪领导civil disobedience运动的最著名领袖如甘地、马丁·路德·金，更是把非暴力看作civil disobedience的核心，甚至常常直接把两者等同起来。这里的关键，当然是涉及对“civil”一词的理解，在这些学者看来，“civil”一词显然已经内在地就含有“文明”“和平”“非暴力”的意思，也只有如此理解，只有把这些意思不可分割地包括在“civil disobedience”要义之中，才能与接受使自己成为“公民”的“宪法”或“政治法律秩序的总体”这一“civil”的基本含义相一致。这种理解在西方学术界应当说占主导地位。

这样，在这些学者这里，我们实际上也就遇不到萧文所说的那种“不可理喻”的逻辑矛盾。这也许就是“非暴力反抗”一类的译文在大多数情况下并不让人感到矛盾，还是能够通行的一个主要原因。否则的话，触目可见的矛盾早就要迫使人们改译了。

[1] 参见Hugo Adam Bedau (ed.), *Civil Disobedience in Focus*, Routledge, 1991，尤见第130—143页；以及P. Harris (ed.): *Civil Disobedience*，University Press of American，1989，尤见“导论”部分。

但是，显而易见，由于“civil”并不就是“nonviolent”，由于人们对何谓“violent”也还是有争议，对“力量”或“强制”在何种情况、何种程度就成为“暴力”经常意见不一，所以，也确有一些学者对“civil disobedience”是否必须是非暴力的提出了异议。例如，像《国际社会科学百科全书》“civil disobedience”词条的撰稿人 C. Bay，《观念史词典》该词条的撰稿人 E. Madden，还有 J. Morreall Hare、M. Walzer，Harris，当然更包括激进的 H. Zinn 等，[1] 他们都认为在“civil disobedience”的定义中不应包括“非暴力”，认为应当区别这两者，不主张把非暴力作为“civil disobedience”的一个要素，否认“civil disobedience”必须是严格非暴力的。在这些学者这里，我们有时也许就要遇到麻烦，就要出现如萧文指出翻译 Zinn 观点时的那种逻辑困境。虽然这种并不经常遇到的逻辑困境并非完全不可以用某种方式加以适当处理，[2] 但从严格的学理观点看，翻译时从字面上就区别它们当然更可取，这也就是我们仍要接受萧文改译建议的一个理由。

不过，谈到逻辑矛盾，萧文可能对我们《正义论》中译本第 351—352 页上的一段话理解有误，这段话在萧文中抄出来是这样的：

> 我将不讨论这样一种抗议形式，它伴随着军事行动及抵抗，是一

---

[1] 可惜我未能在北京图书馆等处找到 Howard Zinn 的著作 *Disobedience and Democracy*，不知道他所认为的可以包括在“civil disobedience”中的暴力究竟是何种性质和程度的暴力，人们对暴力的理解有很多差别，最极端者甚至把凡具有某种强制性的力量施为都看成是暴力。暴力还可分为对人身的暴力和对财产的暴力，始发的暴力和自卫的暴力。许多有关“civil disobedience”是否应包括暴力的争论实际都来自对暴力的概念理解有异；许多否认 civil disobedience 必须是非暴力的学者也只是对有些运动领袖所持的，具有宗教精神的绝对非暴力、完全非暴力的观点持有异议。但是，甚至在美国最有力地倡导“非暴力精神”的马丁·路德·金也不完全否认有些人在自卫中可以使用某种暴力（例见其在 1959 年 10 月号的《解放》杂志上发表的“非暴力的社会组织”中所阐述的三种暴力观）。但无论如何，那种军事武装的、造成大规模流血、旨在推翻政府的暴力看来是绝不可能包括在“civil disobedience”之中的，因为那种反抗就应当归入“起义”“革命”而不可能再归入“civil disobedience”了。这一点，我们从罗尔斯所引的 Zinn 为“civil disobedience”所下的较为宽泛的定义也可看出，他的定义是：“这是为了一个至关重要的社会目的而做出的对于法律的审慎、有鉴别的侵犯。”

[2] 因为严格说起来，将“civil disobedience”译成“公民不服从”有时也要遇到麻烦，如果挑剔的话，就会指责有些学者把古代、把苏联和东欧、把纳粹德国统治时的北欧某些国家、把前些年在南非发生的类似反抗行为或运动称为“公民不服从”是不完全恰当的。但这里显然可以采取某些调整或解释来避免明显的逻辑矛盾。可参见 David Caube，*Civil Disobedience in Antiquity*，Edinburgh University Press，1972 等书。

种改造甚至推翻一种不正义的腐朽制度的手段。从这方面来讨论非暴力反抗行动是没有什么困难的。如果它达到这一目的的任何手段都被证明是正当的话，那么非暴力反抗显然也是正当的。

原文见《正义论》第363页：

> I shall not discuss this mode of protest , along with millitary action and resistance, as a tactic for transforming or even overturning an unjust and corrupt system. There is no difficulty about such action in this case. If any means to this end are justified, then surely nonviolent opposition is justified.

萧文批评说，“军事行动”“任何手段”都使用上了，怎么又还可以称其为“非暴力”呢？但是，如果我们知道罗尔斯在这里使用的实际上是“公民不服从”一词，只要把上文中“非暴力反抗”一词里与“暴力手段”“军事行动”相矛盾的“非暴力”这个形容词换成“公民的”，整个段落就不再是一个自我矛盾的“胡说”（nonsense）了。

萧文这里指为逻辑上“自我矛盾”的批评，看来主要是根据对文中两个“它”字的理解，但其中一个“它”字显然是误解了，另一个是看错了。第一个“它”字，罗尔斯显然是指有别于“civil disobedience”的另一种抗议形式——军事抵抗，他在这段话的前一句，明确讲道“civil disobedience”理论不适用于其他持异议和抵抗的情况，然后马上就提到“军事抵抗”这样一种形式。而且，我们知道，罗尔斯明确地把“非暴力”定义为“civil disobedience”的一个主要特征，他自然也绝不会在这里自相矛盾地又把“civil disobedience”说成是可以伴随着军事行动或抵抗的。但萧文看来却把“它”误解为是指“civil disobedience（我们译为“非暴力反抗”）了，所以他说，如果“军事行动”都用上了，怎么还可以称其为“非暴力”呢？从而认为这是自相矛盾，要用“公民不服从”来更换才不矛盾。但如果这种抗议形式本身就是“军事抵抗”，使用“军事行动”怎么可能与之矛盾呢?

至于萧文中引用的第二个“它”，细查我们的译文，并没有发现有这个“它”字，这个“它”是萧文添加的，我们的译文是:“从这方面来讨论非暴力反抗行动是没有什么困难的。如果达到这一目的的任何手段都被证明是正当的话，那么非暴力反抗显然也就是正当的。”即如果达到抗议者目的的任何手段（包括军事行动）都可证明为是正当的话，那么用非暴力的手段达到这一目的当然也就是正当的。[1] 我们从英文原文也可以看到，最后一句话并没有任何作为代名词的“it”或“its”（“它”或“它的”）出现。

所以，这段话无论从译文还是原著，都没有什么逻辑上的自相矛盾，整个段落的意思也很明了，第一个“它”是说“军事抵抗”，第二个“它”则属子虚乌有。实际上，在罗尔斯这里也不可能构成这种自相矛盾，退一万步讲，即使真有这种矛盾的话，也是原作者而非译者的自相矛盾。因为，按照罗尔斯给“civil disobedience”下的定义，“civil disobedience”在手段上受到严格的限制，绝不可能使用“任何手段”，“军事行动”也必然要被排除在“civil disobedience”之外，它们作为手段不可能与“civil disobedience”相容。

三

至于学理方面的理由，我相当赞成萧文的分析：罗尔斯确实没有像甘地、马丁·路德·金等“civil disobedience 运动”的领袖，或者像 P. F. Power 这样一些学者那样，把“非暴力”看作是“civil disobedience”的核心要

[1] 这里还有两个问题：一个是“such action”是指什么行动？一个是“this end”是指什么目的？合译本的译文把“such action”理解为是指“非暴力反抗行动”的，也许正是这一点使萧阳误看了下文（其实这一段话中并未出现 civil disobedience）。对“this end”合译本只是照译，未明辨它是指非暴力反抗者的目的，还是一般地指所有类型的反抗者的目的（因为前面有句号，而这句话是独立的一句，因而可以做后一种理解），但即便“这个目的”仅仅是指“非暴力反抗者”的目的，“这一目的”也还是独立于手段的，只有在“any means”之前加上“its”才有可能构成自相矛盾，因为这里的“暴力的”“非暴力的”“军事的”“任何的”都指手段。而萧文在此凭空加上的一个“它”显然是修饰“手段”的，即指它的“任何手段”，而非指它的“这一目的”，这样他也就看到了所谓的“自相矛盾”。

素，[1] 他强调的是这种抗议形式的“公民的”或者说“民主制度下共享的政治正义观”的特征。用“公民的”这个词是有可能将他定义的“civil disobedience”的其他特征诸如公开的、非暴力的、政治性的、凭着良心违法的等尽量概括进去，而用“非暴力”却没有这样大的概括性，并且可能有我们下文将提到的与某种特殊宗教原则联系的偏狭性。

作为一个补充，我在这里想特别强调一下，作为实践、作为运动的“civil disobedience”与作为学术、作为理论的“civil disobedience”的不同。在作为一种社会运动的“civil disobedience”中，非暴力精神可以说占据着一个核心的地位，而且这种精神与宗教有着一种紧密的联系，正是这种宗教性质的精神（甘地将其称为“真理的力量”，马丁·路德·金称之为“基督的爱”）为运动提供了强大的精神动力。然而，在罗尔斯等学者这里，则有意要使“civil disobedience”与任何宗教或个人性质的道德原则脱钩（如梭罗的行动及其依据的道德原则就相当具有个人性），要把它处理为一个纯粹的公民与其所在社会的法律及权力机构的关系问题，处理为一个纯粹政治的问题。也只有这样使“civil disobedience”的内涵相对缩小，排除一些属于实践传统的比较特殊的内容，才能使这个概念的外延尽量扩大，尽量包含所有“公民出自良心的公开违法”这类情况，而不管它们依赖何种动力、遵循何种宗教原则或私人道德准则而行动。所以，我们考虑罗尔斯强调“关于公民不服从的宪法理论仅仅依赖于一个正义观”[2]，说我们证明公民不服从时并不求助于“个人的道德原则和宗教理论”，而是相反地“求助于那个构成政治秩序基础的大家共有的正义观”[3]，以及“如此定义的公民不服从不要求一个偏狭的基础，而是依赖于表现了一个民主社会特征的公共正义观”

---

[1] P. F. Power：“什么是公民的不服从？从很多可能的标准选择，我们考虑它是一种慎重考虑的、公开和明确的对执政者的违法，目的在于改变一个政权的法律或政策。它不伤害人身，考虑他人的权利，在国家的司法权之内活动，以求扩展与应用民主精神。基于这些标准，这种违法被称为是公民的（civil），在这些条件中，对人的非暴力是关键的……履行非暴力的义务，也就是给出不服从者把人权作为一种道德价值来尊重，和给出尊重作为民主过程本质的和平改变的关键证据。” P. Harris (ed.), *Civil Disobedience*, University Press of American，1989, p.273.

[2] John Rawls: *A Theory of Justice*, Harvard University Press, 1971, p.384.

[3] Ibid., p.365.

等。[1] 都是在划定一个范围，在强调要仅仅在政治范围内考虑公民不服从及其证明问题，仅仅把公民不服从看作一种政治行为，也只有这样，才能超越各种宗教的和个人的伦理学，为证明公民不服从寻找一个普遍和共同的基础，即寻找一种“重叠的共识”（overlapping consensus）。这实际上已经预示了罗尔斯后来体现在《政治自由主义》一书中的主要探讨方向。[2]

总之，我们愿意在萧文所说的学理的层次上，亦即如其文所言的一种翻译及其相应的理解较为“适当”，另一种较“不适当”，却很难说得上绝对的“正确”或“错误”的意义上接受其批评，将“civil disobedience”的译名由“非暴力反抗”改译为“公民不服从”。我刚才在此所做的分辨只是想指出，萧文在文字、逻辑方面的立论及其论据似乎过于强烈，与他上面总的温和结论并不相称。“非暴力反抗”的译法并不是完全“不可理喻”和“自相矛盾”的。

四

萧阳在文章中还写道：“由于两个译本都将‘civil disobedience’译成（或理解成）几乎同一个中文词（‘反抗’与‘抵抗’在中文里的意思无大差别），而就我所知，大多数中国人实际上似乎也确实将‘公民不服从’等同于‘非暴力抵抗’，并进而望文生义，认为仅仅‘非暴力’这一点就足以保证其不服从行为的正当性。”并接着在这段话的注释中写道：“我在这里当然并没有暗示两个译本的译者一定有此类观点。但众所周知，这种‘等同观’的确是相当普遍的思想，而译本的翻译至少可能助长了这一思潮。此外，如加达默尔所有力地论证了的，任何翻译都是一种理解或解释，而澄清我们在理解罗尔斯时那些深刻的前见或偏见显然是很有意义的。”[3]

萧文在此所提出的问题确实是一个更引人入胜的问题：为什么会那

[1] John Rawls, *A Theory of Justice*, 1971, p.385.

[2] John Rawls, *Political Liberalism*, Columbia University Press, 1993.

[3] 萧阳：“罗尔斯的《正义论》及其中译”，第 232、253 页。

样译或不这样译？为什么那么多译者，在相当长一个时期里都不把“civil disobedience”直截了当地译作“公民不服从”，而是译作“非暴力反抗”（或“非暴力抵抗”“文明的抵抗”“平民违抗”）呢？[1] 确实，从字面看，“civil disobedience”最简单、最直接、最便捷的译法就是“公民不服从”，但为什么人们却几乎不约而同地都不这样译呢？

一个初步的解释也许是，在中国实际上并没有过如西方学者所定义的、典型的“civil disobedience”这样一种实践和运动，不仅历史上没有，近代以来也没有。甚至不仅没有这样一种运动，可能连进行这种运动的社会和精神条件亦不具备。这一概念对中国人来说还是一种相当陌生的东西，于是，他们常常只能利用自己已有的经验来试图理解，用自己比较熟悉的东西来说明自己比较生疏的东西。于是，在以往暴烈的反抗与现在这种在忠诚法律的范围内违反法律的抗议行为之间，“非暴力反抗”就可以起一种过渡的作用，做一种衔接的桥梁，甚至在某种意义上，这正是抓住了一个过渡时期的实质，抓住了一个从原先的几乎任何变革都伴随着暴力和流血的社会，转向一个将主要利用法律手段来进行变革的法治社会的过渡时期的实质。另外，“非暴力”也确实很深地触及一切政治行为和社会运动内在的道德层面和价值层面，实际上，人们也更多的是通过运动和实践，而非理论学术来认识公民不服从，而在20世纪这种运动中，深深地起着作用的正是这种非暴力的精神。

所以，如果我们不以这只是一个简单的误译就轻易地否定它和忘掉它了事，而是注意探寻我们在理解“civil disobedience”时的那些深藏的先见，我们一定会得到一些我们意想不到的结果。

无论如何，萧阳的文章不仅纠正了一个持续了相当一段时间的不很恰当的翻译，而且启发了我们反思自己一些予置的偏见。在今天看来，将

[1] “civil disobedience”一词，在商务印书馆1959年出版的《甘地自传》中，被译为“文明的不服从”和“文明的抵抗”；在中国大百科全书出版社1985年出版的《简明不列颠百科全书》第三卷中，该词条被译为“非暴力反抗”，然后在中国社会科学出版社1988年出版的何怀宏等译的罗尔斯《正义论》中，在光明日报出版社1988年出版的《牛津法律大辞典》中，以及在中国政法大学出版社1992年出版的《布莱克维尔政治学百科全书》中，“civil disobedience”均被译为“非暴力反抗”，在上海译文出版社1991年出版的谢延光翻译的《正义论》中，它被译为“非暴力抵抗”，在台湾幼狮文化事业公司1987年出版的《观念史大词典》中被译为“平民违抗”。

“civil disobedience”译成“非暴力反抗”，不论出自何种原因或理由，都显然不能够准确地表达“civil disobedience”的原意，不利于揭示不同概念间的差异，也不利于我们进行进一步的学理探讨。所以我愿欣然接受“公民不服从”这一新译名，并希望更多的人都来使用这一概念，分析它、讨论它、熟悉它，使之渐渐成为一个真正在我们的学术中富有活力，并且约定俗成的重要概念。

（原刊《中国书评》，1994 年，总第 2 期）

罗尔斯生平著述年表

（1921—2002）

1921 年，出生

2 月 21 日，约翰·罗尔斯（John Rawls）生于美国马里兰州巴尔的摩市的一个富裕家庭。

1939 年，18 岁

从康涅狄格州肯特的一所严格的圣公会的私立学校毕业，随即进入普林斯顿大学。

1943 年，22 岁

普林斯顿大学哲学系毕业，获学士学位。学士论文为《简论罪与信的涵义》（A Brief Inquiry into the Meaning of Sin and Faith）。

1949 年，28 岁

与马格丽特·福克斯（Margaret Fox）结婚。

1950 年，29 岁

获普林斯顿大学哲学博士学位，并担任助教。

博士论文为《一种伦理学知识基础的研究：参照对品格的道德价值的判断来考虑》（"A Study in the Grounds of Ethical Knowledge: Considered with Reference to Judgments on the Moral Worth of Character." Ph.D. Dissertation, Princeton University, 1950）。

1951 年，30 岁

4 月在《哲学评论》上发表《用于伦理学的一种决定程序的纲要》（"Outline of a Decision Procedure for Ethics." *Philosophical Review*，April 1951）。

7 月在《心灵》杂志上发表《评阿克塞尔·赫尔斯特罗姆的〈对自然法和道德的探究〉》（"Review of Axel Herstrom's *Inquiries into the Nature of Law and Morals.*" [C.D. Broad,tr.], *Mind*, July 1955）。

10 月在《哲学评论》上发表《评史蒂芬·图尔敏对理由在伦理学中的地位的

考察》(“Review of Stephen Toulmin’s An Examination of the Place of Reason in Ethics [1950].” *Philosophical Review*，October 1951)。

1952 年，31 岁
获富布莱特奖学金赴牛津大学修学一年。

1953—1959 年，32—38 岁
历任康奈尔大学助教和副教授。

1955 年
1 月在《哲学评论》上发表《两种规则的概念》(“Two Concepts of Rules.” *Philosophical Review*，January 1955)。

1957 年
10 月在《哲学杂志》上发表《作为公平的正义》(“Justice as Fairness.” *Journal of Philosophy*，October 24, 1957)，这是对下一篇文章的简短描述。

1958 年
4 月在《哲学评论》上发表《作为公平的正义》(“Justice as Fairness.” *Philosophical Review*，April 1958)。

1959 年
在《康奈尔法学季刊》上发表《评A.威廉·伦斯泰兹的〈法制思想(修订本)〉》”(“Review of A. Vilhelm Lundstedt’s *Legal Thinking Revised.*” *Cornell Law Quarterly*, 1959)。

1960—1962 年，39—41 岁
任教于麻省理工学院。

1961 年
《作为公平的正义》收入《正义和社会政策论文集》(“Justice as Fairness.” In Frederick A. Olafson, ed., *Justice and Social Policy: A Collection of Essays*, pp. 80-107. Englewood Cliffs, New Jersey: Prentice-Hall, A Spectrum Book，1961)，该文对 1958 年发表的《作为公平的正义》第 3 部分的最后一段作了详尽的修订。
在《哲学评论》上发表《世纪中叶哲学概述》(“Philosophy in Mid-Century: A Survey.” *Philosophical Review*, January 1961)，并有雷蒙·克里班斯基(Raymond Klibansky)的评论。

1962 年
《作为公平的正义》收入《哲学、政治和社会》丛书第二辑(“Justice as Fairness.” In Peter Laslett and W.G. Runciman, eds., *Philosophy, Politics and Society, 2nd Series,* pp. 132-157. New York: Barnes and Noble; Oxford: Blackwell, 1962. Re printed 1964, 1967)。与 1958 年的《作为公平的正义》相比，该文略去或简化了一些脚注，并对第 3 部分的最后一段作了修订。

1962—1991 年，41—70 岁
在哈佛大学哲学系任教。

1963 年

发表《宪政自由与正义观念》，见《规范》第六辑：《正义》（“Constitutional Liberty and the Concept of Justice.” In Carl J. Friedrich and John W.Chapman, eds., *Nomos, VI: Justice,* pp. 98-125. Yearbook of the American Society for Political and Legal Philosophy. New York: Atherton Press, 1963）。

7 月在《哲学评论》上发表《正义感》（“The Sense of Justice.” *Philosophical Review*, July 1963, 72[3]:281-305）。

1964 年

发表《法律责任与公平游戏的义务》，收入《法与哲学论文集》（“Legal Obligation and the Duty of Fair Play.” In Sidney Hook, ed., *Law and Philosophy: A Symposium*, pp. 3-18，New York: New York University Press, 1964）。

1965 年

7 月在《哲学评论》上发表《社会正义》，并有理查德·B. 布朗特（Richard B. Brandt）的评论（Review of Richard B. Brandt, ed., “Social Justice (1962).” *Philosophical Review*, July 1965, 74[3]:406-409）。

1967 年

发表《分配的正义》，见《哲学、政治和社会》丛书第 3 辑（“Distributive Justice.” In Peter Laslett and W. G. Runciman, eds., *Philosophy, Politics, and Society. Third Series*, pp. 58-82. London: Blackwell; New York: Barnes & Noble, 1967）。

《两种规则的概念》收入《伦理学理论》一书（“Two Concepts of Rules.” In Philippa Foot, ed., *Theories of Ethics*, pp. 144-170. Oxford Readings in Philosophy. London: Oxford University Press, 1967）。

1968 年

在《自然法论坛》上发表《分配的正义：一些补充》（“Distributive Justice: Some Addenda.” *Natural Law Forum*, 1968, 13:51-71）。

1969 年

发表《公民不服从的辩护》，见《公民不服从：理论与实践》一书（“The Justification of Civil Disobedience.” In Hugo A. Bedau, ed., *Civil Disobedience: Theory and Practice*, pp. 240-255. New York: Pegasus Books, 1969）。最初是在 1966 年 9 月美国政治科学协会的会议上提交的，在此作了一些修订并在最后一部分添加了两个段落。

1970 年

担任“美国政治和社会哲学协会”主席，直至 1972 年。

1971 年

发表《作为互惠的正义》，见《功利主义：约翰·斯图尔特·密尔及评论集》（“Justice as Reciprocity.” In Samuel Gorovitz, ed., *Utilitarianism: John Stuart Mill: With Critical Essays*, pp. 242-268. New York: Bobbs-Merrill, 1971）。

出版《正义论》（*A Theory of Justice*, Harvard University Press, 1971）。

目录

第一编　理论

第一章　作为公平的正义 [参见《作为公平的正义》（1958）]

第二章　正义的原则 [参见《分配的正义：一些补充》(1968)]
第三章　原初状态
第二编　制度
第四章　平等的自由 [参见《宪政自由与正义观念》(1963)]
第五章　分配的份额 [参见《分配的正义》(1967)]
第六章　义务与职责 [参见《公民不服从的辩护》(1969)]
第三编　目的
第七章　作为合理性的善
第八章　正义感 [参见《正义感》(1963)]
第九章　正义的善

1972 年

10 月在《哲学杂志》上发表《答莱昂斯和泰特尔曼》("Reply to Lyons and Teitelman." [Abstract] *Journal of Philosophy*, October 5, 1972, 69(18): 556-557)，以回应大卫·莱昂斯的《罗尔斯对功利主义》("Rawls versus Utilitarianism," pp. 535-545) 和米切尔·泰特尔曼的《个人主义的限度》("The Limits of Individualism," pp. 546-556)。

1973 年

《自由和权威：社会和政治哲学导论》重印了罗尔斯关于《宪政自由与正义观念》的注释 ("Author's Note." In Thomas Schwartz, ed., *Freedom and Authority: An Introduction to Social and Political Philosophy,* p. 260. Encino & Belmont, California: Dickenson, 1973)。

1974 年

担任美国哲学协会东部分会的主席。

5 月在《美国经济评论》上发表《最大最小值标准的一些理由》("Some Reasons for the Maximin Criterion." *American Economic Review*, May 1974, 64[2]:141-146)。

11 月在《经济学季刊》上发表《答亚历山大和马斯格雷夫》("Reply to Alexander and Musgrave." *Quarterly Journal of Economics*, November 1974, 88[4]:633-655)。这是对西德尼·S. 亚历山大的《通过概念选择做出的社会评价》("Social Evaluations Through Notional Choice," pp. 597-624) 和 R. A. 马斯格雷夫的《最大最小值》("Maximin," pp. 597-624) 所作的评论。

1975 年

2 月在《剑桥评论》上发表《一种康德的平等观》("A Kantian Conception of Equality." *Cambridge Review* [London], February 1975, 96[2225]:94-99)。

10 月在《哲学评论》上发表《对善的公平》("Fairness to Goodness." *Philosophical Review,* October 1975, 84[4]:536-554)。

11 月发表《道德理论的独立性》，见《美国哲学协会的备忘录和演讲》("The Independence of Moral Theory." *Proceedings and Addresses of the American Philosophical Association* [November 1975], 48:5-22)。这是在 1974 年 9 月 28 日于华盛顿召开的第 71 届美国哲学协会东部会议上所作的主席致辞。

《正义论》的德译本出版，根据 1975 年的改订本译出 (*Eine Theorie der Gerechtigkeit*. Franfurt: Suhrkamp, 1975.German translation by Hermann Vetter of a 1975, altered version of *A Theory of Justice* [1971])。

1977 年

4 月在《美国哲学季刊》上发表《作为主题的基本结构》("The Basic Structure

as Subject." *American Philosophical Quarterly*, April 1977, 14[2]:159-165）。

1978 年

《作为主题的基本结构》收入《价值和道德：弗兰克纳纪念文集》（"The Basic Structure as Subject." In Alvin I. Goldman and Jaegwon Kim, eds., *Values and Morals: Essays in Honor of William Frankena*, Charles Stevenson, and Richard B. Brandt, pp. 47-71. Dordrecht, Holland & Boston: Reidel, 1978），并作了修订和扩充。

4 月《1976 年 1 月 31 日的私人交流》，见托马斯・南格尔发表在《评论》杂志上的《为平等所作的辩护》一文中（"Personal Communication, January 31, 1976." In Thomas Nagel's "The Justification of Equality." *Critica*, April 1978, 10[28]:9n4），其后再版于南格尔的《道德问题》一书（*Mortal Questions*, p. 111n4. Cambridge: Cambridge University Press, 1979）。

1979 年

接替阿罗（Kenneth Arrow）荣任"大学教授"（享有这一职位者当时哈佛大学全校仅 8 人），最常开的两门课程是"道德哲学"和"社会与政治哲学史"。

《正义论》相继被译为韩文（*Sahoe jeongeui-ron*. Seoul: Seogwangsa, 1979）、日文（Seigiron. Tokyo: Kinokuniya shoten, 1979.）、西班牙文（Teor de la justicia. Col. Filosofia. Madrid: Fondo de Cultura Econ ica, 1979）出版。

1980 年

9 月 在《哲学杂志》上发表《道德理论的康德式建构主义》（"Kantian Constructivism in Moral Theory." *Journal of Philosophy*, September 1980, 77(9):515-572）包括"理性且完备的自治""自由和平等的表象"和"建构与客观性"（"Rational and Full Autonomy," pp. 515-535, "Representation of Freedom and Equality," pp. 535-554, and "Construction and Objectivity," pp. 554-572）。

1981 年

《正义论》的葡萄牙译本出版（*Uma teoria da justiça*. Introduction by Vamireh Chacon. Pensamento politico, 50. Brasilia: Ed. Universidade de Brasilia, 1981）。

1982 年

发表《基本自由及其优先性》，见《坦纳讲演：论人的价值》一书（"The Basic Liberties and Their Priority." In Sterling M. McMurrin, ed., *The Tanner Lectures on Human Values, III [1982]*, pp. 1-87. Salt Lake City: University of Utah Press; Cambridge: Cambridge University Press, 1982）。

发表《社会统一和首要善》，见《功利主义及其超越》（"Social Unity and Primary Goods." In Amartya Sen and Bernard Williams, eds., *Utilitarianism and Beyond*, pp. 159-185. Cambridge: Cambridge University Press; Paris: Editions de la Maison des Sciences de l'Homme, 1982）。

《正义论》的意大利语译本出版，根据 1971 年的版本译出（*Una teoria della giustizia*. I fatti e le idee, 512. Milan: Feltrinelli, 1982）。

1985 年

夏季在《哲学和公共事务》上发表《作为公平的正义：政治学而非形而上学的》（"Justice as Fairness: Political not Metaphysical." *Philosophy & Public Affairs*, Summer1985, 14[3]:223-251）。

1987年

春季在《牛津法律研究杂志》上发表《重叠共识的观念》(“The Idea of an Overlapping Consensus.” *Oxford Journal for Legal Studies*, Spring 1987, 7[1]:1-25)。

《正义论》的法文译本出版，根据1975年的版本译出(*Theorie de la justice*. Empreintes. Paris: itions du Seuil, 1987)。

1988年

《正义论》的第一个中文译本出版，根据1971年的版本译出(《正义论》，何怀宏、何包钢、廖申白译，中国社会科学出版社，1988年3月)。

秋季在《哲学和公共事务》上发表《正当的优先性和善的观念》(“The Priority of Right and Ideas of the Good.” *Philosophy & Public Affairs*, Fall 1988)。

1989年

5月在《纽约大学法学评论》上发表《政治领域和重叠共识》(“The Domain of the Political and Overlapping Consensus.” *New York University Law Review*, May 1989)。

发表《康德道德哲学中的主要论题》，见《康德的先验还原论：三大批判及其遗作》(“Themes in Kant's Moral Philosophy.” In Eckhart Forster, ed., *Kant's Transcendental Deductions: The Three Critiques and the 'Opus postumum'*, pp. 81-113, 253-256.Stanford Series in Philosophy. Studies in Kant and German Idealism. Stanford, California:Stanford University Press, 1989)。

1991年

《正义论》的第二部中译本出版(《正义论》，谢延光译，上海译文出版社，1991年)。

3月在《哲学和现象学研究》上发表《罗德里克·福斯：生平及著作》(“Roderick Firth: His Life and Work.” *Philosophy and Phenomenological Research*, March 1991)。

春季《哈佛哲学评论》发表了一篇访谈录，题为《约翰·罗尔斯实录》(“John Rawls: For the Record”, See *The Harvard Review of Philosophy,* Spring 1991)。

1993年，72岁

秋季发表《万民法》一文(“The Law of Peoples.” *Critical Inquiry*, Fall 1993 20[1]:36-68)

出版《政治自由主义》(*Political Liberalism.* New York: Columbia University Press, 1993.)参见第六讲：公共理性的观念(Lecture VI: The Idea of Public Reason, pp. 212-254)，其中包括1990年在加利福尼亚大学欧文分校做的两次演说，当时向听众分发了他的著作目录。

1994年，73岁

《政治自由主义》的德译本出版(*Die Idee des politischen Liberalismus: Aufsatze 1978-1989.* Frankfurt: Suhrkamp, 1994)。

1995年，74岁

《政治自由主义》的法译本出版(*Liberalisme politique. Philosophie morale*. Paris: Presses Universitaires de France, 1995)。

3月在《哲学杂志》上发表《答哈贝马斯》(“Reply to Habermas”, *Journal of Philosophy*, March 1995)。

夏季在《异议》杂志上发表《广岛五十年》(“Fifty Years after Hiroshima”,

Dissent, Summer 1995）。

1997 年，76 岁

在《芝加哥大学法学评论》上发表《公共理性观念再探》（“The Idea of Public Reason Revisited”, *University of Chicago Law Review*, 64[summer 1997]），这是根据1993 年 11 月在芝加哥大学法学院所作的演讲修订而成的论文。

1998 年，77 岁

9 月 25 日《英联邦》双月刊发表了一篇《对罗尔斯的访谈录》（“Commonweal Interview with John Rawls” by Bernard Prusak, *Commonweal*, September 25, 1998）。

1999 年，78 岁

《万民法》出版（*The Law of Peoples*, Harvard University Press）。

《论文集》出版（*Collected Papers*, edited by Samuel Freeman, Harvard University Press, 1999）。

《正义论》修订本出版（*A Theory of Justice,* revised edition, Harvard University Press, 1999）。

2000 年，79 岁

《政治自由主义》中译本出版，万俊人译，译林出版社，2000 年。

10 月出版《道德哲学讲演录》（*Lectures on the History of Moral Philosophy*, Harvard University Press, October 2000）。

《万民法》中译本出版，张晓辉译，吉林人民出版社，2000 年。

2001 年，80 岁

3 月出版《论文集》（*Collected Papers by John Rawls*, Samuel Freeman ed. Harvard University Press, 2001）。

5 月出版《作为公平的正义：一种重述》（*Justice As Fairness: A Restatement*, Harvard University Press, 2001）。

2002 年，81 岁

11 月 24 日，去世。

后续著作的出版：

Lectures on the History of Political Philosophy, John Rawls and Samuel Freeman, Harvard University Press, 2007.

A Brief Inquiry into the Meaning of Sin and Faith: With“On My Religion”, John Rawls, Thomas Nagel, Joshua Cohen and Robert Merrihew Adams ed., Harvard University Press, 2009.

后续中译本的出版：

《道德哲学史讲义》，张国清译，上海三联书店，2003 年。

《正义论》（修订版），何怀宏、何包钢、廖申白译，中国社会科学出版社，2009 年。

《作为公平的正义：正义新论》，姚大志译，中国社会科学出版社，2011 年。

《政治哲学史讲义》，杨通进、李丽丽、林航译，中国社会科学出版社，2011 年。

《简论罪与信的涵义》，左稀、仇彦斌、彭振译，中国法制出版社，2012 年。

《罗尔斯论文全集》（2 册），陈肖生等译，吉林出版集团有限责任公司，2013 年。

北大外国哲学研究丛书

韩水法 主编

徐凤林《舍斯托夫论西方哲学》

刘　哲《生成主体性：梅洛－庞蒂与唯心论》

李麒麟《知识归属的语境敏感性》

赵敦华《西方近代早期政治哲学的起源和形态》

尚新建、杜丽燕《启蒙与理性：西方近代早期人性论的嬗变》

姚卫群《文明互鉴：古代中西印哲学比较研究》

*何怀宏《罗尔斯正义论研究》